역사가의 탄생 2

한일 역사가 26인이 말하는 나의 시대, 나의 삶

한일역사가회의 한국운영위원회 엮음

지식산업사

역사가의 탄생 2

한일 역사가 26인이 말하는 나의 시대, 나의 삶

초판 1쇄 인쇄   2021. 3. 8.
초판 1쇄 발행   2021. 3. 19.

엮은이   한일역사가회의 한국운영위원회
펴낸이   김경희
펴낸곳   (주)지식산업사
본사 ● 10881, 경기도 파주시 광인사길 53(문발동)
전화 031 − 955 − 4226~7 팩스 031 − 955 − 4228
서울사무소 ● 03044, 서울시 종로구 자하문로6길 18 − 7
전화 02 − 734 − 1978, 1958 팩스 02 − 720 − 7900
영문문패   www.jisik.co.kr
전자우편   jsp@jisik.co.kr
등록번호   1 − 363
등록날짜   1969. 5. 8.

책값은 뒤표지에 있습니다.

이 책에 대한 문의는
지식산업사로 연락해 주시길 바랍니다.

역사가의 탄생 _2

한일 역사가 26인이 말하는
나의 시대, 나의 삶

한일역사가회의 한국운영위원회 역음

1995년, 96년 두 차례의 한일 양국 정상회담은 두 나라의 역사 인식의 갈등을 해소해 나가기 위해 민간 역사 연구회의체를 구성하기로 합의하였다. 이에 따라 1997년 7월 한·일 역사연구 촉진 공동위원회가 발족하여 2년 동안 협의 끝에 두 나라의 전문 역사 연구자들의 교류 장치를 발족시키기로 하였다. 이에 따라 두 나라 역사학자들은 국제역사학위원회(Comité International des Sciences Historique:CISH)의 한, 일 각각의 국내위원회가 '한일역사가회의(Korea-Japan Conference of Historians)'를 운영하기로 하였다. 이런 경위로 2001년에 제1회 회의를 개최한 이래 매년 한 차례씩 한국, 일본으로 장소를 번갈아 가면서 2020년 12월 현재 제20회를 맞았다. 한, 일 사이의 민간 학술 모임으로 이만큼 장수한 예는 찾기 어려울 것이다. '한일역사가회의'는 두 나라 역사 충돌의 현안이 아니라 역사학 전반에서 주요한 연구 주제를 선정하여 해당 전공자를 발표자 또는 토론자로 초청하여 서로의 의견과 정보를 교환하는 기회로 삼았다. 두 나라의 역사학자들이 서로를 아는 것이 곧 양국의 역사 인식 충돌을 해소해 나가는 첫걸음이리라는 기대를 건 모임이었다. 이런 취지를 더 잘 이끌기 위해 양국 공동 운영위원회는 2002년부터 전야제로 '역사가의 탄생' 프로그램을 가지기로 하였다. 두 나라의 대표적인 역사가를 선정하여 서로 역사학자로서 걸어온 길과 생각을 털어놓아 상호 이해를 배가하는 기회로 삼았다.

21세기 벽두에 시작된 한, 일 두 나라 역사학자의 만남은 그 자체가 역사적인 일이었다. 두 나라가 근대국가를 출범한 초기에 한쪽이 다른 한쪽을 지배하는 관계가 펼쳐져 역사학자 사이의 만남은 불가능한 일이었다. 태평양 전쟁이 끝나고 한국이 일본의 강제 병합 통치에서 벗어나 자주독립 국가로 재기한 뒤에도 두 나라 사이에는 지난 역사에 대한 현격한 인식 차이로 교류가 이루어질 수 없었다. 1965년 한일협정 이후에도 역사 인식의 충돌은 여전하여 역사학자들의 순수한 학술 모임은 이루어지기 어려웠다. 이렇게 어려운 가운데 '한일역사가회의'가 출범하여 20년 동안 순항한 것은 그 자체로서 큰 의미가 있는 것이라고 하지 않을 수 없다. 특히 전야제 '역사가의 탄생'의 무대는 서로 호기심을 충족시키고 이해를 넓혀 나가는 뜻깊은 자리가 되었다.

'한일역사가회의'의 양국 운영위원회는 2007년에 6년 동안의 '역사가의 탄생' 발표문을 한자리에 모아 출판에 붙이기로 하였다. 그동안의 발표자 13인의 글을 모아 두 나라 역사학계가 공유하는 기회로 삼기로 한 것이다.[1] 한국어본은 약속대로 서울 지식산업사가 출판하기에 이르렀지만, 일본어본은 끝내 출간을 보지 못하였다. 이 책이 나온 뒤, 2008년부터 2020년까지도 매년 빠짐없이 서울과 동경을 오가면서 전야제로서 '역사가의 탄생'이 열리고 이튿날 이른 아침부터 '역사가 회의'가 열렸다. 그 사이에 양국 운영위원회 구성에 다소의 변화가 있었지만, 체제나 취지에는 변함이 없었다. 2013년부터 한국 측 운영위원회 위원장을 맡은 이태진은 창립 위원의 한 사람으로서 6년의 위원장 임기를 마

---

[1] 제1회 이타가키 유조, 야스마루 요시오, 고병익, 제2회 이기백, 나카쓰카 아키라, 제3회 사사키 류지, 차하순, 제4회 이원순, 니시키와 마사오, 제5회 카바야마 코이치, 유영익, 제6회 김용섭, 와다 하루키. 〈자료 한일역사가회의 2001~2020〉 참조.

치면서 한국어본 《역사가의 탄생》의 후편을 출간하여 맡은 바 책무를 다하는 정성의 일단을 표하기로 하였다.

'한일역사가회의'는 한·일 사이의 역사문제를 직접 다루는 다른 여러 위원회가 대부분 5년을 넘기지 못한 것과 달리 장수하였다. 두 나라의 문제를 동아시아사의 차원에서 조명하거나 세계사적으로 역사학 일반의 주요 주제를 다룬 것이 비결이라면 비결이었다. 이 회의를 거쳐 간 두 나라의 역사학자는 거의 350명에 달하였다(발표자 140, 토론자 120, 사회 50명 등). 참가한 학자들이 가진 소감은 서로 달라 한마디로 말할 수가 없다. 그러나 서로를 아는 기회가 되었던 것은 누구도 부정할 수 없을 것이다.

2010년 한국병합 100주년을 맞아 〈한·일 양국 지식인 공동성명서〉가 발표되었다. 성명서는 한국 학계가 밝힌 병합의 불법성을 일본 측이 인정하고 이를 따라야 한다는 내용을 담았다. 두 나라의 서명 참가자는 한국 610명, 일본 540명이었다. 일본제국의 한국병합이 불법이라는 표현이 엄연하게 들어간 성명서에 일본 측 서명자가 540명이나 된 것은 놀라운 일이었다. 이 회의가 출범하기 전까지 일본의 '양심적 지식인'의 대다수는 도덕적으로 책임이 있지만, 법적으로는 문제가 없다는 이른바 '부당 합법론'에 서 있었다. '불법 부당론'을 주장하는 지식인은 열 손가락으로 꼽을 정도였다. 그 숫자가 이렇게 크게 바뀐 것은 하나의 '사건'이었다. 그런데 그 540명 가운데 역사학 전공자가 무려 230명에 달하였다. 이 성명서가 나오기 전 열린 '한일역사가회의'는 9회였고, 이에 참여한 발표자, 토론자, 사회자 등은 도합 159명이었다. 이 회의가 그 성명서를 주도한 것은 물론 아니었지만, 일본 측 서명자의 수를 크게 늘이는 배경적 역할을 한 것은 사실일 것이다. 지식인 성명서 발표를 주도한 한국 측의 김영호 교수, 일본 측의 와다 하루키 교수 두 분은

2014년, 2007년에 각각 '역사가의 탄생'에 초대되어 훌륭한 발표를 해 주었다.

한·일 두 나라의 특별한 역사 인식의 충돌을 해소해 나가는 데는 학자들의 이성적인 판단, 노력이 앞서야 한다는 것은 말할 것도 없다. 지금까지 쌓은 노력에 대한 당국의 지속적인 지원이 요망된다. 2020년 12월 11~12일에 열린 제20회는 '코로나 19' 사태로 양측이 직접 만나지 못하고 영상으로 회의를 열게 되었다. 이런 비상적인 사태라도 이 회의의 취지와 연륜을 가로막지 못하였다. 20년의 실적을 기록으로 남기기 위해 2015년에 작성했던 〈한일역사가회의 요람〉을 2020년까지로 증보하여 〈자료 한일역사가회의 2001~2020〉으로 이름을 고치고 이 책의 부록으로 붙여 새로운 도약의 자료로 삼고자 한다.

'한일역사가회의' 한국 측 운영위원회는 초대 위원장 차하순 선생을 비롯해 여러분이 수고하였다. 국제역사학 한국위원회의 모태 역할도 컸다. 2013년부터 운영위원회를 함께한 김영한, 배경한 두 교수, 오정섭 간사의 노고와 협력을 기억한다. 무엇보다도 한일역사가회의를 20년 동안 지원한 한국의 동북아역사재단, 일본의 일한문화교류기금의 지원에 크게 감사를 표하여야 하겠다. 일한문화교류기금은 일본 정부 외무성으로부터 역사가회의 실행 기구의 임무를 부여받아 이번 출판에도 일본 측 발표자들에 관한 제반 연락을 기꺼이 응해 주었다. 이 자리를 빌려 감사를 표한다. 2007년의 《역사가의 탄생》에 이어 이번 후속판 출판을 기꺼이 맡아 준 지식산업사 김경희 사장, 김연주 편집장에게도 감사를 전한다.

2021년 3월 1일
한일역사가회의 한국 운영위원회
위원장 이태진

차 례

제2부 일본 역사가편

미개척 분야와의 씨름

─ 나의 한국회화사 연구 ─

안휘준 安輝濬

1940년생. 서울대학교 고고인류학과를 졸업한 뒤 하버드대학교 대학원 미술사학과에서 학위를 받았으며 한국 회화를 전공했다. 서울대학교 고고미술사학과에서 봉직했으며 현 서울대학교 명예교수.

주요 저서로 《한국 회화사 연구》(시공사, 2000), 《청출어람의 한국미술》(사회평론 아카데미, 2010), 《한국 미술사 연구》(사회평론, 2012) 등 다수가 있다.

1. 서언

이번에 제7회 한·일 역사가 공개강연회의 강연자로 선정되어 이 자리에 서게 된 것을 영광스럽게 생각하면서도, 다른 한편으로는 여전히 부담을 느낍니다. 얼마 전까지만 해도 전혀 생각하지도 않았던 일이고, 또 전회까지의 강연자들과 달리 저는 부족한 점이 많다고 여기기 때문입니다. 사실 한·일 역사가회의의 한국 측 대표이신 차하순車河淳 선생의 강권을 뿌리칠 수만 있었다면 저는 오늘 이 자리를 면하게 되었을 것입니다. 어쨌든 더 이상 피할 수 없는 상황에 처하게 되었으니 이참에 지난 30여 년 동안에 해 온 일들을 되돌아보고 정리하는 계기로 삼아 볼까 합니다.

실은 제가 그동안 해 온 일들에 관해서는 졸고 〈나의 韓國繪畵史 研究〉라는 글과 〈미술사학과 나〉라는 글에서 대강 적어본 바가 있습니다.[1] 그럼에도 이 졸문拙文을 쓰기 위하여 그 글들을 다시 보니 아직도 이제까지 썼던 것들과는 달리 쓸 것들이 남아 있음을 확인할 수가 있었습니다.

그런데 제가 해 온 일들은 발표제목이 시사하듯이, 전문적인 학술적 연구가 거의 되어 있지 않았던 한국회화사 분야를 개척하고 미숙한 단계에 있던 한국의 미술사교육의 토대를 구축하는 것이어서, 자칫 우둔

---

[1] 安輝濬, 〈나의 韓國繪畵史 研究〉, 拙著 《韓國繪畵史 研究》(시공사, 2000), 782~798쪽 및 〈美術史學과 나〉, 《恒山 安輝濬敎授 停年退任記念論文集: 美術史의 定立과 擴散》 제1권(韓國 및 東洋의 繪畵), 社會評論, 2006, 18~60쪽 참조.

한 자의 자화자찬으로 들릴 가능성이 높다고 생각되어 걱정이 앞섭니다.

이 강연에서 저는 그동안 한국회화사와 한국미술사 분야에서 연구자로서 해 온 일들과 생각한 일 등을 적어 보고자 합니다. 미술사교육 분야에서 해 온 일들과 경험한 일들은 지면과 시간의 제약 때문에 생략해야 하겠습니다. 그리고 대학 보직, 학회활동, 여러 가지 사회봉사활동 등도 언급을 하지 않겠습니다. 문화재전문가로서의 활동에 관해서도 꼭 필요한 경우 이외에는 되도록 다루지 않으려 합니다.

여기서는 아마도 한국회화사韓國繪畵史와 한국미술사韓國美術史 분야의 연구와 관련된 특수하고 특이한 상황과 성과를 소개드릴 것으로 생각됩니다. 지금까지 학문적 전통이 확고하게 서 있고 훌륭한 학자들이 운집해 있는 문헌사 분야들에서는 기대할 수도, 경험할 수도 없는 얘기들이 더러 나올지도 모르겠습니다.

특히 저는 학부 시절의 고고학과 인류학 전공을 대학원부터는 미술사학으로 바꾸어 석사와 박사학위를 받았다는 점, 한국의 대학교육과 유학을 통한 미국 대학원교육을 아울러 받은 경험이 있다는 점, 세계 최고 수준의 미술사학과에서 교육을 받고 미술사교육 여건이 최악의 상태에 있던 한국의 사립대학에서 교편을 잡는 양극을 경험했다는 점, 미술대학에서 작가 지망생들을 위한 창작교육과 인문대학에서 학자 지망생들을 위한 인문학으로서의 미술사 전공교육을 아울러 장기간에 걸쳐 담당해 본 경력이 있다는 점, 한국회화사 분야 최초의 박사학위 취득자이자 본격적인 정통 연구자이며 실질적인 개척자라는 점, 한국에서 미술사전공교육의 초석을 놓은 첫 번째 세대의 전문 교수라는 점, 미술과 미술사는 물론 문화재와 박물관 등 예술로서의 미술과 인문학으로서의 미술사에 누구보다도 폭넓게 관여하고 활동해 왔다는 점 등에서 아주 독특한 입장에 놓여 있고 남달리 특이한 경험을 누구보다도 풍부하게 겪어 왔다고 자인하지 않을 수 없습니다. 오늘의 제 발표에서는 이러한 다양한 학문적 경험의 일단이 드러나게 될 것으로 여깁니다.

학자에게는 자신의 능력이나 노력과 함께 스승복, 제자복, 학교복, 직장복과 같은 것이 다소간 가리지 아니하고 학문적 성장과 활동에 영향을 미칠 수도 있다고 생각이 되는데 저의 경우에는 이런 복들을 듬뿍 받고 누릴 수 있었다고 생각합니다. 저는 다행스럽게도 좋은 대학들에서 양질의 교육을 받았고, 훌륭한 스승들의 지도와 성원으로 미술사가美術史家로 성장할 수 있었으며, 그 덕택에 누구보다도 많은 제자복까지 누리게 되었습니다. 이러한 행운에 힘입어 미개척 분야에서 약간의 업적을 낼 수 있었다고 봅니다. 저를 지금까지 도와주신 은사恩師들을 비롯한 모든 분들께 이 자리를 빌려 충심으로 감사의 말씀을 드립니다.

2. 만들어진 미술사가美術史家: 수학修學

제가 미술사를 평생의 전공으로 삼게 된 것은, 처음부터 제 자신의 결심에 따른 것이 아니라 스승들의 결정에 따른 결과이고, 제 학문의 성격도 제가 다닌 대학과 대학원 교육을 통하여 형성된 측면이 많습니다. 그래서 이 점들에 관하여 먼저 말씀드릴 필요가 있다고 생각됩니다.

1) 은사恩師들과 만남

학자들이 특정한 분야의 학문에 입문하고 전공하게 되는 데에는 각자 남다른 경위와 계기가 있게 마련입니다. 그러나 대부분 스스로 결정하는 것이 상례일 것입니다. 이런 통례와 달리 제가 미술사를 전공하게 된 것은 제 자신의 작정에 의한 것이기보다는 앞에서도 말씀드렸듯이 은사들의 결정에 따른 결과입니다. 적어도 처음에는 그랬습니다. 그래서 저는 저 스스로를 '만들어진 미술사가'라고 부릅니다.

이렇게 된 것은, 제가 1961년에 서울대학교 문리과대학의 신설학과인 고고인류학과에 7.3:1의 경쟁을 뚫고 합격, 제1회생으로 입학하여 수학하면서 한국고고미술사학계의 거두이며 은사이신 삼불三佛 김원룡金元龍 선생과 여당藜堂 김재원金載元 선생을 만나게 된 행운의 덕입니다.[2]

김원룡 선생은 학부시절부터 다각적으로 지도해 주고 도와주셨습니다. 뿐만 아니라 서울대학교 인문대학의 고고학과를 고고미술사학과로 개편하시고 저를 1983년에 미술사 담당교수로 초빙해 주심으로써 서울대학교에 미술사학의 뿌리를 내리게 함은 물론, 전국적으로 인문학으로서의 미술사가 정착하는 계기를 마련하셨습니다.

한편 김재원 선생은 초대 국립중앙박물관장으로서 서울대학교 고고인류학과에 출강하시면서 군 복무 뒤에 복학하여 고고학과 인류학을 공부하고 있던 저를 눈여겨보시고, 열악한 상황에 있던 한국 미술사학의 발전을 위해 인재 양성의 필요성을 역설하시면서 저에게 미술사로 전공을 바꾸도록 설득하셨습니다. Harvard대학 미술사학과 박사과정의 입학과 The JDR 3rd Fund(John D. Rockefeller 3세 재단)의 후한 장학금까지 주선하시면서 미국 유학의 길을 열어 주셨습니다.

이처럼 두 분 은사들의 학은學恩 덕분에 저는 정통으로 미술사교육을 받고 미술사가로 성장하면서 마음껏 활동할 수 있는 기반을 갖추게 되었습니다. 오늘날의 저는 선각자인 두 분 스승들의 지도와 지원에 힘입어 존재한다고 생각합니다. 혹시 제가 조금이라도 이룬 것이 있거나 잘

---

2 安輝濬, 〈金載元博士와 金元龍教授의 美術史的 寄與〉, 《美術史論壇》 제13호(2001, 하반기), 291~304쪽 참조.

한 것이 있다면 그것은 모두 이 은사님들의 공임을 분명히 밝히고 싶습니다. 저는 이처럼 그분들에 의해서 만들어진 미술사가입니다. 저는 제 자신의 사례를 통하여 스승의 역할과 교육의 중요성을 늘 되새기며 살아왔습니다.

2) 서울대학교 문리과대학에서 받은 교육

한 분야의 전문가로 성장하는 데에는 훌륭한 스승을 만나는 것과 함께 대학과 대학원에서 받는 교육의 내용과 성격도 똑같이 중요하다고 봅니다. 이것은 다양한 학문의 길과 전통을 접하고 또 다른 스승들의 학풍을 익히는 계기가 되기도 합니다. 저는 보람된 대학과 대학원 시절을 보냈습니다.

먼저 서울대학교 문리과대학에서 제가 받은 교육은 미술사 전공과는 직접적인 연관성은 적었지만 장차 인문과학으로서의 미술사를 공부하는 데에는 두고두고 큰 도움이 되어 왔습니다. 문리과대학의 학문지상주의적이고 자유롭고 낭만적인 분위기, '대학 중의 대학'이라고 자부하던 구성원들의 넘치는 자긍심, 인문대학·사회과학·자연과학이 함께 어우러진 체제와 학문 간의 활발한 소통이 값진 장점들이었습니다. 당시에는 졸업에 필요한 학점수가 많았고(처음에는 180학점이었으나 뒤에는 160학점으로 줄었음) 대부분의 과목들이 2학점짜리여서 과목당 1주일에 한 번의 수강으로 학점취득이 가능했으므로 타과 강의들을 폭넓게 들을 수가 있었습니다. 지금처럼 대부분의 과목들이 3학점이고 매주 두 차례 나누어 수강해야 하는, 따라서 시간이 맞지 않아 타과 강의들 수강이 지극히 어려운 경우는 흔하지 않았습니다. 대학 간, 학과 간, 전공 간의 구분도 현재처럼 철벽같지는 않았습니다. 학문 사이의 이해와 소통은 원활했습니다. '인문학의 위기'라는 말은 상상조차 할 수 없었습니다.

이러한 분위기와 여건에 힘입어 저도 여러 학과들의 강의들을 많이 수강하였습니다. 전공과목들은 말할 것도 없고 국사학, 서양사학, 미학, 종교학, 사회학, 심리학, 지질학 등 다방면의 강좌들을 열심히 수강하였고 사정이 여의치 못할 때에는 청강도 하였습니다. 사회학의 사회조사 방법론은 1, 2를 모두 들었고 지질학과의 강좌들 가운데 지질학개론은 물론 고생물학을 듣고 이어서 층서학層序學 강의를 수강신청하고 들으러 갔다가 전공 학생이 아니라는 이유로 첫 시간에 쫓겨나기도 하였습니다.

당시 들었던 강의들 가운데 제가 역사가로 성장하는 데 도움이 되고 아직도 생생하게 기억에 남아 있는 과목은, 서양사학의 민석홍閔錫泓 선생이 담당했던 사학개론史學槪論입니다. 그 강의에서 들었던 역사의 의의, 사학의 개념과 기준, 사료의 비판과 선정 등에 대한 설명은 민 선생 특유의 억양과 함께 어제 일처럼 기억이 납니다. 역사가 무엇인지, 사료가 무엇인지 알기 어려웠을 법한 시기에 들었던 강의인데도 공감이 갔던 것을 생각하면 역시 명강이었던 것 같습니다.

아무튼 꽃밭의 나비가 이 꽃 저 꽃을 날아다니며 꿀을 채취하듯이 이 강의 저 강좌를 찾아다니며 공부에 열의를 꽃피웠던 서울대학교 문리과대학 시절은 경제적 궁핍과 어려움 속에서도 보람되고 행복한 때였습니다. 이러한 학창시절 덕분에 수많은 다른 전공 분야들이 어떠한 학문이며 왜 소중한지를 일찍부터 깨우칠 수가 있었고 평생 동안 특수사인 미술사를 공부하는 데 음으로 양으로 알게 모르게 도움이 되고 있습니다. 다른 분야들에 대한 몰이해나 경시란 당시의 문리대 출신들에게는 있을 수 없는 일로 여겨졌습니다.

그렇지만 막상 저의 평생의 전공이 된 미술사에 관한 공부는 별로 할 수가 없었습니다. 고고미술사학과에 한때 개설되었던 한국탑파론韓國

塔婆論에 관한 강의를 서너 차례 듣고, 미학과美學科의 강좌인 동양미학과 서양미학 과목에서 중국 미술과 서양 미술에 대하여 약간 들은 것이 전부였습니다. 회화, 조각, 각종 공예, 건축 등을 포함하고 시대를 망라한 체계적이고 제대로 된 한국과 동양의 미술사 강좌는 없었습니다. 미술사 전공과정이 설치되어 있지 않았고 더구나 한국회화사는 한국미술사 가운데에서도 가장 연구가 안 되어 있었던 분야이니 당연한 일이었겠지요.

전공을 고고인류학에서 미술사학으로 바꾸어 미국 유학을 가기로 확정한 뒤 지도교수이신 김원룡 선생께서는 제가 미술사를 제대로 공부한 배경이 전무한 것을 염려하시어 책 한 권을 저에게 빌려주시면서 출국 전에 그 책이라도 읽어 보라고 당부하셨습니다. 그 책은 Evelyn McCune이 짓고 Charles E. Tuttle Company에서 출판된 *The Arts of Korea*였습니다. 표지 안쪽에는 "貧書生元龍 苦心購得之書 借覽勿過五日 用之須淸淨(가난한 서생인 원룡이 고심하여 구득한 책이니 빌려 보는 것은 5일이 넘지 않도록 하시고 사용은 반드시 깨끗하게 하여 주십시오)"라는 내용의 고무도장이 찍혀 있었습니다. 그토록 아끼시던 장서의 하나를 선뜻 제자를 아끼시는 마음 하나로 빌려주셨는데도 출국에 필요한 한 보따리의 각종 서류들을 만들러 뛰어다니느라 제대로 읽어 보지도 못한 채 돌려 드리고 미국행 비행기를 타야만 했습니다. 당시에는 제대로 된 한국미술사 개설서가 없었고 전공서적은 말할 것도 없었습니다. 김원룡 선생의 《한국미술사韓國美術史》가 범문사汎文社에서 출간된 것은, 제가 미국으로 떠난 다음 해인 1968년의 일이었고, 그나마 제가 이 책을 읽게 된 것은 그로부터도 몇 해 뒤였습니다.

3) 미국 하버드Harvard대학 미술사학과에서 받은 교육

미술사학을 처음으로 제대로 공부할 수 있게 된 것은 1967년 미국 하버드Harvard대학교 문리과대학원 미술사학과(Department of Fine Arts)의 박사과정에서 유학을 하면서부터였습니다. 1967년 여름 하버드대학에 처음 도착했을 때 잔디가 깔린 넓지 않은 캠퍼스에는 다람쥐들이 뛰놀고 있었고 건물들은 고색창연古色蒼然하였습니다. 미술사학과는 유명한 Fogg Art Museum 안에 있었습니다(지금은 Sackler Art Museum). 학과 사무실, 교수 연구실, 강의실, 도서실, 시각자료실 등 학과의 모든 시설들이 박물관 안에 위치하고 있어서 학과와 박물관은 불가분의 관계에 있었습니다. 만족스러운 각종 시설, 30명 가까운 세계적인 학자들로 짜여진 최상의 교수진, 뛰어난 동료 학생들, 철저한 강의와 엄청난 공부량, 시각기기와 자료를 활용한 처음 보는 수업방식, 학회 참석을 위한 출장비까지 대주는 학생지원제도 등등 무엇 하나도 인상 깊지 않은 것이 없었습니다.

미술사 안에서의 전공은 고대, 중세, 르네상스, 근현대, 동양, 이슬람 미술 등으로 나뉘어져 있었지만 분야를 넘나들며 자유롭게 수강할 수 있었습니다. 어느 과목을 수강하든 한 학기 동안에 그 분야에 관한 주요 업적들을 거의 다 섭렵하지 않으면 안 되었습니다. 과목마다 마찬가지였기 때문에 학기당 3~4과목을 택할 경우 영일寧日이 있을 수 없었습니다. 공부 좀 실컷 해 보았으면 소원이 없겠다던 저의 서울에서의 소망은 흡족하게 풀고도 넘쳤습니다.

저는 중국 청동기와 회화의 최고봉인 Max Loehr 교수, Kushan 왕조 미술의 독보적인 존재이자 일본 미술의 권위자인 John M. Rosenfield 교수, 인도 미술의 최고 전문가이자 미국 미술 연구의 개척자인 Benjamin

Rowland 교수로부터 중국, 일본, 인도의 미술을 공부하면서 동시에 서양 미술사를 많이 수강하려 노력하였습니다. 그래서 Early Christian and Byzantine Art, Northern Renaissance Art, 17th Century French Painting 등의 과목들을 정식으로 수강하였습니다. 이수해야 하는 전공과목 8개 가운데 무려 세 과목을 서양미술사에서 택한 것입니다. 이 밖에 Greco-Roman Art와 Modern Art 과목을 청강하였습니다. 연구의 연조가 길고 연구방법이 치밀한 서양미술사를 공부하면서 은연중에 미술사방법론을 터득하게 되었습니다. 미술의 양식이나 그림의 화풍을 분석하고 특징을 규명하거나 비교함으로써 의미 있는 결론을 도출하고 역사적, 문화적 의의를 밝히는 방법을 익히게 되었습니다. 즉 미술작품을 사료로 활용하는 방법을 깨우치게 된 것입니다. 이것은 중국, 일본, 인도 등 동양의 미술을 공부하면서 얻은 소득과 함께 평생 동안 저의 미술사 연구에 도움이 되었습니다. 동양미술사에 대한 공부는 한국미술을 범동아시아적 시각과 교섭사적 측면에서 폭넓게 이해하는 데, 서양미술사에 관한 공부는 한국 미술을 더 합리적이고 체계적이며 과학적으로 보고 기술하는 데 도움이 되었습니다.

그러나 제 평생의 전공이 된 한국미술사와 한국회화사는 하버드대학에서도 제대로 된 강의를 들을 기회가 없었습니다. 전공교수도 개설과목도 없었습니다. 서울대학교에도 개설되어 있지 않던 과목이 미국 대학에 없는 것은 당연한 일이었습니다. 그래서 한국미술사와 한국회화사는 독학을 하였습니다. 독자적 연구(Independent Study)와 종합시험(General Examination) 준비 과정에서 한국 미술에 관한 한국, 일본, 미국과 영국 등의 출판물들을 이 잡듯이 찾아서 읽었습니다. 당시 하버드대학 Fogg Art Museum 안에 있던 Rubel Asiatic Library의 거의 모든 책들을 종합시험 준비 기간 1년 동안에 빠짐없이 섭렵하였습니다. 저만이 아니라 당시의 동료 학생들이 다 그렇게 하였습니다. 2년 동안의 course work에 이은 이때의 공부가 또한 일생 도움이 되었습니다.

하버드대학 미술사학과 박사과정의 마지막 단계에서 치른 종합시험의 내용과 방식이 특이하여 잊혀지지가 않습니다. 하루 9시간에 걸쳐 세 가지 필기시험을 보았는데 처음 3시간은 참고문헌시험(Bibliography Test), 다음 두 번째 3시간은 주제별 시험(Essay Test), 그리고 세 번째 3시간은 감정시험(Connoisseurship Test)이었습니다. 특히 세 번째 감정시험은 각별히 흥미로웠습니다. 10여 점의 동양 각국의 회화, 조각, 도자기 등 각종 고미술품들을 늘어놓고 순서대로 국적, 제작연대, 작가 등을 밝히되 왜 그렇게 판정하는지 이유와 근거를 제시해야 했습니다. 그 작품들 가운데 고려청자 가짜도 포함되어 있어서 조목조목 그 이유를 밝혔는데 진작眞作으로 믿고 있던 박물관과 학과의 교수들이 당황했었다고 합니다.

하버드대학에서는 여러 교수들 가운데에서도 지도교수이신 John M. Rosenfield 선생이 저를 최선을 다하여 지도해 주시고 도와주셨습니다. 저를 용렬하지 않은 미술사가로 만드는 데 한국의 은사들 못지않게 애쓰신 고마운 분입니다. 하버드에서 별 어려움 없이 성공적으로 유학을 마칠 수 있었던 것은 선생의 도움 덕택이었습니다. 저는 역시 은사들에 의해 만들어진 미술사가입니다.

하버드대학 석사학위논문은 "Painting of the Nawa—Monju—Manjusri Wearing a Braided Robe"라는 글인데 풀을 새끼나 멍석처럼 꼬아 짜서 만든 승의繩衣를 입은 문수보살文殊菩薩의 그림들을 모아서 쓴 것으로 Archives of Asian Art라는 국제학술지 제24호(1970-71, pp.36~58)에 실렸습니다. 이것이 저의 출판된 첫 번째 논문입니다. Rosenfield 선생이 펴낸 Powers Collection 도록圖錄의 발간 준비에 참여한 것이 논문을 쓰게 된 계기가 되었습니다.

박사논문 대상은 한국, 중국, 일본 3국의 미술을 놓고 고민한 끝에 석굴암으로 한때 결정했었으나, 미개척 분야인 한국의 회화사와 관련된 주제를 택하여 써보면 어떻겠느냐는 김재원 선생의 권고를 받아들여 조각사가 아닌 회화사로 바꾸게 되었습니다. 한국회화사는 당시에 워낙 연구가 되어 있지 않았고 작품사료도 세상에 공개된 것이 드물어서 성공적인 박사논문을 쓸 수 있으리라는 확신이 서지 않았으나 은사의 권고를 받아들여 위험을 감내하기로 결심하였습니다. 고심 끝에 한국역사상 회화가 가장 발달했던 조선왕조의 회화를 대상으로 삼되 그 첫머리에 해당하는 초기, 그중에서도 대표적인 산수화山水畵에 관해서 연구해 보기로 했습니다. 그래서 태어난 학위논문이 "Korean Landscape Painting of the Early Yi Period: The Kuo Hsi Tradition"(1974)이라는 글입니다. 조선 초기의 산수화들 가운데 북송대北宋代의 대표적 화원이었던 곽희郭熙의 화풍을 바탕으로 한 작품들을 모아서 검토한 논문인데 이것이 한국 최초의 회화사 분야 박사학위논문입니다. 훗날 저의 연구가 더욱 진전됨에 따라 이 작품들은 곽희의 영향을 바탕으로 한 안견安堅의 화풍을 본받은 것임을 확인하게 되었고 따라서 이 계통의 화가들과 작품들을 묶어서 '안견파安堅派' 또는 '안견파 화풍'이라고 부를 수 있음을 확신하게 되었습니다. 어렵고 불안하고 위험하기도 했지만 결과적으로 성공한 셈이고 이것이 평생 미개척 분야인 한국회화사를 연구하고 규명하는 데 튼튼한 초석이 되어 주었습니다. 한국회화사를 붙들고 일생 행복한 고생을 하게 되었으니 행운이 아닐 수 없는데 이것 역시 김재원 선생이 만들어 주신 것입니다. 이런 의미에서도 분명히 저는 '만들어진 미술사가'입니다.

하버드대학에서 학위논문을 쓰기 시작했을 무렵 Rosenfield 선생이 안

식년을 받아 일본에서 1년 동안 체류하게 되어 저는 선생의 주선에 따라 Princeton대학에서 한 해를 보내게 되었습니다. 그곳에서 학위논문을 쓰면서 "Emperor of Chinese Painting"이라고 불리는 웬퐁方聞 교수의 중국 회화사 강의와 일본미술사 및 동양미술사의 최고 권위자로 추앙받던 시마다 슈지로島田修二郎 교수의 일본회화사 세미나 강좌들을 청강하였습니다. 또 다른 세계적 석학들과 학연을 맺게 된 것도 행운이 아닐 수 없습니다.

하버드대학 유학은 이처럼 저에게 더없이 소중한 소득을 안겨 주었습니다. 학문의 높고 깊은 경지가 어떤 것인지, 세계의 미술이 얼마나 다양하고 풍부하며 창의적인지, 정통 미술사학이 어떠한 학문인지, 대학 교육은 어떻게 해야 하는 것인지, 대학교수는 어떻게 연구하고 교육에 임해야 하는지 등을 배우고 깨달은 것도 큰 소득이 아닐 수 없습니다. 저처럼 미국유학의 혜택을 톡톡히 누린 사람도 드물 것입니다. 김재원 선생이 왜 굳이 저를 하버드대학에 보내셨는지 매번 절감하였습니다.

3. 맺은 결실: 연구

제가 1974년에 유학을 마치고 한국 최초의 공채교수로 홍익대학교 미술대학에 부임하여 활동을 시작하였던 때는, 박정희 대통령 치하에서 경제가 한참 발전의 궤도에 오르고 있었고 그에 따라 문화적 요구가 사회적으로 증가하고 있었습니다. 자연히 전통문화에 대한 수요가 크게 늘어나고 그 가운데 회화와 미술이 큰 비중을 차지하고 있었습니다.

특히 제대로 훈련된 회화사 전공자가 거의 없던 시절이어서 대부분의 요청이 저에게 쏠리게 되었습니다. 회화사는 물론 한국미술사 전반,

중국 및 일본과의 미술 교섭, 문화재와 박물관, 심지어 현대미술에 관한 원고 청탁까지도 몰려들었습니다. 미술사, 국사, 문화재, 현대미술과 미술교육 분야를 비롯하여 각급 문화기관이나 단체들로부터 청탁이 줄을 이었습니다. 경제발전이 불러온 호황이라고 할 수 있습니다. 대부분의 청탁을 정중히 사양해도 항상 글빚을 져서, 논문, 잡문을 합쳐서 여러 편이 동시에 밀려 있는 상태가 평생 지속되었습니다. 제가 발표한 글의 편수가 비교적 많은 것은 대개 이 때문입니다.

지금까지 출판한 33권의 저서(단독저서, 공저서, 편저서 포함), 100여 편의 논문, 450여 편의 학술단문들 가운데 이른바 주문생산된 것이 상당수를 차지하고 있음을 고백하지 않을 수 없습니다. 이 때문에 다작이 불가피했다고 볼 수 있습니다. 그러나 남작濫作은 절대로 한 적이 없음을 말씀드릴 수 있습니다. 큰 글이든 작은 글이든 집필과 출판 때 최선을 다해 성실하게 임했기 때문입니다. 지금 다시 읽어 보아도 오자나 작은 오류는 가끔 눈에 띄어도 큰 잘못이나 허술한 내용 때문에 후회되거나 실망을 느끼는 경우는 거의 없습니다. 이 글들은 무거운 강의 부담과 온갖 잡무 속에서 고생스럽게 산고를 겪으면서 생산된 것들이어서 한 편 한 편에 따뜻한 애정을 느낍니다. 집필할 시간을 확보하기 위하여 휴가의 포기, 연구와 무관한 사회적 만남의 최소화, 토막시간의 선용, 수면시간의 감축 등으로 대응해 왔습니다. 고달픈 삶이었지만 보람을 느낍니다.

지금까지 펴낸 책들 가운데에서도 《韓國繪畫史》(一志社, 1980), 《韓國繪畫의 傳統》(文藝出版社, 1988), 《韓國繪畫史 研究》(시공사, 2000), 《韓國繪畫의 이해》(시공사, 2000), 《高句麗繪畫》(효형출판사, 2000) 등은 저의 한국회화사 개척의 족적을 보여 준다고 생각합니다. 그리고 《韓國의 美術과 文化》(시공사, 2000), 김원룡 선생과 같이 지은 《新版 韓國美術史》(서울대

학교출판부, 1993) 및 《韓國美術의 歷史》(시공사, 2003), 《韓國美術의 美》
(李光杓과 공저, 효형출판, 2008), 《美術史로 본 韓國의 現代美術》(서울대학
교출판부, 2008) 등의 저서들은 한국미술사 분야에서 지금까지 제가 해
온 일들을 드러낸다고 볼 수 있습니다. 그리고 일본어판 《韓國繪畫史》
(藤本幸夫·吉田宏志 共譯, 東京: 吉川弘文館, 1987)와 문고판 《韓國の風俗畫》(東
京: 近藤出版社, 1987), 공저서인 영문판 *Korean Art Treasures*(Seoul: Yekyong
Publications Co., 1986) 등의 저서들과 영문 및 일문으로 발표한 20편 정
도의 논문들은 한국의 전통회화를 외국에 소개하는 데 일조를 했을 것
으로 믿습니다.

논문은 ① 총론적 연구, ② 시대별 연구, ③ 주제별 연구, ④ 작가
연구, ⑤ 교섭사적 연구 등 다양한 영역에 걸쳐 발표해 왔으며 이 밖에
《朝鮮王朝實錄의 書畫史料》(韓國精神文化研究院, 1983)를 비롯하여 기초자료
의 정리에도 관심을 쏟았습니다.[3] 종횡으로 거침없이 넘나들며 논문을
쓴 셈입니다. 기존의 다른 학자들의 연구업적이 축적되어 있지 않은 상
황에서 제가 처음으로 쓴 논문들이 대부분을 차지합니다. 개척적 성격
의 글들이 많이 포함되어 있습니다.

이 자리에서 다양한 영역에 걸쳐 쓴 많은 논문들의 주요 내용이나
학문적 의의 등을 한 편 한 편 언급하는 것은 지면과 시간의 제약 때
문에 여의치 못합니다. 다만 한국 미술을 종합하여 통관해 보면 다음과
같은 크고 보편적인 저의 졸견拙見들을 제시할 수는 있다고 봅니다.

1. 한국 미술은 선사시대부터 현대까지 한국적 특성을 창출하며 발전해 왔고
   시대마다 현저한 차이를 드러낸다. 작품들의 양식이나 화풍이 이런 사실을
   입증한다. 그러므로 회화의 경우 18세기에 이르러서야 비로소 한국적 화풍

---

3 주 1의 拙著 참조.

이 대두하였을 뿐 그 이전에는 중국 송원대宋元代 화풍을 모방하는 데 그쳤다는 일제시대 식민주의 어용학자들의 모욕적인 주장은 사실이 아님이 분명하게 확인된다.

2. 한국 미술은 고대로부터 중국과 서역 등 외국 미술의 영향을 선별적으로 받아들여 독자적 양식을 발전시킴으로써 국제적 보편성과 함께 독자적 특수성을 균형 있게 유지해 왔다.

3. 한국 미술은 중국의 미술을 수용하면서 많은 노력과 경비를 지불하는 등 주체적으로 받아들였다. 많은 기록들이 이를 말해 준다. 그러므로 지리적 인접성 덕분에 한국은 별다른 노력 없이 가만히 앉아서 중국 미술을 손쉽게 접할 수 있었다고 여기는 통념은 매우 잘못된 것이다.

4. 한국 미술이 중국 미술의 영향을 받았음에도 중국 미술보다 나은 청출어람青出於藍의 경지를 창출하기도 하였다. 고구려의 오회분사호묘五盔墳四號墓를 비롯한 고분벽화古墳壁畵, 백제의 산수문전山水紋塼과 금동대향로金銅大香爐, 고신라古新羅의 금관金冠과 금동미륵보살반가사유상(金銅彌勒菩薩半跏思惟像: 국보 83호), 통일신라의 석굴암조각石窟庵彫刻·다보탑多寶塔·성덕대왕신종聖德大王神鍾, 고려의 불교회화와 사경寫經·상감청자象嵌靑磁를 비롯한 청자靑磁·나전칠기螺鈿漆器, 조선왕조의 초상화·안견安堅의 〈몽유도원도夢遊桃源圖〉·이암李巖의 강아지그림·정선鄭敾의 진경산수화眞景山水畵·김홍도金弘道와 신윤복申潤福의 풍속화風俗畵·분청사기粉靑沙器와 달항아리 등은 그 대표적 예들이다.

5. 한국의 미술은 선사시대, 삼국시대, 조선왕조시대에 특히 일본 미술에 영향을 많이 미침으로써 동아시아 미술의 발전에 기여하였다. 일본은 이를 토대로 일본 특유의 독자적 미술을 창출하였다.

이 밖에 제 자신만의 독자적인 학문적 주장이나 견해들 가운데 한국

미술만이 아니라 모든 다른 나라들의 미술과 미술사에도 해당되는, 또는 적용되는 중요한 것들을 몇 가지만 소개하면 다음과 같습니다.

1. 미술사美術史란 학문의 정의를 내려 보았습니다. 동서의 많은 미술사 서적들을 널리 찾아보아도 의외로 미술사라고 하는 학문에 대하여 정의를 내린 학자가 눈에 띄지 않습니다. 저는 미술사를 ① 미술의 역사, ② 미술에 관한 역사, ③ 미술을 통해 본 역사, ④ 이상의 셋을 합친 역사 등으로 정의하였습니다. ①이 정통적이고 미시적인 정의라면 나머지는 거시적 정의라고 볼 수 있습니다.[4]

2. 미술의 다면적 성격을 정리했습니다. ① 예술로서 미술, ② 미의식美意識, 기호嗜好, 지혜의 구현체로서 미술, ③ 사상과 철학의 구현체로서 미술, ④ 기록 및 사료로서 미술, ⑤ 과학문화재로서 미술, ⑥ 인간심리 반영체로서 미술, ⑦ 금전적 가치 보유체로서 미술 등으로 정리해 볼 수 있습니다.[5]

3. 미술은 조형예술로서 언어와 문자의 예술인 문학, 소리의 예술인 음악, 행위의 예술인 무용 등 여러 예술 분야들과 동등하게 중요하지만 역사적 측면에서는 가장 중요하게 보지 않을 수 없습니다. 왜냐하면 다른 예술 분야들과는 달리 미술은 선사시대부터 현대까지 작품을 남기고 있어서 각 시대별 특징과 시대 변천에 따른 문화적 변화 양상을 파악해 볼 수 있는 유일한 분야이기 때문입니다.

4. 미술이 지니고 있는 여러 가지 복합적 성격과 특성들 가운데 역사학적 측면에서 각별히 중요하게 여기지 않을 수 없는 것은, 모든 미술작품은 다소를 막론하고 기록성과 사료성을 지니고 있다는 점 때문입니다. 처음부터 기록을 목적으로 제작된 의궤도儀軌圖나 각종 기록화들은 말할 것도 없고

---

4 安輝濬·李光杓, 《韓國美術의 美》, 효형출판, 2008, 25~28쪽 참조.
5 安輝濬, 《美術史로 본 韓國의 現代美術》, 서울대학교출판부, 2008, 3~6쪽 참조.

고구려의 고분벽화, 고려시대의 불교회화에 보이는 세속인물들과 건물의 모습을 그린 부분들, 조선왕조시대의 풍속화, 각 시대의 초상화들은 기록성, 사료성, 시대성 등을 잘 보여 줍니다. 이러한 그림들이 남아 있지 않다면 그 해당하는 시대의 문화와 역사를 입체적으로 이해하는 데 대단히 큰 지장을 받게 될 것입니다. 문헌기록만으로는 그림들이 보여 주는 것처럼 생생하고 입체적인 파악이 어렵습니다. 그래서 옛날 중국의 문인들이 "시詩보다는 산문散文이, 산문보다는 그림이 더 구체적이다"라고 한 얘기는 언제나 지당하다고 여겨집니다.

비단 이러한 그림들만이 아니라 순수한 감상을 위한 그림들도 기록성과 사료적 가치를 지니고 있습니다. 심지어 유치원의 어린이가 엄마 모습을 그린 그림조차도 그 엄마의 머리 매무새, 화장법, 옷차림 등을 드러냄과 동시에 어린이의 심리상태와 그림을 그리는 데 사용된 재료 등을 보여 준다는 점에서 약간의 사료성을 지니고 있다고 볼 수 있습니다. 그림이 단순히 감상의 대상으로만 끝나는 것이 아님을 알 수 있습니다. 미술사가에게는 모든 미술작품이 문자 기록과 마찬가지로 중요한 사료인 것입니다.

저의 핵심 전공인 조선시대 회화사 연구와 관련하여 유의해야 할 과제로서 다음과 같이 11가지를 제시한 바 있습니다.[6] 이것은 비단 조선시대 회화사만이 아니라 한국미술사 연구 전반에 해당하는 것이라고 생각합니다. 어쩌면 부분적으로는 다른 나라의 미술사 연구에도 참고될 수 있을지도 모르겠습니다.

① 작품사료와 문헌사료의 계속적인 발굴과 집성
② 화풍의 특성과 변천 규명

---

6 安輝濬, 〈朝鮮初期 繪畵 硏究의 諸問題〉, 한림대학교 한림과학원 편, 《韓國美術史의 現況》(도서출판 藝耕, 1992), 305~327쪽 참조.

③ 작가 및 화파畵派에 관한 종합적인 고찰

④ 화목별畵目別 또는 주제별 연구

⑤ 사상적, 상징적 측면에 대한 고찰

⑥ 사회사적, 경제사적 측면에 대한 고찰

⑦ 기법(필법筆法, 묵법墨法, 준법皴法, 기타)에 대한 연구

⑧ 전대(고려) 및 후대(근현대) 회화와의 관계 규명

⑨ 중앙 화단畵壇 및 지방 화단과의 관계 규명

⑩ 민화民畵 및 불화佛畵와의 상호 연관성 및 그 자체에 관한 연구

⑪ 중국 및 일본 회화와의 관계 연구

4. 결어

한국미술사의 여러 분야들 가운데에도 한국회화사는 현재 한국에서 가장 큰 관심의 대상이 되고 있습니다. 젊은 층의 학문 인구도 제일 많고 연구업적도 가장 많이 산출되고 있습니다. 과거에 불상이나 도자기 분야에 견주어 minor art처럼 열세에 놓여 있던 상황은 완전히 사라지고 이제는 회화사가 major art로서의 확고한 위치를 점하고 있습니다. 연구업적의 수준도 평균적으로 가장 높다고 볼 수 있습니다. 심지어 회화 관계의 주제가 포함되어 있는지 여부가 학회 참가자의 숫자에 영향을 미치기도 합니다. 30년 전과는 현저하게 달라진 획기적인 변화가 아닐 수 없습니다. 이러한 시대의 흐름과 변화 속에서 저도 몸담아 살아왔습니다. 이러한 큰 변화를 지켜보면서 미개척 분야였던 한국회화사의 연구와 교육에 작으나마 한몫을 해 온 점에 큰 보람을 느끼고 있습니다.

그렇지만 분명하게 밝히고 싶은 것은, 저의 관심이 한국회화사에만 머물러 있었던 것은 결코 아니라는 점입니다. 한국회화사를 그 자체만

으로 보기보다는 한국미술사 전체 가운데 한 분야로, 한국의 전체적인 역사와 문화 속의 한 영역으로, 그리고 더 나아가서는 중국과 일본을 포함한 범동아시아의 시각에서 보고자 노력해 왔습니다. 제가 한국의 회화 이외에도 조각, 도자기를 비롯한 각종 공예, 건축과 조원造園은 물론, 중국 및 일본 미술과의 교섭사, 그리고 한국사 등 문헌사에까지 짬나는 대로 관심을 쏟으며 선별적으로나마 필요한 업적들을 섭렵하고 가능한 한 학술발표회장들을 거르지 않고 맴도는 이유도 바로 그 때문입니다. 식견이 넓고 안목이 높은 학자, 역사를 이해하고 문화예술을 사랑하는 인문학자가 되기를 꿈꾸며 공부해 왔습니다. 한국회화사에 대한 연구는 그러한 대도大道로 이어지는 다양하고 수많은 소로小路들 가운데 하나라는 생각이 듭니다.

저는 2006년 2월에 서울대학교에서 정년퇴임을 하였으나 아직도 정규 전임교수 이상으로 바쁘고 고달픈 삶을 살고 있습니다. 앞으로 저에게 남겨진 과제는 줄지어 서서 저의 손길을 기다리고 있는 15권 정도의 저서들을 완간하는 일입니다. 그 가운데에는 약간의 개정판, 영문책 3권과 일문日文 책 2권도 포함되어 있습니다. 세상의 온갖 일들로부터 벗어나 이 책들을 계획한 대로 차질 없이 펴내는 일에만 전념, 몰두하고 싶습니다.

끝으로 특수사 분야의 연구자로서 바라는 바가 있다면 미술사와 문헌사 분야들이 좀 더 긴밀한 유대관계를 맺는 것입니다. 상호의 연구업적들이 충분히 공유된다면 역사의 내용은 훨씬 풍부하고 다양해지며 더욱 구체성을 띠게 될 것이라고 믿기 때문입니다. (2008년)

양반 따라 40년

이성무李成茂

1937년생. 서울대학교 사학과를 졸업하고 같은 대학원 국사학과에서 박사학위를 받았다. 주요 연구 분야는 한국 근세사이며 한국정신문화연구원(한국학중앙연구원)에서 봉직했다. 한국학중앙연구원 명예교수로 활동하다가 2018년 작고. 주요 저서로는 《한국역사의 이해》 1~11(집문당, 1995~2016), 《조선시대 사상사 연구》 1·2(지식산업사, 2009), 《조선시대 인물사 연구》(지식산업사, 2015) 등 다수가 있다.

1. 왜 양반을 연구하게 되었나?

나는 1956년에 서울대학교 문리과대학 사학과에 입학했다. 처음부터 역사 연구를 사명으로 생각한 것은 아니었다. 가난한 농촌 소작인의 아들로서 대학에 갈 수 있을지 확신이 서지 않는 환경에서 그런 꿈을 가질 정도로 여유가 있지도 못했다. 비상수단으로 2학년 때 대학입학자격 검정고시를 보기로 했다. 합격만 된다면 대학에 입학할 행운이 올 수도 있고, 적어도 한 해 등록금은 벌 수 있었기 때문이다.

하늘이 도왔는지 1956년 2월 13일에 대학입학자격 검정고시에 전 과목 합격했다. 당시에는 고등학교 재학생도 응시할 수 있었고, 이 시험에 합격하면 학교에 따라서는 원하는 과를 마음대로 갈 수 있었다. 그러나 발표가 늦어 일부 사립대학은 시험이 끝난 시점이었다. 입학시험 준비도 할 시간이 없었다.

어떤 전공을 택하느냐가 문제였다. 고등학교 선생님들도 관심을 가지시고 여러 의견을 주셨다. 그 가운데서 역사선생님(차하순)의 권유가 가장 솔깃했다. 사조思潮를 움직일 수 있는 역사학이 어떠냐는 것이었다. 그렇게 하기로 했다. 시골 사람이라 돈도 없고 빽도 없으니 자기 자신의 머리와 노력으로 하는 수밖에 없었다(실상은 역사 공부도 돈이 있어야 했다).

그런데 당시는 서구문화 지상주의 시대였다. 대학마다 서양학문을 배우기 위해 전전긍긍했다. 역사도 마찬가지였다. 그래서 처음에는 서양사를 공부하기로 했다. 독일사와 영국사에 관심을 가졌다. 그러나 3학년이 되면서 서양사 공부는 남의 다리 긁기라는 생각이 들었다. 그래서 한국사로 전공을 바꾸었다.

그러면 한국사 가운데 어느 시대 어떤 주제를 연구하느냐가 문제였다. 당시에는 근대화 주제가 인기가 있었다. 나는 한국에서 근대화에 앞장선 계층이 어느 계층이냐에 관심이 있었다. 의사·통역관·향리 같은 중인층이라고 생각했다. 그래서 규장각 도서 가운데 이 관계 자료를 발췌하기 시작했다. 이때 미국에서 Martina Deuchler·James Palais·Harboush Kim 등도 비슷한 관심을 가지고 규장각에서 사료를 모으고 있었다. 1965년에 석사학위를 받은 뒤부터 자료 수집에 더욱 박차를 가했다.

그런데 문제가 생겼다. 중인층이 한국 근대화에 앞장섰다면 중인층은 역사적으로 언제부터 왜 생겼는지를 먼저 알아야만 했다. 그리고 그 계층적 특성은 어떤 것인가를 알 필요가 있었다. 조사해 보니 중인층은 15세기 조선왕조 건국에 따른 지배층의 양분화 과정에서 생겨나기 시작했고, 양반이 기피하는 기술직·행정실무직을 담당한 계층이라는 것을 알았다. 양반이 상급지배층이라면, 중인은 하급지배층이라고 할 수 있다.

2. 중인 연구에서 양반 연구로

중인층은 양반층에서 격하된 사람이나 양인층에서 상승한 사람들로 구성되었다. 그런데 고려시대의 지배층의 시원은 호족들이었다. 이 호족들은 후삼국의 정립시대에는 고려·신라·후백제에 뒤에 줄을 섰으나 후백제는 왕건에게 끝까지 대항하다가 제거되었고, 신라는 고려에 항복했으니 고려나 신라를 지지하던 호족세력이 고려의 지배층이 된 것이다. 그러나 이들은 재지세력으로서 반독립적 성향이 강했으므로 고려의 중앙집권체제에 저해적인 존재였다. 그리하여 고려 성종조에 호족을 향리로 격하시키고, 이들 자제를 과거나 서리직을 통해 중앙관인으로 계속 흡수해 갔다. 이에 고려 말에 이르면 관직세계가 포화상태에 이르러 지배층을 분할할 필요가 있었다. 그래서 조선 건국 때까지 국가로부터 관품을 받은 품관品官들을 양반으로 간주하고 그 이외는 중인층으로 차별하기 시작했다. 그러므로 중인층은 양반에서 분화되어 나왔다고 할 수 있다.

그러니 중인층을 이해하기 위해서는 양반층이 어떤 계층인가를 먼저 알아야만 했다. 그런데 나의 지도교수이신 한우근 교수가 국사편찬위원회 《한국사》 28책 가운데 조선시대의 목차를 정하는 책임을 맡았다. 한교수는 조선시대를 양반사회로 규정하고, 양반국가의 성립, 양반사회의 모순, 양반사회의 분열 등으로 장을 정했다. 그러나 막상 양반이 무엇인지를 알 수 없었다. 집필할 사람도 없었다.

하루는 한 교수 앞에 불려 갔다. 나보고 양반 항목을 써 보라고 했다. 나도 준비가 되어 있지 않아 주저했으나 피할 수 없는 계제였다. 하는 수 없이 중인층을 연구하려고 모아 놓은 자료를 중심으로 〈15세기 양반론〉이라는 계몽적인 글을 써서 《창작과 비평》(제2권 2호, 1973년 여름호)에 실었다. 그랬더니 양반에 관한 모든 글이 내게 청탁되었다. 감당할 수 없었다. 도리 없이 중인층의 연구는 미루어 두고 본격적으로 조선시대 양반을 연구하지 않을 수 없었다.

그런데 내가 양반 연구를 시작할 때는 일본의 스에마쓰 야스카즈末松保和의 〈고려 초기의 양반에 대하여〉(《동양학보》 36권 2호, 1953)와 북한 학자 김석형金錫亨의 양반론(《조선시대 농민의 계급구성》)밖에는 없었다. 고재국高在國의 〈양반제도론〉(《학풍》 통권 13호, 1950)이라는 글이 있으나 잡문에 지나지 않았다.

역사학계의 분위기도 우호적이지 않았다. 선배 선생님들이 거의 서북 지방 출신이어서 기독교 민주주의 성향이 강하고, 조선 양반정권의 서북 차별 때문에 양반에 대한 보이지 않는 적개심이 있었다. 그러니 기왕 연구한다면 천주교나 사회경제사, 근대화 같은 것을 연구하는 것이 바람직했다. 게다가 광복 이후에는 일제 식민사학에 대한 반발로 민족주의 사학이 대두해 망국의 책임을 양반·유학자들에게 돌렸다. 그러니 양반을 연구한다는 것은 시의에 적절하지 못한 것으로 여겨졌다.

그러나 현재의 우리 삶을 풍요롭게 하기 위해서는 바로 직전 시대의 역사와 문화를 현재의 입장에서 자세히 분석하고 연구해 좋은 점은 계승해야 하고, 나쁜 점은 버려서 새로운 한국문화를 건설해야 할 것이다. 고려시대의 《삼국사기》나 《삼국유사》, 조선 세종조의 《고려사》·《고려사절요》 등이 그 예이다. 그러나 우리는 한말에 일제의 침략을 받아 그 작업을 일본이 대신해 식민통치에 활용했다. 그러니 조선시대의 역사와 문화가 왜곡되게 서술될 수밖에 없었다. 이를 극복하기 위해서라도 조선시대에 대한 편견 없는 공변된 분석과 연구가 있어야 할 것으로 생각했다.

3. 양반으로 박사학위 취득

나는 대학을 졸업하고 1년 반 동안 중·고등학교 교사를 하다가 군대를 갔다 와서 10여 년 동안(1964~1975) 실업자 노릇을 했다. 하는 일이라곤 규장각에 가서 책을 보는 것이었다. 당시에는 규장각도서인 원본을 직접 볼 수 있었다. 복이 터진 것이다. 나는 호구지책으로 규장각도서 해제를 10여 년 했으나 이 시기가 가장 행복한 때였다고 생각한다. 지방대학에서 교수로 오라고 해도 가지 않았다. 그래서 실업자 노릇을 오래 할 수밖에 없었다. 교수 노릇 하려고 이 홍복을 버리고 지방으로 간다는 것은 복을 차는 것이라고 생각했다. 지금 생각해 보니 촌사람의 세정世情 모르는 주장이었다고 곱씹어 보기도 한다. 특히 가족을 위해서 ……

직장이 없으니 집을 나갈 명분이 없었다. 그래서 박사과정에 들어가기로 했다. 당시에는 선생님들조차 박사학위가 없어서 구제박사를 만들어 겨우 몇 분이 받았을 정도였다. 그러니 박사과정에 들어가는 것조차 달가워하지 않을 때였다. 그래도 막무가내로 들어갔다. 그러다 보니 10년을 다녀도 논문을 내 보라는 말씀이 없었다. 그래서 9년 째 되는 해 여름방학에 "조선 초기 양반 연구"라는 주제로 박사논문을 써 가지고 지도교수에게 제출했다. 지도교수께서는 논문을 꼼꼼히 읽어서 잘못된 부분을 깨알같이 지적해 주셨다. 참으로 고마운 일이다. 그리하여 나는 1979년 8월 서울대학교 대학원 국사학과 제1호 박사가 되었다.

《조선 초기 양반 연구》는 조선건국부터 《경국대전》을 반포한 1486년 (성종 16)까지를 다룬 연구이다. 이 시기는 경국대전체제가 정착된 시기이기도 하다. 양반제도도 이 시기에 정착되었다. 이 박사논문은 1980년에 일조각에서 출판되어 제1회 두계학술상을 받았다. 이 책에서는 양반의 개념, 성립 과정, 양반과 과거·관직·군역·토지경제의 관계를 다루었다. 가장 기초적인 문제에 국한되었다. 양반은 조선을 통치하던 주역이었기 때문에 관계되지 않은 분야가 없었다. 그리하여 박사논문에서 다루지 못한 부분은 산발적이지만 후속 연구로 미룰 수밖에 없었다.

과거제도는 양반 연구에 반드시 함께 연구해야 하는 주제였다. 그리하여 이에 대한 다양한 연구를 해 《과거》(일조각, 역사학회, 1981), 《한국과거제도사》(민음사, 대우학술총서 인문사회과학 99, 1977)로 묶어서 출판하고, 《한국의 과거제도》(한국일보, 춘추문고 19, 1976: 개정증보판 집문당, 1994)라는 개설서를 간행했다.

그리고 1980년 이후에는 양반과 향촌자치·당쟁·노비·법제·사상 등에 관한 연구를 계속해 《조선후기 당쟁의 종합적 검토》(공저, 한국정신문화연구원, 1992), 《조선양반사회연구》(일조각, 1995), 《조선왕조사》(동방미디어, 1998), 《조선의 사회와 사상》(일조각, 1999: 개정증보판 2004), 《조선시대 당쟁사》(동방미디어, 2002) 등으로 출간했다. 그러면서 조선시대 정치사를 사대부 정치시대, 사림 정치시대, 탕평 정치시대, 외척세도 정치시대로 구분해 서술하는 《조선시대사》를 장차 집필해 볼 생각이다.

한편, 2003년 교수직을 정년으로 물러난 이후에는 오직 사상사 연구에 몰두하기로 했다. 사상사 연구는 한문 원전해독 능력이 요구되고, 정치·사회·경제·문화에 관한 광범한 식견이 필요하기 때문에 초심자들이 쉽게 접근하기 어려운 분야이다. 그러니 시간이 비교적 많고 양반의 여러 측면을 일생 동안 연구해 온 나와 같은 사람의 차지가 될 만하다. 그리하여 그동안 연구해 온 조선 중·후기의 지도적 인물에 대한 업적과 사상 연구를 모아 《조선시대 사상사연구》(1)(2)(지식산업사, 2009)로 간행했다. 건강이 허락하면 (3)(4)도 내 볼까 생각이다.

4. 연사회研史會

1965년~1974년까지 연사회라는 젊은 역사학자들의 모임이 있었다. 이 모임의 발기인은 송찬식宋贊植·정창열鄭昌烈·정석종鄭奭鍾·한영우韓永愚·이성무(李成茂: 회장)이였고, 그 이외에 한영국韓榮國·박용옥朴容玉·김윤곤金潤坤·이만열李萬烈·이겸주李謙周·이태진李泰鎭·민현구閔賢九·정구복鄭求福·노태돈盧泰敦·최병헌崔炳憲·김형태金亨泰·이돈령李敦寧·정정봉丁靖奉·이

범직李範稷·이경식李景植·김두진(金杜珍: 총무·1)·정만조(鄭萬祚: 총무 2)·유승주柳承宙·김광수金光洙·안병직安秉直·허흥식許興植·이기동李基東·이근수李根洙·부정애夫貞愛·신형식申瀅植·정광호鄭光鎬·이장희李長熙·임형택林螢澤·권인혁權仁赫·정태원鄭泰元·박정자朴正子·민병수閔丙秀·박찬일朴贊一·심재기沈在基 등이 참여했다. 연사회의 임시 연락처는 서울특별시 서대문구 옥천동玉泉洞 126-143 이성무의 집이었다(회칙). 연사회가 한 일을 적기하면 다음과 같다.

1) 실학實學 공동연구

연사회에서 처음으로 시도한 것은 실학 공동연구였다. 그때까지 별로 없었던 역사학의 공동연구였다. 연구발표는 두 달에 한 번씩 하고, 장소는 그때그때 편리한 곳을 택했다. 연구자들이 실학자 한 사람씩을 정해 논문을 쓰되 쓰는 과정에서 자주 토론을 하고 쓴 다음에도 공개적으로 돌려 읽고 토론했다. 대표 집필자가 있었지만 공동집필이나 다름 없었다. 돌려 읽기와 토론이 끝나면 필경(筆耕: 가리방)으로 《연사회지研史會誌》로 간행했다. 그리고 당해 논문에 대해서는 회원 가운데 한 사람이 대표로 사정없는 서평을 했다. 1호에 송찬식의 박지원朴趾源 연구, 2호에 이성무의 박제가朴齊家 연구(1967), 3호에 정창열의 우하영禹夏永 연구, 4호에 정석종의 이익李瀷 연구, 5호에 이돈령의 최한기崔漢綺 연구, 6호에 김윤곤의 이중환李重煥 연구, 8호에 한영우의 정약용丁若鏞 연구, 9호에 한영국의 유수원柳壽垣 연구 등이 수록되었다. 경비는 오로지 회비로 충당하였다.

이 《연사회지》의 논문을 바탕으로 《창작과 비평》에서는 각 실학자들의 사상에 대한 해제와 번역을 (통권 6호부터) 순서대로 소개했고, 이것은 1973년에 역사학회에서 이우성李佑成 회장의 서설을 붙여 《실학연구입문》(일조각, 1973)으로 간행되었다. 그리고 이들 논문의 일부는 《이해남李海南박사회갑기념사학논총》(일조각, 1970)에 전재되었다. 정창열 회원이 한양대학교 사학과 교수였고, 이해남 교수가 그 대학교의 총장이었기 때문이다.

2) 한문 수업

원전 해독능력을 높이기 위해 연사회원들은 성낙훈(成樂薰: 성균관대) 교수를 모시고 한문을 공부했다. 주 1회 서울대 문리대 국사연구실에서였다. 그러나 외부교수가 공동연구실에 와서 수업을 할 수 없다고 해 이해영(李海英: 서울대 사회학과) 교수의 인구문제연구소에서 수업을 했다. 소장이었던 이해영 교수가 함께 수강하고 싶어 했기 때문이다. 그러나 겨울에 난방이 되지 않아 할 수 없이 성균관대학교의 성낙훈 교수 방에서 공부했다. 성 선생님은 교수직을 그만두고 자유로운 몸이 된 뒤에는 두 개의 한문반을 가르쳤다. 내가 속해 있는 반(이성무·임형택·송항용 등)과 정구복 교수가 속해 있는 반(정구복·조준하趙駿河·유풍연柳豊衍) 등이었다. 처음에는 채현국蔡鉉國이라는 철학과 동기의 광화문 집에서 강의를 들었으나, 그것도 여의치 않아 성낙훈 선생님의 답십리 집에서 공부했다. 족히 8년은 배운 것 같다. 유교경전만이 아니라 《사기史記》·《당송팔가문唐宋八家文》·《고문진보古文眞寶》·《장자莊子》·《도덕경道德經》·《연암집燕巖集》·청대 필기소설筆記小說 등 닥치는 대로 배웠다. 성낙훈 선생님은 자유분방하고(그래서 호도 방은放隱이었다) 박학하며, 술 없으면 강의도 못하는 성품이셨다.

그러는 중에 내가 재일교포간첩단在日僑胞間諜團 사건에 연루되어 잡혀 들어가는 사건이 일어났다. 그래서 연사회는 심각한 타격을 받았고 유명무실해졌다. 감옥에서는 《정다산전서》(4책)를 통독했다. 6개월 뒤에 무혐의로 풀려나오기는 했으나 마음을 붙일 데가 없어 경남 산청山淸에 있는 중재重齋 김황金榥 선생님의 내당서사內塘書舍에 내려가 2년 동안 초립둥이로 4서3경을 다시 배웠다. 중재 선생님은 송찬식 교수의 장인이기도 하다.

배우는 양이 많아 다 외울 수 없었던 것이 한스럽다. 원래는 5~6년 동안 내려가 있으려 했으나 박사과정이 걸려 있고, 상고심도 간간이 있어서 중도에 그만두고 국민대학 국사학과 교수로 부임했다. 그러다가 1980년에 서울대에서 박사학위를 받자마자 한국정신문화연구원韓國精神文化研究院에 발탁되어 처음에는 정연구원正研究員으로 파견되었다가 고병익高炳翊 교수가 2대 원장이 되었을 때 최초로 한국학대학원韓國學大學院의 교수로 임명되었다. 정문연에서는 고문서 사업을 시작하면서 박병호朴秉濠 교수에게서 초서를 조금 배웠다. 국민대에 있을 때 서예도 시작은 했으나 정문연으로 파견되어 가는 바람에 중도에 그만두었다.

미완의 공부이기는 하지만 이때의 한문 공부가 그 뒤 논문을 쓰는 데 큰 도움이 되었다. 지금 말년에 한국사상사 연구를 감히 할 수 있는 것도 그 덕이 아닌가 한다. 서양사는 영어를 비롯한 외국어를 잘해야 하지만 국사나 동양사는 한문을 잘해야 한다. 사료의 행간行間을 읽을 수 있을 정도로 원전 해독능력이 뛰어나야 하기 때문이다.

3) 국정 국사교과서 비판

1974년의 일이다. 내가 국민대학 강의를 나갔을 때 교수휴게실로 창작과 비평사의 염무웅廉武雄씨가 찾아왔다. 국정 국사교과서가 나왔는데 이것은 국가가 독선적으로 국사교육을 장악하려 하는 것이니 비판해야 한다는 것이었다. 동감이었다. 그래서 나는 다른 사람들과 함께《창작과 비평》(통권 32호, 1974)에 국사교과서의 문제점-조선 전기-를 썼다. 강만길(姜萬吉: 총설)·김정배(金貞培: 고대)·이성무(조선 전기)·송찬식(조선 후기) 등이 참여했다.

이것은 큰 파장을 불러일으켰다. 국정 국사교과서의 집필자가 김철준 金哲埈·한우근韓㳓劤 교수 등 스승들이었기 때문이다. 한우근 교수는 직접 교과서를 집필한 것은 아니지만 그 책임을 새로 전임강사가 된 한영우씨에게 맡겼기 때문에 불편한 심기는 마찬가지였다. 꾸중을 많이 들었고, 냉담한 대우를 받았다. KBS에서 집필자와 비판자의 공개토론을 시키려고 하기도 하고, 문교부에서는 비판자들이 교과서를 새로 써 보라고도 했으나 모두 성사되지 않았다. 그런데 이 사건으로 말미암아 연사회가 분열되었다. 발기인이었던 한영우씨가 나오지 않았기 때문이다.

4) 독서회

광복 이후에 실증사학은 일제 어용사학이라는 비판이 있었다. 이를 극복하기 위해서는 새로운 역사 연구 방법론을 개발해야만 한다고 했다. 그것은 기왕의 역사 이론을 이해하는 것으로부터 출발해야 한다고 생각했다. 당시만 해도 일본의 영향으로 마르크스의 유물사관이 큰 영향을 미치고 있었고 사회경제사 연구를 선호하는 분위기였다. 그래서 모리스 돕브Morris Dob의《자본주의 발전과정》(상), (하)라는 책을 같이 읽기로 했다. 이를 위해 경제사에 밝은 안병직(서울상대) 교수를 영입했다. 장소는 나의 옥천동 집이었고, 1주일에 한 번씩 교재를 읽고 토론하는 방법이었다.

이 이론을 바탕으로 실제 논문을 써 보기도 했다. 강만길은 분원分院

연구를 통해 조선사회에 공장제 수공업Manufacture이 있었음을 증명하려 했다. 그러나 같은 상공업사 전공인 송찬식은 〈조선후기 상업사 연구에 대하여〉(《조선후기 사회경제사의 연구》, 일조각, 1997)라는 비평문에서 이 논지의 근거로 제시한 사료의 내용은 그런 뜻이 아니라는 지적을 했고, 〈조선후기의 농업사 연구에 대하여〉(같은 책)에서 김용섭 교수의 경영형부농 이론을 비판하고 〈조선후기 농업에 있어서의 광작운동〉(《이해남박사화갑기념사학논총》, 일조각, 1970)을 써서 오히려 이 시기는 양반지주의 광작운동이 광범하게 진행되었다고 논평했다.

5) 다산연구회

이때 다산연구회가 만들어졌다. 다산茶山 정약용丁若鏞의 《목민심서牧民心書》를 같이 읽고 역주하는 독서회였다. 여기에는 송찬식·정창열·정석종·유승주·이성무·안병직·임형택 등 연사회 회원들과 김진균金晉均·강만길姜萬吉·김태영金泰永·김경태金敬泰·정윤형鄭允洞 등 외부 교수들도 참여했다. 그리고 한문을 지도받기 위해 이우성 교수를 좌장으로 모셨다.

하는 일은 매주 한 차례씩 돌아가면서 《목민심서》를 읽고 번역·주석하는 것이었다. 한문 독해력의 차이도 있고, 해석도 달라 조율하기가 쉽지 않았다. 그러나 그보다도 심각한 것은 공부 방법에 관한 것이었다. 송찬식이 상공업사에 관한 연구를 하면서, 이론을 배제하고 자료에 나오는 대로 정리하고, 이것이 이론과 어긋나느냐는 것을 안병직에게 물었다. 틀리지 않는다고 말했다. 그리고 세계를 통동한 이론을 일반화하다 보니 예외가 너무 많아 얼마든지 새로운 이론이 나올 수도 있었다. 나라마다 지역마다 다른 이론이 나올 수 있고, 특수성이 있을 수 있다고 생각되었다.

그렇다면 시간도 많지 않고, 한국사 연구는 미개발 분야가 많으니 오히려 한문 공부에 주력하는 것이 어떠냐는 의견이 대두되었다. 그래서 송찬식·이성무·유승주는 중재重齋 김황金榥 선생에게 전통 한문을 배우러 가고, 남은 사람들은 역주를 계속해 다산연구회 편 역주《목민심서》가 완간되었다.

5. 역주訳註 사업

나는 두 차례의 역주사업에 참여했다. 하나는 《경국대전經國大典》 역주사업이요, 다른 하나는 사료로 본 《한국문화사》 역주사업이다.

한국정신문화연구원 역사연구실에서는 우리 고전을 역주하는 사업을 집중적으로 수행하기로 했다. 역주사업은 역사연구실 교수를 중심으로 원 안팎의 연구팀을 짜서 장기과제로 수행했다.

그래서 맨 먼저 내가 《경국대전》을 역주하게 되었다. 공동 역주자는 한우근(이전), 이성무(예전), 이태진(이·형전), 민현구(병전), 권오영(權五榮: 공전) 등이었다. 5년 걸려 1985년에 번역본이, 1986년에 주석편이 나왔다. 실록 등의 관계 자료들과 관련 논문을 동원해 역주했다. 주석편은 용어사전으로도 활용할 수 있었다. 북한에서 나온 역주본과는 비교가 되지 않을 정도로 자세하다. 이 작업을 하면서 모르는 것이 너무 많다는 것을 알았고, 모르는 용어의 뜻을 어떻게 찾아내느냐 하는 훈련도 받았다.

이 역주사업은 그 뒤에 《삼국유사》(三國遺事: 姜仁求), 《삼국사기》(三國史記: 정구복), 《고려사》(高麗史: 허홍식), 《조선왕조실록》(朝鮮王朝實錄: 최진옥)으로 지금까지 계속되고 있다. 다만 《조선왕조실록》은 재번역을 전제로 용어사전을 만드는 데 주력하고 있다.

사료로 본 《한국문화사》(일지사, 1985)는 고대(김철준·최병헌), 고려(이기백李基白·민현구), 조선 전기(한우근·이태진), 조선 후기(한우근·이성무), 최근세사(이광린李光麟·신용하愼鏞廈)의 다섯 분야로 나누어 역주를 했다. 최병헌·민현구·이태진·이성무·신용하 등 Junior들이 자료를 선정해 역주를 해 오면 김철준·이기백·한우근·이광린 등 Senior들이 감수하는 방법이었다. 나는 본래 박사논문 작성 때문에 빠져 있었는데 조선 후기를 맡은 송찬식이 간경화로 일을 할 수 없게 되어 대신하게 된 것이다. 조선시대 원전 번역은 김도련金都鍊 교수가 맡았다. 이 다섯 책은 UCLA대학의 이학수(李鶴洙: Peter Lee) 교수 등 American Committee에서 영역해 미국에서 영문판으로 두 책이 나왔다. 물론 그대로 번역한 것은 아니고, 부분적으로 영역자의 주견이 반영되기도 했다. Columbia대학에서 시리즈로 내고 있는 중·일·인도의 Source Book의 일환이었다. 영문판이 나오는데 10년도 더 걸려, 이 일을 담당했던 UNESCO 직원은 인책사임引責辭任했다.

6. 고문서사업

나는 이현재李賢宰 한국정신문화연구원장으로부터 조완규曺完圭 교육부 장관의 부탁이니 국학 진흥방안國學振興方案을 개발하라는 명을 받았다. 그리하여 내가 연구책임을 맡고, 이원순(李元淳: 民族文化推進會長)·박병호(朴秉濠: 서울대 법대)·김정배(金貞培: 고대)·안휘준(安輝濬: 서울대 인문대)·홍사명(洪思明: 한국학술진흥재단)·박찬수(朴贊洙: 민족문화추진회)·이길상(李吉相: 정문연)·최진옥(중문연) 등의 공동연구자들을 모시고 1년간 고심해 1993년 1월에 《국학진흥방안연구國學振興方案研究》라는 정책 기획안을 올렸다.

그런데 그 가운데 고문서 연구가 채택되어 4억 원의 예산이 영달되었다. 그리하여, 정문연에 2억, 규장각에 1억, 국사편찬위원회에 1억씩 배정했다. 정문연의 2억은 고문서 연구와 장서각 도서 개발에 배분되었다. 이에 전국에 흩어져 있는 인멸湮滅 위기에 놓여 있는 고문서들이 수집되기 시작했다. 나는 처음에 문중문서門中文書부터 모으기로 했다.

일제 강점기 조선사편수회에서 수집한 뒤로 고문서는 방치되어 있었다. 그래서 장판초배지나 불쏘시개로 사라지거나 외국으로 팔려 나가는 실정이었다. 이 일을 위해 전국의 문화원장文化院長들을 수시로 불러 모으고, 조사원들을 직접 파견해 문서를 가져다 탈초脫草해 발간하기 시작했다. 그래서 《고문서집성古文書集成》이 87호나 간행되고 예산도 대폭 늘었다. 박사논문도 많이 쏟아져 나왔다.

뿐만 아니라 고문서학회를 만들어 《고문서연구》를 여러 호 발간하고 있다. 문중에서 고문서를 기증하거나 영구 임대하는 경우도 늘고 있다. 고문서는 복본複本이 없고 원자료이기 때문에 생생한 생활사 연구에 적지 않은 도움을 준다. 특히 문중 고문서는 양반 생활사 연구의 귀중한 자료이다.

7. 해외한국학 지원사업

나는 박사학위를 받은 다음에는 안목을 넓히기 위해 눈을 해외로 돌리기로 했다. 우선 새로 생긴 한국학술진흥재단(KRF)과 한국국제교류재단(KF)의 해외한국학 지원위원회 자문위원을 각각 10여 년씩 맡았다. 우리 돈으로 해외의 한국학 교육과 연구를 어떻게 지원하느냐를 협의

하는 자문기구였다. 여러 외국인을 불러들였고, 많은 한국인을 외국대학에 보냈다. 한국학에 관심을 가지고 있는 외국의 대학이나 연구기관에 교수나 강사 T/O를 만들어 주기도 하고, 장학금을 지급하기도 했다. 외국학생들을 방학 동안에 한국학대학원에 불러 연수를 시키기도 하고, 유럽한국학회(AKSE)나 환태평양한국학국제학술회의(PAKS)를 1~2년에 한 번씩 외국의 대학에서 돌아가며 개최했다. 그러다 보니 국제학술회의에도 40여 회나 참여하게 되었다.

그뿐이 아니었다. 외국의 문화를 이해하기 위해서는 외국에 가서 살아 보아야 한다. 그래서 1982년에서 1983년까지 1년 동안 미국의 Harvard Yenching Institute의 Coordinate Researcher로, 1988년에서 1989년까지 1년 동안 독일의 Tüebingen대학 객원교수로 다녀왔다. 전자는 Edward E. Wagner 교수와 공동으로 중인족보中人族譜 전산화를 연구하기 위해서였고, 후자는 한국학 강의를 위해서였다. 전자는 연구비가 적어 고생했지만, 후자는 독일 교수만큼 봉급을 받고 갔기 때문에 여유가 있었다.

그리고 세 번째로 1999년부터 2000년까지 일본 교토의 국제일본문화연구센터(Center for International Japanese Studies)에 외국인 객원교수로 가게 되어 있었는데 국사편찬위원회 위원장에 임명되는 바람에 가지 못했다. 사실은 그곳의 역사연구실장인 가사야 가즈희코笠谷和比古 교수와 양반 : 무사를 비교 연구하게 되어 있었다. 그렇게 되었더라면 양반 연구의 국제화가 이루어질 뻔했다. 양반은 조선의 정치 주체이고 무사(사무라이)는 일본 막부의 정치 주체였으니 비교 연구가 재미있었을 것이다.

8. 한국학 자료의 전산화

내가 Harvard대학에 갔을 때 일이다. 그때 가장 놀란 것은 대학 안에 컴퓨터가 200대씩 있는 터미널이 5개나 된다는 사실이다. 그때 한국에는 컴퓨터가 겨우 시작되는 단계라서 그에 대한 상식이 부족했다. 이발사도 컴퓨터를 가지고 있었다. 나는 만사를 제치고 컴퓨터를 배워 가지고 오고자 했다. 시민들이 들을 수 있는 Extension Course를 택했다. 그러나 가르치는 과정이 프로그램 짜는 것이었다. 키-보드도 못 치는 주제에 쫓아갈 수 없었다.

Wagner 교수는 내게 Mary라는 컴퓨터 전문가를 소개시켜 주었다. 컴퓨터로 학위를 한 여자였다. 그러나 그녀도 한자를 입력하는 데는 자신이 없어 했다. 다만 코-너 시스템, 모리스 부호 등을 활용해 한자를 영어로 변환시켜 입력하자니 예외가 너무 많이 나오고 오류가 속출했다. 나는 귀국해서 한국산업연구원韓國産業研究院의 권충환權忠煥 교수와 함께 한자 입력 문제를 검토했다. 당시는 한자가 4,800자밖에 없었다. 할 수 없이 글자가 없는 것은 공타를 쳐 마스터로 떠서 인쇄했다. 그렇게 해서 출판한 것이 《조선시대 잡과합격자총람》(한국정신문화연구원, 1990)이다.

그러나 뿌리문화사에서 곧 한자 18,000자가 개발되고 그 뒤에도 자수를 늘려 글자가 없어서 입력을 못하는 일이 없게 되었다. 나는 곧 Wagner 교수에게 편지를 썼다. 한문을 그대로 입력시켰다고 자랑했다. 뿐만 아니라 당신이 송준호宋俊浩 교수와 입력했다는 〈문과방목〉 디스크를 가지고 오면 검증해 주겠다고 했다. 그이도 처음에는 믿지 않았다. 와서 확인해 보고 싶어 했다. 그래서 내가 정문연에서 6개월, 송준호 교수가 전북대에서 6개월, 합계 1년 동안 머물 수 있도록 불렀다. 대신 그가 그동안 모아 놓은 《사마방목司馬榜目》을 몽땅 복사해 가지고 오라고 했다.

Wagner 교수도 놀랐다. 1년 동안 사마방목을 입력해 동방미디어에서

CD-Rom으로 만들었다. Wagner·송준호가 만든 문과방목은 조사해 보니 너무나 틀린 곳이 많았다. 그래서 내가 두 사람 이름으로 간행해 줄 수 있다고 했다. 그러나 보완이 아직 끝나지 않아 안 된다고 해 하지 못했다. 이 CD-Rom은 두 사람이 타계한 뒤에 역시 동방미디어에서 미완성인 채로 출간되었다. 문과방목은 보완은 하지 않은 채 수록된 내용대로 입력해 한국학중앙연구원 홈페이지에 탑재했다.

이 연구는 과거합격자 명단을 모두 입력시켜 각종 통계수치를 낼 수 있게 했고, 합격자의 인적사항을 검색하는 인물사전 역할을 할 수도 있다. 따라서 양반연구의 과학적 자료를 제공받을 수 있는 것이었다. 이로서 양이 많고 자료가 미비한 무과방목武科榜目을 제외한 모든 방목이 전산화된 셈이다. 이 연구는 호적戶籍·양안量案·《조선왕조실록》·《승정원일기》 등 다른 한국학 자료의 전산화에 깊은 영향을 미쳤다. 나는 국사편찬위원회 위원장이 되었을 때 《조선왕조실록》 원전을 입력해 번역본과 무료로 통합 서비스하는 길을 열어 놓았고, 방대한 《승정원일기》를 세계기록문화유산으로 등록해 전산화하는 사업을 가동시켰다. (2009년)

역사 인식의 공유를 위하여

최문형崔文衡

1935년생. 서울대학교 사학과를 졸업하고 서울대학교 사학과에서 석사, 서강대학교 사학과에서 박사학위를 받았다. 주요 연구 분야는 서양근세사이다. 한양대학교 사학과에서 봉직했으며, 현 한양대학교 명예교수이다.
주요 저서로 《러일전쟁과 일본의 한국병합》(지식산업사, 2004), 《일본의 만주침략과 태평양전쟁으로 가는 길》(지식산업사, 2013), 《명성왕후 시해의 진실을 밝힌다》 개정판(지식산업사, 2019) 등이 있다.

내가 대학 사학과에 입학한 것은 1953년 부산 피난지에서의 일이다. 전쟁이 아직 끝나지 않은 상황이었지만 각급 학교가 임시교사에서 강의를 시작했던 바로 그 무렵이었다. 내가 사학을 전공으로 택한 계기는 역사에서 교훈을 얻어 전쟁의 비극을 극복하자는 이해영 선생님의 말씀에 있었다. 왕족의 한 분이신 선생님의 피난지에서 개강 첫 인사말씀이셔서 크게 감명을 받았던 것이다.

나의 의문은 역사상 우리나라가 6.25 전쟁과 같은 참극을 도대체 몇 번이나 겪었을까, 그리고 그 원인은 또한 어디에 있었을까 하는 문제였다. 이로 미루어 나의 최초의 관심은 한국사에 있었던 것이 분명하다. 그러나 입학한 뒤 한국사 강의를 수강하며 생각이 바뀌었다. 선진국의 역사, 특히 그들의 발전과정부터 먼저 공부해야겠다는 생각에서였다.

그러던 어느 날, 2학년 때라고 기억하지만 나는 오오츠카 히사오大塚久雄의 《근대 구주 경제사 서설近代歐洲經濟史序說》(1946)을 읽었다. 나는 이 책을 통해 경제사야말로 우리에게 가장 절실한 학문이라는 생각을 하게 되었다. 나는 그의 실증적 연구 방법을 배우려 했고, 그의 깔끔한 논리 전개에 매료되었다.

그래서 나는 서양사를 공부하되 이 방향으로 집중을 해야겠다고 결심했다. 지금까지도 나는 그의 서문을 기억한다. 자기의 애제자 한 사람이 전쟁터로 떠나며 보낸 엽서 한 장을 마지막으로 영원히 소식이 끊겼다고 통탄한 글이다. "우리는 '평화'라는 두 글자를 가슴 속의 육비肉碑에 깊이 아로새기자"는 애절한 부르짖음이었다. 전쟁의 아픔을 직접 겪고 있던 나에게는 더할 수 없는 충격이었다.

그래서 시작한 것이 영국경제사 공부였다. 뒷날에 알게 된 일이지만 "일본의 많은 젊은 학생들도 오오츠카의 독특한 문제의식과 실증적 성과에 이끌려 경제사를 공부하게 되었다"는 것이다.[1] 나는 애쉴리(William Ashley)의 저술을 시작으로 립슨(E. Lipson), 컨닝험(W. Cunningham) 등의 저서를 힘겹게 읽어 나갔다.

당시 서울대학에는 1939년(2차대전 발발) 이전에 출간된 이 분야 관련 서책은 상당수 갖추어져 있었다. 아마도 경성제국대학에 재직했던 다카하시 고하치로高橋幸八郎 교수의 주문에 따른 것이었다고 짐작된다. 이것이 내가 이 분야 공부를 시작할 수 있었던 지산이었다.

나의 이 분야 최초의 논문은 〈Tudor 영국의 경제정책〉이었다. '직인 조례(職人條例: Statute of Artificer, 1563)' 분석을 통한 어설픈 졸업논문(1957)이었다. 그렇지만 나는 이를 계기로 공부할 수 있다는 일종의 자신감 같은 것을 느꼈다. 이어 공부를 계속하며 당시 이 분야 최대 이슈였던 토니(R.H. Tawney)의 '젠트리(gentry) 논쟁'으로 관심이 옮아갔다.

널리 알려진 일이지만 네프(John U. Nef)는 절대왕조 치하에서 이룩한 영국의 빛나는 생산력 발전을 '초기 산업혁명'이라고 일컬었다. 그 산업발전이 진보적 젠트리와 진보적 상인계급에 의해 이루어졌다는 것이 그의 주장이다.

여기서 나는 그의 '초기 산업혁명' 관련 논문[2]을 읽어 나가며 관심이

---

[1] 角山榮, 《資本主義の成立過程》(ミネルヴァ書房, 1958 1쪽)과 角山榮, 《絕對主義の構造》 (ミネルヴァ書房, 1956) 등 두 책은 1960년 길현모吉玄謨 선생이 미국에서 연구를 마치고 귀국 길에 일본에 들러 사다 주신 책이다. 지금도 소중하게 간직하고 있다.

[2] John U.Nef, 'Industry and Government in France and England 1540-1640', 'The Progress of Technology and Growth of Large Scale Industry in Great Britain, 1540-1640', 'The Prices and Industrial Capitalism in France and England 1540-1640', in Carus Wilson ed., Essays in Economic History, London, 1955.

근대 산업자본 성립으로 집중되었다. 영국의 18세기 산업혁명도 엘리자베스 시대의 '초기 산업혁명'이라는 기반 없이는 이루어질 수 없었고, 국가의 발전을 위해서는 먼저 산업기반이 있어야 한다는 사실도 터득했다.

더욱이 영국이 석탄石炭이라는 파격적으로 값싼 에너지를 프랑스보다 100년이나 먼저 사용했고, 이것이 두 나라 산업 발전의 격차를 벌려 놓은 원인의 하나가 되었다는 그의 주장은 나의 흥미를 한껏 돋구었다. 이처럼 나의 관심은 70년 이전까지는 주로 엘리자베스 시대의 산업 발전과 관련된 문제였다.

그런데 이 시대를 공부하며 관심이 조금씩 열강 사이의 대립으로 넓혀져 갔다. 대양大洋 지배를 둘러싼 영국과 스페인의 대적, 이어 영국과 홀란드와의 대결, 그리고 종국적으로 프랑스와의 결판으로 이어지는 과정에 대한 관심이 그것이었다. 이를 통해 나는 16세기 영국의 산업기반('초기 산업혁명')이야말로 그들의 18세기 산업혁명을 가능케 했고, 경쟁국을 제압할 수 있는 원동력이었다는 사실도 알게 되었다.

그러나 이 단계에 이르러 나의 관심은 이미 산업혁명을 완수한 이후의 영국에 대한 것으로 옮겨져 있었다. 그들이 추구한 것은 결국 식민지였다. 원료공급지와 상품시장이 필요했던 것이다. 당시는 열강의 식민지 분할경쟁이 사실상 이미 끝난 상태였다. 지구상에 남은 최후의 쟁탈 대상은 아프리카와 아시아밖에 없었다. 그 아시아 가운데서도 최후의 공간으로 남은 곳이 바로 한국과 만주였다. 이 한국 땅에서 내가 태어난 것이다.

이 사실을 나는 40대 초에서야 비로소 깨달았다. 여기서 나의 관심은 경제사 자체보다도 산업혁명을 이룩한 이후 열강의 아시아 침략으로 다시 크게 바뀌었다. 그중에서도 핵심은 한국과 만주를 둘러싼 열강 상호 간의 경쟁에 집중되었다. 이것을 정리해 본 최초의 시도가 나의 박사학위 논문(〈열강의 동아시아정책에 관한 연구〉)이다.

그러나 이 연구는 70년대 초라는 한계가 있기는 했지만 자료가 너무나도 빈약했다. 그래서 나는 1974년부터 우선 관련 자료부터 보완하기로 했다. 주머니 사정을 감안하여 방학을 틈타 먼저 일본 국회도서관과 도쿄대 도서관부터 찾았다. 이듬해부터는 하버드대학의 와이드너 도서관을 비롯하여 미국의 여러 대학 도서관 자료들을 섭렵했다.

미국의 National Archives와 영국의 Public Record Office도 방문했다. 일본 국립공문서관國立公文書館과 방위연구소防衛研究所 등을 방문한 것은 근래에 이르서의 일이다. 그러나 1978년 시카고대학(Institute of East Asian Studies)에서 연구할 기회를 얻으며, 나는 자료 수집보다 이미 구한 자료부터 먼저 활용해야겠다는 강박관념에 사로잡혔다.

이 대학의 연구 환경과 이리에(入江昭 Akira Iriye) 교수의 치밀한 강의에서 자극을 받았기 때문이다. 그래서 나는 귀국한 다음 강의 준비도 철저하게 하려 했지만, 나름으로는 논문 활동에도 한동안 열을 올렸다. 그렇지만 모처럼의 나의 결심은 다시 벽에 부딪치고 말았다. 강의 부담이 과중한 탓도 있었지만 피할 수 없는 잡무가 기다리고 있었기 때문이었다.

더욱이 80년대로 접어들며 인문대 학장 보직을 떠맡았고, 다시 역사학회 회장에 선출되며 계획은 계속 차질을 빚었다. 그렇지만 논문 활동만은 게을리하지 않으려고 최선을 다했다. 그동안 힘겹게 구해 온 자료가 너무 아까웠기 때문이다. 부끄러운 이야기지만 나는 이 귀중한 자료를 휴지로 만들게 될까 두려워서 공부했다고 해도 지나친 말이 아니다.

그래서 나는 정년퇴직으로 40년 동안 정든 학교를 떠나면서도 기이하게도 마음이 가벼움을 느꼈다. 먼저 나는 작은 개인 연구실부터 마련했다. 본격적인 연구생활을 시작하기 위해서였다. 그런데 이제 퇴직 후의 연구생활도 어언 10년이 지났다. 이 동안에 나는 재직 중에 쓴 논문과 새로 구득한 자료를 구사하여 저술활동에 전념했다. 지금도 계속하고 있으며 건강이 허락하는 한 계속할 생각이다.

그동안의 연구생활을 통해 내가 도달하게 된 결론은 '근현대'에 관한 한, 한국과 일본에게 다 같이 세계사적 이해가 절실하다는 점이다. 역사를 일국화―國化하려는 내셔널리즘부터 막아야 한다는 생각이다. 나는 이 강의의 제목을 '역사 인식의 공유를 위하여'라고도 붙여 보고, '역사 이해의 세계사적 기반'이라고도 붙여 보았다. 한·일 두 나라의 근현대사 교과서를 보고 생각한 제목이다.

"민족의 영광과 민중"이라는 목적론적 역사관으로 일관된 《한국 근현대사 교과서》(금성사, 2005)와 "메이지 시대의 영광에서 일본이 살아갈 길을 찾아야 한다"는 일본의 《신편 일본인의 역사교과서》(自由社, 2009)는 다 같이 일국사적 한계를 극복하지 못한 전형이라 할 수 있다. 역사를 일국화하려는 내셔널리즘은 동일한 사실史實마저 정반대로 기술하게도 만드는 것이다.

나는 퇴임 후, '민비시해사건'과 '러일전쟁' 관련 저서를 한국과 일본에서 동시에 출간했다(2004). 이 분야야말로 국제정치적인 관점에서의 이해가 절실하다고 확신하게 되었다. 러일전쟁에 관한 한, 지난 100년 동안에 축적된 일본학계의 연구성과는 양적으로나 질적으로 한국과는 비교도 안 될 만큼 압도적이다.

그럼에도 일본의 러일전쟁 연구는 "국지적인 것이거나 일본적 견지에서 논한 것이 대부분"이라는 평을 받고 있다.[3] 물론 열강 관련 연구

---

3 黑羽茂, 《世界史上から見た日露戰爭》, 至文堂, 1966, 2쪽.

가 전혀 없다는 이야기는 아니지만, 있다고 하더라도 어느 특정 일국과 일본과의 관계만을 다룬 것이 대부분이다. 이런 경향은 과문한 탓인지는 몰라도 오늘날까지도 크게 보완된 것 같지 않다는 것이 나의 생각이다.[4]

문제는 바로 여기서 비롯된다. 소설가 시바 료타로司馬遼太郎의 영향 때문인지는 몰라도 일본은 엄연한 침략전쟁을 "자존자위自存自衛를 위한 몸부림"이었다고 주장한다. 이것이 사실과 어긋남은 1890년 수상 야마가타 아리토모山縣有朋의 '주권선·이익선론主權線·利益線論'으로도 입증된다.

"'주권선'(=일본)을 지키기 위해서는 '이익선'(=한국)이 절대로 필요하다는 것이고, 일단 한국을 차지하면 한반도는 일본의 '주권선'이 되고, 남만주가 '이익선'이 된다. 남만주를 차지하면 다시 북만주가 그리고 다음으로 몽고가 이익선이 된다"는 주장이다. 이는 바로 침략을 합리화하기 위한 논리다.[5]

이 밖에도 일본의 침략은 포츠머스 조약 체결(1905.9.5.)을 계기로 더욱 확연하게 사실로써 드러난다. 전승으로 일본은 한국에 대한 보호권을 획득했고, 러시아가 갖고 있던 요동 조차권 및 동청철도 남만지선(여순 –장춘)을 넘겨 받았다.

그러자 일본은 이 요동 땅을 '관동關東'이라 칭하고, 여기에 관동총독부까지 설치했다(1905.10.17.). 을사보호조약을 체결하기(1905.11.17.) 꼭 1개

---

4 崔文衡(朴昌熙譯),《日露戰爭の世界史》, 藤原書店, 2004, 10~12쪽;《日露戰爭研究》第1號(假本) 日露戰爭研究會, 2003.8). 러일전쟁 100주년을 맞아 2005년 5월에 개최된 국제학술 심포지엄의 목적을 아래와 같이 설정한 사실로도 알 수 있다. 즉 "러일전쟁 100주년을 맞이하지만 전쟁에 관해 오늘의 시점에서 재검토가 필요하고, 기존연구에서 한반도와 중국의 시점이 빠졌기 때문에 이를 보완해야 하며, 구미 열강이 관련된 국제관계라는 거시적 시점에서 종합적 연구가 절실하다"고 하고 있다.

5 中馬淸福,〈蹂躪された民族だけが知る'環'〉vol.19, 藤原書店, 2004, 208쪽.

월 전의 일이다. 이어 그들은 '만주에 관한 청일조약'을 청국에 강요함으로써(1905.12.22.) 만주 침략을 더욱 노골화했다. 그럼에도 그들은 러일전쟁을 '자존자위'를 위한 부득이한 '조국방위전쟁이었다'고 강변한다.

최근에 출간된 와타나베 도시오渡辺利夫의 《신탈아론新脫亞論》(文藝春秋, 2008.5)은 일본인의 한국에 대한 속내와 이른바 '만드는 모임'의 새역사 교과서 재편집 목적을 더욱 극명하게 밝혀 주고 있다.[6]

한국 침략은 일본인의 생존을 위해 불가피했다는 것이고, "이것이 지정학상의 숙명이었다"는 논리다. 즉 살아남기 위해 불가피해서 다른 나라를 짓밟았는데 그것이 어째서 잘못이냐는 억지다. 일본 역사가들은 러일전쟁사 기술을 한결같이 포츠머스 조약으로 끝맺고 있다.

승전을 계기로 더욱 노골화한 일본의 한·만침략을 마치 러일전쟁과 무관한 것인양 별개로 분리하여 기술하고 있는 것이다. 그렇다고 해서 이같은 무리한 역사 기술이 일본에만 있는 것은 아니다. 민족과 민중을 기준으로 모든 것을 판단하도록 교육받아 온 일부 한국의 근대사 전공자들의 경우도 크게 다를 것이 없다.

이들은 을사보호조약(1905) 이후 일제가 한국을 병합하는 데 5년이나 걸린 이유가 오로지 우리의 의병활동에 있었다고 주장한다. 물론 의병의 역할이 전혀 없지는 않았겠지만 이는 설득력이 없는 이야기다. 같은 사실을 일본 사학자들은 정반대로 이야기한다. 1905년 현재로 일본의 한국병합은 '기정사실', '시간문제'였다는 것이다. 그러나 이 말도 마찬

---

6 渡辺利夫, 〈新脫亞論—東アジア危機の日に備え、日本の近現代史を再編集する〉, 《文藝春秋》, 2008.5., 12, 14~16, 23쪽. 이 책의 부제가 시사하고 있듯, 교과서는 "장차 일본이 살아 나갈 길을 일본 근현대사의 성공과 실패의 경위 속에서 교훈을 얻을 수 있도록 하는데" 목적이 있다는 것이다. 침략으로 점철된 일본 근현대사에서 교훈을 얻을 수 있도록 교과서를 재편집했다는 이야기다. "그 편집 체제 자체가 일본이 살아 나갈 방법을 지시하는 '로드맵'이 되는 것이 아니겠는가"라는 것이다.

가지로 진실이 아니다.

일본 각의閣議가 한국병합 방침을 결정한 시기는 1909년 7월 6일에 이르러서의 일이다. 그것도 결행시점은 외상이 장차 적당한 시기를 골라서 하라고 했다.[7] 열강의 간섭을 의식해서였다. 당시 러일은 고작 2년 전까지만 해도 사력死力을 다해 전쟁을 치룬 적국 사이였다.

그러한 러·일이 영국과 프랑스의 대독포위망 구축에 협력해 주고, 그 대가로 이 두 나라의 지원을 받아 미국의 만주 침투 야욕을 물리칠 수 있었다. 그 후 러일은 다시 2회 러일협정을 체결(1910.7.4.)하고, 러시아의 최종 양해를 받고 난 뒤에야 비로소 일본은 한국병합을 강행할 수 있었다(1910.8.22. 발표. 29).

러일전쟁 자체가 시종 열강의 규제를 받았고, 일본의 한국병합 또한 그 규제와의 관련 속에서 진행되었음은 엄연한 역사적 사실이다. 그럼에도 일본학계에는 이에 대한 분명한 거시적 안목의 연구가 없는 것 같다. 세계사적 시각에서 역사 해석이 필요하다는 이유가 바로 여기에 있다.

물론 한국의 경우도 마찬가지다. 제국주의시대에 해당하는 한국근대사를 서술하면서 외인론外因論을 부정하는 것은 사실史實을 송두리째 외면한다는 이야기와 다름없다.[8] 나는 여기서 하나의 작은 결론에 도달하게 되었다. 근현대사는 반드시 세계사적 시야에서 해석되어야 한다는 사실이다.

일국사적 역사 해석은 지양되어야 하고 이것이 지양되지 않는 한,

---

[7] 外務省 編,《日本外交年表 竝主要文書 上》, 原書房, 1965, 315쪽.

[8] '내적 발전론'과 그 한 지맥인 '자본주의 맹아론萌芽論'은 자기 미화를 위한 가설이다. 이는 우리도 유럽 못지않게 자본주의가 발전하고 있었다는 민족적 자부심에서 비롯된 논리이다. 그런데 민족의 자부심을 과시하기 위해 꺼내어 든 그 기준이 자본주의라는 서유럽의 역사였다는 이야기다.

같은 사건도 기술이 전혀 달라지게 된다는 점이다. 일본은 엄연한 침략 전쟁을 '자존자위'를 위한 몸부림이었다는 '엄살'로 나타냈고, 한국은 당신들 못지 않게 우리도 자본주의를 발전시킬 수 있었다는 '허세'로 나타내게 되었다는 이야기다.

강화도 수호조약의 체결과정을 보면 이 사실은 더욱 분명해진다. 먼저 일본은 영국의 대러정책에 편승하는 한편, 그 적국인 러시아와도 이면거래裏面去來를 성사시켰다(사하린·쿠릴열도 교환조약, 1895.5.7.).[9] 이처럼 일본은 영·러 양국으로부터 다 같이 한국침공을 묵인받고 난 뒤에, 운요호 사건으로 도발했다. 그리고 그 도발 날짜도 일본이 러시아와 공유해 온 사할린을 러시아에게 모두 인도하고(9.19) 난 뒤 바로 그 이튿날(9.20)이었다.[10]

일본은 이미 세계 정황을 정확하게 읽고, 영·러 두 강국의 적대관계를 적절히 이용했다. 그럼에도 한국 학계에서는 이 사건을 대원군 실각 후 우리도 개국의 필요를 느끼고 있던 상황에서 일본이 수교를 제의해 왔기 때문에 응했다는 식이다. 그러나 강화도수호조약이 한국에 일방적으로 불리하게 체결된 그 내용을 보면 이것이 사실이 아님은 분명하다.

이 밖에도 이와 유사한 사례는 얼마든지 있다. 청국이 한국에 구미 열강과 수교를 적극 주선한 이유도, 그들이 리바디아 조약(이리 분쟁의 선후책)을 일방적으로 폐기함으로써 블라디보스톡에 기지를 둔 러시아 함대의 남하 위협에 직면하게 되었기 때문이었다. 청국이 미·영을 한국으로 끌어들이려는 진실한 목적은 바로 러시아의 남하 위협을 막으려는 데 있었다.

이는 친중국親中國·결일본結日本·연미방聯美邦을 내용으로 하는 황준헌

---

9 外務省 編, 앞의 책, 1965, 57~61쪽.

10 위의 책, 79쪽; 崔文衡(齊藤勇夫譯), 《韓國をめぐる列强の角逐》, 彩流社, 2008, 34쪽.

의 《조선책략朝鮮策略》(1880.9.6.)으로도 알 수 있다. 서로 대적하고 있던 당시의 청국과 일본이 제휴한다는 것은 상식적으로는 납득할 수 없는 일이다. 그렇지만 청국에게는 적국이던 일본과의 제휴도 주저할 수 없을 만큼 당시에는 더 강적인 러시아의 위협이 심각했던 것이다.

역사는 국제관계사적 관점에서 보아야 한다는 것이 사실史實을 통해 얻은 나의 결론이다. 제국주의시대에 해당되는 동아시아 근대에 관한 한 더욱 그러하다. 이 원칙을 무시하면 청국이 한국에게 열강과 수교를 강권强勸한 원인도 불분명해지며, 심지어는 진실과 상반되는 엉뚱한 해석을 낳을 수도 있게 되는 것이다. 그럴 경우 인과관계因果關係에 따른 올바른 역사 해석도 자연히 불가능해진다.

지난 반백 년에 걸쳐 내가 유럽경제사, 유럽의 근대화 과정, 국제관계사 등을 공부한 목적이 모두 이 사실을 입증하기 위해서였던 것 같다는 느낌이 든다. 나는 며칠 전, 《한국근대의 세계사적 이해》라는 제목의 작은 책자를 출간했다. 한국 근대사 속 중요 사건을 세계사적 관점에서 재해석한 것이다.

나는 이 작업이야말로 역사학 전공자의 책무라고도 생각했고, "세계사의 흐름 속에서 우리의 객관적 위치를 밝히라"는 교과부의 주문을 따른 것 같다는 생각도 해 보았다. 그리고 한국사를 공부하려 했던 나의 대학입학 당시로 되돌아온 것 같은 감회도 느꼈다.

나는 이 작은 책에서 먼저 일국사적 한계를 벗어나지 못하고 있는 한국 근대사학계에 대한 비판부터 시작했다. 이들에 대한 비판이 결국 일국사적 한계를 벗어나지 못한 일본의 '만드는 모임' 역사학자들에 대한 비판이기도 하기 때문이다. 역사 연구에서는 일국화를 막아야 하고, 역사 기술에서는 인과관계를 따라야 한다는 것이 나의 신념이다. 이것이 두 나라가 역사 인식을 공유할 수 있는 기반이라고 나는 믿는 것이다. (2010년)

한국 역사학계 주변에서

윤병석 尹炳奭

1930년생. 서울대학교 사학과를 졸업하고 숭실대학교에서 박사학위를 받았다. 인하대학교 교수로 봉직했으며 한국근대사를 주요 연구 분야로 삼았다. 인하대학교 명예교수로 활동하다가 2020년 작고.

주요 저서로는 《한국독립운동의 해외사적 탐방기》(지식산업사, 1994), 《안중근 연구》(국학자료원, 2011), 《3.1운동사와 대한민국 임시정부 광복선언》(국학자료원, 2016) 등 다수가 있다.

1. 머리말

저는 한국 역사학계 주변에서 60여 년을 맴돌기는 하였으나 크게 내세우고 자랑할 만한 것이 별로 없습니다. 그렇지만 이 자리에서 제가 어떤 한국사 연구를 견문했는지, 또한 제가 무엇을 하였는지에 대해서 몇 가지 사례를 들면서 말씀드리고자 합니다.

저는 일제 치하 9·18만주사변과 중일전쟁 그리고 태평양전쟁 제2차 대전으로 이어지는 15년전쟁 시기 충북 제천군의 애련愛蓮이란 벽촌에서 자라서 한 10여 리 거리의 면소재지에서 국민학교를 다녔고, 이어 이제는 제천시가 된 제천 읍내 농업학교에서 초년을 다니다 해방을 맞았습니다. 해방 뒤에도 계속하여 그 학교에서 중고등학교 6년 과정을 졸업했습니다. 6·25전쟁이 발발하던 1950년 서울에 올라와 서울대학교 사학과에 입학하였습니다. 역사학 관련 인연의 시초가 아닌가 합니다. 그리고 숙소도 아버지의 구연舊緣으로 충무로 2가 한미호텔이란 곳에 정하고 통학하게 되었습니다. 그 호텔은 바로 해방 뒤 중국대륙에서 풍찬노숙하면서 조국독립운동에 헌신하다 돌아온 여러 임시정부 요인의 숙소로 애국지사분들을 뵈올 수 있었습니다. 그러나 처음으로 역사학 공부를 해야 할 시절을 전쟁으로 군대에서 보냈습니다. 총 들고 최전방에는 가지 않았지만 휴전선 언저리에서 3년 반을 보내야 했습니다. 휴전 뒤 복학하여 당시 180학점을 겨우 채워 3년 늦게 졸업하고 이병도 선생의 추천으로 사학과 무급조교로 학교에 그대로 남았습니다.

그로부터 한국사 문헌이 가득한 동숭동 캠퍼스 국사연구실에서 조교로 근무하면서 한국사에 관심을 갖게 되었습니다. 3년은 지났지만 당시

사회 여건에서 사학도가 취직을 하거나 갈 곳은 극히 제한적이었습니다. 조교 시절 겸직하던 경신고등학교 교사로 재직하던 무렵 4·19를 겪었고 그 뒤 얼마 안 되어 5·16이 일어나고, 이어 마침 국사편찬위원회 기구가 확장되면서 처음으로 편사관編史官을 뽑게 되었습니다. 그때가 1961년으로 저를 포함하여 최영희, 김용덕, 차문섭, 이재룡 교수 등과 함께 5명이 공채로 들어가게 되었습니다. 그 가운데 뒷날 국사편찬위원장이 된 최영희, 중앙대학의 김용덕, 단국대학의 차문섭 교수 등 세 분은 이미 고인이 되셨고, 이재룡 교수와 나만이 남아 있군요.

2. 국사편찬위원회에서

국사편찬위원회에서 맡은 임무는 처음 얼마 동안 조선시대사를 담당하였으나 곧 편사실장과 뒤이어 조사실장에 보임되었습니다. 실무를 총괄하는 자리가 되어서 전공에 전념하기는 좀 어려웠습니다. 그때 가장 중점을 두었던 사업이 첫째, 일제 침략으로 일그러지고 훼손된 근대사를 새로 편찬하는 것이고, 둘째, 나라를 잃었을 때 국내외로 마구 흩어진 한국사, 특히 근현대사 자료를 수집·정리하여 간행하는 것이었습니다.

전자를 위한 사업의 하나는 《한국사》의 편찬과 간행계획을 세워 추진한 것입니다. 거의 반세기에 걸친 민족수난으로 말미암아 전반적으로 한국사 연구가 부실할 뿐 아니라 특히 근현대사 관계 연구는 더 심한 형편이었습니다. 이 작업은 그때까지 한국사 전반에 관한 학계 연구성과를 집대성하며 통사식으로 새로 편찬·간행하여 학계에 제공한 것입니다. 그래도 고대에서 중세 조선시대까지는 그동안 여러 관련 학자의 연구성과가 대개는 거의 엇비슷하여 문제가 적었는데, 근현대사에 와서는 연구성과가 희소할 뿐 아니라 큰 체계도 잡혀 있지 않아서 적지 않은 논란과 심의가 있었습니다. 그때 국사편찬위원회 안에 홍이섭 교수를 비롯하여 한우근, 이기백, 이광린, 최영희, 이현종 교수 등과 함께 따로 《한국사》 편찬위원회를 구성하고 제가 간사를 맡아 몇 년 걸려 국사편찬위원회편 《한국사》 25권(1973~1979)을 편찬·간행하였습니다. 그 뒤 제가 국사편찬위원회를 떠난 후에도 다시 예산을 크게 늘려 25권을 52여 권으로 보완 재출간(1993~2002)까지 하였습니다.

이 무렵 제가 관여하던 또 다른 특수한 사업의 하나는 중고등학교용 국사 단일교과서 편찬이었습니다. 해방 후의 혼란기부터 자유당시기까지 일반화된 교과서는 따로 없고, 이병도 선생을 비롯하여 김상기, 이홍직, 신석호 교수 등의 명성 있던 학자들이 낸 문교부의 검인정교과서가 통용되었습니다. 그러나 이들 교과서는 체제나 내용도 다른 점이 있고 특히 근현대에 내려올수록 체제는 물론 역사적 사실에 대한 해석도 다르게 나와 있어 한국사 단일교과서의 편찬이 필요하였습니다. 이런 배경에서 문교부에서 중고등학교용 국사 단일교과서 편찬을 국사편찬위원회에 지시한 것입니다. 그러나 역사학계에서는 국정교과서를 편찬하는 것이라고 크게 반발하였습니다. 하지만 공무기관인 국사편찬위원회로서는 문교부 요청대로 단일교과서의 편찬 간행을 착수한 것입니다. 여러 국사편찬위원과 그 밖에 관련 학자를 연구자문위원으로 위촉하고, 중학교 교과서는 강진철(고대·고려시대), 차문섭(조선시대), 이현종(근현대)이, 고등학교 교과서는 김철준(고대·고려), 한영우(조선시대), 윤병석(근현대)이 집필하였고, 중학교용 간사를 이현종이, 고등학교용은 제가 담임하여 수행하였습니다.

그런데 원고를 완성하여 문교부에 넘겼는데 처음 약속과는 달리 그곳에서 감수하는 과정에서 수정도 하고 특히 해방 후의 현대사 부분은 문교부 편수국에서 작성한 것으로 교체되기도 하여 1979년에는 초판이 간행되어 교육현장에 통용되었습니다. 그러나 전체적으로 보면 중고등학교 교과서가 다 내용과 체제 면에서 거의 단일교과서로서 면목만은 갖췄고, 특히 근대에 들어 개화·근대화와 민족운동이나 독립운동 부분에서는 당시까지의 학계 연구성과가 크게 반영되었다고 생각됩니다. 그 밖에도 내용상 단군조선 부분의 서술에서 신화적인 면보다는 사실적인 면이 강조되었고, 그 밖에도 전 시대에 걸쳐 학계의 연구성과가 반영된 것으로 기술되었습니다. 예컨대 동학 부문에서 동학란이라 하지 않고 동학농민운동 또는 동학혁명으로 하고 또한 간도 개척이란 항목으로 일제가 자의적으로 1909년 9월 간도를 중국령으로 인정한 간도협약까지 기술한 것 등입니다. 반면 출판 뒤에 보니까 필자들과 논의 없이 수정된 부분도 없지 않았습니다. 예컨대 이광수와 최남선 등의 친일 변절 부분 기술 등에서는 임의대로 삭제되고 말았습니다. 따라서 저도 그 뒤 단일교과서 유지는 여러 가지로 문제점이 생겨남으로 검인정교과서로 다시 바꿔야 한다고 주장하였습니다. 또한 단일교과서를 편찬하면 여러 필자가 단시일 안에 공동집필하게 되므로 때로는 하나의 기준과 하나의 문체로 통일하기는 어려움이 따르므로 검인정교과서 쪽을 강조한 것입니다. 아직도 교과서 문제는 내용상 특히 근현대사 부분과 관련하여 해결과제가 적지 않게 남아 있다고 생각됩니다. 학계에서 관련 연구의 활성화와 신중한 집필·심의가 필요합니다.

3. 독립운동사 자료 수집과 연구

국사편찬위원회의 더 기본적인 사업은 한국사 관련 자료를 수집·정리하고 그것을 편찬·간행하는 사업이었습니다. 처음 그곳에 가서 생각보다 절실하게 확인한 것이, 나라 안에서는 민족수난기와 6·25 전란 중에 한국사에 관한 중요 자료가 소실되거나 국내외로 형편없이 흩어져 근현대사 등을 편찬하거나 연구하기가 극히 어렵게 되었다는 것이었습니다. 따라서 무엇보다 이들 자료를 될수록 빨리 조사·수집하고 근현대사 연구를 심화시키는 일이 중요하다고 여겼습니다. 그 가운데에서도 항일 민족운동이나 독립운동 관련 자료의 수집과 정리 편찬 등이 핵심 과제의 하나로 부상되었습니다. 따라서 조사실 안에 독립운동사 관련 부서를 설치하고, 《한국독립운동사》(1965)와 《한국독립운동사 자료집》 편찬 계획을 세워 추진하게 되었습니다. 저도 당시에는 자료의 수집을 위해 백방으로 노력하였습니다.

독립운동사 관련 자료 소재는 주로 세 가지로 나누어 볼 수 있습니다. 첫째는 독립운동을 추진한 한국 측의 자료들입니다. 두 번째는 식민지배자였던 일본 측의 자료이고, 세 번째로는 미국이나 중국, 러시아 등 열강의 자료들입니다. 두 번째 일본 측의 한국 내 자료는 해방 당시 국내 중앙청사와 지방관서 그리고 법원이나 검찰청, 경찰관서 등등의 기록입니다. 이런 사료가 있다고 하면 쫓아다녔죠. 그런 자료 가운데 일본 사람이 불태우려고 하다 못 태운 것이 있어서 초기에 국사편찬위원회가 낸 3·1운동 자료나 의병 자료 등을 구하기도 하였습니다. 이런 일본 측 자료는 크게 세 가지 특성이 있습니다.

우선 민족운동이나 독립운동 가운데 의병 관련 부분이 절대적으로 비중이 큽니다. 형사재판 기록을 보면 의병운동이 처음 일어난 을미의병부터 시작해서 1910년 전후의 국내외 의병 관련 자료가 매우 많고, 그 다음으로 3·1운동 관련 기록들입니다. 항일의병은 당시 일본학계나 일부 국내학계에서는 최익현, 유인석 등 몇 명 완고한 유학자 출신 의

병장들의 주도와 선동으로 해석하는 경향이 있었습니다. 또한 일부 논자들이 3·1운동도 몇몇 사람들이나 어떤 계층 혹은 종교계 등에서 주도적으로 한 것으로 해석하기도 하였습니다. 그러나 자료는 온 겨레 구성원이 신분과 지역, 종교와 사상, 남녀노소 할 것 없이 신구학문과 빈부를 떠나서 함께한 것을 실증합니다. 그리고 20년대 이후에는 일본이 제일 꺼렸던 것이 사회주의와 공산주의 운동이기도 하여 비교적 많은 양을 확인했습니다. 세 번째는 국외 자료입니다. 주로 미국 측 자료가 많은데 대부분 1970년대에 많이 찾았지요. 로스앤젤레스와 샌프란시스코, 뉴욕 등을 다니면서 보았습니다. 그리고 국외 자료 가운데 일본 측의 것도 아직 개발할 게 많이 있습니다. 맥아더 문서가 처음에 들어왔다고 했을 때 마이크로필름으로 약 2천 릴 분량이니 말하자면 1천 쪽 안팎의 책 2천 권이나 되는 셈입니다. 그것을 근대사를 전공하는 동료들과 나누어서 대강을 검토했습니다. 그때 그 자료를 통해 일제 측 자료의 전체적인 윤곽을 짐작할 수 있었죠. 그러나 일본에 있는 자료는 그전부터 현재까지 국내외 관련자에 의하여 알려진 바로는 그것이 한 무더기에 지나지 않고 여러 곳에 소장된 것이 한참 더 됩니다. 뿐만 아니라 아직도 소개되지 않은 자료가 적지 않다고 생각됩니다.

한편 일본 측 자료에서만 보더라도 적지 않은 분량을 차지하는 것이 남북 만주와 러시아 연해주 등에 관련된 부분입니다. 근현대사, 특히 독립운동사의 큰 줄기 가운데 한 부분은 러시아 연해주와 서북간도를 비롯한 남북 만주, 중국대륙까지 가 있는데, 자료를 수집할 그 당시에는 현지조사란 철의 장막이나 죽의 장막이 가리운 곳이 되어 생각도 못하는 처지이고 게다가 지금처럼 역사 인식의 안목이 다원화되어 있던 시기가 아니었습니다. 공산주의가 대부분 무너진 지금 상황에서 보면 그러한 것으로부터 자유롭겠지만, 당시에는 그러한 부분에 대한 정리가 쉽지가 않았습니다. 그러나 그 분야를 역사에서 빼놓으면 안 될 것 같아 자료를 얼마라도 찾아야 되겠다는 생각에서 글도 몇 편 썼지요. 그냥 그대로 두면 사장되고 묻혀서 ―우리 역사에서 압록강 북쪽에 영토가 없어지듯― 현재 조선족 또는 고려인이니 하는 중국과 러시아의 해외동포들이 거기서 민족운동, 독립운동의 큰 기반이 되었다는 것마저 소외되고 훼손될까 염려되었던 것입니다. 따라서 그 지역에 한 번도 가보지 못한 채 자료를 수집하고 집필을 하게 되었습니다. 그러나 올림픽 전후로 해서는 달라지기 시작했습니다.

이와 같이 우리 역사에서 독립운동사는 만주와 연해주, 중국 대륙의 것을 빼놓을 수 없는 것이라 생각합니다. 다행히 근년에 들어 당사국들도 제한적인 점이 없지는 않지만 자료 열람과 수집을 협조해 주고, 정부에서도 상당한 예산도 편성해서 국사편찬위원회와 독립기념관 및 관련 학계에서 수집·정리에 노력하므로, 앞으로 시간이 좀 걸리더라도 잘 이루어지지 않을까 생각합니다. 당시에는 인력도 아주 부족했고, 예산규모도 열악했습니다.

독립운동사 자료를 수집하고 연구해 보면 우리 민족이 광복을 맞은 것은 제국주의 전성시대 그 어려운 국내외적 여건 속에서도 기적과도 같은 큰 대업을 이룬 것이라 할 수 있습니다. 그러나 그것은 우리가 논의하는 특정한 독립운동자들의 투쟁만으로 이룩한 것이 아니고 얼마의 친일파를 제외한 민족적 투쟁의 결과이기도 하다는 생각입니다. 우리의 독립운동이 광복의 절대적인 원인은 아니었지만 특히 정신적으로는 조국의 광복 투쟁에 큰 역할을 했습니다. 어떻든 이와 같은 투쟁을 누가 했느냐 하면 한국 사람으로 태어난 모든 국민이 정도의 차이는 있을지언정 다 함께 했지, 특정 몇몇의 전유물이 아니었다는 생각이 듭니다. 특이하게 친일로 기울어진 약간의 부류를 제외하고는 우리 민족 모두가 다 참가하여 조국독립운동을 한 것이죠. 그러나 그 가운데서도 특출한 독립운동가들이 중심이 되어서 남보다 큰 일을 주도하고 희생한 것이 주목을 받기도 했지만, 본질적으로는 한국인 모두가 한 것입니다. 대표적으로 앞에 든 3·1운동만 해도 독립운동가라는 특정한 사람과 특정 계층의 운동이라고만은 생각할 수 없습니다.

국사편찬위원회에서 이와 같은 민족운동이나 독립운동 관계 자료의 수집과 정리 편찬을 기초로 필자는 후일 《3·1운동사》(초판 1975, 정음사, 증보 국학자료원)를 비롯하여 《의병과 독립군》(세종대왕기념사업회, 1974), 《한말의병장열전》(독립기념관, 1991), 《독립군사》(지식산업사, 1969), 《재발굴 한국독립운동사》(한국일보사, 1987), 《근대한국독립운동의 사조》(집문당, 1996), 《국외한인사회와 민족운동》(일조각, 1990), 《간도역사의 연구》(국학자료원, 2003) 등 몇 권의 저술을 간행하였습니다. 또한 이와 관련하여 《독립운동 사적답사기》(지식산업사, 1994), 《한국근대사료론》(일조각, 1979) 등과 그보다도 항일 민족운동과 독립운동의 기반이라 할 국외 한인의 원류와 한인사회의 성립 등을 탐구한 《해외동포의 원류》(집문당) 등 저술들을 간행하였습니다. 지금 생각하여도 하나같이 미진하고 소략한 대목이 적지 않습니다. 어찌 생각하면 비능률적이고 노다공소勞多功小한 자료 수집들에 세월만 보낸 것 같습니다. 그러나 역사를 연구하는 방법이나 목적 등이 과거를 현재의 시점에서 자기 뜻대로 새로 창작하여 현재의 입장을 합리화하거나 미래의 이상세계를 건설하는 기준으로 삼으려는 현실 합리주의 관점에서 기술하려는 부도덕한 학문으로의 전락을 경계하는 한 누구나 별수 없이 겪어야 할 전통이라 자위自慰하여 보기로 합니다.

4. 인하대학교와 정신문화연구원에서

1970년대 중반 무렵 국사편찬위원회에서 인하대학교 사학과 교수로 옮겨 몇 년 되지 않아 뜻하지 않게 지금은 한국학중앙연구원이라 개명한 한국정신문화연구원 개원 초창기에 참여하게 되어, 그곳에서 3년 동안 파견 교수로 활동하였습니다. 당시 박정희 대통령이 경제성장을 주도하여 산업화를 추진하고 있지만 그에 상응하는 정신문화의 계발도 필요하다고 생각하여 한국정신문화연구원을 성남시 운중동에 세우며 전국 각 대학에서 필요한 연구교수를 파견 근무하게 한 것입니다. 원장은 박대통령과 가까운 역사학자 이선근 박사이고 인문부장은 고대사를 전공한 서울대학의 김철준 교수이고 제가 사학연구실장을 맡았습니다. 조용한 환경에 시설 전반과 도서 등도 가능한 한 갖추어 갔습니다. 저도 전공 연구에 전념할 수 있었지만 그보다 초창기 연구원의 터전을 다지느라 분주한 나날을 보내기도 하였습니다. 외부 유위有爲한 학자들에게 많은 연구 프로젝트를 만들어 위탁 연구도 시키고 연구비도 당시 통용보다 후하게 책정했습니다. 그 연구 결과는 그곳에서 연차적으로 간행했던 《한국사학》이란 연구지에 수록하였고 특이한 주제의 것은 별도의 단행본으로도 간행하였습니다. 또한 얼마 뒤 원내에 병설 대학원도 설치하여 최초의 한국학대학원이 생겼습니다. 선발된 입학생에 대하여는 등록금은 물론, 숙식비까지 원에서 부담하고 경우에 따라서는 병역까지 특혜조치를 취했던 것으로 기억합니다. 교과과정도 한국학 전 분야에 확대하여 일반 한국사뿐 아니라 한국의 어문, 철학, 예술, 사회 등 여러 분야에서 협동연구하고 학습하는 새 풍토 진작에 힘썼습니다. 또한 한국학 연구에 절실한 기초과목인 한문과 영어 등 외국어 이수에도 치중했습니다. 늦게 생긴 대학원이지만 관련 도서를 비롯한 참고문헌도 최대한 갖춘 도서관과 각종 연구실을 운영하게 배려되었습니다. 이 대학원에 제가 있을 때인 초창기 수학생들이 이제는 유능한 학자로 커서 경향의 학교나 관련 학술기관에서 각기 중요한 활동을 하고 있습니다.

한편 정신문화원에 있을 때 몇 가지 색다른 과제와 사업도 계획되어 추진되었습니다. 예컨대 한 가지는 빈약한 독립운동 관련 자료의 개발을 위하여 대만에 출장하여, 당시까지 생존한 중화민국 정부요인 가운데 특히 대한민국임시정부와 한국광복군 후원 등 한국독립운동에 기여하거나 관여한 인사들의 녹음증언을 청취한 것입니다. 그 뒤 그 가운데 시의에 필요한 것은 발췌하여 《중국인사 한국독립운동사 자료집》(정신문화연구원, 1983)을 간행했습니다. 아울러 그때 대만 내 소재 국사관과 중앙연구원 등 관련 기관에 소장된 자료도 함께 수집하였습니다. 또한 다른 한 가지는 앞으로 우리나라 문화의 방향과 내용 등에 대한 모색을 심도 있게 다룬 것입니다. 원 내외의 관련 학자들이 함께 참여하여 연찬과 토론도 벌였습니다. 제 기억으로는 한국문화가 나아가야 할 방향을 두 가지로 나누어 본 것으로 기억합니다. 하나는 전래된 한국의 비효율적 전통문화는 과감하게 도태시키며 서구에서 성장한 기독교를 바탕으로 하는 근대문화를 철저히 수용하여 선진사회를 만들어 가야 한다는 것이고, 다른 하나는 우리의 전통문화를 바탕으로 하여 서구문화와 과학을 비롯한 여러 문화를 다원적 입장에서 우리의 것으로 수용하여야 된다는 것이었습니다. 전자의 의견이 후자의 것보다는 우세한 경향이었던 것으로 기억됩니다.

또한 정신문화원에서 한국의 역사와 문화를 총집대성한 대백과사전의 편찬 간행을 기획·추진하였습니다. 최초로 전27권의 방대한 《한국민족문화대백과사전》을 완간하였습니다. 예상보다 많은 예산이 투자되고 10년 이상의 시일이 소요되고도 항목과 내용에 따라 부실하여 보완해야 될 점도 적지 않지만, 일단 우리 민족문화 이해의 중요 입문서가 되고 있습니다.

인하대학에서는 사학과 소속의 근현대사 강의를 담임하는 한편 대학 당국의 각별한 지원으로 한국학연구소를 설치하여 1995년 정년 때까지 한국학과 독립운동사를 연구하며 지냈습니다. 더욱이 연구소의 소장으로 초창기 10여 년 재임하면서 그동안 현지답사에 소홀했던 남·북만주와 연해주 그리고 중앙아시아의 한국민족운동의 유적지를 두루 답사할 수 있었던 일은 지금도 기억이 생생합니다. 이 연구소는 그때부터 연구성과를 발행하던 《한국학연구》지를 계속 내고 있습니다. 더욱이 현재도 한국학술재단의 특별연구비 지원 등으로 원만히 운영되며 많은 연구성과가 기대됩니다.

5. 학회활동과 민족운동 지도자의 전서 편찬

제가 1958년 처음 대학 강단에 선 이래 인하대학과 한국정신문화연구원의 한국학 대학원 외에도 모교인 서울대학교 등에서 한국사, 한국근대사, 독립운동사 등의 강의를 시의에 따라 맡아 분주히 다니기도 하였습니다. 그 가운데 서울대학 사학과에서는 2003년도까지 거의 매년 연속하여 한 학기는 한국근대사를, 다른 한 학기는 한국독립운동사를 교체 강의하여 전후 40여 년이 되는 셈입니다. 지금 생각하면 부실한 강의내용도 없지 않지만 그때는 그러한 강의가 흔치 않았고 젊었기 때문에 한 것입니다.

또한 여러 대학 출강과 전후한 시기에는 역사 관련 학회의 활동에도 가능한 한 참여했습니다. 60~70년대에 역사학회와 진단학회 그리고 한국사연구회에서는 선배 선생들을 따라 다니며 '한국사와 역사의식'이니,

'단재 신채호의 역사' 등의 주제를 발표하기도 하였습니다. 좀 특수한 것으로는 60년 초에 이병도 선생이 주도한 한국사회과학연구회의 간사를 맡아 한국사와 한국경제, 한국정치, 한국사회, 한국법제 등 관련 사회과학 학문이 협동 연구하는 '사회과학'의 성장을 기대한 것입니다. 그 학회에서 외국재단의 원조를 받아 연구도 진작시키고, 《사회과학》이란 학술지도 제3호까지 간행하였습니다. 그러나 얼마 지나지 않아 5·16이 일어나 모든 학회활동이 일시 중단되고 이병도, 신태환, 변시민, 이항녕 등 중요 임원이 학계 현직에서 물러나는 풍조 속에 휩쓸려 더 지속되지 못했습니다. 다음은 한국민족운동연구소의 창립과 《한국민족운동연구》의 간행 등 참여 활동입니다. 80년대 초를 전후하여 일본의 역사교과서 왜곡 문제가 계기가 되어 천안 흑성산 아래에 독립기념관이 건립되었습니다. 이때 독립기념관의 전시자료 수집 정리와 그 밖에 독립운동사 연구의 심화를 위하여 손보기, 추헌수, 조동걸, 신용하, 박영석, 박성수, 김창수, 이연복 등 15,6명의 관련 학자와 5,6개월을 두고 자주 회합, 열심히 심의 토의하고 자료 수집과 전시물의 각종 안을 제시하였습니다.

이때 특별히 신용하, 조동걸 교수가 마지막 마무리를 맡아서 수고를 하였습니다. 그런데 독립기념관을 개관하고 보니 정부를 대신하여 독립기념관 건립을 행정적으로 집행하는 분들이 자기네 의견에 맞는 것은 학자들의 의견을 수용하고 그렇지 않은 것은 소외시킨 대목이 적지 않게 나타났습니다. 그래서 거기 관여했던 학자들을 중심으로 한국독립운동사 연구를 위한 학회를 발기해서 좌장격인 손보기 교수를 회장으로 하고 제가 간사를 맡는 한국독립운동사연구회를 창립했습니다. 한국독립운동사연구회는 정례 연구발표회도 개최하고 《한국독립운동사연구》라는 기관지도 발간하여 학계 안팎의 호응을 얻기도 하였습니다. 이 연구회 명칭은 곧 연구영역을 넓히기 위하여 한국민족운동사연구회로 변경했습니다. 어떻든 몇 년 동안을 두고 회장도 맡아 활동하다 젊은 학자들이 계속하고 있습니다. 그 학회는 우여곡절을 겪으면서도 현재까지 지속되고 정기적인 《한국민족운동사연구》와 관련 연구저서가 나오고 있습니다. 한편 이 무렵 젊은 근대사나 민족운동사 전공학자들은 한국근대사학회를 조직하여 현재까지 꾸준히 성과 있는 활동을 하고 있습니다.

저의 특수학회 활동은 90년대에 들어 지금은 도산학회라고 개칭한 도산사상연구회와 2000년대 들어 백암학회의 회장을 맡아 각기 도산 안창호와 백암 박은식의 생애와 사상, 학문 등 민족운동 연구에 주력하였습니다. '도산학'과 '백암학' 정립을 목표로 두 인물에 대한 연구의 심화가 필요한 것이라고 생각했습니다.

이와 관련하여 한국근대사에서는 도산과 백암을 포함하여 국내외에서 항일운동이나 독립운동을 솔선하고 지도한 인물이 많이 있습니다. 그런 가운데에서도 우남 이승만과 백범 김구, 성재 이동휘, 우강 양기탁, 단재 신채호 같은 분들이 항일운동과 독립운동에서 중심에 선 인물들이라고 할 수 있습니다. 그러므로 독립운동사를 정리하려면 먼저 이분들의 학문사상과 항일운동이나 민족운동의 행적이 올바로 밝혀져야 바른 평가와 해석을 할 수 있는 대목이 많이 있습니다. 그래서 이런 분들의 유문과 활동자료를 망라한 전서全書 편찬이 학계에서는 절실한 실정이었습니다. 다행히 제가 정년을 마쳐 좀 한가할 때입니다. 여러 대학에서 활동하던 관련 학자들과 이분들의 전서 편찬이 추진되어 《우남 이승만문서》 전18권과 《백범 김구전집》 전12권을 비롯하여 《도산 안창호전집》 전14권, 《백암 박은식전집》 제6권, 《우강 양기탁전집》 전4권, 《성재 이동휘전서》 상하권, 《단재 신채호전집》 전9권 등이 관련 학자들을 중심으로 구성된 편찬위원회에서 간행되는 데 참여하게 되어 큰 보람으로 생각합니다. 그 가운데 《우남 이승만문서》는 원래 이승만 박사가 소장하던 이화장문서로 유영익 교수가 편찬위원장을 맡아 관련 학자가 참여하고 저는 제4권에 수록된 3·1운동 관련 문서를 정리하고 해제하였습니다. 그 밖에 백범과 도산, 그리고 우강, 단재 전집 편찬에서는 편찬위원장을 맡아 간행하였습니다. 최선을 다하려 한 것이지만 그래도 수집자료가 미비하거나 오류가 생기는 부분은 앞으로 보유편으로 보완되어 갈 것이라고 생각합니다. 특히 최근에 독립기념관에서 맡아 《단재 신채호전집》을 간행한 것은 의의가 큽니다. 그분은 민족수난기에 스스로 국내외에서 철저하고도 강인하게 독립운동에 헌신한 순국선열일 뿐 아니라 민족주의 사학자로 독립운동의 지도 원리가 되는 중요 관련 글을 많이 남긴 인물이기도 하기 때문입니다. 그 밖에도 공산주의 운동에 관련된 성재 이동휘나 의열투쟁을 감행한 안중근, 윤봉길 의사의 유문과 관련 자료들은 독립운동사 이해에 필수적 내용이 담겨 있는 것이라고도 생각되어 현재 편찬 간행이 추진 중입니다.

6. 덧붙이는 말

끝으로 최근 읽고 검토하는 북우北愚 계봉우(桂奉瑀, 1880~1979)의 저술 특히 그의 자서전인 《꿈속의 꿈》(1940~1943, 카자흐스탄 크즐오르다에서 작성한 친필 원고본 상·하권 총 275쪽)을 소개하며 저의 말씀을 끝내려고 합니다. 나라를 잃고 두만·압록강을 건너 서북간도를 비롯한 남·북만주와 러시아, 시베리아, 연해주 등 대륙에 망명하여 조국독립운동에 헌신한 수많은 민족운동가 가운데서도 성재 이동휘와 여천 홍범도 그리고 계봉우 3인은 같은 시기 비슷한 지역에서 유별난 행적과 성명 높은 민족운동이 병칭 논의될 수 있는 인물들이라고 생각됩니다. 그 가운데 이동휘는 일제와의 독립전쟁의 지도자로, 홍범도는 의병과 독립군의 명장으로, 그리고 계봉우는 국혼을 찾으려는 민족주의 역사를 비롯하여 독립운동의 지도 원리와 이념 정립을 위한 한국학 연구의 선도자로 걸출한 위상을 보이고 있습니다.

계봉우의 국학 연구와 저술은 북간도 망명 직전부터 시작하여 크질오르다에서 작고하는 말년까지 반세기에 걸쳐 있습니다. 그것도 연구와 저술을 위한 적절한 환경에서 이루어진 것이 아니라 망국인으로서 조국을 떠나 언어와 풍속, 그리고 지리 풍토가 다를 뿐 아니라 이념과 체제가 급변하던 북간도를 비롯한 중국대륙, 러시아 연해주, 그리고 중앙아시아 카자흐스탄 지역으로 전전하는 불안과 격동 속에서 수행된 것입니다. 그러면서도 계봉우의 연구와 저술 분야는 한국어와 한국어문학 그리고 한국사 분야가 위주입니다.

그러나 그의 저술 가운데 신문잡지에 게재되거나 간단한 교과서류는 인쇄되어 당지에서 퍼졌지만, 그 밖에 한국어문학, 한국역사 등에 관한 30여 종의 오랜 역공을 들인 저술들은 그의 유필 원고대로 불완전하게나마 유족들에게 전해져 일부 독립기념관에서 가지고 와 영인하기도 하였습니다. 그 속에는 널리 알려진 백암 박은식이나 단재 신채호의 저술에서 볼 수 있듯이, 독립운동에 헌신하는 한국인의 민족의식과 평화 사상이 상통하거나 혹은 고유한 것이 내포되어, 현재 중국의 조선족과 러시아 지역의 고려인들이라고 불리는 한인의 역사의식과 한국학의 원모습의 일단을 찾을 수 있지 않을까 여깁니다. (2011년)

내가 걸어온 역사학의 길

한영우韓永愚

1938년생. 서울대학교 사학과를 졸업하고 같은 대학원에서 박사학위를 받았다. 주요 연구 분야는 조선시대사이다. 서울대 국사학과에서 봉직했으며, 현 서울대학교 명예교수.

주요 저서로는 《다시찾는 우리역사》(경세원, 2007), 《한국선비지성사》(지식산업사, 2010), 《과거, 출세의 사다리》 전4권(지식산업사, 2013~2014) 등 다수가 있다.

1. 양해를 구하며

내가 출생한 해는 1938년으로 한국식 나이로 (2012년 현재) 75세이다. 아직 과거를 회고할 나이도 아니고, 금년에도 《율곡평전栗谷評傳》을 집필해서 출판사에 넘겼고, 200자 원고지 약 1만 2천 매 분량의 《과거, 출세의 사다리 −족보를 통해 본 조선 문과급제자의 신분이동》(2013~2014; 전4권)의 집필을 완료한 상태이다. 앞으로도 건강이 허락한다면 몇 권의 책을 더 쓰고 싶다.

나의 역사 연구가 아직은 현재 진행 중이므로 앞으로 나의 연구시각이 어떻게 변할지도 모르는 상황에서 과거를 회상하는 이 자리가 부담스러운 것이 사실이다. 하지만, 중간보고도 전혀 무의미한 것은 아닐 것이라는 생각에서 이 자리에 나오게 되었음을 양해하여 주기 바란다.

2. 나의 주요 저서

나는 주 전공이 조선시대이고, 분야로 볼 때에는 사상사, 사학사, 신분사, 문화사, 그리고 인물 연구 분야이다. 여기에 부수적으로 근현대 사상사와 사학사도 다루어 왔다. 각 분야의 주요 저서를 먼저 소개하면 다음과 같다.

1) 사상사 분야

(1) 《왕조의 설계자 정도전》(지식산업사, 1999)
   * 《정도전사상의 연구》(1973년, 서울대 출판부)의 세 번째 개정판
(2) 《조선전기 사회사상연구》(지식산업사, 1983)
(3) 《실학의 선구자 이수광》(경세원, 2007)
(4) 《꿈과 반역의 실학자 유수원》(지식산업사, 2007)
(5) 《조선 수성기 제갈량 양성지》(지식산업사, 2008)
(6) 《한국선비지성사》(지식산업사, 2010)
(7) 《율곡 이이 평전 -조선중기 최고의 경세가이자 위대한 스승》(민음사, 2013)

2) 사학사 분야

(1) 《조선전기 사학사연구》(서울대 출판부, 1981)
(2) 《조선후기 사학사연구》(일지사, 1989)
(3) 《한국민족주의 역사학》(일조각, 1994)
(4) 《역사학의 역사》(지식산업사, 2002)

3) 신분사 분야

(1) 《조선전기 사회경제연구》(을유문화사, 1983)
(2) 《조선시대 신분사연구》(집문당, 1997)
(3) 《과거, 출세의 사다리―족보를 통해 본 조선 문과급제자의 신분이동―》
   (지식산업사, 전4권, 2013~2014)

4) 문화사 분야

(1) 《정조의 화성행차 그 8일》(효형출판, 1998)
(2) 《조선의 집 동궐에 들다》(효형출판, 2006)
(3) 《명성황후, 제국을 일으키다》(효형출판, 2006)
(4) 《조선왕조의궤》(일지사, 2005)
   * 중국어번역본, 일어번역본, 영어번역본, 독일어번역본 근간

(5) 《문화정치의 산실 규장각》(지식산업사, 2008)

5) 통사 분야

(1) 《다시 찾는 우리역사》(경세원, 1997년 초판, 2012년 49쇄)
   * 일어번역본; 《韓國社會の歷史》(吉田光男 번역, 明石書店, 東京, 2003)
   * 영어번역본: *A Review of Korean History* vol.1−3(translated by Hahm Jai−Bong, Seoul, 2010)
   * 러시아어번역본: *Korea History*(translated by Mikhail Park, Moscow, 2010)
(2) 《간추린 한국사》(일지사, 2011)

6) 에세이류

(1) 《한국의 문화전통》(을유문화사, 1988)
(2) 《우리 역사와의 대화》(을유문화사, 1991)
(3) 《미래를 위한 역사 인식》(지식산업사, 1997)
(4) 《역사를 아는 힘》(경세원, 2005)

7) 공저

(1) 《우리 옛 지도와 그 아름다움》(효형출판, 1999)
   * 영어번역본: *The Artistry of Early Korean Cartography*, Tamal Vista Publications, 2007
(2) 《행촌 이암의 생애와 사상》(일지사, 2002)
(3) 《21세기 한국학, 어떻게 할 것인가》(푸른역사, 2005)
(4) 《대한제국은 근대국가인가》(푸른역사, 2006)
(5) 《다시, 실학이란 무엇인가》(푸른역사, 2007)

3. 나의 연구 편력

1) 가정환경과 청소년기의 자조적 역사 인식

돌이켜 보면, 나의 학문편력은 내가 태어난 가정환경에서 원초적인 체질이 형성되고, 한국 현대사의 격동적인 변화에 민감하게 반응하면서 오늘에 이르렀다고 말할 수 있다.

나의 가문은 인조반정(仁祖反正, 1623) 이후 몰락하여 300년 동안 충청도 시골의 향반鄕班으로 살아온 전형적인 몰락양반이었다. 청주 한씨淸州韓氏는 조선시대 5명의 왕비를 배출하고, 263명의 문과급제자를 배출한 대성大姓 가운데 하나이지만, 우리 가문의 영광은 300년 전에 끝났다. 광해군光海君 때 좌의정을 지낸 13대조의 관력官歷이 우리 가문을 몰락시킨 결정적 원인이 되었다. 충청남도 서산군 해미면 바닷가의 동족同族 마을에서 자란 나는 서당 훈장이셨던 백조부伯祖父 밑에서 한학漢學을 배우고, 할아버지 밑에서 농사일과 양반의 엄격한 법도를 배우면서 성장했다. 그 시대는 일정日政 말기였지만, 나의 생활과 사고는 근대문명이 무엇인지도 모르는 조선시대 머물러 있었다.

초등학교 5학년에 6.25전쟁(1950년)을 경험하고, 1957년에 서울대 문리대 사학과에 입학한 나는 한국사에 관한 애정이 전혀 없었고, 서양사에 매력을 느끼고 있었다. 한국은 과거와 현재가 모두 비참한 나라로서 한국인의 역사는 지워 버리고 싶은 수치와 환멸의 대상이었기 때문이었다. 그나마 이순신李舜臣과 세종대왕世宗大王, 광개토대왕廣開土大王, 을지문덕乙支文德, 강감찬姜邯贊 같은 현군賢君이나 민족영웅에 대한 존경심을 가슴 속에 품고 살았을 뿐이다. 학교에서 배운 역사는 조선총독부가 홍보한 식민주의적 한국사관에서 크게 벗어나지 않았다. 전쟁과 폐허의 암울한 시대에 자조적으로 왜곡된 역사 인식이 쉽게 파고든 것이다.

자조적인 역사 인식은 오직 나 한 사람에게만 국한된 것이 아니라 그 시대 지식인들의 공통된 분위기였으며, 그 이면에는 미국에 대한 한 없는 동경이 담겨 있었다.

2) 4.19 이후의 민족주의적 역사 인식

나의 패배주의적이고 자조적인 역사 인식에 큰 변화를 가져온 것은 4.19혁명(1960)이었다. 당시 대학 4학년이었던 나는 4.19 전후하여 거세게 불어닥친 민족주의 열풍에 흠뻑 빠졌다. 그 바람은 인도, 인도네시아, 이집트, 쿠바 등 이른바 제3세계가 발원지였지만 직접적으로는 일본을 통로로 해서 들어온 것이었다. 특히 4.19 직후의 민주당 정권 시절은 사상 통제가 전혀 되어 있지 않아서 북한이나 중국 등 적대국의 소식도 봇물이 터진 듯 밀려들었다.

나뿐만 아니라 나와 비슷한 연배의 4.19세대들은 거의 대부분 비슷한 정서에 물들어 있었는데, 이 시기가 크게 보면 한국 현대지성사에 큰 획을 긋는 전환기였다고 생각된다. 마치 그것은 근대 독일의 질풍노도운동과 비슷한 경험이었을지도 모른다. 그래서 대학의 은사이신 두계斗溪 이병도李丙燾 선생의 문헌실증적 역사학에 큰 감동을 받고 그 방법론을 배우면서도, 다른 한편으로는 신채호申采浩, 박은식朴殷植 등 일제 강점기 민족주의 역사가들의 저서에서도 많은 자극을 받았다.

민족주의 열풍이 계기가 되어 대학원에서는 한국사를 택하였고, 1967년에 문리대 조교를 거쳐 1970년에 문리대 교수가 되면서 조선시대사 전공자의 길을 걷기 시작했다. 내가 조선시대를 전공으로 택한 것은 당시 지도교수이신 한우근韓㳓劤 선생의 권고도 있었지만, 어려서부터 조선시대의 유교적 정서 속에서 자란 나의 체질과도 관련이 있었다.

내가 처음에 찾고 싶은 조선시대사는 주로 봉건사회를 극복하여 근대로 나가려고 노력한 실학實學이나 자본주의적 맹아의 성장에 있었다. 이렇게 하는 것이 정체적이고 비자주적인 식민주의적 한국사관韓國史觀을 극복하는 것으로 생각했다. 또 이러한 정서는 1960년대와 1970년대의 역사학계가 지니고 있던 공통된 분위기이기도 했다.

3) 이데올로기 역사학에 대한 반성

1970년 이후로 나의 민족주의적 역사 인식은 두 가지 요인으로 바뀌기 시작했다. 첫째는 조선시대에 관한 실증적 연구를 진행하면서 "조선=봉건사회"의 신화가 깨지기 시작했고, 혈연적 단일민족을 강조하는 고전적 민족주의 신화도 깨지기 시작했다. 다시 말해 이데올로기적 역사 인식에 대한 회의가 생기면서 한국사상韓國史像을 전혀 새로운 시각에서 정립할 필요성을 절감했다. 연구를 진행할수록 조선시대를 봉건사회로 보는 것이 무리라는 것을 알게 되었고, 단일민족을 강조하거나 위대한 고대사를 강조하는 민족주의 역사학도 조선시대의 사회 발전이나 정신적 진보를 무시하는 퇴보적인 역사 해석이라는 것을 깨닫게 되었다.

나의 시각을 바꾸게 한 또 한 가지 요인은, 군부정권의 권위주의적인 통치와 근대화정책이 가져온 빛과 그늘에 대한 자신감과 반성이었다. 1970년대의 남한의 급속한 경제성장과 북한 및 공산권의 경제적 침체와 정치적 독재는 유물사관적 역사 해석 방식이 얼마나 비현실적인 것인가를 깨닫게 했으며, 군부정권의 인권 탄압과 권위주의적 통치는 도덕성과 민주성을 상실한 근대화가 얼마나 허망한 것인가를 각성시켜 주었다.

위와 같은 변화된 의식 속에서 내가 탐구한 것은 봉건적이라고 매도

된 조선사회와 그 사회를 지탱한 성리학性理學에 대한 재평가였다. 다시 말해 조선사회는 처음부터 서양 봉건사회와 견주어 볼 때 그보다 한층 진화된 사회였으며, 이를 지탱시켜 준 성리학도 결코 봉건적 사유가 아니라는 것이다. 이런 시각을 실증적으로 뒷받침한 연구업적이 바로 앞에 소개한 사상사와 신분사, 그리고 사학사에 관한 저서들이다.

나는 저서에서 '봉건'이라는 용어를 사용한 일이 없으며, 조선 후기 사회를 근대 지향으로 바라보기는 했어도 경제적으로 자본주의사회를 지향한 것으로는 보지 않았다. 사유재산제도나 시장경제적 요소는 이미 조선 초기부터 있었지만, 정신적으로는 토지나 모든 산업에 대한 공개념公概念이 발달하여 서구식 자본주의로 나가지는 않았다고 보았다. 바로 이 점이 서구사회와 다르고, 또 유물사관에서 말하는 봉건사회에서 자본주의로 이행한다는 도식과도 맞지 않는다는 것을 깨달았다. 조선 경제의 특징은 시장경제적 요소와 반시장적 공개념이 복합된 경제구조였던 것이다.

이 밖에도 조선사회가 봉건사회일 수 없는 중요한 이유는 더 있었다. 첫째, 법률로 정해진 세습적 특권층이 없다는 것이고, 노비를 제외한 양인층良人層에서 시험을 통해서 관원이 충원되고 있다는 점이다. 과거 제도에 대한 지금까지의 연구는 마치 양반특권층이 따로 있어서 이들이 세습적으로 관원이 된 것처럼 말하고 있으나, 이는 실증적인 통계수치에 따라서 증명된 일이 없다. 기왕의 잘못된 통설에 대해 필자는《조선왕조실록》과《문집》의 기록 등을 통해 반박해 왔는데, 나의 주장을 구체적 통계수치로 탐구한 것이 바로 위에 소개한 필자의《과거, 출세의 사다리 –족보를 통해 본 조선 문과급제자의 신분이동》이다. 여기서 그 요지를 간단히 소개하면, 15세기는 급제자의 40~50%가 양반이 아닌 하층신분층이고, 16세기는 그 수치가 20~30%대로 떨어지고, 17세기에는 다시 20% 이하로 내려갔다가 18~19세기에 40~50%로 회복되고, 19세기 중엽의 고종대에는 60%대로 다시 급상승하고 있다는 것이다.

둘째, 조선시대에는 봉건적 토지소유제도가 없다는 점이다. 모든 토지는 개인 사유지이며, 다만 그 수조권收租權이 국가로 가면 공전公田이고, 국가기관으로 가면 공해전公廨田, 둔전屯田 등으로 불렸으며, 관원에게 가면 과전科田 또는 사전私田, 또는 공신전功臣田 등으로 불렸을 뿐이다. 다만 과전科田=사전私田은 16세기 중엽에 없어져서 관원에 대한 국가의 보상은 녹봉祿俸으로 일원화되었다. 봉건영지라는 것은 조선시대에는 찾아볼 수 없다.

셋째, 권력구조와 정치 운영이다. 조선왕조는 권력 집중과 권력 분산을 교묘하게 배합하여 국왕세습을 인정하고, 국왕을 정점으로 하는 계제형階梯形 권력구조를 구성하여 군신공치君臣共治의 이상을 추구하되, 국왕이나 관원이나 누구도 전제專制할 수 없고 누구도 특권화할 수 없도록 치밀한 견제와 균형을 이루고 있다는 점이다.

정책결정 과정과 정책집행 과정에 대한 삼사[三司: 홍문관弘文館, 사헌부司憲府, 사간원司諫院]의 언론활동이 최대한 보장되고, 공론公論과 여론輿論이 존중되어 중요한 정책을 결정할 때에는 국민투표에 붙이기도 하며, 서울 시민市民의 의견을 직접 듣기도 했다. 세종世宗이 전세제도田稅制度를 개정하면서 17만 명의 찬부贊否를 물은 것은 국민투표의 선구라고 볼 수 있으며, 영조英祖와 정조正祖는 수시로 서울시민을 궁궐 밖에서 만나 의견을 청취한 일이 비일비재했다. 일반 백성의 상소上疏나 격쟁상언擊錚上言이 보장되었고, 국왕의 평생교육체제인 경연제도經筵制度를 실시하여 국왕을 성인聖人의 경지로 끌어올리려고 노력하였으며, 상피제도相避制度라 하여 출신지역으로 수령을 임명하지 않고, 친족이 응시할 때 고시관考試官을 피하고, 친족과 같은 관청에 임명하지 않았다. 대간

〔臺諫: 사헌부와 사간원)이 5품 이하 관리의 임명을 심사하여 국왕의 인사권을 거부할 수 있는 서경제도署經制度, 국왕의 8촌 이내 왕족의 관원 임명을 금지하는 제도 등은 관료제도를 합리적으로 운영하기 위한 제도적 장치라고 할 수 있다.

여기에 정치의 투명성과 책임성, 공개성을 높이기 위한 기록문화의 발달은 상상을 초월할 정도이다. 왕조의 종합적 통치행위를 일기체로 기록한 《조선왕조실록朝鮮王朝實錄》, 국왕 비서기관인 승정원承政院의 일기인 《승정원일기承政院日記》, 국가의 의례儀禮인 오례〔五禮: 길례吉禮, 가례嘉禮, 상례喪禮, 빈례賓禮, 군례軍禮)에 관한 행사보고서인 《의궤儀軌》, 국왕의 일기인 《일성록日省錄》 등 통치자료들이 지금 유네스코 세계기록문화유산으로 등록된 이유가 여기에 있다. 사실 이런 류의 기록문화는 중앙집권적 관료정치를 경험하지 못했던 중세기의 서양에서는 상상도 할 수 없는 것이다 특히 의식儀式의 장면과 도구들을 천연색으로 그려 넣고, 행사의 진행과정과 비용, 그리고 행사에 참여한 노동자의 이름과 품값, 거주지, 그리고 행사 참여자가 먹은 음식 메뉴와 레시피까지 세밀하게 적어 놓은 《의궤》는 문자기록과 영상자료를 합쳐 놓은 것으로 정밀성과 예술성을 동시에 갖추었다.

다음에 조선사회를 정신적으로 지탱해 준 성리학은 봉건적 사유와는 거리가 멀다. 성리학은 형이상形而上의 세계와 형이하形而下의 세계를 이理와 기氣로 나누어 설명하지만, 이 둘을 대립적으로 보지 않고 통합적으로 바라본다. 그래서 형이상의 세계와 형이하의 세계는 둘인 듯하면서 하나이고, 하나인 듯하면서 둘이라는 것이다. 다시 말해 우주만물의 차이를 경험적으로 인정하면서 동시에 천지인天地人에 내재되어 있는 공통적 원리를 찾아서 이상적 선善의 기준을 제시하고 있다. 이는 신과 인간을 수직적으로 바라보는 서양 중세기의 기독교적 세계관과는 전혀 다른 것이다.

한국사에서 왕을 신神으로 바라본 것은 상고시대上古時代의 신화적 세계관에서 그치고 있다. 적어도 조선시대에는 초월적 신의 존재는 인정되지 않으며, 왕권도 신수설神授說로 설명한 일이 없다. 유교적 이상군주인 성인聖人은 민民을 위해 봉사하는 도덕적 인격자일 뿐이지 신성불가침한 존재는 아니다. 그래서 왕을 스승으로 보는 '군사君師'의 군주상이 나타나게 된 것이다. 국왕은 도덕성을 상실할 때 얼마든지 민에 의해서 폐위될 수 있는 선택적 권력자일 뿐이다. 조선시대 두 차례에 걸친 '반정反正'이 그래서 가능한 일이었다.

우주를 구성하고 있는 천지인天地人을 하나의 통일체로 바라보는 철학은 이미 상고시대의 무교巫教에서 시작하여 불교문화와 유교문화를 거치면서 그대로 계승되고 진화되었다. 여기에 한국의 건축, 음악, 회화, 무용, 정원 등 모든 예술은 천지인이 하나라는 것을 표현하는 공통점을 지니고 있다. 산수화山水畫에는 천지인을 모두 담고 있으며, 춤은 하늘로 날아 올라가는 몸짓이며, 범종梵鐘은 하늘의 소리를 담는 음관音管과 땅의 소리를 담는 음통音筒을 구비하고 있어 중국이나 일본의 종과 다르다.

천지인을 도형으로 이해할 때에는 원방각圓方角〔○ㅁ△: 천원天圓, 지방地方, 인각人角〕으로 표현했다. 훈민정음訓民正音의 자음이나 모음도 기본적으로 이러한 원방각 도형을 응용한 것이며, 한국의 미술이 곡선을 사랑하고 있는 이유도 둥근 하늘에서 차용한 것이다. 바로 이런 비슷한 생각을 서양건축에 도입한 사람이 스페인의 Antonio Gaudi라고 할 수 있다.

또 한국인들이 전통적으로 셋〔三〕이라는 숫자를 유달리 선호한 이유도 여기에 있다. 한국인들은 몇 개는 '삼三'이라고 말하고, 많은 것은

'삼천三千'이라고 말하고, 매우 많은 것은 '삼만三萬'이라고 말하는 버릇이 있다.

한국의 건국신화인 단군신화檀君神話는 두 가지 우주관이 합쳐진 것이다. 하나는 오행상생사상五行相生思想이며, 또 하나는 천지인天地人을 하나의 생명공동체로 바라보는 삼즉일三卽一의 세계관을 기본으로 설정한 이야기다. 삼신(三神; 환인桓因, 환웅桓雄, 단군檀君), 삼신(三臣; 풍백風伯, 우사雨師, 운사雲師), 솔도삼천率徒三千, 삼위태백三危太伯, 삼칠일(三七日; 21일)의 등장이 바로 그것을 말해 준다. 그리고 삼신이 홍익인간弘益人間을 실천하기 위해 360가지 일을 했는데, 그 가운데 가장 중요한 것이 생명生命, 곡식穀食, 질병疾病, 선악善惡, 형벌刑罰이다. 이 다섯가지 기능은 바로 오행의 덕을 상징한다. 곧 생명은 인仁이요 나무(木)이다. 곡식은 신信이며 흙(土)이다. 형벌은 의義요 금金이다. 질병은 화火이며 예禮이다. 선악은 지智이며 물(水)이다. 오행은 서로 싸우는 상극관계相克關係로 보지 않고 서로 도와 주는 상생관계相生關係로 보았다. 투쟁적 우주관이 아니라 상생적 우주관이다.

천지인이 하나가 될 때, 즉 셋(三)이 하나로 합쳐질 때 가장 위대한 힘이 발생한다. 달리 말하면 천지인의 생명력이 하나로 합쳐질 때 위대한 에너지가 발생한다고 보았다. 그래서 '一'을 '하나', 곧 '크다'고 말한다. '한국韓國'도 '큰 나라'의 뜻이다.

'삼三이 합치면 일一이 된다'는 철학은 공동체정신을 의미한다. 단군신화에서 '홍익인간弘益人間'을 건국이념으로 내세운 것은 바로 공동체윤리를 의미하는 것이며, 그 윤리가 국가운영의 정치철학으로 승화되면서 '공익정치公益政治'로 구현된 것이다.

필자는 고조선에서 시작하여 삼국, 고려, 조선으로 이어져 온 국가운영 철학을 공익정치公益政治의 진화과정으로 보고 있으며, 그 주체세력을 고유어인 '선비'로 보며, 이들의 정신을 '선비정신', '선비문화'로 부른다. 필자가 집필한 《한국선비지성사》는 바로 필자의 이런 생각을 정리한 것이다.

필자가 1997년에 초판하여 지금까지 49쇄(2020년 현재 62쇄)를 발간한 《다시 찾는 우리역사》는 앞에 언급한 필자의 선비정신과 선비정치를 바탕으로 한국사의 진화과정을 재구성한 것이다. 그래서 고조선과 삼국시대를 귀족사회貴族社會, 고려시대를 반귀족=반관료제사회(半貴族=半官僚制社會), 조선시대를 관료제사회官僚制社會, 대한제국을 전통적 통치질서와 서구식 근대기술문화를 조화시킨 근대국가近代國家로 설정한 것이다.

필자가 구성한 한국사의 새로운 프레임은 노예제奴隸制—봉건제封建制—자본제資本制의 도식적 프레임과는 다르며, 기왕의 통사류가 조선시대를 양반귀족사회兩班貴族社會로 이해하고, 대한제국을 수구반동국가守舊反動國家로 이해한 것과는 확연하게 다르다.

4. 21세기와 동서문명東西文明의 접목

과거 역사를 어떻게 보느냐는 미래를 어떻게 전망하느냐와 밀접하게 관련되어 있다는 것은 두말할 필요도 없다. 물론, 역사학은 아무런 선입관을 가지지 않고 있는 사실事實을 그대로 보아야 한다는 Leopold von Ranke의 실증적 태도가 중요한 것은 사실이지만, 역사를 과거와 현재의 대화라고 주장한 E. H. Carr의 견해도 무시할 수 없다.

지나간 시대의 사관史觀인 민족주의나 계급주의가 역사의 진실을 왜곡하는 한계가 있고, 때로는 정치적으로 악용되어 인류평화를 해치는 결과를 가져왔다는 사실을 인정할 때 이런 류의 사관을 가지고 역사를 해석하는 것은 이미 시대착오라고 할 수 있다. 하지만, 인류의 공동선과 국제평화를 사랑하고, 생명을 사랑하고 아름다움을 추구하는 마음까지도 버린다면 역사학은 공허한 금고 속의 보석으로 끝나고 말 것이다.

특히 21세기는 인류가 그동안 경험하지 못했던 문명의 전환기에 서 있다고 본다. 그 이유는 교통과 통신의 발달이 동서문명의 벽을 급속도로 허물고 있을 뿐 아니라, 산업혁명 뒤 2~3백 년 동안 지속되었던 서구중심의 세계질서도 급속하게 무너지고 있기 때문이다. 중국과 일본이 경제적으로 미국과 더불어 세계 3강을 이루고 있으며, 한국도 머지않아 10강에 이를 것으로 전망되고 있다. 여기에 인도와 동남아, 중앙아시아, 중남미세계의 성장까지 고려한다면, 서구적 가치를 유일한 절대선絶代善으로 받아들이기보다는 여러 문명 간 대화와 교류를 통해 새로운 문명을 만들 수도 있을 것이다.

서구 이외 국가들의 비약적 성장은 서구적 가치와 서구적 과학기술의 수용으로 촉진된 측면, 곧 서구화西歐化의 결과라는 점을 부인할 수는 없다. 특히 개체를 존중하고, 개체 간의 경쟁을 통한 변증법적辨證法的 발전을 추구하는 서구적 윤리는 개인의 인권을 성장시키고, 생존경쟁 능력을 키워 주는 계기가 된 것은 사실이다. 또 천지인天地人을 분리하여 우주자연의 이치를 즉자적卽自的으로 해석해 온 서양의 과학과 기술문명은 산업혁명을 일으키고, 나아가 오늘날 무섭게 발달한 디지털문명을 가져오는 원동력이 되었음도 사실이다.

하지만, 서구문명은 지나치게 개체화되고 디지털화에 주력한 결과 기술문명의 무한진보를 가져오기는 했지만, 그 역기능도 무시할 수 없다. 서양의 변증법辨證法은 그 안에 대립과 갈등을 전제로 한 지양止揚이 강조되고 있어서 이분법적 사고를 벗어나지 못하고 있다. 물론, 기독교정신으로 상대와 약자를 따뜻하게 감싸는 측면도 보여 주고 있지만, 그 속에는 원천적으로 선악의 대립이 전제되고, 투쟁을 통한 해결방법이 내재되어 있다. 이런 사고가 절대선으로 인정되면 대립, 갈등, 투쟁, 약육강식, 정복 등은 피할 수 없는 인류의 운명이 될 수밖에 없을 것이다. 그것이 설사 인류문명의 진보에 도움이 된다 하더라도 그로 말미암은 막대한 희생은 감수할 수밖에 없는 것이다.

동양문명, 특히 무교巫敎, 불교佛敎, 유교儒敎를 공유해 온 동아시아문명은 앞에서 살펴본 것처럼 천지인을 하나의 상생적相生的 통일체로 바라보면서 공동선共同善을 추구하는 목표를 지니고 있다. 그것이 개체의 성장이나 기술문명의 진보에는 크게 기여하지 못했다 하더라도, 갈등, 투쟁, 전쟁, 정복 등 평화를 해치는 부작용을 예방하는 효과는 무시할 수 없을 것이다. 또, 천지인 합일사상은 자연과 생명에 대한 애정을 자극한다. 인류를 하나의 상생공동체相生共同體로 생각하는 홍익인간 이념도 오늘날의 이념갈등이나 국제적 분쟁을 치유하는 데 도움이 안 된다고 볼 수 없을 것이다.

따라서 여기서 필자가 제안하고 싶은 것은 개체를 존중하는 서구문명과 공동체를 존중하는 동양문화를 양자택일적 시각에서 선택할 것이 아니라, 이 두 문명을 대승적으로 합쳐서 새로운 21세기형 신문명을 만들 수 있다면, 발전〔發展; 서구적 가치〕과 안정〔安定; 동양적 가치〕이라는 두 마리 토끼를 잡을 수 있는 희망을 가져 보자는 것이다.

5. 법고창신法古創新의 한국사

앞에서 제기한 필자의 문제의식은 한국사 해석에서 '법고창신法古創新'의 논리로 이어지고 있다. 인류문명은 교류하면서 합쳐지고 합쳐지면서 진화하는 것인데, 그 방법이 바로 '법고창신'이다. 여기서 '법고창신'은 각 민족이 살아온 특수한 자연환경에서 자생적으로 발생한 원초적 토착문화를 바탕으로 하고, 여기에 진화된 외래문명을 접합시키는 방법을 말한다.

앞에서 한국사의 전개과정을 앞에서 선비정신과 선비문화의 진화과정으로 설명했지만, 그 진화의 방법이 바로 '법고창신'이었다고 나는 본다. 상고시대의 무교巫敎가 자연환경에서 배태된 토착문화라면 불교나 유교는 무교보다 한 단계 진화된 외래문화로서 수용된 것이다. 물론, 산동山東 지방에서 성립된 유교는 그곳 토착주민인 동이족東夷族의 아름다운 풍습에 감동을 받은 공자孔子, 맹자孟子가 주周나라 문명을 접합시켜 이론화한 것이기 때문에 한국인들이 유교를 적극적으로 받아들인 것은 외래문화의 수용이라고 보기도 어렵다.

유교의 뿌리가 한국인의 뿌리인 동이족의 무교문화이기 때문이다. 역사적으로 보면 유교문화는 중국인보다도 한국인이 더 적극적으로 체질화시킨 이유가 여기에 있을 것이다.

어쨌든 불교와 유교를 수용했다고 해도 그것은 이미 체질화된 무교를 바탕으로 삼아 수용된 것이었으므로, 한국인의 핏속에는 무불유巫佛儒가 중층적으로 합쳐진 문화적 DNA를 가지고 있다고 나는 본다. 나는 이것을 한국인의 체질이라고 해석하며, 그 체질의 차이가 중국문화나 일본문화와 비슷하면서도 독자적 특색을 지닌 민족문화를 발전시켜 왔다고 본다.

한국의 근대화도 마찬가지 논리로 설명할 수 있다. 대한제국이 '구본신참舊本新參'을 정책수단으로 하여 전통문화를 바탕으로 서양문명을 절충하여 근대국가로 탄생했다고 보는 이유도 여기에 있다. 물론 일본의 메이지유신(明治維新)도 '화혼양재和魂洋才'를 바탕으로 했다고 알려져 있지만, 한국은 유교적 국왕중심체제를 '구본舊本'으로 설정하고 있으나, 일본은 천황과 막부체제의 이중적 권력구조의 전통이 한국과 다르다고 할 수 있으며, '신도神道'를 국가종교로 설정한 것도 한국과 다르다. 다시 말해 한국이 유교 전통 속에서 '법고法古'를 추구했다면, 일본은 불교와 신도 전통 속에서 '화혼和魂'을 추구했다고 볼 수 있지 않을까?

여기서 '법고창신'의 논리를 거슬러 올라가서 살펴보면, 고려는 고구려의 전통과 영광을 법고法古하면서 선진적인 송宋나라 문화를 수용하여 창신創新했으며, 조선왕조는 고조선의 영광과 삼국, 고려의 전통문화를 법고하면서 명明나라 문화를 받아들여 창신했고, 조선 후기에는 청淸나라 문화를 수용하려는 실학實學운동을 통해 또 한 번 창신하여 18세기의 왕조중흥을 가져왔다. 대한제국도 삼한三韓, 곧 삼국三國의 광대한 영토를 재통일하여 위대한 대제국大帝國을 재건한다는 목적과 함께 앞에서 말한 유교 전통을 법고로 삼으면서 서양문명을 접목시켜 최초의 근대국가를 성립시킨 것이다.

여기서 필자가 강조하고 싶은 것은 전통을 사랑하고 계승하려는 법고의 정신을 지난날에는 수구반동守舊反動으로 보았고, 외래문명을 받아들여 창신하는 태도를 사대주의事大主義로 오해해 왔다는 것이다. 법고와 창신은 어느 하나에만 빠진다면, 그것은 수구이거나 사대주의로 볼 수 있지만, 한국사에서 본 한국인은 법고와 창신의 어느 한쪽에 빠지지 않고, 양자의 조화와 균형을 추구하여 왔기 때문에 민족적 정체성을 잃지 않으면서 중국과 부단한 문화교류를 통해 동아시아세계의 정치문화 선진국으로 살아왔다고 보는 것이다.

여기서 한국의 정치문화를 외국인들은 어떻게 이해해 왔는가를 잠깐 살펴볼 필요가 있다. 이미 기원전 5세기에 공자는 고조선을 "군자국君子國"으로 부르고 이민 오고 싶어 했다는 말이 《논어論語》에 보이며, 당송

唐末 이후로는 한국을 "동방예의지국東方禮儀之國"으로 부르고, 근대에 와서도 일본의 후쿠자와 유키치福澤諭吉는 정한론征韓論을 주장하면서도 조선의 교육열을 배우자고 말했다. 1866년에 강화도를 점령한 프랑스군도 조선인의 교육열과 농촌가옥에 책이 많은 것을 보고 자존심이 상한다고 보고한 일도 있었다. 개화기의 어느 서양인은 중국을 "상인의 나라", 일본을 "무사의 나라"로 부르면서 조선을 "학자의 나라"로 불러 동양 삼국의 특징을 비교하기도 했다. 물론, 위에 언급한 말들은 모두 한국을 좋게 본 것만을 예로 들었다고도 할 수 있지만, 그렇다고 나쁘게 말한 것만 가지고 한국의 이미지를 규정하려는 태도도 합리적이라고 말하기는 어려울 것이다.

6. 한국근대사의 불행과 미래의 전망

그러면, 근대 한국의 불행은 어떻게 설명해야 하는가? 나는 그 이유를 서양과의 접촉이 늦어진 데서 찾고 싶다. 즉 중국이나 일본과 비교하여 근대 서양문명을 받아들여 창신할 기회를 가장 늦게 가졌다는 점이다. 이는 조선왕조의 쇄국정책에서 비롯된 것이 아니고, 15세기 말 이후로 서양이 이른바 '지리상의 발견'으로 아시아에 진출하면서 한국만을 교류대상에서 제외했기 때문이었다. 조선이 서양을 피한 것이 아니라 서양이 조선을 피한 것이다. 조선왕조의 지식인들은 북경사행北京使行을 통해 서양문명을 간접적으로 받아들이고 있었을 뿐, 직접 서양인을 만난 것은 17세기 초에 나가사키에 가다가 표류해 온 네덜란드인 Weltevree와 Hamel 일행뿐이었다. 조선왕조는 이들을 통해 신무기 개발에 노력하는 등 나름대로 네덜란드인和蘭人을 우대한 것이 사실이었다.

다만 하멜 일행을 탈출하도록 만든 것은 신무기 개발을 눈치 챈 청나라의 외교적 압력 때문이었다. 서양이 조선을 외면한 것은, 지리적으로 격리되어 있었던 것이 가장 큰 이유로 보아야 할 것이다. 서양은 인도 ─중국(마카오)─규슈(九州; 나가사키)를 연결하는 항로를 서세동점西勢東漸의 기본루트로 삼았다.

서양이 직접교류를 목표로 한국에 들어온 것은 1866년과 1872년이 처음인데, 이때 들어온 프랑스와 미국은 이미 군함과 대포를 끌고 온 제국주의 국가였다. 이때는 벌써 평화적인 서세동점시대가 아니었다. 이 때 실권자 대원군大院君이 전쟁으로 이들을 물리치고 10년 동안 쇄국을 한 것은 사실이지만, 그 아들 고종高宗이 집권하면서 일본과는 물론이고, 1880년대에는 서양 열강과 모두 교류를 텄던 것이다. 그러나 조선의 창신創新은 이미 300년이나 앞서 서양과 교류하여 힘을 비축한 일본을 따라잡기에는 역부족이었고, 그것이 결국 일본의 한국 강점이라는 비극을 가져오게 되었다.

하지만, 한일 두 나라의 역사를 거시적으로 비교하면, 기술문명과 산업화는 에도江戸시대 일본이 조선을 크게 앞선 것이 사실이지만, 정치문화는 조선왕조가 앞서 왔다고 필자는 보고 싶다. 왜냐하면 일본의 유교는 정치제도와 사회제도를 바꿀 정도의 영향력을 보이지 못하여, 조선왕조와 같은 중앙집권적 관료정치와 과거제도를 통한 신분이동을 촉진시키고, 세련된 문치국가文治國家의 면모를 보여 주지 못한 측면이 있기 때문이다. 문치文治와 무치武治의 기본적인 전통의 차이에서 일본의 평민들은 인생의 꿈을 정치적 출세에 두지 않고 자신의 생업에 쏟아 천하제일의 물품을 만드는 장인정신匠人精神을 길러 왔고, 정치지도층인 무사집단에 대한 복종을 통해 겸손하고 순종적인 예의를 키워 왔던 것이 아닌가 싶다.

과거제도와 관료정치, 그리고 문치전통이 고도로 발달한 조선왕조는 일본과 달리, 보통사람의 꿈을 정승과 판서로 출세하는 데 집중시키고, 그것을 얻기 위한 치열한 교육열과 성취욕을 부추겼다. 그래서 자기 생업에 올인하는 장인정신은 소수의 장인에게만 이어져 오고, 그런 전통이 산업화에 불리하게 작용했던 것이다. 하지만 치열한 교육열과 성취욕 그 자체는 산업화에 긍정적으로 작용한 측면이 없는 것도 아니었으며, 특히 유교가 지닌 통합적 교양정신, 예컨대 유교 속에 담긴 문文, 사史, 철哲, 정政, 경經, 사社 및 자연과학과 예술을 아우르는 폭넓은 인문적 교양은 비록 그 내용이 현대학문과는 다를지라도 상상력을 풍부하게 만드는 데 유리하게 작용했다고 보아야 할 것이다. 따라서 그런 전통이 현대적으로 되살아난다면 지식정보사회로 나아가고 있는 21세기에는 큰 장점으로 작용할 수 있다고 볼 수 있을 것이며, 현대 한국이 지식정보화 분야에서 세계의 선진대열에 올라 있는 이유도 이러한 전통의 유산과 관련이 있지 않을까 생각한다.

최근에 국내외 학계에서는 지나치게 세분화된 분과학문의 벽을 허물고, 학문적 협동 또는 통섭적統攝的 학문으로 나아가야 한다는 목소리가 점점 커지고 있는데, 그러한 통합학문의 선구를 유교에서 찾을 수도 있을 것이다. 그런 점에서 유교문화를 적극적으로 지켜온 나라들이 미래의 경쟁력에서 유리한 위치에 있다고도 볼 수 있지 않을까 생각한다.

7. 나가면서

필자가 지난 50여 년의 학문생활에서 추구한 문제의식을 대략 위와 같이 정리해 보았지만, 그것은 필자의 넓지 못한 실증적 연구와 빈곤한 상상력이 합쳐진 결과로서 타인의 시각에서 본다면 편견과 아집으로 비쳐질 수도 있을 것이다. 그래서 앞으로는 실증적 연구도 더욱 심화시키고, 동아시아세계 전반에 대한 이해와 서구문명에 대한 지식을 더욱 확충하면서 다듬고 고쳐 나갈 부분도 적지 않을 것으로 생각한다.

또, 동서문명의 통합을 통한 신문명의 창출이라는 문제 제기는 너무나 엄청난 세계사적 담론이기 때문에 쉽게 결론을 내릴 문제가 아니라고 본다. 다만 한 가지 분명한 것은 지금은 20세기와는 전혀 다른 세계사가 전개되고 있다는 사실이다. 그러므로 20세기의 담론에서 그대로 주저앉아 역사를 바라보는 것은 이미 용납되기 어렵다는 사실만은 인정해야 될 것이다. 따라서 오늘날 나의 담론은 21세기를 어떻게 살아가야 할 것인가를 고민해 온 필자의 모습을 보여 주면서 동시에 국내외 석학들과의 대화를 넓히기 위한 담론의 화두로 이해해 주기 바란다. 필자의 미숙한 학문세계를 아낌없이 질정叱正해 주기를 기대한다. (2012년)

추기

이 발표문은 2012년에 작성한 것으로 2020년 현재 이미 8년의 세월이 흘렀다. 그 사이에 필자가 출간한 저서를 아래에 추기追記하면 다음과 같다.

1. 《율곡 이이평전: 조선중기 최고의 경세가이자 위대한 스승》(민음사, 2013)
2. 《미래와 만나는 한국의 선비문화》(세창출판사, 2014)
3. 《미래를 여는 우리 근현대사》(경세원, 2016)
4. 《나라에 사람이 있구나: 월탄 한효순이야기》(지식산업사, 2016)

5. 《우계 성혼평전: 벼슬과 부귀를 멀리한 참 선비》(민음사, 2016)

6. 《정조평전: 성군의 길》(상, 지식산업사, 2017)

7. 《정조평전: 성군의 길》(하, 지식산업사, 2017)

8. 《세종평전: 대왕의 진실과 비밀》(경세원, 2019)

9. 《조선왕조의궤》(일본어판, 岩方久彦 譯, 日本 明石書店, 2014)

10. *An Intellectual History of Seonbi in Korea*(지식산업사, 2014)

11. *Mit einem Bild auf Reisen gehen—Der achttagige Umzug nach Hwasong unter Koenig Chongjo*(1776~1800)(독일어판, Barbara Wall 譯, Ostasien Verlag, 2016)

12. *A Unique Banchado: The Documentary Painting with Commentary of King Jeongjo's Royal Procession to Hwaseong in 1795*(영문판, 정은선 번역, 영국 Renaissance Publishing Company, 2016)

한국사학의 성장과 고민을 지켜보면서

민현구閔賢九

1941년생. 서울대학교 사학과를 졸업하고 같은 대학원 사학과에서 국사를 전공, 수료하였다. 주요 연구 분야는 한국중세사(고려시대사)이다. 고려대학교 한국사학과에서 봉직했으며, 현 고려대학교 명예교수이다.

주요 저서로 《고려정치사론》(고려대학교출판부, 2004), 《한국중세사산책》(일지사, 2005), 《한국사학의 성과와 전망》(고려대학교출판부, 2006) 등 다수가 있다.

1. 머리말

오늘 이 자리에서 '역사가의 탄생'이라는 강연을 맡게 된 것은 분에 넘친 영광입니다. 이미 고인이 되셨습니다만, 은사 이기백李基白·고병익高柄翊 선생님의 감동적인 강연을 직접 들었고, 니시카와 마사오西川正雄 교수님의 진솔·담백한 강연에 깊은 인상을 받았던 저로서는 정말 주저되고 송구스러운 일이 아닐 수 없습니다. 그러나 격동과 시련을 경험하면서 성장해 온 한국 역사학의 세계 속에 아직 미족未足한 성취로나마 말석末席을 차지하는 저에게도 고백의 기회가 주어졌고, 그것은 경우에 따라 의미 있는 증언이 될 수도 있지 않겠는가 라고 자문하면서 만용을 부리게 되었습니다.

돌이켜 보건대, 저는 평생 역사를 공부하고, 가르치고, 연구했습니다. 말하자면, 독사인讀史人이요, 교사요, 연구자였던 셈인데, 그와 동시에 역사학 관련 학회의 일을 맡아 학술 봉사활동에도 상당한 힘을 기울였습니다. 아마도 대학에 근무한 현대의 직업적인 역사전문가 대부분이 저와 비슷할 터이지만, 각자 어디에 큰 비중을 두는가에는 차이가 있을 것 같습니다. 물론 연구자로서 주요 주제들을 충실히 고구考究하여 사실 탐구와 의미 해석이 균형 잡힌 빼어난 저술을 많이 펴내는 것이 모두의 소망일 것입니다. 그러나 현실적으로 넓은 역사학의 세계 속에는 양식 있는 독사인讀史人으로 머물거나, 교사로서의 소임에 사명감을 느끼거나 혹은 학술 봉사활동을 통해 기여하는 경우도 더러 존재하는 터이고, 때로는 이와 같은 역할도 소중하게 여겨진다고 생각합니다.

저는 이 발표를 준비하면서, 어느 정도 스스로를 객관화하고, 그러기 위해서 제가 경험한 시대적 배경이나 학계의 동향에도 주의를 기울일 필요가 있다는 생각을 갖게 되었습니다. 즉 시대적 여건이나 역사학계의 추이와 연관 지어 저의 학문활동을 말씀드리겠다는 뜻이고, 제목에도 그러한 취지가 담겨 있습니다. 이것은 제 이야기를 진지하게 이끄는 방식이 될 수 있지만, 동시에 초점을 흐리게 할는지도 모르겠습니다. 아무튼 저의 발표는 연구 주제에 따르는 것이 아니라 시기의 추이에 따라 말씀드리는 방식으로 진행하겠습니다.

2. 한국사학의 세계 속으로

저는 1960년 서울대학교 문리과대학 사학과에 입학하였습니다. 4년 뒤에 졸업과 동시에 대학원 사학과(국사 전공)에 진학했습니다만, 군복무를 마치고 복학해 석사학위과정을 마친 것은 1968년이었습니다. 연구소에 있다가 이듬해 운 좋게 지방의 대학에 취직이 되었습니다. 사학과에 들어간 이후 취직 이전까지 9년 동안은 제가 역사학에 입문하여 한국사 연구자로서 기초를 닦은 수학기修學期라 할 수 있습니다.

저는 유소년기에 해방을 맞았고, 대한민국 건국 직후 새 정부의 출발과 거의 동시에 서울의 국민학교에 입학하였고, 6.25 동란 때 대구에서 피난생활을 했으나, 환도還都 때 돌아와서 중·고등학교 시절을 보냄으로써 비교적 순탄하게 12년 동안의 기초교육과정을 마칠 수 있었습니다. 돌이켜 보면, 동란 중의 초등학교 시절이나 뒤의 중·고등학교 때 교육을 통해 조국과 민족에 대한 자부심과 사명감을 크게 고취받았고, 그렇게 양성된 민족주의적 정서가 제 또래의 사람들이 대한민국 국민으로서 각계각층에서 활동하는 데 큰 영향을 미쳤다고 여겨집니다.

저는 고등학교 때 독서를 하다가 표면적인 현상보다는 그것을 지배하는 정신세계의 중요성에 생각이 미쳤고, 점차 그것을 탐구하는 학문 쪽에 관심을 기울이게 되었습니다. 동시에 학자로서 나라를 위해 헌신했던 율곡栗谷 이이李珥와 같은 조선시대 선현先賢의 생애와 사상에도 흥미를 느꼈는데, 그것은 유교적인 집안 분위기와 연관되는 것이었습니다. 게다가, 고대 중국을 중심으로 동양의 신비에 대한 막연한 동경도 머리를 떠나지 않았습니다. 상당한 고민 끝에 뭉뚱그려 '동양학東洋學'을 하고 싶다고 정리했다가, 곧 사학과에 진학하여 한국사를 공부하기로 구체적 결정을 내렸던 것입니다.

저의 대학생활은 4·19 의거, 5·16 정변 속에서 초반을 혼란스럽고 스산하게 보내야 했지만, 사학과의 경우 강의는 대체로 충실하게 이루어졌고, 대학 전체적으로 인문학의 여건이 개선되고 있었습니다. 역사학 강의는 노교수들의 수업도 수강하였으나 주로 해방 후 제1세대라 불리는 당시 40대 안팎의 젊은 교수들에게서 한국사, 동양사, 서양사를 가리지 않고 폭넓게 많이 들었는데, 그분들은 새로이 한국 역사학을 개척한다는 의욕에 넘쳐 있었습니다. 그러나 적절한 교재가 부족했고, 대부분 강의 진도는 크게 미달되었으며, 도서관의 시설과 체계가 미흡하여 당시의 학습 여건은 만족스럽지 못했습니다.

저는 대학 시절 낭만을 즐길 여유도 없이 아르바이트를 하면서 바쁘게 보냈는데, 어학 공부, 동양고전 탐독, 한국사 관련 주요 논문 선독選讀 등에 시간을 할애했습니다. 군대생활을 마치고 대학원 과정을 밟을 때에도 졸업논문 작성에 쫓기는 등 약간 달라진 것도 있지만, 대체로는 대학생활의 연장 분위기 아래 수학기를 보냈습니다. 동료 친구들과 모임을 만들어 함께 책을 읽고 토론하는 기회도 있었으나, 그 시기 넓게 세계 쪽으로 눈 돌릴 겨를을 갖지 못했던 점을 두고두고 아쉽게 생각했습니다.

선생님들과 관련해 몇 가지 추억이 있습니다. 한우근韓㳓劤 선생님은 50대 이후에도 밤늦게까지 대학연구실을 이용하였는데, 합동연구실에서 공부하다가 나오면서 선생님 방을 쳐다보고 불이 꺼진 것을 보면, 한결 마음이 가벼웠으나 그렇지 않을 경우에는 발걸음이 무거웠습니다. 이기백 선생님은 출강하시어 고려시대사를 강의하면서 수강생의 질의에 친절하고 성실하게 답변하였는데, 저에게 논문 별쇄본을 주면서 격려의 말씀을 하시곤 했습니다. 천관우千寬宇 선생님도 역시 출강하시어 《목민심서牧民心書》를 강독하였습니다. 어느 날 선생님께 율곡 이이와 관련해 평소 궁금하게 여겼던 점을 질문하자, 선생님은 여러 날 뒤에 조사한 내용이 가득 적힌 메모지 여러 장을 보여 주면서 상세한 답변을 주었습니다. 위의 세 분 선생님은 해방 후 제1세대의 대표적 한국사학자라 할 수 있는데, 제가 평생 스승으로 모실 수 있었던 것은 행운이었습니다.

저는 당초 조선시대사에 관심이 컸습니다. 세종대왕의 시대, 율곡 이이의 활동기, 실학實學의 발생시기가 모두 조선시대였고, 우리의 생활 속에 배인 유교문화儒敎文化가 모두 조선시대의 산물이므로 그것이 한국사의 중심을 이룬다고 생각했던 것입니다. 조선시대사를 이해하기 위해서는 조선의 건국 문제부터 살펴야 할 터이고, 그 문제의 발단은 고려 말기 새로운 국면으로 접어드는 공민왕대恭愍王代에서 구해야 했습니다. 이렇게 해서 조선건국사 연구의 단초로서 검토의 대상으로 삼았던 고려 공민왕대가 그 뒤 평생토록 제 연구의 거점이 되었습니다.

제 석사학위논문 〈신돈辛旽의 집권과 그 정치적 성격〉은 공민왕 때의 개혁정치를 승려인 신돈의 등용을 중심으로 검토한 것인데, 고려가 반원정책反元政策으로 원의 정치적 압박을 받은 80년 동안의 간섭기를 청산하고 자주권을 회복하면서, 동시에 내면적인 개혁정치를 시도하지만 그것이 결국 실패하는 사정을 구명하였습니다. 비록 공민왕의 개혁정치는 실패하지만, 그 개혁정치의 소산으로서 새롭게 신진문신세력新進文臣勢力이 등장하여 조선의 건국으로 이어진다는 전망을 곁들임으로써 역사적 전환기로서의 공민왕대를 부각시킬 수 있었습니다. 이 논문은 곧 《역사학보》(제38집·제40집, 1968)에 게재될 수 있었습니다.

저는 석사과정을 마친 뒤, 1년 남짓 육사陸士 한국군사연구실韓國軍事硏究室 연구원으로서 《한국군제사韓國軍制史》(조선 전기편)의 편찬 집필에 매달렸습니다. 여기에서 정력을 기울여 조선 초기 군제를 정리해 소임을 다했는데, 이 점은 뒤에 다시 말씀드리겠습니다. 그리고 곧장 취직이 되면서 수학기는 끝났습니다.

제가 역사학의 길을 걷는 동안 평생토록 큰 영향을 미친 수학기의 두 가지 일을 말씀드리겠습니다. 하나는 대학 입학식을 치른 다음 날, 사학과 오리엔테이션 때 주임교수 김상기金庠基 선생님께 "역사학은 결코 화려한 학문이 아니다"라는 말씀을 들었던 일입니다. 그때 선생님은 당신께서는 외국에도 별로 가 본 적이 없는 못난 사람이라 하시면서, 역사학은 충실하게 자료를 수집해 올바른 사실을 밝히는 진지한 학문이지, 겉으로 떠들썩하게 이목을 끌어 멋지게 보이는 학문이 아니라는 취지의 말씀을 하셨습니다. 이상스럽게 그 말씀이 제 귓전을 때렸고, 평생 기억하게 되었습니다. 선생님은 한국 동양사학의 개창자로 추앙받는 단아한 풍모의 노학자였는데, 뒤에 저는 강의와 논저를 통해 많은 교시敎示를 받았습니다.

다른 하나는 대학원 학생으로서 《서울대학교20년사》의 편찬사업에 참여해 조사 집필 중에 받았던 충격입니다. 제가 맡은 분야는 '대학자치大學自治'였는데, 여러 가지 자료를 수집하고, 관계자들과 인터뷰를 하면서 해방 직후 정치·사회적 상황과 서울대학교의 초창기(1946~1948)

사정부터 추적해 나갔습니다. 특히 국대안國大案 파동 이후의 사정이 복잡하고 험악하였는데, 혼란과 무질서로 강의가 이루어질 수 없는 상태가 오래 지속되다가 공산당이 불법화되자 비로소 대학이 되살아나서 정상화된다는 사실에 접하고는 크게 놀라고 당황했던 것입니다. 특정한 이념의 억제는 대학자치와 학문자유와는 근본적으로 배치되는 것인데, 그러한 모순 속에 한국의 대학이 존립하면서 학문의 연구를 수행해 왔다는 현실을 알게 되었습니다. 동시에 한국 역사학이 해방 이후 어려운 과정을 거치면서 여전히 힘든 국면에 놓여 있다는 점도 재인식하게 되었습니다. 이때의 충격은 뒷날 제가 대학에서 역사를 가르치고 연구하는 동안 내내 상기되곤 했습니다.

3. 민족주의적 기풍과 원 간섭기에 대한 탐구

저는 1969년 봄에 지방대학 사학과의 전임교원으로 취직해 7년 동안 근무했습니다. 그 뒤 서울의 대학 국사학과 교수직에 채용되어 1980년 말까지 재직하였습니다. 두 대학에서 근무한 12년 동안은 20대 말기부터 30대에 걸친 청장년기로 정열적으로 공부하고 가르치던 시기였습니다. 그러나 이 시기 내내 대학에서는 시위가 가실 날이 거의 없을 정도였고, 따라서 초임 또는 신참의 교수로서 힘들고 복잡한 때를 보내야 했습니다. 이 기간 저는 아마도 연구자로서보다는 교사로서 더 고민했던 것이 아닌가 하는 생각이 듭니다.

이 시기는 한국이 경제적 성장을 이룩하는 동시에 정치적으로는 군부 독재체제가 점차 강화되던 때로서 민족주의적 정서가 기조를 이루고 있었다고 여겨집니다. 5.16 정변 주도세력은 민정民政을 복구시키고

민주주의 체제를 갖추어 상당한 안정을 이룩할 수 있었으나, 1969년부터 삼선개헌三選改憲 시도가 본격적으로 추진되면서부터 정치정세에는 먹구름이 끼게 되었고, 1972년의 유신체제維新體制 출발은 결국 군부 독재로의 회귀를 뜻하는 것이었습니다. 그러나 이러한 가운데 국가의 공업화와 수출 증대 정책은 강력히 지속되어 괄목할 만한 경제성장이 이루어졌습니다. 새마을운동이 확산되고, 한국인들의 자신감이 살아났는데, 이 같은 성장과 변화는, 강력한 민족주의적 기풍 아래에서 집권자의 리더십이 상당한 지지를 받아 권력 집중을 통해 효율적으로 정책이 추진된 결과로 보아야 할 것입니다.

당시 역사학계의 사정은 좀 복잡하였습니다. 5.16정변에 대해 역사학자 대부분은 자유와 민주의 가치에 어긋난다는 점에서 내심으로 비판적인 입장을 취했고, 그것이 1965년 한일회담 반대 서명운동으로 표출되어 상당한 파문을 일으켰습니다. 그러나 다른 한편, 민족주의적 기풍 아래 한국의 역사와 문화에 대한 관심이 높아졌고, 특히 일제의 식민주의적 한국사관에 대한 통렬한 비판이 큰 호응을 받아 한국사의 주체적 인식이 강조되는 가운데 한국사학 쪽은 활기찬 모습을 띠게 되었습니다. 1968년 서울대학교 사학과가 정부의 인가를 받아 국사학과, 동양사학과, 서양사학과로 분리 확대되었는데 이것은 한국사의 확충 쪽에 비중이 놓인 조치였습니다.

그런데 1972년 유신체제가 선포되고, 국사교육 강화조치가 내려졌습니다. 중·고등학교에서 국정교과서로 국사를 가르치게 되었고, 대학에서는 교양필수과목으로서 종전의 세계문화사 대신에 한국사를 이수토록 하였습니다. 이미 서양사 쪽을 중심으로 비한국사계非韓國史系 역사학자들은 한국사의 주체성 강조와 민족문화론 확산에 우려와 비판의 소견을 피력한 바 있었는데, 이번의 조치에 대다수가 불만과 반대의 입장을 표명했습니다. 어찌 보면 역사학계 내부에 갈등이 생기게 된 셈입니다.

그럼에도 불구하고 이 무렵, 즉 1973년부터 1978년까지 6년에 걸쳐 이루어진 국사편찬위원회의 《한국사》(본문 23책) 편찬은 당시 소장학자를 포함하여 대다수 한국사학자들이 참여하여 한국의 역사를 새롭고 상세하고 체계적으로 정리했다는 점에서 획기적 업적이었습니다. 앞서 말씀드린 이 시기의 민족주의적 기풍과 유신체제 아래 정부 보조를 기초로 한 것이었으나 학문적 객관성이나 수준의 측면에서 상당한 평가를 받을 만한 것이었습니다. 여러 가지 난관 속에서 한국의 역사학은 진전하고 있었고, 특히 한국사 분야에서 이뤄진 성과가 학계의 역량이 집결된 《한국사》의 편찬으로 구현되었던 셈입니다.

이 시기 저의 연구는 고려 후기, 특히 원 간섭기에 집중되었습니다. 공민왕대의 개혁정치를 고찰하는 과정에서 그 배경을 이루는 원 간섭기, 곧 고려가 자주성을 상실하고 원의 정치적 간섭을 받던 13세기 후반으로부터 14세기 전반까지에 걸친 약 80년 동안의 시기가 지니는 중요성을 깨닫게 되었던 것입니다. 한국사에서 20세기 전반의 일제 강점기를 제외하고 외세의 영향이 가장 컸던 원 간섭기의 실상을 바르게 구명할 필요를 느꼈는데, 앞서 말씀드린 국사편찬위원회의 《한국사》 편찬과 관련하여 그에 대한 연구와 집필을 위촉받은 것이 중요한 자극제가 되었습니다. 이렇게 해서 〈高麗後期의 權門世族〉(《韓國史》 8, 1974)이 나올 수 있었습니다.

이 논문에서 제가 밝히고자 한 것은 먼저 이 시기를 중심으로 고려 후기의 독자성을 인정해서 정치체제, 토지경제, 사회구조 등에서 고려 전기와는 준별峻別되어야 한다는 점이었습니다. 이것은 고려시대사를 새롭게 보자는 주장일 뿐 아니라 《고려사》라는 근본 사료의 이용방식에 주의를 환기시키는 것이었습니다. 다음으로 이 시기 고려의 실체와 성격을 '부마국체제駙馬國體制'로 설명하고자 했습니다. 고려가 굴복하여 왕이 원 황제의 사위[駙馬]가 됨으로써 양국이 왕실 간의 혼인관계로 묶여져 80년 동안 긴밀한 교류 교섭이 지속되는데, 원이 절대적 우위에서 정치적 압박과 간섭을 계속하지만, 고려는 끝내 독립왕국의 지체를 지키면서 독자적인 통치체제를 유지할 수 있었던바, 이것이 독특한 '부마국체제'의 구조였다는 것입니다. 그리고 무신집권기武臣執權期의 변혁과 대원對元관계의 추이 속에서 원 간섭기 초반에 새로운 지배세력으로 확립되는 권문세족權門世族은 다양한 형태로 원과 결탁하여 원의 관직을 보유하기도 하고, 여러 가지 방식으로 토지나 노비를 중심으로 강력한 사회경제적 기반을 구축하는데, 그들을 비문비유적非文非儒的 특성을 지니는 과도기적 지배세력으로 규정하였습니다.

저는 이와 같은 주장을 보완하면서 원 간섭기에 대한 이해의 폭을 넓히기 위해 후속 논문들을 발표하였습니다. 이 시기 권문세족의 중요한 사례가 되는 평양 조씨平壤趙氏를 연구한다는 목표 아래 조인규趙仁規를 다루었고, 원 간섭기 부마국체제 아래 고려사회가 스스로 자기 모순을 극복하기 위해 몸부림치는 모습을 정치도감整治都監이라는 개혁 기구의 추이를 통해 살펴보기도 했습니다. 그 밖에 불교사, 토지제도사에도 관심을 기울여 관련되는 논문 여러 편을 발표했습니다. 지금 돌이켜 보면, 당시 제가 주로 원 간섭기 연구에 매달렸던 것은 부지불식간에 그 시절의 민족주의적 분위기에 영향을 받았던 것이 아닌가 생각되기도 합니다.

4. 위축되는 연구 분위기와 군제사軍制史 정리

1981년부터 저는 고려대학교 사학과로 직장을 옮겼고, 25년 남짓 근무한 끝에 한국사학과 교수로서 정년퇴직을 했습니다. 그 가운데 앞부분 7년 동안을 먼저 여기에서 다루려고 합니다. 40세의 장년기에 접어들면서 새로운 환경에서 가르치고 연구하게 되었습니다만, 그때 신군부가 들어서서 매우 경색된 분위기의 막이 오를 때였고, 그것이 1987년 6월 항쟁을 계기로 이후에 크게 완화 호전되었을 뿐 아니라 저는 바로 그해 연말부터 새롭게 학술 봉사활동에 진력하게 되었던 것입니다. 이 시기는 한국사회가 어두웠고, 역사학계가 경색되었으며, 저에게는 컴컴한 터널 안에 갇힌 듯한 느낌을 주는 때였습니다.

1980년 서울의 봄은 희망·혼란·우려로 뒤섞여 있었습니다. 작년 박정희 대통령의 피격 사망으로 정치적 전기가 마련되어 민주화에 대한 기대와 열망이 컸으나, 격렬한 학생시위와 심상치 않은 군부의 동태가 불안감을 안겨 주었던 것입니다. 결국 그해 5월 군대가 비상수법으로 정권을 장악함으로써 이른바 신군부의 5공시대가 개막되었습니다. 민주화의 열풍을 꺾고 무리하게 집권한 여세를 좇아 새 정부는 매우 폭압적인 모습을 보였습니다. 그러나 이 시기에 경제성장이 지속된 것은 다행스러운 일이었습니다. 앞 시기에 다져진 장기경제개발계획에 따른 중공업의 발달과 수출증대에 힘입은 것이었지만, 그것은 재벌 특혜와 노사대립의 확대라는 문제를 안겨 주었습니다.

이 시기 한국 역사학은 활기를 잃고 크게 위축되었습니다. 물론 앞 시기에 다져진 기반 위에서 연구발표회와 학술지 간행 등 일반적 학술활동은 정상적으로 이루어졌지만, 내면적으로는 상당한 타격을 받았습니다. 대표적인 것으로 해직교수 문제와 국사교과서 파동을 들 수 있습니다. 유신체제가 끝나고 1980년에 접어들어 민주화의 물결이 넘치다가 다시금 신군부가 집권하는 소용돌이 끝에 군사정권에 비판적인 교수가 노출되었고, 그들은 강제로 해직되었는데, 그 가운데 역사학자 다수가 포함되었습니다. 자연히 역사학 쪽은 큰 타격을 받았고, 학계 분위기도 어두울 수밖에 없었습니다.

이때의 국사교과서 파동은 신군부 세력을 등에 업은 국수주의적 재야사가在野史家들이 중등학교 국사교과서의 서술을 문제 삼아 국회 공청회를 무대로 역사학계를 압박하고 타격을 입혔던 사건입니다. 종전에도 재야사가들의 움직임이 있었으나, 특히 정통성이 약한 신군부 세력이 국민 감정에 영합하고자 한국사에 각별한 관심을 쏟으려 하는 가운데, 1981년 10월 국회에서 재야사가들이 현금現今의 한국사학은 일본의 식민주의 사관에 갇혀서 한국 고대사의 영광을 왜곡 부정한다면서 원로 중진 역사학자들을 공격 질타하는 진풍경을 연출하였던 것입니다. 이 일은 어떤 면에서는 희극과 같은 것이었으나 당시 학계에는 큰 압박으로 작용했습니다. 이 시기 국사교육이 계속 강조되고, 독립기념관이 개설되고, 민족문화대백과사전이 편찬되는 등 주목되는 일이 있었으나 그 저변에는 정치성이 개재했다고 여겨집니다.

저는 이 시기를 무겁고 괴롭게 보냈습니다. 학생들의 반정부 시위를 진압하기 위해 경찰이 대학에 들어와 대치하는 일이 거듭되었고, 연구실에 최루탄 가스가 스며들어 대학에서 뛰쳐나가야 했던 적도 여러 번이었습니다. 대학 당국의 요청으로 문제되는 학생의 집을 방문하여 학부모를 만났던 일도 있고, 시위하다가 구속된 학생을 석방시키고자 검찰청에서 검사에게 책임보증서를 써서 제출한 일도 수차례였습니다. 사적 모임에서 한 얘기가 도청되어 기관원에게 추궁당한 기억도 있습니다. 무엇보다도 괴로운 것은 힘든 상황에서도 열심히 가르치지만, 학생들은 오로지 해직된 교수들만을 진정한 스승으로 여기던 캠퍼스의 분위기였습니다.

이러한 가운데 저의 연구는 고려·조선의 군사제도軍事制度를 정리 고찰하는 데 집중되었습니다. 당초 저는 조선의 정치에도 관심이 컸는데, 고려 말·조선 초의 정치적 변혁에 군사적 요인이 큰 작용을 했다는 점을 깨달았고, 군사제도의 문제는 권력구조뿐 아니라 군역軍役과 관련해 사회구성과도 직결된다는 점에서 역사 연구의 핵심과제라는 사실을 터득하여 상당한 문제의식을 지닐 수 있었습니다. 석사논문의 작성을 전후하여 한국군사연구실 연구원으로 약 1년 6개월 동안 공부하여 〈조선전기 군사제도의 성립〉이란 글을 쓸 수 있었습니다. 그 뒤 상당 기간 묻혀 있던 이 글을 다시 보충하면서 조선 군사제도 연구에 눈을 돌리게 되었던 것입니다.

이러한 경위를 거쳐《조선초기의 군사제도와 정치》(한국연구원, 1983)가 간행되었습니다. 이 책은 종전의 연구성과를 수렴하고,《조선왕조실록》자료를 섭렵하여 조선 군사제도의 큰 틀을 군역軍役, 중앙군제中央軍制, 지방군제地方軍制, 군령軍令·군정체제軍政體制로 나누어 새롭게 정리한 것으로, 개설서와 연구서를 절충한 형태를 띠고 있지만 나름대로 독창성을 지닌다고 할 수 있습니다. 이 책의 저술로 저는 두계학술상斗溪學術賞을 받았습니다.

이어서 저는《경국대전經國大典》의 병전兵典을 번역·주석하는 작업에 매달려 조선 군사제도의 연구를 계속하였습니다. 조선왕조의 기본법전인《경국대전》에 대한 본격적 역주 사업을 한국정신문화연구원에서 기획 추진하였는데, 제가 군사 관련 부문을 다룬 병전兵典을 분담하게 되었던 것입니다. 약 2년에 걸친 공동연구 끝에《역주경국대전 번역편》(1985)과《역주경국대전 주석편》(1986)이 나올 수 있었습니다. 이 책의 특징은 주석편에서 찾을 수 있는데, 반드시 종래 연구성과를 반영하면서 《조선왕조실록》을 수람하여 전거가 달린 주석을 제시키로 하였던 것이고, 병전도 600여 항목의 주석을 통해 조선 군사제도의 구체적 내용을 되도록 상세하게 추적하고자 했습니다.

저의 군제사 연구는 고려시대로 올라가 몇 가지 문제를 다루기도 했습니다. 《고려군제사高麗軍制史》(1983)라는 편찬서 가운데 〈고려 후기의 군제〉를 집필하였고, 군사지휘체계와 관련해 '반주班主'의 제도와 '사병私兵'의 문제를 추적한 바 있습니다. 신군부가 집권한 어두운 시기에 제가 군제사 정리에 매달렸던 것은 전적으로 우연한 일이었지만, 제 생각 속에는 역사에서 군사 문제의 중요성에 대한 확인과 더불어 올바른 군사문화에 대한 염원이 담겨 있었던 것 같습니다.

5. 전환기적 고민 속에서의 학술 봉사활동과 고려정치사 연구

1988년 대통령 직선제에 따른 새 정부가 출범하면서 군사독재의 분위기는 불식되었습니다. 그 뒤 문민정부를 거쳐 1998년 좌파적인 국민의 정부가 들어섬으로써 한국의 민주화는 굳어졌습니다. 저는 1987년 말 진단학회震檀學會 대표간사를 맡게 되면서부터 상당 기간 학술 봉사활동에 힘을 기울였는데, 이 시기의 일들을 2000년 무렵까지 말씀드리겠습니다.

이 기간은 앞서 한국의 민주주의가 발전하여 굳어지는 시기로 말씀드렸습니다만, 그 과정과 내용은 매우 어렵고 복잡하였습니다. 군부세력의 청산이나 지역갈등의 해소와 같은 난제가 있었고, 특히 민주화라는 큰 목표 아래 결집되었던 여러 부류의 사회세력이 이합집산하는 과정을 거쳐 재편성되는 가운데 표출되는 갈등과 혼란을 수습하는 일은 더 더욱 힘겨운 것이었습니다.

게다가 1989년 베를린 장벽이 무너지고, 1991년에는 구소련이 해체되는 세계사적 대변화가 일어났습니다. 그것이 남·북한 관계를 호전시켜 남북 고위급회담이 여러 차례 열리기에 이르렀는데, 이러한 국제환경의 변화와 남·북관계의 호전이 민주화의 어려운 길을 걷는 한국에 지대한 영향을 미치면서 사태를 매우 엄중하고 복잡하게 만들었습니다.

역사학 쪽의 사정은 대단히 심각하게 되었습니다. 물론 앞 시기의 어둡고 위축된 연구 분위기는 많이 가셨고, 특히 연구자는 계속 늘어나고, 논문과 저서들이 양산되면서 전반적으로 이 시기 한국 역사학은 확충 진전되고 있었습니다만, 역사관, 방법론과 관련된 갈등 대립이 확산되었습니다. 실은 1975년 무렵부터 현실인식 문제를 중심으로 논쟁이 제기된 바 있었는데, 그동안 유물사관이 금기시되었고, 그와 관련하여 근현대사 연구가 부진했으며, 민족주의적 기풍 아래 한국사학 쪽에서 학술연구와 그 진흥을 위해 군사정권의 일정한 정책적 지원을 받았던 점 등에 대한 일부 진보적 학자들의 불만이 내재해 있었습니다. 그러다가 신군부 정권을 상대로 하는 반독재 민주화운동이 노동운동과 연계되어 격렬하게 전개되는 과정에서 민중民衆의 문제가 제기되었고, 유물사관의 영향력이 되살아나면서 민중사학자民衆史學者로 자처하는 새로운 경향의 연구자들이 나타나게 되었습니다.

그들은 실천사학實踐史學을 표방하면서 기성의 한국사학을 통렬히 비판하였습니다. 역사 인식에서 가치 중립을 내세워 결과적으로 특정 계층을 옹호했고, 지난날 유신체제를 뒷받침하였다는 것도 비판에 포함되었습니다. 이러한 움직임은 크게 보아 민중사학의 외피를 쓴 유물사관의 등장이라 할 수 있으나, 일제시기의 민족주의사학을 높이 평가하는 점으로 보아 기이한 모습을 지니는 것이었습니다. 문제는 대다수 소장학자가 반독재 민주화운동의 기류를 타고 그에 호응했고, 그것은 학문의 다양성 차원을 넘어 기성의 한국사학을 부정하고, 한국사학의 학문적 기반을 흔드는 지경에 이른 점이었습니다.

이 시기 즈음하여 저는 전후 6년간 학회 운영을 맡아 학술 봉사활동을 펼치면서 위와 같은 문제점들과 직·간접적으로 부닥쳤습니다. 1987년 12월부터 1991년 12월까지 4년 동안은 진단학회震檀學會 대표로서, 1996년 12월부터 2년 동안은 역사학회歷史學會 회장으로서 일했는데, 우선 통상적인 학회운영이 힘겨운 것이었습니다. 사무국 조직이 없고, 재정 기반이 취약한 상태에서 정기적인 학술잡지 발간과 학술회의 개최를 이어가는 일이 결코 쉽지 않다는 점은 익히 알려진 사실입니다.

이 시기 한국 역사학의 전통을 지켜 나가기 위해 적극적 노력을 기울였던 점을 진단학회 대표 때의 사례로 말씀드리겠습니다. 1934년에 설립된 진단학회는 특히 현대 한국사학의 학문적 기초를 세운 한국 최고最古의 인문학 학회입니다. 그러나 학문의 발전·분화에 따라 모학회母學會가 공동화空洞化되는 추이 속에서 진단학회의 발전은 주춤하는 모습이었고, 게다가 민중사학 쪽 공격의 표적이 되기도 했습니다. 마침 제가 일하는 도중 평의원회의장 직에 있던 이병도李丙燾 선생님이 노환으로 별세하였습니다. 버팀목과 같았던 존재가 사라지자 학회 자체가 흔들리고, 바깥의 부당한 공격이 이어지면서 위기감 같은 것을 감지하였습니다. 저는 스승인 해방 후 제1세대 학자들의 자문과 선배·동학의 도움을 받아 학회의 재정비에 나서서 일대 개편을 단행하였습니다. 그리고 상당한 준비 끝에 1991년 8월 국제학술회의를 성공리에 마무리함으로써 진단학회의 건재를 널리 보여줄 수 있었습니다.

저는 또한 한국의 역사학이 내부적인 대립과 갈등에 놓이더라도 학자들이 자리를 함께하면서 발표와 토론을 통해 소통하는 것이 중요하다고 여겨 역사학회 일을 맡았을 때 그러한 기회와 장치를 마련하고자 노력하였습니다. 당시에는 특히 북한에 대한 관심이 커지고 수정주의사관修正主義史觀의 영향이 증대되면서 역사학계에는 진보·보수의 대립, 신·구세대의 갈등이 표출되어 서로 자리를 함께하기를 꺼리는 경향조차 엿보였습니다. 저는 이 문제를 전국역사학대회의 보완·강화로 소통을 원활하게 해서 풀어 보려고 했습니다. 1958년에 시작된 이 행사는 역사학 모든 분야의 학자들이 매년 해당 분야 학회를 통해 참가해 발표·토론을 하는 학술의 제전祭典과 같은 것인데, 그것이 활기를 잃어가고 있었습니다. 그것을 활성화시킴으로써 소중한 전통을 계승 발전시키는 동시에 소통의 활로를 넓힐 수 있다고 생각했던 것입니다.

그리하여 역사학 각 분야 학회가 천거한 대표들로 위원회를 구성해 개선방안을 연구토록 하였습니다. 그 결과 도출된 개선 방안은 진보적인 소장학자들이 새롭게 설립한 학회를 전국역사학대회의 '해당 분야 학회'로 가입시키고, 대표적 지방학회들도 참여케 하되 해마다 서울과 지방을 교대로 순회 개최토록 하는 것인데, 역사학회가 중심에 서도록 규정하였습니다. 그대로 지켜지지는 않았으나 이로써 전국역사학대회는 어느 정도 새로워졌습니다. 저로서는 상당한 위기감과 사명감 속에서 여러분의 도움을 받으며 한국 역사학의 발전을 위해 전심전력하였던 것이라 하겠습니다.

이 시기 저의 연구에 대해 간략히 말씀드리겠습니다. 먼저, 통일 문제와 관련하여 고려시대를 고찰해 보았습니다. 우선 고려의 후삼국 통일에 대하여 그 배경과 과정을 추적한 〈韓國史에 있어서 高麗의 後三國統一〉(《歷史上의 分裂과 再統一》, 一潮閣, 1992)을 들 수 있습니다. 신라의 삼국통일로부터 기론起論하여 통일신라사회의 붕괴 문제를 다룬 뒤에, 새로운 정치세력이 대두해서 분립상태를 극복하고, 새 통일왕조의 수립에 이르는 역사과정과 통일정책을 새롭게 체계적으로 정리하였습니다. 그에 앞서, 통일왕조로서 250년 이상 지속된 고려의 중기에 이르러 내 재하는 분립적 요인이 폭발하면서 삼국부흥운동이 발생하지만, 고려사회는 그것을 극복하고 국가적 통일성을 확립해 나가는 사정을 고찰한 바 있습니다(〈高麗中期 삼국부흥운동의 역사적 의미〉, 《한국사시민강좌》 5, 1989). 고려가 새롭게 정통적 통일왕조로서 출발하고 뒤에 국가적 통일성을 강화시켜 나간다는 점은 고려정치사에서 중요하게 다룰 대목이라고 여겨집니다.

다음으로 제가 힘을 쏟은 것은 고려 말엽의 정치사 정리였습니다. 지난날 공민왕대의 정치적 변혁을 검토한 바 있지만, 그것은 거시적인 문제제기의 의미를 지니는 것으로 그동안 상당한 논의의 대상이 되어 왔으므로, 그 구체적 정황을 추적하여 정치적 변화의 내용과 의미를 밝히는 것이 저에게는 중요한 과제로 남아 있었습니다. 그리하여 〈高麗 恭愍王의 反元的 改革政治에 대한 一考察〉(《진단학보》 68, 1989)을 비롯한 수편의 논문을 통해 '반원적 개혁정치'의 배경과 발단, 그 전개 과정 및 주도세력을 파헤쳤습니다. 그리고 다른 한편 이 시기의 정치 주도자를 고찰의 대상자로 삼아, 〈政治家로서의 공민왕〉(《아세아연구》 100, 1998)에서 공민왕을 다룬 것을 위시하여, 이제현李齊賢, 백문보白文寶 등을 살펴보았습니다. 이러한 연구를 통해 공민왕대를 중심으로 하는 고려 말엽의 정치적 변혁은 단순한 반원자주적反元自主的 운동보다는 역사적 성장의 반영이란 점에 주목해야 할 것임을 깨달을 수 있었습니다.

끝으로 이 시기에 저는 현대사학사의 문제에 개입하게 되었습니다. 앞서 말씀드린 대로 학회의 일을 맡아 활동하는 동안 자연히 한국사학의 전통과 그 지향해야 할 방향에 대해 관심을 갖고 고민할 처지에 놓였습니다. 이것이 한국 현대사학사의 문제로 이어져서 〈진단학회60년사

震檀學會六十年史〉(《震檀學會六十年誌》, 1994), 〈李丙燾〉(《한국사시민강좌》 24, 1999) 등을 비롯해 몇 가지 관련되는 글을 썼습니다. 이 문제의 중요성에 비추어 장차의 큰 과제로 남게 되었습니다.

6. 나머지 말

저는 2006년에 대학에서 정년퇴임하였고, 다시 7년의 세월이 흘러 이 자리에 섰습니다. 그동안 한국은 좌파집권기 10년을 경험한 뒤 다시 우파정권으로 넘어오는 과정을 거쳐 민주정치는 진전된 모습을 보여 주었고, 그에 따라 경제성장과 민주화를 동시에 이룩한 점이 높은 평가를 받기도 했습니다. 남북관계는 긴밀해져서 두 차례의 남북정상회담이 이루어졌으나 북한의 핵과 인권 문제가 불거지는 가운데 다시 냉랭해졌습니다. 한국의 역사학은 인문학 위기론 속에서 바로 앞 시기의 성세盛勢에서 다소 위축되는 느낌을 주면서도 진전과 성숙의 징표를 나타냈습니다. 그럼에도 오늘날 한국의 정치적, 사회적 기저에는 불안의 요소가 적지 않고, 역사학의 경우에는 역사의 정론화政論化 경향이 심화됨에 따라 종전의 문제점이 증폭되어 한국현대사 문제가 정치쟁점화되기에 이른 것은 우려되는 상황입니다.

저는 정년퇴임에 즈음하여, 고려시대 정치적 발전의 맥을 짚어 본 《고려정치사론》(2004)과 사학사의 일면을 다룬 《한국사학의 성과와 전망》(2006) 등의 저서를 냈습니다. 그 뒤 동학들과 《두계이병도전집斗溪李丙燾全集》(전16책, 2012)을 편찬 간행하는 데 상당한 힘을 기울였고, 이기백 선생이 일찍이 한국사의 대중화를 위해 창간한 《한국사시민강좌》가 선생이 별세한 뒤에 계속 간행되도록 조력하기도 했습니다. 지금도 독사인讀史人으로서, 역사 연구자로서 자세를 가다듬고 사책史册을 뒤적거리면서 밀린 과제들을 해결하려고 노력하지만, 노경老境의 한계를 깨닫곤 합니다.

이 발표문을 정리하고 보니, 저 자신이 과다하게 노출되었다는 어색함과 그동안 성취한 것이 너무 부족하다는 부끄러움 때문에 당혹감을 떨치기가 힘들었습니다. 노변잡담爐邊雜談과 같은 재미있고 신선한 얘기를 들려드리지 못하고, 다소 무겁고 복잡한 말씀을 늘어놓은 것 같아 방청하는 여러분께 미안스러운 생각도 큽니다. 그러나 여러모로 부족하고 노둔魯鈍한 연구자로서일망정 발전과 시련의 한국역사학의 세계 속에서 나름대로 그 길을 꾸준히 걸어온 진솔한 이야기였다고 이해해 웃으며 들어 주시기를 바랍니다.

끝으로, 역사가의 정도正道는 무엇일까요. 이 무겁고 거창한 질문에 정식으로 대답할 자신은 물론 없습니다. 그러나 오늘날 역사를 내세워 역사를 왜곡하고, 역사가를 자처하여 역사학의 권위를 실추시키는 듯한 일부의 행태에 대해서는 심각한 우려를 금할 수 없습니다. 일찍부터 역사가는 재才, 학學, 식識을 갖추어야 할 것으로 이야기되어 왔으나 18세기의 청대淸代 역사비평가 장학성章學誠이 거기에 덕德을 추가하여 사덕史德을 중시한 것은 시사적이라 하겠습니다. 덕은 심술心術, 곧 마음이요, 사덕이란 작사가作史者의 올바른 마음가짐을 가리킴인즉, 역사가 천하天下의 공물公物임을 명심해 객관적 사실을 하늘[天] 같이 여기고 자의적 해석을 삼가는 자세를 지녀야 한다는 것입니다. 한 번 되새겨 볼 만하다고 여겨집니다. 경청해 주셔서 감사합니다. (2013년)

나의 베트남 역사 연구 여정

유인선劉仁善

1941년생. 고려대학교에서 학사·석사학위를 받고 미국 미시건대학교에서 박사학위를 취득했다. 주요 연구 분야는 베트남 역사이다. 서울대학교 동양사학과 교수로 재직했으며, 2007년 2월 정년퇴직하였다.
주요 저서로는 《근세 베트남의 법과 가족》(위더스북, 2014), 《베트남: 역사와 사회의 이해》(세창출판사, 2016), 《베트남의 역사》(이산, 2018) 등 다수가 있다.

1. 머리말

오늘 '역사가의 탄생'이라는 자리에서 제가 말씀을 드리게 된 것은 한편으로는 외람되고 다른 한편으로는 영광이라는 생각이 듭니다. 한국과 일본 역사학계의 고매高邁한 여러 선생님들이 좋은 말씀들을 많이 해 주신 자리인지라 영광으로 생각하면서도 선생님들의 말씀에 미치지 못할 것이기에 두려움이 앞섭니다. 그러나 일단 말씀을 드리기로 약속을 했으니 그동안 제가 어떻게 베트남 역사를 공부하게 되었고 또 어떻게 공부해 왔는가를 진솔하게 말씀드리고자 합니다.

제가 베트남 역사에 관심을 갖기 시작한 것이 1966년 말 군대에서 제대하고 이듬해 3월 대학원에 복학하면서이니, 베트남 역사를 공부한 지도 올해로 48년이 되었습니다. 이 지난 세월 동안 여러 한국 분들로부터 어떻게 해서 베트남 역사를 공부하게 되었느냐 하는 질문을 수도 없이 받아왔습니다. 중국이나 유럽의 역사를 공부하는 이들에게 이와 비슷한 질문을 한다는 말은 거의 들어본 적이 없습니다. 따라서 그런 질문 속에는 베트남 역사를 공부한다는 것이 좀 기이한, 다시 말하면 그런 나라의 역사를 공부를 할 필요가 있는가 하는 의미가 함축되어 있지 않은가 합니다. 그도 그럴 것이 베트남전쟁 동안 베트남을 다녀온 한국인은 군인과 민간인을 합해 40만 명에 달합니다. 그 가운데 문학하는 서너 사람이 전쟁에 대해 약간의 작품을 쓴 외에는 아무도 베트남을 이해하려는 이가 없었습니다. 이렇게 보면 사람들이 궁금해 하는 게 당연한지도 모르겠습니다. 게다가 1975년 베트남전쟁이 끝난 뒤 한국은 20년 가까이 베트남과는 국교가 단절되었으니 많은 사람들에게 베트남 역사를 공부하는 사람이 있다는 게 기이하게 느껴졌을 법도 합니다.

하긴 지금도 우리나라 대학에서 베트남사나 동남아시아사 강좌를 개설하고 있는 곳은 몇 안 되고 전문 연구자도 손가락으로 꼽을 정도이니까 말입니다. 학계에서도 1960년대에는 동양사하면 의례 중국사를 의미하고 일본사 전공자는 말할 것도 없고 일본사 강좌가 개설되어 있는 대학도 거의 없었던 걸로 기억이 됩니다. 당시 우리나라 사람들이 베트남에 대해 알고 있는 것은 '월남전'과 '베트콩', 그리고 잘못된 지식이지만 제갈량諸葛亮이 맹획孟獲을 칠종칠금七縱七擒했다는 나라라는 정도였습니다. 다 아시겠지만, 제갈량이 맹획을 칠종칠금한 곳은 운남성雲南省 서쪽으로 미얀마의 동북 국경에 인접한 영창군永昌郡(현 등충騰冲)이었으며, 베트남은 당시 오吳나라에 속해 있었습니다.

2. 베트남 역사 연구의 시작

솔직히 말씀드리면 저의 베트남 역사 공부는 자의반 타의반으로 결정되었다고 해도 지나친 말이 아닙니다. 학부 시절 동양사를 전공하겠다고는 했지만 구체적으로 무엇을 해야 할지 정하지 못하고 갈팡질팡하고 있던 저에게 때마침 당시 고려대학교 아세아문제연구소 소장이셨고 뒷날 고려대학교 총장을 지내신 은사 김준엽金俊燁 선생님께서 동남아시아에 관심을 가져 보라는 권유를 하셨습니다. 그러면서 동남아시아 각국의 정황으로 보아 연구의 첫 단계는 아무래도 우리처럼 한문사료漢文史料가 많은 베트남에서부터 시작하는 것이 좋겠다는 의견도 주셨습니다. 아무도 해 보지 않은 분야를 개척한다는 점이 무척 신선하게 느껴졌지만 그렇다고 쉽게 결정을 내리기에는 어려운 문제였습니다. 누가

지도를 해 주실 것인가의 문제를 떠나 우선 도서관을 뒤져 보았지만 베트남 관련 자료는 개설서 한 권도 눈에 띄지가 않았습니다. 막막한 마음에 베트남 역사를 연구할 수 있을지 난감했지만, 가슴 한구석에서 개척자의 길을 가 보자는 마음이 생겨 김준엽 선생님께 베트남 역사를 공부하겠다고 확약을 드린 것이 오늘에까지 이르게 되었습니다.

개척자라는 말을 했습니다만, 실은 저에 앞서 베트남 역사를 연구한 한국인으로는 1930년대 초부터 1940년대 초반까지 하노이에 있던 프랑스 원동학원遠東學院(Ecole Française d'Extrême-Orient)에 근무하면서 베트남의 역사와 민속, 베트남과 일본의 관계, 베트남과 조선왕조의 관계 등에 대해 일본어로 많은 업적을 남긴 김영건金永鍵씨가 있었습니다. 그의 대표 저작으로는 스키모토 나오지로杉本直治郎 교수와 공저한 《印度支那に於ける邦人發展の研究》(東京: 富山房, 1942)와 자신의 《印度支那と日本との關係》(東京: 富山房, 1943)를 들 수 있습니다. 그의 글 몇 편은 종전 뒤 한국어로 번역이 되기도 했습니다. 대표적인 것으로는 1597년 조선 사신 이수광李睟光이 베트남 사신 풍극관馮克寬을 북경北京에서 만나 필담으로 주고받은 〈안남국사신창화문답록安南國使臣唱和問答錄〉(1948)이 있습니다. 아쉽게도 그를 계승한 한국인 연구자는 그 뒤에 없었습니다.

다시 저의 이야기로 돌아가 말씀을 드리면, 막상 베트남 역사를 공부하겠다고 마음먹었으나 도대체 어디서부터 시작을 해야 할지 전혀 감이 잡히지 않았습니다. 김준엽 선생님께서도 이를 예상하고 계셨기에 1968년 가을 저를 베트남 역사, 특히 서지학書誌學의 대가인 홍콩중문대학교香港中文大學 신아서원新亞書院(New Asia College, The Chinese University of Hong Kong)의 진형화陳荊和 교수에게 가서 공부하도록 배려해 주셨습니다. 이렇게 해서 저의 베트남 역사 연구는 비교적 순조로운 출발을 했습니다.

이듬해 8월에는 일본 게이오대학慶応大學에 교환교수로 가시게 된 진형화 교수를 따라 저 역시 일본으로 건너가 마츠모토 노부히로松本信廣 교수를 비롯한 몇몇 교수의 강의를 청강할 수 있는 기회를 가질 수 있었습니다. 제 일본어는 서툴러 강의를 제대로 이해하지 못했지만, 그럼에도 특히 마츠모토 교수님으로부터는 학문에 대한 진지한 태도를 배운 것이 뒷날에도 많은 도움이 되었습니다. 또한 일본에는 이미 베트남 역사를 전공하는 학자들이 적지 않았고 자료도 많아서 일본 체류는 홍콩에 있었던 것보다 더 유익했습니다.

이러는 와중에 저는 베트남 전근대사를 전공할 것인가 아니면 근현대사를 전공할 것인가 하는 전공 시대를 정하는 문제로 고민에 빠졌습니다. 내심으로는 민족주의 문제를 중시하던 당시의 시대 분위기를 따라 근현대사를 공부하면서 프랑스의 식민정책이라든가 이에 대한 베트남인들의 대응문제를 다루고 싶었습니다. 그러나 프랑스의 문서보관소들 자료를 보지 않고는 깊이 있는 베트남 근현대사 연구는 힘들다는 것을 잘 알기에, 60년대 말 일인당 국민소득 140달러 남짓한 한국의 열악한 경제상황으로는 프랑스에 자주 다니며 연구를 계속할 수 있을지 의구심이 들었습니다. 이와 달리, 전근대사를 선택하는 경우 비교적 사료도 적고 일본의 동양문고東洋文庫에는 연구에 필요한 사료가 적지 않게 축적되어 있었기에, 숙고 끝에 전근대사를 전공하기로 결심하게 되었습니다.

1970년 여름 고려대학에서 석사학위를 마치고 계속해서 베트남 역사에 대한 연구를 이어가겠다고 마음을 먹었지만 여전히 갈 길이 막막하기만 했습니다. 국내에서는 어디서도 자료를 구할 수 없었을 뿐만 아니라 모르는 부분이 있어도 물어볼 사람조차 없어 답답한 마음은 이루 말할 수 없었습니다. 그렇다고 그대로 주저앉을 수는 없는 노릇이라, 다시금 김준엽 은사님과 진로에 대한 상의를 한 결과, 또 다시 그 어른의 흔쾌한 도움으로 미국으로 유학을 떠나게 되었습니다.

박사과정을 시작한 The University of Michigan(Ann Arbor, Michigan)에는 마침 베트남 전근대사를 전공하는 존 위트모어(John K. Whitmore) 교수가 계셔서 공부하기에는 절호의 장소였습니다. 그분의 도움으로 저는 비로소 베트남 역사에 대해 체계적인 이해를 할 수 있었고 더불어 동남아시아 역사 전반에 대해서도 많은 것을 배울 수 있었습니다. 학위과정이 2년쯤 지나자 지도교수로부터 서서히 논문의 주제를 정하라는 압력이 오기 시작했습니다. 저는 처음부터 제도사에는 별로 관심이 없었고, 그보다 오늘날 한국 학계에서도 보편화된 사회사(社會史)에 흥미를 가지고 있었습니다. 구체적으로 말하면, 전근대 베트남 사람들의 생활상은 어떠한 모습이었을까 하는 데 저의 관심이 집중되어 있었습니다. 그리하여 결정된 제목이 "Law and Family in Seventeenth and Eighteenth Century Vietnam"이었습니다.

가족은 어느 사회에서건 가장 기본적인 단위일 뿐만 아니라 그 사회의 문화적 특질을 잘 반영하고 있습니다. 따라서 베트남사회의 고유한 성격을 밝히기 위해서 무엇보다도 가족제도의 연구가 선행되어야 한다는 것이 저의 생각이었습니다. 연구의 결과, 17, 8세기 베트남은 중국과 오랜 접촉으로 말미암아 중국의 전통가족제도처럼 가부장권이 강하리라는 예상과는 달리, 실제 베트남 가족 안에서는 부부의 지위가 거의 동등하며 가족 구성원 사이의 개인주의적 성향도 엿볼 수 있었습니다.

3. 베트남의 고유문화

1978년 봄 박사학위를 마치고 귀국한 이후, 고려대학교에서 학생들을 가르치는 한편 저는 베트남사회의 본질적 특질을 밝히는 데 계속 주력하면서, 이와 밀접히 관련된 중국과 관계에도 주의를 집중하였습니다. 아시는 대로 우리의 역사와 마찬가지로 베트남 역사도 중국과 밀접한 관계를 맺고 있습니다. 따라서 베트남사회가 갖는 독자적인 성격을 파악하기 위해서는 중국과의 정치적·문화적 관계를 떠나서 생각할 수 없는 게 사실입니다.

참고로, 1945년 전후까지 베트남 연구에서는 베트남문화란 중국문화의 일부에 지나지 않는다고 보고 고유문화의 존재를 부정하는 설이 주류를 이루었습니다. 그리하여 베트남을 '소중화小中華'(Little China)라고 불렀습니다. 이러한 원인은, 주로 중국사를 연구하던 프랑스 학자들이 중국 사료를 이용하여 중국문화의 영향을 많이 받았던 관료제 등에 관심을 갖고 접근을 했다는 데 있었습니다. 또 다른 이유로는 베트남 같은 식민지에 무슨 고유문화가 있었겠는가 하는 프랑스인들의 우월감이 작용한 면도 없지 않았습니다. 그러던 것이 1950년대 중반부터 적지 않은 베트남 사료가 새로이 발굴되어 이용되고 아울러 관료제 이외에도 가족사 같은 새로운 분야로 연구 대상이 확대되면서 베트남사회의 고유성이 강조되기 시작했습니다. 그리하여 지금은 상부구조에서는 중국문화의 영향이 컸지만, 중국문화를 일방적으로 무조건 받아들인 것이 아니라 필요에 따라 선택적으로 수용했고, 하부구조에서는 베트남의 고유한 풍습과 습관이 온존되어 있었다는 연구자들의 의견이 우세합니다.

필자가 미국유학을 마치고 돌아온 지 얼마 안 되어 발표한 두 편의 논문, 곧 〈월남 여조사회黎朝社會에서의 가족제도와 재산상속관행〉(1981) 과 〈월남 전통사회에서의 여성의 지위〉(1982) 역시 이러한 관점에서 박

사학위논문을 집필할 때 시간에 쫓겨 자세히 다루지 못한 문제점들을
더욱 천착하려는 노력이었습니다. 위 두 편의 글을 집필할 때 기본사료
로는 현존하는 베트남 최고最古의 법전인 《국조형률國朝刑律》, 일명 《여
조형률黎朝刑律》을 참조했습니다. 이 법은 여조黎朝(1428~1788)의 제4대
황제인 성종聖宗(1460~1497) 연간에 이루어졌고, 후대에 약간 보충이 되
었습니다. 《국조형률》은 그 체제와 내용 모두에서 중국법, 특히 당률唐
律을 이어받으[繼受]면서도 베트남 고유의 관습법도 일부 포함하고 있습
니다. 군주에 대한 충성이라든가 유가도덕에 관한 것은 주로 중국법을
계수하면서, 농민의 일상생활이라든가 토착 관습에서는 베트남의 고유
한 면들 또한 찾아볼 수 있습니다.

《국조형률》을 대충 훑어 보면 베트남 전근대 사회에서도 중국에서와
마찬가지로 가부장권이 강력했다는 인상을 받게 됩니다. 이는 법의 제2
조 '십악十惡'의 항목에 악역惡逆·불효不孝·불목不睦·불의不義·내란內亂 등
가부장의 권위를 강조하는 규정이 절반을 점유하고 있다는 점에서 쉽
게 연상할 수 있습니다. 그러나 법조문들을 면밀히 살펴보면 베트남의
가족제도는 중국의 그것과는 많이 달랐음을 확인할 수 있습니다. 특히
부모와 자녀 및 부부관계에서 그렇습니다.

중국법에는 부모의 생존 시 '별적이재別籍異財', 곧 자녀가 분가하여
재산을 분할하는 행위가 불효로 규정되어 불가능했지만, 베트남에서는
이를 인정하여 주었다는 점에서 확연히 다릅니다. 또한 재산상속에서도
자녀가 특별히 불효하다고 인정되지 않는 한 아들과 딸을 구별하지 않
고 균분상속均分相續을 원칙으로 하였을 뿐만 아니라 심지어는 아들이
없는 경우 딸은 제사상속까지도 할 수 있었습니다.

부부관계에서도 베트남법에는 중국과는 달리 가족재산이 '부전산夫田
産', '처전산妻田産', '부부공동재산夫婦共同財産'으로 나뉘어져, 남편은 부인

의 재산에 대해, 부인은 남편의 재산에 어떤 권리도 행사할 수가 없었습니다. 곧 남편과 부인은 재산상 동등한 권리를 가지고 있었습니다. 그 밖에도 베트남에서는 중국법에 따라 부인이 남편을 관에 고발할 수 없도록 해 놓고 있으면서도, 다른 한편 남편이 부인을 제대로 돌보지 않으면 이혼을 요청할 수 있는 권리를 인정해 주었습니다. 이처럼 전근대 중국의 가족제도와 베트남의 가족제도 사이에는 많은 차이가 있었습니다. 그렇다면 이러한 차이는 어디에서 생겨났는가가 의문이 아닐 수 없습니다.

이미 위에서 언급한 베트남과 중국의 정치적 관계는 두 시기로 나누어집니다. 하나는 베트남이 중국의 정치적 지배를 직접 받은 시기이고, 다른 하나는 베트남의 정치적 독립 이후 조공관계가 유지되었던 시기입니다. 최근의 연구는 베트남인들의 중국문화 수용은 오히려 독립 이후 더욱 적극적이었음을 보여 주고 있습니다. 그 이유는 지배자들이 자기 권력을 유지하기 위한 필요에 따라 중국 제도를 받아들였기 때문이라는 것입니다. 사실 베트남 역대 왕의 치세 가운데 가장 안정된 시기였던 여성종黎聖宗은 누구보다도 중국 문물을 애호하고 이를 받아들였습니다. 그는 유교를 왕조의 지배이념으로 확고히 했으며 명나라의 관제를 그대로 모방하여 이전 어느 때보다도 군주권을 강화했습니다. 그러나 여성종의 사후 1527년 막등용莫登庸이 여조를 찬탈하고 곧 이은 여씨黎氏 일족의 복벽운동復辟運動 및 그 뒤의 여씨 내부의 권력다툼으로 말미암은 2세기에 걸친 남북대립을 거치며 그의 이념과 제도는 형해화形骸化되고 말았습니다. 이러한 정치적 혼란 속에서 중앙관리는 물론 지방관에 이르기까지 모두가 부패할 대로 부패하여 중국문화의 영향은 일부 지식층 사이에서만 겨우 유지되었을 뿐이지만, 그것도 과거시험을 위한 수단에 불과했습니다. 사상적인 연구는 거의 행해지지 못해 한국의 퇴계退溪나 율곡栗谷에 견줄 만한 유학자를 꼽기가 쉽지 않습니다. 유교의 영향은 그 뒤 베트남의 마지막 전통왕조인 응우옌조阮朝(1802~1945)의 정책에 따라 어느 정도 강화되었다는 생각입니다.

4. 베트남인의 대중對中 대등의식

이러한 중국문물의 수용에도 불구하고 한 가지 우리가 염두에 두어야 할 것은, 베트남인들이 중국과 중국문화를 보는 시각입니다. 이들은 중국 문물을 열심히 받아들이려 하면서도 다른 한편에서는 중국에 대하여 대등성對等性을 주장했습니다.

중국과의 관계를 대외적으로는 조공이란 용어를 사용하고 있지만 대내적으로는 반드시 그렇지만도 않았습니다. 응우옌조 때는 청淸과의 외교관계를 '방교邦交'라 하였으며 청에 파견한 사신은 '여청사如淸使'라고 했습니다. 방교라는 말에는 대등하다는 의미가 강하고, 종주국·종속국과 같은 상하질서의 개념은 존재하지 않습니다.

베트남이 중국과 대등하다는 의식은 저명한 사가인 여문휴黎文休의 사관에서 잘 나타나 있습니다. 그는 1272년 《대월사기大越史記》를 편찬한 인물입니다. 《대월사기》는 두 가지 점에서 주목할 만합니다. 첫째, 베트남의 역사를 기원전 207년에 세워 한漢과 대등성을 주장한 조타趙佗의 남월南越로부터 기술하고 있는 점이고, 둘째, 천 년 동안의 중국지배로부터 베트남이 독립한 시기의 시발점을 968년에 딘왕조丁朝(968~980)를 세운 정부령丁部領으로 잡고 있는 점입니다. 여문휴는 조타나 정부령이 모두 자신을 황제로 일컬어 중국의 황제와 대등함을 주장했다는 점에서 그들을 높이 평가했던 것입니다.

여문휴가 중국과의 대등성을 나타내는 중요한 척도로 베트남 군주의 '칭제稱帝'를 들고 있음은 흥미롭습니다. 황제皇帝, 곧 천자天子는 천하에 하나밖에 없는 존재라는 것이 중국인들의 사고인데, 베트남 지배자들이 그 유일성을 부정하고 스스로를 황제라 일컬었다는 것은, 그들의 대중의식이 어떠했는가를 여실히 반영해 주는 것이라고 하겠습니다.

베트남인들이 중국에 대해 대등의식을 갖게 된 데에는 여러 가지 요인들이 복합적으로 작용했겠지만, 무엇보다 중요한 것은 중국의 빈번한 침입이었습니다. 베트남이 천 년 동안 중국의 직접적인 정치적 지배를 받았다는 것은 주지의 사실이지만, 독립 이후에도 7차례의 침입을 받았습니다. 더욱이 명 영락제永樂帝 때에는 20년 동안(1407~1427)이나 베트남을 직접 통치하면서 동화정책同化政策을 실시했습니다. 결국 중국의 위협이 베트남인들에게 강한 저항정신을 갖게 하였음은 당연한 일이었습니다.

전술한 여문휴의 《대월사기》가 중국의 침입과 관련하여 찬술되었다는 것은 결코 우연한 일이 아닙니다. 《대월사기》가 편찬된 1272년은 몽골의 제1차 침입이 끝나고 새로운 침입이 예상되던 시기였습니다. 이런 때에 여문휴는 조타의 치세를 베트남의 황금시대로 보면서, 중국에 대한 대등의식을 강조하고 있는 것입니다. 이처럼 베트남인들의 중국문화 수용 이면에서 우리는 베트남인들의 중국에 대한 또 다른 측면을 발견할 수 있습니다.

이상에서 말한 두 가지, 즉 베트남사회의 고유문화는 어떠했는가를 밝히는 것과 베트남 사람들은 중국을 어떻게 인식했었는가에 주로 관심을 갖고 필자는 이제까지 연구를 해 왔습니다. 이러한 연구를 하면서 느꼈던 가장 큰 애로는 무엇보다 사료의 부족이었습니다. 이 문제는 1975년 4월 남베트남 정부의 패망으로 한국인인 저로서는 베트남을 방문하여 현지에서 자료를 수집하는 것이 사실상 불가능하였기에 한동안 해결의 실마리를 찾을 수가 없었습니다. 대신 비교적 가까운 일본의 동양문고에 소장되어 있는 베트남 원사료와 2차 사료를 찾아내느라 1980년대 10년 동안은 거의 해마다 일본을 방문하였고 필요한 연구에 얼마간 도움을 얻을 수 있었습니다.

5. 사료 문제의 해결과 후학 양성

다행히도 사료 문제는 1990년대 초에 들어서면서 저절로 해결이 되었습니다. 1992년 12월 한국이 베트남사회주의공화국과 정식으로 국교를 수립하면서 자유로운 방문이 가능해졌기 때문입니다. 1993년 여름 책에서만 보고 듣던 베트남을 처음으로 방문했을 때의 기억은 지금도 생생합니다. 하노이대학 사학부史學部 교수들과의 만남이라든가 베트남 전근대사 연구의 보고寶庫인 한남연구원漢喃研究院의 방문 때 느꼈던 벅찬 감격은 아직도 잊을 수가 없습니다. 비로소 베트남의 역사 연구를 위한 사료상의 장애물은 거의 제거되었습니다. 자료를 구할 수가 없어 연구할 수 없다는 이야기는 할 수 없게 되었습니다. 사실 그때부터는 매년 베트남을 수차례 방문하여 현지 연구기관들(하노이국립대학, 하노이사범대학, 베트남사회과학원 산하의 사학원史學院 등등)은 물론 개인 연구자들의 자택을 수소문해 가면서 산재된 자료를 찾아보았으며, 현지답사(여조 건국의 발생지, 수공업 촌락, 17, 8세기의 항구도시들, 참파 유적지, 응우옌 왕조의 서울이었던 Hue, 중월 국경지역 등등)도 할 수 있었습니다. 또한 베트남역사학회 회장인 판 후이 레(Phan Huy Lê) 교수를 비롯한 여러 학자들을 만나 허물없는 이야기를 나누면서 오랫동안 답답하게 안고 있던 많은 문제를 해결하는 데 도움을 받았습니다. 특히 도이 머이(đổi mới) 정책 도입 이후 베트남 역사학계의 연구 동향, 전근대 베트남 촌락의 성격, 17,8세기 베트남의 정치상황 및 근현대 중국과의 관계 등에 관해 많은 논의를 했습니다. 뿐만 아니라 저의 영문 저서인 *Law and Society in 17th and 18th Century Vietnam*(1990)이 베트남어로 번역·출판되는 계기가 되기도 했습니다.

한편 저는 자신의 연구 외에 한국인들에게 베트남 역사를 알리는 동시에, 베트남 역사 연구자를 양성하는 데도 적지 않은 노력을 기울였습니다. 베트남 역사를 알리고자 1984년 《베트남사》를 썼고, 2002년에는 이를 다시 보충·증보하여 《새로 쓴 베트남의 역사》를 저술하였습니다. 이 책은 지금 베트남 역사를 알고자 하는 한국인들 사이에서 많이 읽히고 있습니다.

베트남 역사 연구자의 양성에는 특히 조심했습니다. 한국의 베트남 역사 연구는 초기단계여서 처음 연구자가 잘못된 글을 발표하면 이는 차라리 모르는 것보다 못하다는 생각에서였습니다. 모르는 사람을 가르치는 것은 쉽지만, 잘못된 지식을 가진 사람의 생각을 바꾸는 일은 쉽지가 않기 때문입니다. 저와 더불어 베트남 역사를 연구하기 시작한 사람은 모두 세 명입니다. 한 사람은 호주 국립대학, 다른 한 사람은 프랑스 파리7대학, 그리고 또 다른 한 사람은 영국 런던대학의 SOAS에서 박사학위를 취득했습니다. 이들 외에 베트남 역사는 아니지만 미국에서 필리핀인들의 해외 이주와 인도네시아 역사를 각각 전공하고 돌아온 제자가 두 사람 더 있습니다. 이들은 모두 우수한 학자들로 영어, 프랑스어 등으로 책과 논문들을 출판했고, 지금은 한국의 동남아시아사 연구, 특히 베트남 역사 연구에서 중추적인 역할을 하고 있습니다. 좀 더 많은 학생들에게 동남아시아 관련 연구를 권장하지 못한 것은 동남아시아를 연구해서는 취업이 어렵기 때문입니다. 솔직히 말씀드린다면, 한국 역사 학계나 대학 당국은 아직도 베트남 역사나 동남아시아 역사의 중요성을 인식하지 못하고 있습니다. 앞으로 언제쯤 인식의 전환이 있을지 현재로서는 예상하기가 어렵습니다. 한국 정부도 동남아시아의 중요성을 인식하면서도 경제적 관계에만 관심을 가지고 있을 뿐입니다.

6. 최근의 연구와 앞으로의 계획

1994년 3월 민두기閔斗基 교수님의 권유로 서울대학교 동양사학과로 옮겨 2007년 2월 그곳에서 정년퇴임하였습니다. 퇴임하면서 저는 베트남 역사 연구는 이제 그만두고 다른 일에 도전을 해 보고 싶었습니다. 하지만 여러모로 다양한 시도를 해 보았으나, 다시금 베트남 역사로 돌아오는 것을 피할 수 없었습니다. 최근에는 베트남과 중국과의 관계에 대한 연구를 하며 책을 펴냈습니다. 앞의 언급으로 추측하시겠습니다만, 지난 48여 년 동안 베트남 역사를 공부하며 베트남과 중국 관계사에 끊임없이 관심을 가져왔었습니다. 그리하여 일찍이 〈중월관계中越關係와 조공제도朝貢制度: 가상假像과 실상實像〉(1987)이라는 글을 썼고,. 2012년에는 마침내 양국의 역사적 관계를 마무리하여 《베트남과 그 이웃 중국 －양국관계의 어제와 오늘》(서울: 창비)이란 이름으로 책을 펴냈습니다. 이 책은 고대로부터 오늘날에 이르기까지 2천 년이 넘는 양국 관계사를 세 시기로 나누고 각 시기의 주요 특징을 한 쌍의 상응하는 키워드로 압축하여 표현했습니다. 한제국漢帝國의 베트남 정복에서 시작하는 '북속시기北屬時期'(BCE 111~CE 938)의 '지배와 항쟁', 중국의 지배로부터 벗어난 '독립왕조시기'(939~1883)의 '조공朝貢과 방교邦交', 중국과의 관계가 전혀 새로워진 '현대'(1884~2010)의 '우호와 갈등'이 그것입니다.

저는 이 책의 제목에 나타나 있듯이, 양국 관계사를 특히 베트남의 자주성과 동남아시아의 시각에서 재구성하려고 노력했습니다. 그러는 동시에 이 책이 한국과 중국 관계사를 연구하는 데 조그만 도움이 되기를 바라는 마음도 있습니다. 물론 이 책은 베트남 역사에 관한 연구이지만, 동시에 이를 통해 읽는 이들이 우리나라와 중국의 관계를 비교사적인 측면에서 생각하여 무언가 도움이 될 수 있다면 좋지 않을까 하는 마음이라는 뜻입니다.

앞으로는 시간이 허락된다면 베트남 역사와 한국 역사의 비교에 관심을 갖고 연구해 보고 싶습니다. 한국사와 베트남 역사를 최초로 비교한 분은 서울대학교 동양사학과 교수이셨고 훗날 서울대학교 총장을 역임하신 고병익高柄翊 선생님이셨던 것으로 기억합니다. 고병익 선생님은 1973년 7월 파리에서 개최된 국제동양학자회의에 참가하여 전근대 역사와 문화에서 한국과 베트남의 유사성과 차이점을 논했습니다. 조선시대 유교교육을 받은 관리의 수가 베트남보다 많았고 그 지위도 더 확고했다는 견해를 발표하셨습니다. 이 견해는 오늘날 보아도 틀림이 없다는 생각입니다. 그러나 무엇보다도 이 논문은 오늘날 절실히 요구되고 있는 한국 역사와 베트남 역사의 비교연구에서 선구적이었다는 점이 높이 평가될 수 있다고 봅니다. 사실 비교연구는 어느 한쪽만이 아니라 비교 대상에 대한 이해의 증진과 심화에도 기여할 수 있다는 점에서 중요한 문제라고 봅니다. 우리는 흔히 한국 역사와 베트남 역사는 비슷하다고들 말하지만, 아직까지 무엇이 비슷하고 무엇이 다른지에 대한 본격적인 연구는 거의 없습니다.

최근 한국사 연구자들에 의한 한국사와 베트남 역사를 비교하는 연구가 조금씩 행해지고 있습니다. 예컨대, 한국과 베트남의 전근대 과거제 비교연구라든가 19세기 조선과 베트남의 토지개혁론, 또는 식민지 시기 한국인의 베트남 인식과 연대의식 같은 것들입니다. 그러나 이들은 베트남 역사를 충분히 이해하지 못할 뿐만 아니라 사료도 부족하여 충분한 비교연구가 되지 않고 있는 것 같습니다. 이런 점을 보면서 제가 비교연구를 해 보고자 합니다만 얼마나 잘할 수 있는지는 저 자신도 미지수입니다.

7. 맺음말

제 이야기를 끝내면서 한 가지 바람이 있다면, 좀 더 많은 한국 대학들에서 베트남과 동남아시아 역사에 대한 강좌를 개설하여 우리나라에서도 이들 국가에 대한 연구가 활발하게 이루어질 수 있는 분위기가 조성될 수 있으면 합니다. 날이 갈수록 베트남뿐만 아니라 그 나머지 동남아시아 국가들이 한국에게 비단 경제적·정치적인 협력 외에도 노동력이라든가 국제결혼 등과 같이 여러 방면에서 매우 중요한 대상국들로 부상하고 있습니다. 그런 의미에서 이들 국가의 이해는 이제 우리에게 거의 필수적이라고 해도 지나친 이야기는 아닐 것 같습니다.

어찌 보면 우리나라 사람들은 서구지향적인 면이 강한 편입니다. 알기 쉬운 예로, 마젤란이 최초로 세계를 일주했다는 것은 상식적으로 거의 다 알고 있습니다. 반면, 그 마젤란이 여행 도중 사망한 필리핀에서는, 마젤란을 침략자로 규정하고 그와 싸운 막딴Mactan 섬의 족장이었던 라뿌라뿌Lapulapu를 유럽의 침략을 물리친 최초의 필리핀인으로 영웅처럼 받들고 있다는 사실은 아는 이는 거의 없습니다.

우리나라 사람들은 우리의 역사가 외국에서 왜곡되는 데 분노하기까지 합니다. 그러면서도 우리 자신은 이웃 아시아 국가들의 역사조차 제대로 이해하려 하지 않습니다. 오늘날 한국은 세계 각지로 뻗어나가고 있습니다. 이런 현실에서 국가 간 관계를 이해할 때, 어느 한편으로 치우쳐 문제를 보기보다는 좀 더 균형 잡힌 감각을 가지고 성숙된 사고를 하는 것이 필요하다고 느끼는 것은 오직 저만이 아닐 줄로 믿습니다. 그런 의미에서 베트남을 올바르게 이해하는 데 저의 지난 48년의 연구가 조금이나마 도움이 될 수 있었다면 그 이상 더 큰 보람은 없을 것입니다.

두서없는 이야기를 경청해 주서서 감사합니다. (2014년)

나의 한국사 연구 여정

김태영金泰永

1937년생. 경희대학교 사학과를 졸업하고 고려대학교 대학원 사학과에서 박사학위를 취득했다. 주요 연구 분야는 한국근세사(조선시대사)이다. 경희대학교에서 사학과에서 봉직했으며 현 경희대학교 명예교수.

주요 저서로는 《조선전기 토지제도사 연구》(지식산업사, 1983), 《실학의 국가개혁론》(서울대학교출판부, 1998), 《조선 성리학의 역사상》(경희대학교출판부, 2006) 등 다수가 있다.

1. 머리말

내가 대학에 입학한 1950년대 말기는 아마도 우리나라 민의 생활이 전반적으로 무기력하고 얼마쯤의 좌절감에 빠져 있었던 시기가 아니었는가 하는 기억이 남아 있다. 당시 가까이 지내던 선배·친구들과도 나누게 된 대화의 화두가 대체로는 그런 무기력한 사회풍조에 관한 내용이었던 것으로 기억한다.

당시는 '한국학' 분야의 학술 수준 또한 아직 그리 크게 진척되지 못한 상태였다. 가령 철학의 경우를 말한다면, 과연 '한국철학韓國哲學'이라고 하는 분야가 성립할 수 있는 것인가 하는 의문이 널리 일어나고 있는 상태였다.

게다가 나는 개인적으로 고교 졸업할 때까지 여러 가지 책들을 남독濫讀한 데다 우유부단하기까지 했던 탓으로, 앞으로 인문 분야를 공부하겠다는 소신을 갖게는 되었지만, 아직은 다소 막연한 편이었다. 먼저 철학과로 진학하였다가 다시 고쳐 사학과로 입학하게 되었으며, 사학과에서도 먼저 서양사에 관심을 기울이는 등, 한동안 행방을 결정하지 못하고 자못 방황해 마지 않았다.

2. 한국사 연구 전공

한국사를 공부하겠다고 작정한 것은 1960년의 4월혁명을 겪고, 그리고 군역을 마치고 난 뒤 대학원에 진학하면서부터의 일이었다. 그런데 석사과정에서 한국사를 전공하겠다고 생각하면서도 구체적인 연구 과제를 확정하지는 못하였다. 당시의 한국사 연구는 아직도 식민사관의 영향을 많이 받고 있었는 데다 이른바 오리엔탈리즘의 영향 또한 만만찮게 만연하고 있었던 것 같다. 그래서 한국 역사의 전통적 현상을 긍정적으로 인식하거나 한국 역사의 독자적 발전 현상을 긍정하는 일이 그리 간단하게 해명되지는 않는 편이었다.

그런데 4월혁명 이후로는 그런 막연한 풍조가 다소는 바뀌어 가는 듯하였다. '한국사' 분야를 두고 본다면, 기본 사료史料를 활용하는 근원적 연구를 통해 한국사의 독자적 전개에 관한 사실史實 자체를 드러내는 주체적·객관적 논증을 진행한 후에라야만 이른바 식민사관이라든가 오리엔탈리즘의 영향을 불식拂拭하고 지양止揚할 수가 있을 것이라고는 생각하고 있었다. 그러나 그와 같은 근원적 연구란 것이 간단하게 성취되기는 어렵다는 것을 또한 누구나 알고 있었다.

나는 석사논문에서 조선 중기 대동법大同法의 성립과 상품화폐경제의 형성이라는 것을 주제로 다루어 보았다. 그러나 물론 아직도 기본 사료를 활용한 1차적 연구를 제대로 수행하지는 못하였다. 다만 당해 사실史實 관계의 근원적 탐구에 관한 필요성을 절감했던 것으로 기억하고 있다.

3. 조선 초기 사실史實의 탐구

근원적 탐구를 시작한다 하더라도 사실史實은 모두 연쇄적으로 연결되어 있는 것이므로 궁극적 '근원'이란 것은 끝이 없기 마련이다. 나는

1971년에 전임강사가 되면서 《조선왕조실록》을 구입하고 그 첫 권인 《태조실록》에서부터 시작하여 관심 있는 사료 발췌에 착수하였다. 사료의 발췌라고는 하지만, 가령 어떤 사료 하나를 대학노트 크기의 절반쯤 되는 독서카드 한 장에 옮겨 적는 데에는 1시간쯤 걸리는, 대단히 비능률적인 작업을 계속했던 것이다. 그리고 1970년대의 후기에는 이른바 '제록스' 기기의 복사 기술이 널리 보급됨에 따라, 이제 《실록》에서 해당 사료를 붉은색 펜으로 그려 놓은 다음 그 부분을 복사해 와서 독서카드에 오려 붙이는 방식으로 일을 진행했다. 그렇게 10년 남짓 걸려, 조선 전기까지의 《실록》 가운데 관심 있는 사료들을 대략 수습하기에 이르렀다.

그와 같은 사료의 수습 과정에서 먼저 관심을 기울인 곳은 조선왕국의 개창 부분이었다. 우선 고려 말기에는 사전私田이 전국적으로 범람하였는데도 그 전주田主가 2~3, 혹은 7~8씩으로 난립해 있는, 참으로 난세亂世 상태에 놓여 있었다. 그 같은 난세를 치세로 돌이킨 것이 개혁파 사류士類 정권이었다. 그들은 위화도 회군으로 장악한 군사권을 배경으로 현재 소경전所耕田을 행사하는 자의 전주권田主權만을 인정하는 토지개혁을 단행함으로써 과전법科田法이라는 새로운 토지지배체계를 정립하였고, 뒤이어 조선왕국을 개창하기에 이르렀다. 과전법체제도 물론 이전부터 시행해 온 수조권적收租權的 토지지배의 관행을 많이 채택하게 되었으나, 그 이면에는 토지생산력의 발전에 따라 점차 확고해진 소유권적所有權的 토지지배의 실상을 바탕으로 하고서 정립된 것이었다.

그런데 내가 《실록》 가운데서도 가장 큰 관심을 기울인 곳은 역시 《세종실록》이었다. 즉 조선왕국이라는 새로운 왕조가 개창되면서 지배체제에 많은 변천이 일어나는데, 그 핵심 부분이 곧 세종대(1418~1450 재위)에 와서 논의되고, 또한 법제화하는 과정에 들어서게 되었다는 사실을 이해하였던 것이다.

가령 통치제도의 형태를 새로 조정한 것도 세종임금이었다. 조선 초기 태종대에는 고려 말기 이래의 중심적 통치기구였던 도평의사사都評議使司를 의정부議政府로 개편하고서 왕권의 강화를 단행하였다.[1] 그러나 유교 문화권에서는 중국 주周나라 이래 현능賢能한 대신大臣에게 국정을 위임하고 그로 하여금 백관百官을 통솔하여 국정을 총리總理하도록 하는 제도가 더 이상적인 것으로 이해되어 왔다. 더구나 그것은 주자朱子 성리학性理學의 기본 통치체제론이었다. 이에 세종임금은 드디어 국정을 "옛날의 삼공三公에게 전임專任하던 본의本意", 곧 '삼대三代'의 통치제도의 본의를 살려 의정부서사제議政府署事制를 채택하기로 결단하였다.[2] 이는 세종임금이 옛 '왕정王政'의 회복을 목표 삼아, 자신의 의도로 결행한 우리나라 최초의 재상(대신)위임宰相(大臣)委任 통치제도였다.

그리고 특히 고려시대 이래 가장 폐단 많은 제도로 운용되어 온 조세제租稅制 또한 세종대에 와서야 근본적으로 다시 논의하였다. 고려 말기 이래 국가는, 전지田地를 비척肥瘠의 정도에 따라 상·중·하의 3등전으로 구분하고, 농부의 수지척手指尺에 근거한 양전척量田尺으로 양전量田하였으며, 그래서 실적實積을 달리하는 각등 전지에 모두 동일한 1결 30두씩을 수조收租한다는 규정을 적용하고 있었다. 매우 애매한 제도였다.

이에 세종임금은 전제상정소田制詳定所라는 특별기구를 설치하여 새로운 양전量田·수세법收稅法을 강구하였다. 그래서 수십 년에 걸친 수다한 조사와 실험을 거치면서 군신群臣들의 지혜를 수렴하여 드디어 정액세법定額稅法의 원리를 가미한 이른바 공법전세貢法田稅제도란 것을 제정하기에 이르렀다. 그것은 전분田分 6등·주척周尺에 근거한 수등이척

---

1 《태종실록》 태종 14년 4월 경신.
2 《세종실록》 세종 18년 4월 무신.

隨等異尺의 양전제量田制, 상상년上上年 1결 20두에서 하하년 1결 4두에 이르는 연분年分9등제의 내용으로 구성되었다. 등급의 충절이 다소 번잡하지만, 각 등급의 판별 기준을 비교적 객관적으로 정비해 둔 제도였다.

이때 근거 척도尺度로 채택한 주척周尺은 이후 국가 도량형제도 전반의 기준 척도로 널리 사용하게 되었다. 그래서 양전量田이라든가 의례儀禮, 나아가서는 음률音律을 조정하는 데에도 일정한 객관적 기준을 확립할 수가 있게 되었다.

세종대왕은 어떠한 정사政事를 처리하면서도 지극한 정성을 다하여 추진하는 편이었다. 중국에 대한 사대事大 의례의 경우도 마찬가지였다. 가령 당시 명나라 황제에게 진헌하는 물종 가운데 해청海青은, 포획하기는 매우 어렵고 또한 죽기도 쉬운 것이어서 그 공납貢納에 따르는 민간의 폐해가 막중했으므로, 이에 어떤 계책을 쓰더라도 이 진헌을 모피謀避하자는 논의가 일어났는데, 세종은 다음과 같이 말하였다.

> 사대事大는 마땅히 성심껏 해야 한다. 해청이 우리나라에서 난다는 것을 황제가 이미 알고 있으니, 속일 수는 없다. 민간의 폐해를 나도 역시 알고 있다. 그러나 대의大義로 말할 것 같으면, 민간의 폐해가 있음은 그 일이 경輕한 것이요, 사대를 성실히 하지 않음은 그 일이 중한 것이다(《세종실록》 세종 8년 9월 기미).

세종임금은 중국에 대한 사대의 의례뿐 아니라 조선왕국 내부에서 거행하는 의례 자체를 두고서도 황제국인 중국과는 결코 대등할 수가 없다는 명분론을 스스로 적극 채택해 나갔다. 가령 고려 말기까지 국가 의례로 거행해 오던 제천祭天의 행사는 천자국만이 행할 수 있는 것이라 하여, 많은 신료들의 반대에도 불구하고 세종 자신이 솔선하여 이를

혁파하기에 이르렀다는 사실이 그 단적인 사례이다. 《예기禮記》〈왕제 王制〉편을 보면, "천자天子는 천지天地에 제사하고, 제후諸侯는 사직社稷에 제사한다"는 규정이 있다. 세종임금은 드디어, "제후가 사천祀天할 수 없음은 예에서 진실로 그러하다. 어찌 지역이 사방 수천리 된다고 해서 드디어 천자의 예를 참람되이 행할 수 있겠는가."[3]라고 하여, 보편적 명분론에 입각하는 제후국으로서의 위상을 자처하기에 이르렀다.

그런가 하면 세종임금은 또한 자국의 현실 정치를 구체적으로 추진하기 위한 독자적 법제라든가 의례를 다각도로 정립해 나아갔다.

우선 국가 재정의 지출 규정부터 정비해 갔다. 이전까지는 중앙 각 기관이 공용供用하는 물자에 일정한 지출 규정이 없었으나, 이제 호조戶曹의 계청에 따라 비로소 '식례式例'를 정해 두고 그 규정에 따라 집행하기로 했다는 사실이 그 하나이다.[4] 또 가령 "임금의 소용所用도 유한하여 임의로 할 수 없는 것"이 원칙인데도 "지금인즉 그렇지 아니하여 징렴徵斂에 법도가 없고 용도用度가 무절無節"하다고 세종임금 스스로가 비판하고 나섰다.[5]

그리고 조선 초기의 농사 현실에 바탕을 둔 독자적 농서農書를 편찬한 사실 또한 특기할 만한 일이었다. 즉 고려 말·조선 초기에는 13세기 원나라에서 편찬한 《농상집요農桑輯要》라는 농서를 국내에서 거듭 간행해서 권장한 일이 있었다. 그런데 《농상집요》를 비롯한 중국 농서들은 모두 화북 지역의 '조〔粟〕'와 같은 밭농사의 농작법을 위주로 하는 것이었다.

그런데 세종대에는, 중국 고농서古農書의 농법이 우리 현실의 연작농

---

3 《세종실록》 세종 원년 6월 경진.
4 《세종실록》 세종 8년 10월 임오. 이는 성종때 '식례횡간式禮橫看'이란 제도로 정비된다.
5 《세종실록》 세종 28년 4월 정묘.

업 수준에 미치지 못하는 경우가 있을 뿐 아니라 특히 우리나라의 삼남三南지방 벼농사[稻作]의 실상과도 맞지 않는다는 현실을 각성하게 되었다. 그래서 우리나라 최초의 종합 농서로서 벼농사를 중심에 둔 《농사직설農事直說》을 독자적으로 편찬 간행하기에 이르렀다. 그 서문에는, "5방의 풍토가 다 똑같지는 않으므로 곡물을 심고 가꾸는 농사법도 각 지역마다 의당한 방식이 따로 있기 마련이어서 모두가 결코 고농서와 동일할 수는 없다[不可盡同古書]."라는 각성이 피력되어 있다.[6]

여기 '결코 고농서와 동일할 수가 없다'는 문자야말로 세종대에 우리나라 자체의 현실을 바탕으로 하는 독자적 정치사업을 추구하면서 드러낸 핵심 요전要詮이었던 것으로 이해된다. 무엇보다도 조선왕국이라는 독자적 실재의 현실적 이치 자체를 추구하여 거기에 맞는 정책을 추진하였던 것이다.

자기 고유의 약재藥材를 들여 처방하는 《향약집성방鄕藥集成方》을 편찬하게 된 사정도 마찬가지였다. 그 서문을 보면, "백 리만 되어도 습속이 다르고 천 리가 되면 풍교風敎가 같지 않아서, 초목의 생장도 각기 소의所宜가 있고 인간의 식음食飮 기욕嗜欲 또한 소습所習이 있다. … 우리나라는 천작天作의 일구一區로서 대동大東에 웅거해 있으니, 산과 바다에 있는 보장寶藏의 일어남과 초목 약재의 생산으로서 무릇 민생民生을 부양하고 민질民疾을 치료할 수 있는 것 또한 대개 구비하지 않음이 없다"는 견지를 확고히 피력하고 있다.[7]

더구나 "정신과 힘을 더하여 역서曆書를 만듦으로써 후세로 하여금 오늘의 조선이 전에 없는 일을 이룩해 놓았음을 알도록 하겠다"[8]는 각

---

6 "……以五方風土不同 樹藝之法 各有其宜 不可盡同古書……"(《세종실록》 세종 11년 [1429] 5월 신유).

7 《세종실록》 세종 15년 6월 임진.

오 아래 성취해 낸 향력鄉曆도 마찬가지다. 그것은 중국력과 회회력回回曆을 비교 참작하여 유사 이래 최초로 자국의 왕도王都를 기준점으로 하고서, 자국의 자연 현상의 고유한 이법理法을 객관적으로 그리고 긍정적으로 탐구한 결과 이룩해 낸 조선 독자의 역서였던 것이다.

그리고 그러한 사실 가운데 최대의 업적으로서는 역시 훈민정음訓民正音의 창제를 들 수가 있다. 그것은 자국의 백성들이 날마다 쓰는 국어를 기준으로 삼아, 바로 거기에 맞는 글자를 만든 정치·교화 사업이었다. 국어에 맞는 글자가 창제됨으로써 이후 자국의 말과 글 자체의 발전은 물론이요, 이제 이른바 기층문화가 자체 발전할 수 있는 가장 확실한 길이 트이게 되었다.

그런데 조선왕조가 국시國是 국학國學으로 숭상하는 성리학性理學의 기본 경전의 하나인 《중용中庸》에는 "천자가 아니면 예를 논의하지 못하며 법도를 제정하지 못하며 문자文字를 상고하지 못한다"[9]고 하는 경문이 있다.

세종대왕의 경우, 앞서 살핀 바와 같이 중국에 대한 사대의 행사와 의례까지를 지극 정성을 다해 준행하면서도 또 한편으로는 위와 같이 자국 중심의 독자적 제도를 다수 정립하기에 이르렀다는 사실은 어떠한 의미를 지닌다고 설명할 수 있는 것일까. 《중용》의 조문에 비추어 보면, 양자는 모순되는 관계를 이룬다고 해야 하는 것이 아닌가.

물론 평판적으로 본다면 '사대'에 정성을 다하는 일과 '자기 독자성'을 추구하는 일은 양자 사이 상호 모순되는 측면이 없다고는 할 수가 없다. 그런데 구조적으로 본다면, 그와 같은 '사대'는 정치적 행사의 한 가지 현상일 뿐이요, 조선왕국 자체의 통치법제의 정립은 또 다른 차원

---

8 《세종실록》 세종 14년 10월 을묘.
9 "非天子不議禮 不制度 不考文"(《中庸》 28장).

에서 추구하는 현실적 정치 현안의 구체적 실현에 해당하는 사업이었다. 양자는 차원을 달리하는 사안으로서, 각기 별도의 역사적 의미를 갖는 것으로 해석된다. 즉 명분적 저촉이라는 것과는 별도의 차원에서, 현실적으로 필요한 자국의 역사적 현안을 실현함에 따라 결과적으로 자국의 독자적 정체성을 구현하기에 이른 정치사업이었던 것이다.

다소 모순되는 듯한 이 두 가지 현상을 통일적으로 해석해 내는, 벌써 오래전의 이 과정을 통해서, 문득 조선 초기 우리나라의 역사적 실체가 한없이 큰 비중을 차지한다는 깨달음과 같은 느낌을 얻기에도 이르렀다는 것을, 저는 지금도 회상할 수가 있다.

이상 조선 초기의 제도적 정비와 그 변천에 관한 사실들의 검토는 《조선전기 토지제도사 연구》 및 《조선 성리학의 역사상》에 대략 실려 있는 내용들이다.[10]

4. 조선 후기 실학의 탐구

조선 초기를 공부하는 도중인 1975년에는 몇몇 동호인들이 《목민심서牧民心書》를 강독하는 다산연구회茶山研究會라는 공부 모임을 결성하였다. 나도 그 창립회원으로 참여하게 되었다. 이윽고 시작한 다산연구회는 강독뿐 아니라 먼저 강독하고 토론한 내용을 역주서로 묶어 간행하기로 결정하였다. 《역주 목민심서》 제1책을 간행한 것은 1978년이었고, 마지막인 제6책을 간행한 것은 1986년이었다. 그리고 특히 맨 처음 착

---

10 金泰永, 《朝鮮前期 土地制度史 研究》(知識産業社, 1983) 및 《朝鮮 性理學의 歷史像》 (慶熙大學校 出版局, 2006).

수한 제1책의 역주 내용에 다소의 착오라든가 미숙함이 눈에 띤다는 자체 성찰이 일어나, 이를 해판하고 전면 개역본을 다시 간행하기에 이른 것은 1988년 봄이었다.

실상 《목민심서》는 이미 이전부터 전승되어 오는 중국과 우리나라의 전통적 목민서들을 다수 참작하여 저술한 책이다. 그런데도 다산의 《목민심서》는 전통적 목민서들의 수준을 질과 양 모든 면에서 압도하면서, 다산 특유의 확고한 치민론治民論을 제시하기에 이르렀다는 큰 특징을 지닌다.

주지하듯이 다산이 유배생활에서 먼저 착수한 것은 경학經學 공부였다. 그는 유배생활 18년 가운데 16년 동안을, 어떠한 선학의 주석에도 구애받지 않고, 경전에 담긴 '옛 성인聖人의 본뜻[本旨]'을 깨쳐 내기에 극진한 정성을 다하였다. 그리고 그 극진한 경학 공부를 통해 깨쳐 낸 원리를 통찰하는 바탕 위에서야 《목민심서》와 같은 그의 경세론을 저술할 수가 있었다. 다산은 아마도, 역사적으로 조성되어 온 모든 억압과 부패의 구조적 인습을, 이제부터는 우선 일개 군현郡縣의 수령守令의 차원에서부터라도 지양해 나가야 한다는 새로운 차원의 치민론을 제시하고자 한 것으로 이해된다.

물론 《목민심서》는 현실 수령의 직사가 어디까지나 '현재의 법령을 따르는' 한도 안에서 수행해야 하는 것임을 전제한다. 그런데 《목민심서》는 또한, 수령의 직사가 '현재의 법령'을 따르는 것에 한정되어서는 '치민治民'이라는 수령의 현실적 직사조차 결코 제대로 수행할 수 없다는 현실을 도처에서 강조한다. 가령 수령의 주요 직무 가운데 하나인 전정田政의 경우가 그러하다.

수령의 직책이 54조나 되는데 그 가운데서도 전정이 가장 어렵다. 우리나라 전법이 본래 좋지 않기 때문이다. … 지금 (전지의 등급에 따라) 실적實積을 더해 가는 이 법으로써는 (중국 고대의 수리에 뛰어나고 시력이 밝았다는) 예수隸首가 계산을 맡고 이주離朱가 척도를 살핀다 하더라도 (결·부의) 수를 밝힐 수가 없다. 지금의 수령들이 어떻게 거기서 벌어지는 농간을 적발할 수 있겠는가(《목민심서》 전정).

곧 '본래 좋지 않은' 현재의 전법은 결국 '근본적 개혁'을 단행하지 않으면 안 된다는 것이 다산의 확신임을 여기서 읽을 수 있다.

그런데 내가 조선 후기의 실학에 관한 논문을 처음 쓴 것은 《역주 목민심서》 6책까지를 다 펴내고 그 제1책의 개역판까지를 간행한 다음인 1990년에 가서의 일이었다. 즉 10년 넘게 《목민심서》를 강독하고 역주를 진행하는 동안, 다산이 자기의 현실태를 구조적으로 분석 비판하고 거기 어떻게 대결하는가의 자세를 곰곰이 읽어 본 조그만 견해를 정리하여 〈다산의 국가 개혁론 서설〉[1]을 집필했다. 물론 이 글도 《목민심서》뿐 아니라 그 사이 틈틈이 들여다본 《경세유표》의 자료들을 더 많이 활용하여 작성한 것이었다. 비록 '서설'이라고 하면서도 '국가 개혁론'이라는 큰 주제를 달아 본 것은, 다산 실학이 무엇보다도 '국가체제의 근본적 개혁'이라고 하는 크나큰 주제에 주견主見을 집중하고 있었던 것이 아닌가 하는, 필자의 조그만 견지를 드러내어 보인 것이다.

이 논문을 쓰고 난 뒤로는 연구 주제를 대략 조선 후기의 '실학'으로 옮기게 되었다. 그리고 1997년에는 몇몇 연구자들과 협동하여 한국사에서 사상사 분야를 시대별로 정리해 본다는 계획을 세웠는데, 발표자도 거기 참여하여 〈조선후기 실학에서의 현실과 이상〉이라는 주제를 분담

---

[1] 碧史李佑成敎授定年紀念論文集 《民族史의 展開와 그 文化》, 創作과 批評社, 1990. 이 책에 실린 다산연구회원茶山硏究會員의 논문들은 《茶山의 政治經濟思想》이라는 제목의 별도 단행본으로도 간행되었다.

하게 되었다. 그리고 다음 해에는 그해 원고를 다소 가필하여 《실학의 국가 개혁론》이라는 제목의 단행본으로 간행하기에 이르렀다.[12] 뒷날 그 개혁론의 변법론적 이론을 보강한 새로운 논문을 다시 내어 놓기에도 이르렀다.[13]

여기 또 '국가 개혁론'이라는 제명을 내건 데는 까닭이 있다. 조선 후기 실학의 '비조鼻祖'로 공인되는 반계磻溪 유형원柳馨遠(1622~1673)의 경우를 검토한 결과, '반계 실학'이야말로 문자 그대로 '국가 개혁론'이라고 일컫지 않을 수가 없었던 것이다.

반계에 따르면, 이른바 '삼대三代의 왕정王政'이 지난 이후로는 지배층이 천리天理와 어긋나는 사욕을 추구하기 위한 폐법弊法을 만들어 시행해 왔기 때문에 끝없는 난세가 지속되어 왔다.

> 폐법弊法이 일어나게 된 원인을 살펴보면, 애초에 어둡고 탐욕스런 군주와 아첨하여 잘 보이려는 신하가 우선 목전의 사욕으로 말미암아 옛 법[구장舊章]을 변란變亂시킨 데에서 발단한 것이다. 뒤이은 자들은 그대로 인순因循하여 오래 되니, 그것이 마치 구법舊法인 것처럼 여기게 되었다. 그런즉 아름다운 성품의 군주가 나오더라도 이미 옛날의 명왕明王처럼 심득心得한 학문과 고전에 통달한 공력功力이 없는지라, 매양 용인庸人들의 저지를 받아 또한 폐법을 고치지 못하니, 그 본·말이 전도되어 이같이 고착되기에 이르렀다.[14]

즉 반계 실학은 이른바 계급지배의 본질을 꿰뚫어 보는 그만큼이나 만백성들 삶의 현실을 위주로 하는 역사의식을 바탕으로 삼고 있었다.

그런데 삼대 이후로는 '폐법'의 시대로 변해 버렸다는 역사 의식에

---

12 金泰永, 《실학의 국가 개혁론》, 서울대학교 출판부, 1998.
13 〈磻溪 柳馨遠의 變法論的 實學風〉, 《韓國實學研究》 제18호, 한국실학학회, 2009.
14 《반계수록》 권 12-49 敎選攷說 下, 選擧論議附.

입각하여 난세의 현실태를 통찰한다면, 여기 결코 간과해서는 안될 엄중하고도 새로운 현실적 과제에 직면하게 된다. 즉 조선왕국의 왕권이 그토록 고수해 온 '조종祖宗의 법제'라는 것은 물론이요, 조선 성리학이 그렇게 숭상하는 '주자학朱子學 통치론'조차도 예외 없이 '삼대 이후'에 제정되고 체계화된 것들이므로, 모두가 '통치자들의 사욕'으로 만들어진 '폐법 난정'의 산물이라고 하는 범주를 결코 벗어나지 못한다는 사실 그것이다.

그래서 반계 실학은 이제 '조종의 법제'라든가 주자학 이념까지도 넘어서서, 삼대의 경우와 같은 왕정을 구현할 수 있는 근원적 통치법제를 새로 탐색해 내지 않으면 안 되는 처지에 서게 되었다.

> (삼대의) 왕도가 폐색廢塞된 후로는 만사가 기강을 잃게 되었다. 처음에는 사욕을 가지고 법제를 만들어 쓰더니 마침내는 융적戎狄이 중국을 멸망시키기에 이르렀다. 우리나라로 말하면, 고루한 습속을 그대로 좇아 고치지 못한 것이 많은데, 더구나 쇠약해질 일만 저질러 오다가 마침내 크나큰 치욕을 당하고 말았다. 대체 천하 국가가 이 지경에까지 이르게 되었으니, 폐법을 변혁하지 않고서는 지치至治를 회복할 길이 없다(《반계수록》권 26-26 서수록후書隨錄後).

곧 이 세상에 지치至治를 이룩하고 왕정을 회복하기 위해서는, '폐법의 변혁', 곧 근원적 변법을 통해 새로운 '왕정의 법제'를 확립함으로써만 가능하다는 해법이었다.

그래서 반계의 실학은, 공전제公田制를 실시함으로써 개인 사유를 금한다, 노비제奴婢制를 용역제傭役制로 전환함으로써 인간 해방을 실현한다, 왕실을 비롯한 모든 국가기관의 경상비를 책정 운용함으로써 비리의 횡렴橫斂을 금한다, 특히 전국 물산에 대한 가렴주구의 항구적 원천

이 되는 왕실 진상의 인습을 폐지하고 그 수요물은 시장 구매토록 한다는 등, '국가체제 개혁론'이라는 형태를 취하지 않을 수가 없었던 것이다.

반계 실학을 검토하고 난 다음 나는 드디어 다산학에 관심을 기울이게 되었다. 부득이한 일이 아닌 한 대체로는 다산의 글을 읽고 관계 자료를 수습하였다. 그리고 또 한편으로는 다산학술문화재단에서 추진하는 《여유당전서與猶堂全書》의 정본화定本化 사업에도 참여하여, 《경세유표經世遺表》를 분담하고는 이를 정독할 기회를 가질 수 있었다. 이후 다산의 경세론을 주제로 삼아 발표한 글들은 대략 다음과 같다.

〈다산 경세론에서의 왕권론〉(《다산학》 창간호, 다산학술문화재단, 2000)
〈《경세유표》에 드러난 다산 경세론의 역사적 성격〉(《퇴계학보》 제129집, 퇴계학연구원, 2011)
〈다산의 정전제론〉(실시학사 편, 《다산 정약용 연구》, 성균관대출판부(사람의 무늬), 2012)
〈다산의 통치법제와 통치이념론〉(《다산학》, 제22호, 다산학술문화재단, 2013)

다산 정약용(1762~1836)은 약관 시절에 성호星湖 이익李瀷(1681~1763)의 저술을 읽고 사숙함으로써 진보론적 사관을 비롯한 그의 영향을 크게 받았으며, 또한 서학西學 관련 서적을 읽고서도 그 영향을 얼마간 받은 적이 있었다. 그런데 정작 다산 학문의 본령은 주로 유배 기간의 극진하고도 오랜 경학 공부를 통해서 스스로 깨우치고 개발한 내용을 체계화함으로써 이루어진 것으로 이해된다.

이른바 신유교난辛酉敎難(1801)을 맞아 먼 변방으로 유배된 그가 우선적으로 착수한 것은 6경·4서에 관한 경학 공부였다. 그리고 18년(1801~1818) 유배생활에서 16년이라는 오랫동안을 거기에 전념하였다. 〈자찬묘

지명自撰墓地銘〉을 보면, 그는 역대의 어떠한 주석에도 구애받지 않고, '옛 성인의 본지'를 깨달아 내기에 극진한 정성을 다하였다. 그 가운데에서 마침내 '신명의 묵묵한 깨우쳐 줌이 있는 듯'한 감응을 받게 되었다고도 술회해 놓았다.

주지하듯 조선왕조 일대의 지배이념인 주자 성리학은, 인간을 포함하여 이 세계를 구성하는 모든 존재의 근원이 곧 이理와 기氣로 구성되어 있다고 하는 이기론적 본체론의 바탕 위에 서 있다. 그래서 인간의 현賢·우愚는 그 자신이 선천적으로 타고난(稟賦)한 기질의 청淸·탁濁에 따른 것이라고 주장한다.

그런데 다산은 주자 성리학의 핵심 명제인 '성즉리性卽理'를 긍정치 않는다. 인성人性과 물리物理, 곧 인간과 자연을 분리해서 인식한다. '인성'이란 것은 천天으로부터 받은 인간의 기호를 일컬음인데, 선을 좋아하고 악을 싫어하는 경향성을 지닌 것으로 이해한다.

특히 그는 천의 영명靈明함을 직통으로 품부稟賦함에 따라 그 자체 영명하면서도 자주적 판단력을 갖춘 심心이야말로 인간의 본체라고 하는 새로운 본체론을 정립하기에 이르렀다. 여기서는 인간의 선·악이 자기 자신의 심의 판단과 실행 여하에 달려 있다. 그만큼 인간 자신의 사회적 책임과 주체성을 강조한다. 그의 실학은 인간사회의 어떠한 가치 있는 것도 인간의 실행을 통해서야 실현할 수 있다고 하는 철저한 '행사주의行事主義'로 일관하고 있다.

다산의 경세론 역시 '삼대三代 왕정王政'의 회복에 그 궁극의 목표를 두고 있다. 다산에 따르면 삼대 이후의 통치형태는 모두가 악법 폐속의 연속이다. 물론 조선왕조의 경우 역시 예외가 아니다.

삼대 때 우禹·탕湯·문文·무武가 나라를 이룩하여 표준을 세우고 예·악을 제정하여 금석金石 같은 법전을 물려 주었다. …… 그런데 후세에는 세상이 어지러운 때를 타서 우뚝 일어선 자가, 천명天命은 아직 정돈되지 않고 인심 人心도 복속되지 않은 상태에서 호강豪强한 자들의 원망을 살까 염려해서 드디어, 쇠란衰亂한 세상을 오래 거치면서 겹겹이 쌓여 벌써 곪아터질 종창腫脹을 이루고 있는 폐법들을 그대로 따라 쓰게 되었다(《경세유표》 11-21 역역지정力役之征).

우리나라의 법이란 것은 대개가 고려의 옛것을 인순因循한 것이요, 세종 때 이르러 다소 손익損益을 가하였으나, 한 번 임진왜란을 겪은 후로는 백 가지 법도가 무너져 모든 일이 어지럽게 되었다. …… 그윽히 생각건대 터럭 한 끝에 이르기까지 병들지 않은 것이 없으니, 지금에 와서 개혁하지 않는다면 반드시 나라가 망하고야 말 것이다(《경세유표》 인引).

그래서 다산은 삼대의 법제인 《주례》를 준거 삼아 《경세유표》를 저술함으로써 '왕정'의 회복을 추구해 마지 않았다.

그런데 그는 또한, 삼대 이후 다시는 '왕정'을 회복할 수 없게 된 까닭은 성인의 경전에 대한 해석이 근본적으로 잘못되었기 때문이라고도 확신한다. "폐법과 학정이 일어나게 된 것은 모두가 경전의 뜻을 밝혀 알지 못한 데에서 말미암았다. 그러므로 치국의 요체는 경전의 뜻을 밝히는 일보다 먼저 해야 할 것이 없다."[15] 그 구체적 사례도 들어 두었다.

(《상서尚書》 〈우공禹貢〉에서) '전田'이라 한 것은 전지에서 벼는 것이요, '부賦'라고 한 것은 다른 재부財賦를 거두는 것이었다." (그런데도 한대漢代의 정현鄭玄 이래) "고금의 모든 주석가들이 모두 부賦를 전세田稅라고 해석하여 한 사람도 감히 이의를 제기하는 자가 없었다(《상서고훈尚書古訓》 3-3~6 궐토유

---

15 《경세유표》 10-16 지관수제 賦貢制 2.

백양厥土惟白壤).

물론 주자학도 여기서 결코 예외일 수가 없는 것이었다. 그러니 주자학을 '치국'의 통치이념으로 준수한다는 것은, 성인이 드러낸 경전의 원리에 어긋난 통치 행태를 인습하는 일에 속한다. 가령 삼대 왕정의 기초라고 하는 정전제井田制를 두고 본다면, 주자는 이를 결코 실행할 수 없는 것이라고 이해하였다. 그러나 다산은 정전제가 아니면 '왕정'은 결코 회복할 수 없는 것이라는 확신 아래, 《경세유표》에서도 가장 많은 지면을 할애하여 이를 서술하였다.

다산의 정전제론은 단지 균전적均田的 정전제를 실현한다는 정도의 것이 아니었다. 그는 수천 년 도외시된 상商·공工·산림山林·천택川澤·해산海産 등 국내 산업의 여러 분야를 새로운 차원에서 다원적·다각적으로 개발 진흥함으로써 드디어는 주곡농업主穀農業 의존적인 종래의 국가경제 수준을 지양하고서, 이에 전국 만민을 농업을 비롯한 '9직職'에 나누어 배치함으로써 만민 '균직론均職論'을 실현한다는 전망 위에서, 드디어 '균전론'을 포괄하면서도 그것을 지양하는 독자적 정전제론을 주창할 수가 있었다. 그리고 정전제론이라는 바탕 위에서야 그는 그의 왕정론王政論을 소신껏 펼칠 수가 있었다.

그는 자신의 정전제론을 두고, "성인의 여러 경서를 보건대, 내가 참작해서 변통하고자 하는 것이 원래 선왕先王의 본법本法이었다"고 확신하였다.[16] 그리고 다시, "(정전을) 경계經界하는 일은 천지를 거듭 이룩하는[重刱] 큰일"이요, "지금 선왕의 대도를 좇아 만세토록 준행할 큰 경법經法을 세운다"고도 단언하였다.[17]

---

16 "…… 原是先王之本法"(《경세유표》 5-2 전제 1 井田論 1).

17 《경세유표》 7-31 전제 9 井田議 1.

그런데 그와 같이 왕정의 회복을 위한 새로운 개혁 법제의 제정과 그 실현은, 이른바 '조종의 법제'라는 것에 가탁하면서 영구 집권을 획책하는 현재의 세습적 벌열정권 아래서는 결코 착수조차 해 볼 수 없는 사안임이 명백하였다. 개혁법제의 새로운 제정은 현행 '법제'의 운용을 통해서가 아니라 결국 '정치적 결단'을 통해서야 착수할 수 있는 과제였다.

그런데 현실적으로 그 같은 정치적 결단을 실행할 수 있는 주체로서는 왕권 이외의 다른 존재가 결코 있을 수 없었다. 다산은 왕정의 회복이라는 국가체제의 개혁을 추진할 주체로서는 결국 왕권을 상정할 수밖에 없었다. 그는 천의 운행과 같이 궤도를 일탈하지 않으면서도 굳건한 독자적 추진력을 갖춘, 현능한 제도 왕권의 출현을 대망待望하고 있었던 것으로 이해된다. (2015년)

비교경제사에서 비교일반사로

김영호金泳鎬

1940년생. 경북대학교 경제학부를 졸업하고 일본 도쿄대학 대학원 경제학부
를 거쳐 일본 오사카시립대학에서 경제학박사를 취득했다. 주요 연구 분야는
한국경제사이며, 경북대학교 경제학부 교수로 봉직했다. 현 경북대학교 명예
교수이자 동북아평화센터 이사장이다.

주요 저서로는 《東アヅア産業化と世界資本主義》(東洋經濟申報社, 1988), 《한일역사
문제의 핵심을 어떻게 풀 것인가》(공저, 지식산업사, 2013), 《세계사 속의 다산
학》(공저, 지식산업사 근간) 등 다수가 있다.

1. 경제학에서 경제사로 전회

모 지방대학의 이름난 경제사 교수가 서울 유명 대학으로 옮겨가시게 되자 그 후임자를 길러 채용한다는 분위기 속에 내가 지목되어 그 대학 대학원에 들어가 경제사를 전공하게 되었다. 그 당시 나는 정치경제학의 입장에서 저개발국 경제문제에 몰두하고 있었다. 그때 쓴 논문으로 '전국 대학생 경제학 학술대회'에서 몇 차례 우승상을 탔던 기억이 난다. 말하자면 현실문제에 치열한 의식을 가졌던 경제학도가 순수한 학문적 열정보다는 세속적 직장 구하기 계산에서 경제사를 전공으로 삼았다는 사실을 고백하지 않을 수 없다.

동기는 어찌되었던 간에 경제사를 전공으로 택한 이상 관련 책을 구해 읽을 수밖에 없었다. 그때 주목받고 있던 것이 M.Dobb, P.M. Sweezy, K.Takahasi 등의 《봉건제에서 자본주의로의 이행》(*Transition from Feudalrism to Capitalrism*) 논쟁이었다. Monthly Review사에서 출간한 이 논쟁집을 애써 구하여 패션처럼 들고 다니며 읽고 또 읽었던 기억이 난다. 그러다가 그 이행 논쟁의 한국어 번역을 시도하게 되었다. 그런데 그 논쟁집 속의 다카하시 고하치로高橋幸八郎 선생의 논문이 일본어로 된 논문을 영역한 것임을 알게 되었다. 그래서 그 일본어 원문이 필요하게 되었다. 나는 일본어를 잘하는 분의 도움을 받아 다카하시 선생께 일본어 원문을 볼 수 없겠느냐고 호소하는 편지를 보내게 되었다. 큰 기대는 안 했던 것 같다. 그런데 한 달쯤 뒤 다카하시 선생이 원고지 10장에 칸수를 무시하고 20여 매 분량의 이행 논쟁에 관한 소감을 적어 보내 주셨다. 그리고 일본어 원문이 실린 잡지도 한 부밖에 없으니 참고하고 돌려

달라며 보내 주셨다. 경제사학의 세계적 대가께서 외국의 한 초입 경제
사학도에게 이처럼 대단한 신뢰의 편지를 보내 주다니 나는 큰 감동을
받았다. '학문의 대가란 성실의 대가이기도 하다'는 인간적 감동이 컸
다. 그 편지는 지금도 내가 소중하게 간직하고 있다.

그 뒤 나는 고려대학교의 조기준 선생의 문하에 들어가 그분이 책임
자의 한 사람으로 일하는 고려대 아세아문제연구소 연구원으로 재직하
면서 경제사학회의 창립에 참여하고 간사로서 학회 운영에 미력을 다
하였다. 그때 한국사의 체계를 식민사학의 풍조에서 벗어나 새롭게 재
정립하는 시도를 '한국사의 시대구분론'으로 설정하고, 한국사학계의 총
체적 협력과 참여를 받아 당시로서는 드문 규모의 심포지엄을 개최하
였으며, 단행본으로 《한국사 시대구분론》(을유문화사, 1970)을 출간하였
다. 그때 한국근대경제사에 깊이 내재해 있던 식민사학의 전통을 극복
하는 문제에 집중하였다. 식민사학의 전통은 한국사의 정체성론과 타율
성론으로 집약되었다. 정체성론의 극복을 위하여 조선 후기의 자본주의
맹아론이 대두되었고 타율성론의 극복을 위하여 민족사학계에서 여러
견해를 내놓았다. 나는 조선 후기 농업 연구의 김용섭 교수, 상업 연구
의 강만길 교수, 사회변동 연구의 정석종 교수, 사상사 연구의 이우성
교수와 함께 수공업 연구를 담당하여 《19세기의 한국사회》(성균관대학
대동문화연구원, 1972)를 출간하였다. 아울러 실학 전통과 근대의 연속성
을 규명하기 위해 일련의 '실학과 개화사상의 연결문제' 논문을 발표하
였다.

아울러 경제사는 민족사학에 기반을 두어야 한다는 생각에서 민족사
학자 박은식, 신채호에 관심을 갖게 되었고 그 관심이 성장하여 연세대
의 홍이섭 교수를 모시고 《백암박은식 전집》과 《단재신채호 전집》을 편
찬, 출간하는 데 주도적인 역할을 하였다. 역사의 주체를 도외시하는
식민지 근대화론을 비판하고 민족사학에서 중시하는 민족 주체의 확립

을 전제로 하는 발전을 추구하였다. 식민사학의 일환으로서 경제사를 민족사학의 일환으로서 재건하는 과제를 수행하지 않으면 안 된다고 생각했다.

그때 동경대학 동양문화연구소의 조수로 뒤에 가나가와神奈川대학 교수가 된 가지무라 히데키梶村秀樹씨와 서신을 주고받게 되어 오랫동안 활발히 교류하였다. 그리고 그 루트를 통하여 일본의 전후청산운동과 한국의 민주화운동의 한 접점이 이루어졌고 북한 역사학계의 연구성과와 북한에서 발굴된 신채호의 유고들이 한국학계에 전해졌다. 가지무라 히데키 교수는 식민 지배에 대한 반성이 결핍된 일본 지식인 가운데 식민지주의 극복을 대변하는 양식良識으로서 그 뒤 나의 일본 인식의 한 원점이 되었다.

내가 경제사학을 전공하면서 M. Dobb, P. M. Sweezy, Ko. Takahasi의 봉건제에서 자본주의로의 이행 논쟁을 공부하던 길은 마르크스 경제사학의 길이었다. 그러나 국민경제적 입장에서 저개발국 개발이론에 관심을 기울이던 길은 근대경제성장론의 길이었다. 나는 두 개의 길에서 헤매고 있었던 것이다. 전자의 길을 따라 도쿄대학을 가서 당시 서신을 교류하고 있었던 다카하시 고하치로 교수 문하에 갈까 협의하기도 했다. 그러나 결국 후자의 길을 걸어 저명한 경제사가 A. 거센크론(Alexander Gerschenkron)을 사사하게 되었다. 그때 현 펜실베이니아Pennsylvania대학 명예교수 이정식 박사의 도움이 컸다.

2. 비교경제사의 새로운 프레임워크frame work

나는 미국 유학을 휴학하고 경북대학 경제학부의 경제사 담당교수로 복귀하였다. 그리고 곧 일본의 오사카 시립대학의 초청을 받고 전임 교수로 취임하게 되었다. 일본의 국공립대학에 한국인 최초로 취임한 전임교수여서 일본 언론도 크게 보도하였다.

나는 단재 신채호의 민족사학에서 역사를 '아我와 비아非我의 투쟁의 기록'으로 규정한 것을 주목하고 있었다. 일제와 목숨을 걸고 독립전쟁을 하던 역사가 단재 선생의 실체가 그대로 표현된 역사의 개념 규정이라 할 수 있다. 나는 이 개념 규정을 기본적으로 받아들이면서 현실의 복잡성에 대응하는 유연한 방식으로 수정해 보았다. 민족사학이 국수주의가 아니라 열린 국제주의로 가는 것도 중요한 과제였다. 그래서 아我를 내적 조건으로, 그리고 내적 조건을 혁신적 요소와 보수적 요소 그리고 중립적 요소로 나누었다. 또 비아非我를 외적 조건으로, 그리고 외적 조건을 혁신적 요소와 보수적 요소 그리고 중립적 요소로 나누고 투쟁을 여러 형태의 관계로 일반화해 보았다. 내적 조건의 혁신적 요소와 외적 조건의 혁신적 요인이 관계를 맺으면 발전적 귀결 혹은 근대화 과정을 가져 오고, 내적 조건의 보수적 요인과 외적 조건의 보수적 요인이 관계를 맺으면 종속적 과정이나 발전 저지적으로 귀결된다. 그러나 현실은 그 어떤 명확한 성격보다는 중립적인 내외 요인이 관계를 맺는 경우가 많다. 이러한 형태로 당시 첨예하게 대립하던 근대화이론과 신종속이론의 일정한 통합을 시도해 볼 수 있었다. 이로써 같은 영국의 주변국가이면서 독일은 발전국가가 되고 중동 국가들이나 아프리카 국가들처럼 종속적 국가가 된다든지, 같은 미국의 주변국가이면서 캐나다는 발전적 국가가 되고 라틴 아메리카는 종속적 국가가 되는가를 통합적으로 볼 수 있도록 시도하였다. 일본의 정치경제학계에서 종속이론과 근대화이론의 통합에 성공했다는 과분한 코멘트를 받기도 했다.

A. 거센크론은 경제사적으로 영국에 견주어 후발국이었던 프랑스, 독

일, 이탈리아, 러시아 등의 유럽 국가들을 'Late Commers'라고 분류하여 'Late Commers'들의 발전 유형을 비교분석하고 현 선진국들의 과거의 역사적 경험과 개발도상국의 현실적 개발과제를 직결시킨 문제설정방식으로 많은 주목을 끌고 있었다. 거센크론은 '각국의 후진성의 정도(degree of country's backwadness)'에 따라 이용 가능한 기술이 다르고 여러 가지 패턴의 대체유형이 가능하여 스퍼트Spurts의 크기가 다르다는 대체형 패턴(Patten of substitution)을 제시하였다. 그 뒤 허슈만Hirschman은 19세기 유럽의 후발국과 20세기 라틴 아메리카의 후발국을 구별하여 전자를 'Late Commers', 후자를 'Late late Commers'라 불렀다. 그러나 쿠-스kurth 는 19세기의 서유럽 중진국과 스페인, 포르투칼 등 라틴 유럽 그리고 비유럽 선진국인 러시아, 일본 등 제국주의 세계체제가 완성되기 전 아직 제국주의적 진출의 여지가 남아 있던 국가군과 종속적 반식민지적 길밖에 남아 있지 않는 아시아 아프리카 저개발국은 구별해서 보아야 한다고 지적하였다.

이러한 일련의 성과들을 묶으면 'Late late Commers'를 다시 'Late late late Commers'로 나눌 수밖에 없는데 매우 부자연스럽다. 새로운 틀로 재정리하지 않을 수 없었다. 나는 산업화의 세대Generation론이라는 새로운 틀로 이것을 종합해 보았다. 산업화의 세대가 진행되는 계기는, 어떤 나라가 산업화를 이루었을 때 후발국에 그 영향이 파급되어 후발국의 내적 조건과 선발국의 외적 조건의 결합이 이루어지는 것이다. 내적 조건의 혁신적 요소가 외적 조건의 혁신적 요소와 만나든지 혹은 중립적 요소와 만날지라도 그것을 혁신적 방향으로 작용하게 할 수 있다면 이화수정(異花受精: cross-fertilization)하여 새로운 세대의 산업국가가 탄생하는 것이고, 내적 조건의 보수적 요소와 외적 조건의 보수적 요소가 결합한다면 이화불임異花不姙하여 새로운 세대의 산업 국가는 탄생하지 못하게 될 것이다. 그리하여 18세기 말이나 19세기 초의 영국의 사례처럼, 시민혁명이 선행하고 시민사회적 기반 위에서 민간기업이 선도하는 산업화가 이루어지고 그 뒤 제국주의로 진출하는 패턴이 제1세대 산업화이다. 19세기 중엽의 프랑스, 독일, 미국 등의 사례처럼 시민혁명이 선행했으나 민간 기업 중심의 산업화의 동력이 약하여 정부의 제도적 개입이 병행되고 따라서 산업화와 제국주의화가 병행되는 패턴이 제2세대 산업화이다. 그 뒤 19세기 말이나 20세기 초에 국가주도로 민간 대기업 중심의 산업화가 이루어지고 제국주의가 병행하거나 선행하고 그 뒤에 불철저한 시민혁명이 진행되는 패턴이 제3세대 산업화이다. 한편 20세기 후반기에 제국주의 세계체제가 완성된 상황에서 국가 주도의 외자의존형 대기업 중심의 산업화가 진행되고, 의존형 산업화의 결과 불철저한 시민사회가 후행하는 패턴이 제4세대 산업화이다. 제3세대 산업화까지는 노동의 무제한 공급이 급속한 산업화의 기본 동력으로 작동하였으나, 제4세대 이후에는 외자의 무제한 공급이 산업화의 기본 동력으로 작동하는 점도 주목해 볼 만하다.

다시 여기에 콘트라체프 장기파동론(Kontratchev Cycle)이나 월러슈타인(Immanuel Wallerstain)의 세계체제론(World System)을 결합시켜 볼 수 있다. 즉 제1세대 산업화는 제1차 콘트라체프 사이클(1790년~1844/51년) 때 코어(Core)형으로, 제2세대 산업화는 제2차 콘트라체프 사이클(1844/51년~1890/1896년) 때 세미 코어(semi-core)형으로, 제3세대 산업화는 제4차 콘트라체프 사이클(1948년~현재 진행) 때 주변(periphery)형으로 진행되고 있다고 할 수 있다.

나는 처음 경제학에서 경제사학으로 진입하면서 식민사학의 전통이 강한 경제사학을 민족사학의 전통에 뿌리내려 재출발하는 것이 중요하다는 인식에 도달하게 되었고, 거기에서 민족사학자 단재 신채호의 '역사는 아我와 비아非我의 투쟁의 기록'이라는 명제에 꽂혀 그 정신을 기본적으로 계승하면서 복잡한 현실에 적용될 수 있도록 유연하게 현대화를 시도하였다. 곧 내적 조건과 외적 조건의 상호관계로 표현하고, 내적 조건 가운데 혁신적 요인과 외적 조건 가운데 혁신적 요인이 결합하면 이화수정하여 새로운 산업국가로 잉태되고, 내적 조건 가운데 보수적 요인과 외적 조건 가운데 보수적 요인이 상호결합하면 이화불임하여 종속화의 길을 걷게 된다는 논리로 산업화의 세대론을 세움으로써 선진국의 역사와 개도국의 현실을 직결시키면서 비교경제사적 통합틀을 만들고자 고투를 거듭하였다. 이 틀로써 후진성의 세대별 차이를 비교사적으로 살피면서 거센크론의 빅 스퍼트가 일어나는 비교경제사적 차이와 프랑크(A.G. Frank)류의 종속성이 일어나는 비교경제사적 차이를 통합하면서 유형화할 수 있었다. 아울러 4세대 산업화를 경험하고 있는 동아시아 여러 나라는 산업화의 진전 결과 중산층이 형성되고 중산층의 성숙 결과 시민사회가 전개되고 현재 구미 선진국의 과거에 견줄 때 지금은 민주주의가 꽃필 전야前夜로 전망해 볼 수 있다. 그러나 민주주의가 개화할 전야는 정부, 대기업, 외국자본 등 지금까지 기득권 지배세력의 위기가 된다. 따라서 기득권 지배세력은 지금까지 지배구조를 유지하고 공고화하기 위한 여러 조처를 취하게 된다. 영토 분쟁과 안보 위기가 발생하고 그 위기가 고조되면서 군비확장경쟁이 일어나고 민족주의 열기가 민주주의의 바람을 잠재우게 된다.

나의 이러한 시도는 졸저 《동아시아공업화와 세계자본주의》(東アジア工業化と世界資本主義, 東洋經濟新報社, 1988)에서 집중적으로 이루어졌다. 이 개념은 오사카 시립 대학大阪市立大學 경제연구소의 공동연구에서 '신공업화新工業化'라는 개념으로 채택되어 《아시아신공업화의 전망》(アジア新工業化の展望, 東京大學出版會, 1887)으로 출간되었으며, 佐藤元彥·平川均 공저의 《제4세대공업화의 정치경제학》(第四世代工業化の政治經濟学, 新評論, 1998)

으로 이어졌다. 국내에서도 다산경제학상 수상으로 이어지게 되었다.

3. 식민지 책임

근대 일본과 한국의 관계는 제국주의-식민지 관계였다. 그러나 식민지 관계는 제대로 청산되지 못하였다. 전후 샌프란시스코 강화조약은 일본의 전쟁 범죄는 미약하나마 약간의 책임을 물었으나 식민지 책임(Colonial Responsibility)의 문제는 전혀 묻지 않았다. 우리는 이 문제의 중요성을 강조하였다.

미국도 하와이를 불법 지배하고 있었고 프랑스도 베트남을 식민 지배하고 있었던 시기였다. 유럽 국가들의 식민지였던 동남아 국가들은 샌프란시스코 강화조약의 서명국으로 초청되어 배상금을 받았으나, 한국은 일본의 방해로 서명국으로 초대받지 못하고 결국 배상금이 아닌 청구권을 받는 형식으로 종결되었다. 결국 샌프란시스코 강화조약의 틀 안에서 이루어진 한일기본조약은 식민지 종결 뒤의 식민지에 대한 사과 없는 국교재개조약이 되고 말았다. 특히 한일기본조약 제2조에서는 구한말의 강압적이었고 조약으로서 형식도 갖추지 못한 한국병합조약 등의 여러 조약을 사실상 합법적이고 유효한 조약으로 인정하는 결과가 되고 말았다. 냉전이 끝난 1990년대에는 구제국주의 열강이 다투어 구식민지범죄를 사죄하는 '사죄의 시대'(age of apology)를 맞이하였다. 미국이 하와이 불법지배를 인정하고 상하양원에서 사죄결의를 한 것도 이때였다. 일본도 이 시기에 고노 담화에 이어 무라야마 담화가 있었다. 그러나 국회결의 형식은 한 번도 없었고 내용도 아시아 전체를 향한 추상적 언급에 그쳤으며 구한말 한국병합조약은 여전히 유효 합법이라는 식이었다.

나는 한일기본조약의 개정으로 한국병합조약의 불법 무효를 명시해야 한다는 논문을 90년대 초부터 발표하였다. 한국 최초의 문제제기로 주목을 받았다. 그러나 그 뒤 이태진 교수의 규장각 조약문서 분석을 통한 연구논문이 잇달아 발표되자 나는 이 연구를 당분간 중단하고 있었다.

그러던 차에 마침 일본의 《세카이世界》지에 안중근 사망 100주년 논문을 쓰게 되었다. 논문을 다 쓰고 새삼 안중근의 인품과 사상적 도달점에 스스로 깊은 감명을 받아 숙연히 좌정해 있었다. 결국 안중근도 을사늑약(을사보호조약)이나 정미 7조약 같은 조약의 불법 무효를 위해 거사를 한 것 아니냐는데 생각이 미치게 되자 결연히 행동에 들어갔다. 일본의 지인 친구들에게 전화를 걸어 내년 한국병합 100년의 해에 한국병합조약 불법무효 한일지식인 공동성명을 내자는 제안을 했다.

전화로 약속이 되어 다음 날 새벽 비행기로 도쿄에 가서 와다 하루키和田春樹 선생, 오카모토 아쓰시岡本 厚 이와나미 쇼텐岩波書店 사장, 오다가와 고小田川 興 선생 등과 만나 기본적으로 한일지식인 공동성명 추진을 합의하고, 한국의 이태진 교수, 정창열 교수, 김경희 지식산업사 사장 등께 연락하여 동의를 받았다. 그리하여 성명서 문안을 작성하고 을사늑약(을사보호조약), 한일병합조약 등은 지극히 강압적인 상황에서 한국인의 의사에 반하여 체결된 조약이며 조약으로서 요건도 갖추지 못한 조약으로 당연히 불법 무효가 되어야 한다는 취지의 성명에 2010년 5월 10일 한일 양국 지식인 100명씩 합계 200명이 서명하여 발표하였고, 다시 8월 10일 각각 500여 명이 서명하여 합계 1000여 명(실제로는 500여 명의 목표가 훨씬 넘어 각 600여 명 전후 단계에서 간신히 종결했다)이 서명한 한일 지식인 공동성명을 발표하였다. 이 공동성명은 한국사회에 대대적으로 보도되어 큰 울림을 주었으며, 당시 간 나오토 총리의 특별담화에도 영향을 주어 한국병합조약은 한국인의 의사에 반하는 조약이었다는 것을 공식적으로 인정하였다. 한일지식인 공동성명은 비록 아무런 법적 구속력은 없지만, 많은 역사학자들이 참여한 것은 전문연구자 사이에는 합의에 도달했다는 사정을 반영한다는 뜻에서 의미심장하다 하겠다. 우리는 이 사건을 '안중근 쿠데타'라고 속칭하고 있다. 이후 5년여 동안 우리는 일본의 서명 지식인 그룹과 함께 '식민지 책임론'을 계속 제기하며 탈식민화Decolonization의 비교사를 지속적으로 연구, 토론해 오고 있다. 특히 미국, 독일, 이탈리아, 일본의 식민지 책임의 수행과정을 비교 연구하고 있다.

한일지식인 공동성명과 그 발기인이 중심이 된 연구저서는 한일 양국에서 각각 김영호, 이태진, 와다 하루키, 우츠미 아이코內海愛子 공편으로, 《한일역사문제의 핵심을 어떻게 풀 것인가》(지식산업사, 2013)와 《日韓歷史問題をどう解くか》(岩波書店, 2013)로 출간되었다.

우리가 일본의 과거사 청산을 강조하고 나선 것은, 그것이 중국의 신중화주의 내지 신패권주의 등장을 막는 데 중요한 조건이 된다고 생각했기 때문이다. 중국의 신중화주의적 등장의 중요한 동기 가운데 하나가 아편전쟁 이래의 '굴욕의 세기(Century of Humiliation)'에 대한 분노나 회한을 없애 주는 것이 중요하다고 상상하는 것은 어렵지 않았던 것이다. 뿐만 아니라 일본 안에서 과거를 미화하고 과거로 회귀하려는 경향이 강하여 과거사 청산으로 미화대상인 과거사 자체가 부활할 수 없을 정도로 부정되어야 했기 때문이기도 했다.

일본에 그들의 과거를 미화하고 과거로 회귀하려는 정권이 안착하는 것을 어떻게 보아야 할까. 나는 마루야마 마사오丸山眞男 교수의 지적처럼, 태평양전쟁을 일으켜 수천만 명의 인명을 잃은 일본의 민족주의의 처녀성이 상실된 것이 아닌가 하는 우려를 했고 또 일본 시민사회의 성숙에 많은 기대를 했던 것이 사실이다. 그러나 제3세대 산업화를 경험한 국가로서 국가와 대기업 주도의 산업화과정에서 시민층은 제도의 의존성이 매우 컸고, 마루야마 마사오 교수의 지적처럼, 시민의 기본권을 양보하여 신민화하여 국가로부터 얻는 타민족에 대한 특권을 얻어 이를 향유하는 향수에 약하다는 사실을 간과할 수 없을 것 같다. 여기에 덧붙여 과거사문제로서 센카쿠 열도 영유권 문제로 영토 내셔널리즘을 자극하고 안보 위기로 안보 내셔널리즘을 고조시켜 중일 간 적대적 상호의존의 구조가 작동하게 된 것이다. 국내 시민사회의 성숙에 따른 민주화 요구를 대외 긴장조성에 따른 영토 내셔널리즘과 안보 내셔널리즘으로 보수화 분위기를 일으켜 억압해 나가는 양상을 보여 주었다. 이러한 사실은 동아시아의 최근 안보 위기의 배후에는 동아시아 시민사회화의 기회가 숨어 있다는 것을 말해 주는 것이다. 그 기회를 살리려면 시민사회의 적극적인 역할이 요구된다. 동서 독일의 통일 직전, 동독 정부가 반통일적 움직임을 보였을 때 시민이 'Wir sint das Volk'(우리가 바로 주권자인 그 국민이다)라고 외치며 적극적 행동에 나섰듯이, 동아시아의 시민들이 'Civil Asia'에 역행하는 적대적 상호의존관계를 극복하는 적극적 역할을 해야 하는 것이다. 'Civil Asia'란 우리가 2015년 전후 70년을 즈음하여 발표한 한일지식인 공동성명 제2탄에서 전개한 개념으로, 전술한 제4세대 산업화의 특징으로 의존적 산업화의 결과 중산층이 폭넓게 형성되고 중산층을 충심으로 시민사회가 성숙하여 지금 동아시아 지역에 10여 만의 중산층과 그 이상의 네티즌이 형성되어 동아시아 시민사회가 전개되고 있는 상황을 지적한 것이다. 우리가 지적하는 'Civil'은 시민, 인민이란 의미와 문민지배(Civilian Control)를 포괄한다. 'Civil'이 민주화의 주체가 되는가는 시민사회가 '적극적인' 시민사회가 되느냐의 여부에 달려 있다고 보고 있다.

　나는 시빌 아시아론과 적극적 시민사회론 연구에 많은 관심을 기울이고 있다. 그러한 연구의 일환으로 '동아시아 시민평화헌장론'을 제기

하였으며 일본의 '9조의 회' 10주년 기념 강연회에서 발표했다(金泳浩 '東アジア市民平和憲章をつくろう' 岩波ブックレッドno 918 "憲法九條は私たちの安全保障デす").

최근에는 한일 간의 식민지범죄 책임 문제는 기본 틀인 샌프란시스코 강화조약의 한계가 기본문제라 보고, 한일 지식인을 넘어 한·중·미·일 지식인들과 제휴하여 샌프란시스코체제의 극복 문제를 공동의 과제로 함께 검토해 보고자 한다.

4. 국채보상운동사와 제3기 유학론

경제학에서 비교경제사 연구로 들어갔으나 차츰 비교경제사에서 비교사상사 연구로 관심이 기울어져 가고 있다. 그 가운데 하나는 국채보상운동사 연구이고 다른 하나는 정다산 연구이다.

국채보상운동은, 1907년 정부가 일본에 진 빚 1천 3백만 원을 구체제의 담당세력은 갚을 능력도 갚을 의지도 없어 외채망국의 위기에 빠지게 되자 일반국민들이 국가 빚을 대신 갚겠다고 일어난 운동이다. 이 운동은 대구에서 시작하여 삽시간에 전국을 휩쓸었다. 여기에 참여한 계층은 계몽적 지식인, 상공업자, 농민, 부녀자, 학생, 노동자 등 중하층민이었다. 지금까지 역사의 담당세력이 되지 못했던 계층이 새로운 역사의 담당세력으로 부상한, 역사 담당세력의 교체를 의미하는 것이었다. 당시의 신문잡지에 국채보상금을 낸 사람 이름 하나하나가 실렸는데 약 30만 명 정도였다. 그러나 각 지방별 현장 조사를 진행해 보니 성주군, 고령군, 상주군, 칠곡군 등은 현장조사 결과 신문잡지에 게재된 것보다 거의 배 정도로 많이 참여한 것을 알 수 있었다. 실제 참여한 호수는 적어도 40만 호 정도로 추산하며 당시 대가족제 아래에서 200만 이상이 참여했고 이는 전체 인구 1800여 만의 10~15%에 해당한다. 대체로 3.1운동에 필적한 규모였다. 우리는 다수의 국채보상금 모금의 장부 원본을 수집하였는데 우리는 그것을 시민대장 혹은 국민대장이라 명명했다. 당시는 군주국가가 국민국가로 전환하는 혁명적 시기였다. 백성이나 신민이 국민 또는 시민으로 질적 변화하는 시기였다. 국채보상운동과 거의 동시에 "국민되기 운동"이 벌어지고 있었다. 국채보상운동의 형태로 국민되기 운동이 일어났던 것이다. 그런데 참여의 모티브가 국민된 의무, 책임, 도리 등이었다. 국채보상금 모금소의 명칭이 '국민의무소'였다. 서양의 시민운동이 권리와 자유였는데 한국의 전국적 시민운동은 책임 개념으로 전개되었던 것이다. 우리는 이것을 노블레스 오블리주(Noblesse Oblige) 개념을 대신할 '시민적 책임'(Citizon's Oblidge) 개념으로 정리하였다. 그리고 서양의 '권리대장'과 다른 '책임대장'이라 불렀다. 우리는 유네스코(UNESCO)에 세계기록유산 등재신청을 하면서 '책임장전'이란 개념을 썼다. 본인은 국채보상운동의 세계기록유산 등재 추진위원장으로 직접 파리의 유네스코 본부에 가서 위와 같은 내용으로 브리핑을 했다.

이 운동에는 부녀들이 적극 참여하였다. 역사의 중심이 아닌 바깥에 머물러 있던 부녀들이 역사의 주동세력으로 등장한 것이다. 이로써 한국의 근대여성운동이 시작되었다. 여기에 학생들이 참여하니 한국의 학생운동이 시작되었고 이로써 국민적 기부운동이 시작된 것이다. 금주, 단연으로 시작된 것이니 한국의 금주, 단연 운동사가 전개된 것이다. 한국 최초의 매스컴 캠페인 운동이 펼쳐졌다(국채보상기념사업회편, 《국채보상운동사》, 2013).

이 운동은 채무자 모럴moral의 극치를 보여준 운동이었으나 운동과정에 채권자 모럴의 문제를 예리하게 지적하였다. 채권자의 '꼬심'과 '부추김'에 대한 지적이 그것이다. 어느 정도 부채 문제의 핵심인 채무자 책임과 채권자 책임의 쌍방 책임을 의식하고 있었던 것이다. 우리는 한국의 금융위기 때 제2의 국채보상운동의 형태로 '금 모으기 운동'을 벌여 금 모으기 형태의 채무자 모럴의 극치를 보이면서 IMF에 채권자 모럴의 복구를 촉구하였다. 당시 하버드대학의 경제학교수 Jeffrey Sacks교수도 한국이 IMF에 채권자 책임을 묻도록 했더라면 200억~300억$의 이익을 보았을 것이라고 지적한 바 있다. 우리는 세계의 IMF 및 투기자본문제와 싸우는 NGO 약 200여 단체와 함께 국채보상운동의 세계화에 따른 채무자 모럴과 채권자 모럴의 쌍방책임형 세계부채문제로 해결모형을 제시하였다.

이전부터 정다산 연구에 관심이 많았으나 한국학중앙연구원에서 정다산국제공동연구 연구책임자가 되면서 본격적 연구를 하게 되었다. 종래 정다산은 한국사의 시야에 갇혀서 실학의 집대성자로 이해하는 경향이 있었으나 이제 시야를 넓혀서 동아시아 유학사에서 어떤 위치를 차지하는가, 나아가 당시 서학을 받아들이면서 동양의 유학과 서양의 기독교가 어떻게 만나서 동서문명의 새 융합을 만들어 내었는가 하는 세계사적 차원에서 다산을 이해하려는 국제공동연구를 추진하게 되었다.

우리는 동아시아 유학사에서 다산의 위상을 제3기 유학의 건설자로 파악하고 있다. 제3기 유학이란 원래 모종삼(牟宗三. 1909~1995)이 제시하고 두유명杜維明 교수가 고취한 것으로, 유학사에서 제3기를 획정하는 기준을 유학사의 내면적 도통론에서 찾고 있다. 나는 형이상학적 도통론적 접근에 의문을 가졌다. 한편으로 도통론적 내적 조건에 한 발을 딛고 다른 한 발은 외부 환경변화를 중심으로 한 외적 조건에 딛고 시기를 구분하는 것이 타당하다고 생각했다. 앞서 본 내적 조건과 외적 조건의 관계에서 제3기 유학의 시기 구분을 해 볼 수 있다. 중국 삼대의 역사를 기반으로 공맹의 유학이 창안된 것을 제1기 유학이라 한다면, 인도로부터 들어온 불교의 도전에 지리멸렬하던 제1기 유학을 불교의 교의를 참조하여 재건한 신유학의 등장을 제2기 유학이라 할 수 있다. 서학이란 이름으로 등장한 기독교 교의와 서양철학 그리고 근세서양과학의 도전 앞에 신유학은 무력하게 답보 상태에 빠지게 된다. 여기에서 서학을 흡수하고 참조하면서 신유학을 성찰하고 재구성하여 기사회생으로 살려낸 개신유학을 제3기 유학이라 할 수 있다. 이러한 제3기 유학자로서 한국의 정다산, 청대의 대진戴震, 일본의 이토 진사이伊藤仁齋, 오규 쇼라이荻生徂徠 등을 들 수 있다. 따라서 정다산, 대진, 오규 소라이 등의 비교연구를 통하여 제3기 유학의 동아시아적 특징을 파악하는 것이 중요하다.

동아시아에서 근대화를 사실상 서양화로 보고 그동안 150여 년에 걸친 서양화의 터널을 겨우 빠져나와, 이제 터널 밖의 새 하늘과 새 땅을 보면서 동아시아의 미래를 스스로 설계하고 전통문화를 스스로 재평가하게 되었다. 동아시아의 부상은 근대서양의 위기와 맞물리면서 지금까지와 같이 서양문명의 눈으로 동양을 보는 경향에서 이제 동아시아 문명의 눈으로 서양문명을 보는 경향으로 바뀌었다. 다산학은 그러한 전환의 최선두에 서 있다 하겠다. 서구문명 중심의 세계사에서 다원문명 중심의 세계사의 위대한 또 다른 축을 준비하면서 서구문명을 비롯한 다른 축을 바라보고 비판, 흡수, 융합하여 보편적인 21세기 동아시아문명을 건설하는 적극적인 자세가 요청되고 있다. 다산학은 이제 오리엔탈리즘에 대응한 국학의 차원에서 동아시아 지역학의 차원으로, 다시 세계문명 전환시대에 보편적 동아시아문명 건설의 차원으로 진화하고 있다. 그러기 위해서는 동양철학과 서양철학의 교류 통합 및 비교의 연구로 새로운 보편의 다산 축을 발견해야 할 것이다.

나는 청년 다산의 대담한 야심작 〈전론田論〉을 읽으며 상업적 농업으로 부농을 이루면서 도덕성과 예술성을 지켜나가는 농가 모델을 보고, 이것을 청빈론淸貧論이 아니라 청부론淸富論으로 개념화했다. 이를 계기로 한국에 청빈론을 대신한 청부론이 유행하기도 했다. 그러나 그러한 청부의 모델이 노비제를 유지하고 있는 것을 발견하고 《경세유표》를 검토해 본 결과 사민론四民論에서 구직론九職論으로 바뀌었고 구직九職에 노비가 빠지고 사士가 들어간 것을 확인하였다. 지배계급인 사가 직업으로 편성되는 것은 다산의 일관된 논리로 논리정연한 구직론이다. 시장의 자유경쟁으로 전국의 이익률과 인구분포가 평준화할 것이라는 시장의 자율적 균형론도 주목할 만하다. 더구나 제가齊家이후 치국治國한다는 동양의 논리는 가산家産국가로 가는 길이다. 그런데 다산은 제가齊家의 '제齊'를 칼로 끊어 버리는 것으로 해석하여 '가家'의 이해를 국가경영에서 끊어 버리어 가산국가로 가는 길을 차단하고 있다. 다산은 기독교의 영향으로 유학의 전통적 '천天' 개념을 인격신 개념으로 변질시킨 뒤 그 천을 황제나 군주 혹은 성인이 아닌 일반 개개인과 직결시킴으로써 일반 개개인의 권위를 최대한으로 격상시킨 다음 다시 개인의 자주지권自主之權을 내세워 인간을 신의 의지와 개개인의 자주지권의 관계에서 풀어 나간다. 그러면 그러한 개인과 개인의 관계는 사회계약적 관계가 되고 새로운 세계가 펼쳐진다. 그리하여 수신修身 제가齊家 다음에 치국治國 평천하平天下로 가기 전에 사회가 설정될 근거가 확립된다. 이것이 제3기 유학이 도달한 동양적 근대의 개화가 아닐까?

나는 대학원 강의를 속칭 "타마시계"란 이름으로 진행했다. 이것은 중국의 조주趙州 선사가 선을 찾아 찾아오는 이들에게 "차나 한잔하고 가게"(喫茶去)했다는 고사를 참고한 것이지만 다산, 마르크스, 슘페터, 케인즈의 첫 단어를 합성한 말이기도 하다. 그 어느 한 학자에 잡히지 말고 전체를 안고 품을 문제의식과 폭과 기개를 갖자는 뜻을 응축한 말이다. 이 세미나는 과거 교수 현직 때 했던 것인데 그때의 그 학생들이 당당한 직업인이 되고 교수가 된 지금도 매년 계속되고 있어 망외의 기쁨이다.

경제학에서 경제사로, 비교경제사에서 비교일반사로 긴 여행 과정을 헤쳐 왔다. 작은 물방울 하나가 개울물에 이르고 다시 강으로 나오고 바다로 합류하면서 역사의 바다에 한 물방울로 물방울 속에 바다를 담으면서 다시 바다의 일부가 되기를 소원한다. (2016년)

식민주의 역사관, 그 통설 통론에 대한 도전

이태진李泰鎭

1943년생. 서울대학교 사학과, 같은 대학원 사학과를 나왔다. 조선시대 유교
사회사와 근대 한일관계사가 주요 연구 분야이며 서울대학교 국사학과 교수
로 봉직했다. 현 서울대학교 명예교수이자 한국역사연구원 원장.
주요 도서로는 《일본의 한국병합 강제 연구》(지식산업사, 2016), 《끝나지 않은
역사》(태학사, 2017), 《3·1독립만세운동과 식민지배체제》(공저, 지식산업사, 2019)
등이 있다.

1. '우연히' 들어선 역사학도의 길

1) 사학과 입학과 첫 논문 쓰기

나는 1943년 10월 14일에 경상북도 성주군星州郡에 있는 한 광산촌에서 태어났다. 해방이 된 뒤에는 포항浦項으로 이사하였다가 1950년 '6·25 동란' 후, 40리 정도 북쪽에 있는 월포리月浦里란 곳으로 들어가 살았다. 나는 이곳에서 초등학교를 마치고 포항에서 중학교를 다녔다. 바닷가 '촌놈'으로 기초 교육이 매우 부실하였다. 부친의 '간곡한' 정성으로 서울에서 고등학교를 다니게 되면서 '촌놈' 신세를 면하였다. 1950년대 한국 청소년들의 일반적 정서로는 공부 열심히 해서 정치학과나 법대에 들어가 졸업 후 공무원이나 국회의원, 또는 판·검사가 되는 것을 부모에 대한 최대의 효도로 여겼다. 나도 예외가 아니었다. 사학과 선택은 이변에 속하는 일이었다.

1960년 12월, 대학입학 시험 원서를 쓸 때, 담임 선생님은 나에게 사학과에 지원할 것을 적극적으로 권유하셨다. 선생님(김유탁金裕琸, 나중에 국회의원이 됨)은 서울대학교 정치외교학과를 졸업하시고 외무고시에 합격하였지만, 어떤 사정으로 외교관 생활을 하지 못하시고 교단에 서 시었다. 선생께서는 나에게 이런 말씀까지 하셨다. 당신께서 지금 다시 대학에 들어가게 된다면 사학과를 택하겠다고. 나는 선생님의 이 '색다른' 권유를 판단할 능력이 없었다. 내가 할 수 있는 일은 그대로 따르는 것뿐이었다. 다행히 서울대학교 문리과대학 사학과를 지원하여 합격하였다. 나는 이렇게 '우연'하게 역사학의 길에 들어섰다.

서울대학교 문리과대학 사학과에는 학생들이 이용하는 3개의 합동연구실이 있었다. 국사, 동양사, 서양사 세 분야 각기의 합동연구실이 있었다. 그 연구실들은 유리 창문이 있는 한쪽을 빼고는 삼면의 벽이 책으로 가득 채워져 있었다. 학부과정이지만 졸업논문제도가 있어서 2학년 2학기부터 전공 선택을 걱정해야 했다. 당시는 서양사가 역사학을 대표하다시피 하였다. 교양과목인 문화사 강의도 대개 서양사 중심이었다. 미국, 유럽에 대한 사회적 선망도가 높았고, 서양사라고 하면 뭔가 화려한 느낌을 주어서 인기가 높았다. 그런데 나는 한국 사람이라면 국사 공부를 해야 하지 않느냐는 아주 단순한 생각에서 국사합동연구실을 기웃거렸다. 한국사를 전공하기로 마음먹은 뒤, 다행히 '국학 붐'이 일기 시작하여 외롭지는 않았다.

국사합동연구실의 높은 벽 한 면은 원본 4분의 1 크기로 축소한 영인본影印本 《조선왕조실록》이 차지하고 있었다. 문갑 포장이어서 무게감이 있었다. 나머지 벽면은 대부분 일본어로 쓰인 '조선사' 연구서들로 채워져 있었다. 경성제국대학의 유산이었다. 이 책들을 읽기 위해 캠퍼스 앞에 있는 일본어 강습소를 3개월 정도 다녔다. 졸업논문을 어떤 주제를 쓸 것인가? 3학년 초부터 걱정거리였다. 국가와 사회 구성에 관련되는 주제가 막연한 선망의 대상이었지만 그런 주제로 논문을 엮어 낼 재간은 전혀 없었다. 교수님들은 사료에 근거한 논문 쓰기를 강조하였다. 고민 끝에 나는 조선 초기의 서얼차대庶孽差待, 곧 양반 사대부들의 첩妾 소생들에 대한 차별 관습의 유래를 논문 주제로 정하였다. 서얼차대가 조선왕조 전 시대에 걸쳐 계속된 부정적 관습이라면 그 장기 지속을 가능하게 한 사회적인 이유가 있을 것이란 가정 아래 그것을 찾아보기로 하였다. 아침 일찍 연구실로 '출근'하여 청소를 끝낸 다음, 합동연구실 벽을 장식하고 있는 《실록》을 한 권씩 꺼내어 관련 사료를 열심히 찾았다.

나의 졸업논문 '만들기'는 악전고투한 끝에 그럴듯한 성과를 거두었다. 조선 초기의 사대부들은 노비 소유제도가 공인된 상태에서 자기 소유의 비婢를 취하여 소생을 얻는 경우가 많았다. 이 상황에서 첩에 대한 사회적 천대 의식이 그 자녀들에게 미쳐 차별의 관습이 뿌리를 내리게 되었던 것이다. 당시 사대부들의 혼인 관습은 1처제一妻制였지만 다산을 미덕으로 여기는 유교의 영향인지 첩을 둘 수 있었다. 사대부들이 취첩娶한 비첩婢妾은 제도적으로 천인賤人의 신분을 벗어날 수 없어서 그 소생도 종모법從母法에 따라 천인이 될 수밖에 없었다. 내 졸업논문은 지도교수이셨던 한우근韓佑劤 교수님께로부터 '극찬'을 받아 학계의 최고 권위지인 《역사학보》에 바로 실렸다(제27집, 1965). 학부 졸업논문이 이 학보에 실리는 경우는 매우 드물었다.

나의 '성공'에 대해 부러워하는 시선이 많았지만 정작 나 자신은 흔쾌한 기분이 아니었다. 무엇보다도 글쓰기 형식에 대한 불만이 컸다. 당시 학보에 실리는 논문은 대개 한문漢文으로 된 사료를 제시하고 그것에 대한 해석으로 문장을 이어가는 형태였다. 심지어 관련 사료의 원문(한문)을 인용한 다음 "… 라고 하였으므로 어떻다"는 식으로 문장을 이어 가는 것이 상례였다. 한문을 모르는 사람은 논문을 읽을 수가 없었다. 이런 글쓰기로 공부를 계속할 것인가라는 회의가 뇌리에서 떠나지 않았다. 역사학이라기보다 고증학考證學의 여맥 같은 느낌이 들어 불만이 쉽게 가시지 않았다.

2) 식민주의 청산 의식과 새로운 논문 쓰기 모색

나는 1967년부터 69년까지 육군사관학교 한국군사연구실韓國軍事硏究室

에서 주관한 《한국군제사—근세조선전기편—》 편찬사업에 연구원으로 참여하였다. 아직 석사과정을 밟고 있는 학문 초년생으로서 사료 다루기 훈련의 좋은 기회였다. 이때 집필 배당 부분 가운데 비교적 관심이 많이 간 '16세기 군역軍役의 포납화布納化'를 주제로 석사 논문을 작성하여 심사를 받았다. 육군사관학교의 교관教官으로 병역의무를 치르기 위해 서둘러 준비한 논문이어서 만족도가 매우 낮았다. 지도교수님도 학부 논문보다 못하다고 핀잔을 주셨다. 나는 1969년부터 3년 동안 현역 초급장교(중위~대위)로서 육군사관학교에서 생도 교육에 임했다. 군복을 입고서도 앞으로 어떤 논문을 쓸 것인지에 대한 고민은 그대로였다. 1972년 8월에 예편한 뒤, 은사 이기백李基白 선생을 찾아가 새로 쓴 논문의 원고를 보여 드렸다. 〈사림파士林派의 유향소留鄕所 복립운동復立運動—조선 초기 성리학 정착의 사회적 배경—〉이란 제목이 붙어 있었다. 당시 선생께서는 진단학회震檀學會 대표 간사를 맡고 계셨다. 며칠 뒤 《진단학보震檀學報》에 싣되 분량이 많으므로 (상) (하)로 나누자고 하셨다(상: 제34호/1972, 하: 제35호/1973). 나는 이 논문을 진정한 학계 데뷔작으로 생각하고 있다. 조선 초기의 자연 촌락의 공동체적 질서가 불교적인 것에서 유교적인 것으로 바뀌어 가는 것에 대한 고찰이었다.

이 논문은 글쓰기 형식에서 달라진 점이 많았다. 사료의 원문 인용은 되도록 피하되 부득이한 경우에는 모두 한글로 번역하여 제시하였다. 주제나 구성에서도 제도사적인 것에서 벗어나 사회사라고 일컬을 만한 것으로 바뀌었다. 1980년대 초에 서양사 교수들이 유럽에서 일기 시작한 새로운 역사학으로 '사회사(History of Society)'를 소개하였다. 그 글들을 읽으면서 내가 하고 있는 것과 크게 다르지 않다고 느꼈다. '데뷔작'을 구상하면서 가진 문제의식이라면 다음과 같은 것들이 기억난다.

첫째로 '유교망국론儒教亡國論'에 대한 거부감이었다. 내가 대학에 들어간 1960년대 초반, 인문사회 관련 강의는 대부분 유교망국론을 전제로 하고 있었다. 한국은 유교 때문에 망한 역사가 되었으니 앞으로는 이를 멀리하고 서양의 새로운 학문을 열심히 공부해야 한다는 것이었다. 나는 이런 언설들에 쉬이 동의하지 않았다. 그렇게 되면 조선왕조 500년의 역사를 버려야 하는데 긴 시간의 민족사를 그렇게 쉽게 버려도 좋은가? 어느 사상이나 종교든 역사적으로 순기능과 역기능을 가지는 것인데 유교망국론은 역기능만 강조하는 것이 아닌가? 나는 고향 월포에서 동(1~4구) 단위로 구성된 농경 공동체의 역동성을 보면서 자랐다. 정월 대보름이나 단오절에 마을 단위로 벌이는 서로 간의 경쟁적 민속놀이에서 불굴의 정신 같은 것을 느꼈다. 그리고 역사학도가 되어 글쓰기를 고민할 때, 마을 인근 야산에서 우연히 만난 옛 선비의 묘소의 이끼 낀 석물石物에서 문화의 격조 같은 것을 느꼈다. 두 가지의 결합이라면 쉽게 망할 나라가 아니지 않는가? 이런 자문자답 속에 '데뷔작'의 윤곽이 잡히어 갔다.

1960년대 중반 이후 눈앞에 벌어지고 있는 농촌사회의 급격한 변화에 대한 거부감도 한몫을 했다. 1961년 5월 16일 '군사정변'으로 한국현대사는 새로운 국면에 접어들었다. 쿠데타와 선거를 통해 정권을 쥔 박정희 대통령은 1962년 1월부터 5년 단위의 경제개발계획을 수립하고, 농촌사회를 대상으로 1965년 농지農地 정리사업, 1969년 새마을 운동, 1971년 통일벼 보급운동을 차례로 추진하였다. 이 일련의 정책으로 한국 농촌사회의 풍경은 완전히 달라졌다. 내가 처음 대면한 월포리의 농촌 풍경은 논보다 밭이 훨씬 더 많았다. 이 조건이 연출하는 농촌 풍경은 결코 곤궁하지 않았다. 밭작물이 철따라 바뀌어 오곡이 색색으로 달라지는 풍경은 오히려 대자연의 다양한 미를 느끼게 하였다. 가을에 벼를 추수한 땅을 일구어 심은 논보리의 파릇한 기운을 뿜는 겨울 들판도 강인한 생명력을 느끼게 했다. 이런 것을 실제로 본 덕분에 나중에 농업사를 공부하면서 조선 후기의 집약농업이 어떤 것인지는 쉽게 짐작하였다. 박정희 정권의 농촌 시책은 하루아침에 이 모든 것을 허물고 네모난 논〔畓, 水田〕한 가지만 즐비한 광경으로 바꾸어 놓았다. 조금이라도 넓게 보이는 들판은 다 그렇게 바뀌었다. 농촌 사람들이 쌀을 선호한 것은 사실이다. 그러나 밭작물, 밭농사를 잃어버린 한국의 농업이 과연 잘된 선택인지 아직도 의문이다.

마을에서도 큰 변화가 일어났다. 중앙정부의 지시로 지붕 개량사업이 벌어지면서 초가집 지붕의 둥근 곡선은 슬레이트 지붕의 직선으로 바뀌었다. 중앙정부의 고압적인 지시로 이장里長 한 사람만 바빠지고 주민들 의사를 결정하던 동회洞會나 마을 어른〔尊位〕들이 하루아침에 무력해졌다. 1960년대 말부터 시작된 제2차 경제개발계획 실행 단계에서 도시의 산업화가 진행되자 월포리의 인구는 급격히 줄어들었다. 10대 소녀들부터 20대 이상의 청장년들이 썰물처럼 도시로 빠져나갔다. 농촌의 공동화空洞化는 농경사회 특유의 공동체 문화를 소멸시켰다. '잘살아보세'라는 구호 아래 진행된 이 격변에는 당사자들의 '의논'이란 것이 존재하지 않았다. 이런 급격한 시책에 대한 비판 의식 탓인지 나의 '데뷔작'은 중앙정부의 관권과 지방 유교 지식인들〔士族, 士林〕의 자치 성향이 타협, 조절되는 과정에 대한 관찰을 많이 할애했다. 나는 박정희 정권의 산업화 정책을 근본적으로 거부하는 입장은 물론 아니었지만, 그 추진 방식에 대한 우려와 회의는 많았다.

이 무렵 나는 오쓰카 히사오大塚久雄 교수의 공동체 기초이론에 관한 저서, 모리모토 준이치로守本順一郎 교수의 정치사상사에 관한 저술, 김삼수金三守 교수의 서양의 각종 공동체 이론에 관한 소개 글들을 즐겨 읽었다.

2. 새로운 한국사 모색 반세기

1) 조선시대 유교사회 발전론의 모색

1972~73년에 발표한 〈사림파의 유향소 복립운동〉으로 시작된 조선시대 유교사회에 대한 연구는 2000년 전후까지 계속되었다. 이 기간에 진행된 연구성과는 아래 세 저서로 모아졌다.

> (1) 《한국사회사연구―농업기술과 사회변동―》(지식산업사, 1986: 증보판 2008)
> (2) 《조선유교사회사론》(지식산업사, 1989: 日譯 《朝鮮王朝社會の儒敎》, 法政大出版局, 2000)
> (3) 《의술과 인구 그리고 농업기술-조선유교국가의 경제발전 모델-》 (태학사, 2002)

앞에서 비쳤듯이, 고려 말, 조선 초의 시기에 유교가 국가 이념으로 받아들여지는 과정에서, 유교가 사회 경제적으로 어떤 기능을 하고 있었는지가 큰 관심사였다. 당시까지만 해도 학계에서 유교는 시종 사상으로만 다루어졌지 사회 경제적 관계에 관한 고찰은 거의 없었다. 나는 고려 말에 신흥 사대부들이 중국 宋末 나라의 강남江南 농법에 대해 관심을 보인 것을 주목하였다. 토산 약재를 활용하는 이른바 향약鄕藥 의술의 개발에 관한 것도 마찬가지였다. 신흥 사대부세력은 곧 일반 백성〔民〕의 의식주 생활을 최소한이라도 안정시키는 것을 과제로 삼았고, 이 측면에 이미 성과를 올린 송나라의 신유학新儒學을 주목하였다. 조선 초기의 대표적 군주인 세종대왕이 《농사직설農事直說》과 《향약집성방鄕藥集成方》을 펴내게 한 것은 이 목적을 달성하기 위한 것이었다. 가장 앞선 농업기술을 조사하여 이를 후진 지역에도 보급하고, 토산 약재를 활용하는 의술을 정리하여 각지에 보급하면 인구 증가로 농업노동력이 제고提高될 수 있다는 기대가 있었던 것이다. 세종은 "먹는 것〔食〕은 백성들의 하늘〔天〕"이라는 교시敎示를 입버릇처럼 반복하였다. 그의 시대에 완비 단계에 들어가는 중앙집권 관료체제는 이런 하늘의 뜻을 실현하는 것을 목표로 삼고 있었다.

유교 도입기의 민생과의 관계에 관한 나의 연구는 (3)의 저술로 일단 마무리되었다. 한국사나 일본사는 14세기에 공통적으로 사회적 동요가 심했다. 그런데 유교국가의 길을 걸은 한국은 15세기에 들어와 상당한 안정세를 보인 반면, 불교에 의존한 일본사회는 잇키一揆(반란)의 발생이 좀처럼 줄어들지 않은 상황에서 16세기에 센고쿠戰國 시대의 혼란으로 빠져들어 갔다. 유교의 위민爲民 사상의 실효적 성과가 이 차이를 가져 온 것이라고 평가하면서 나는 위 책에 '조선유교국가의 경제발전 모델'이란 부제를 감히 달아 보았다.[1]

2) 사화, 당쟁에 대한 새로운 해석—당파성론 비판—

나는 1983년에 〈사림파士林派의 향약鄕約 보급운동—16세기 경제변동과 관련하여—〉(《한국문화》 4)란 논문을 발표하였다. 내용적으로 〈사림파의 유향소 복립운동〉의 속편인데도 10년이나 시간이 흘렀다. 조선왕조 초기의 중앙집권 관료체제는 일반 백성의 생활 안정을 명분으로 거의 한 세기 동안 순항하였다. 그러나 15세기 말엽에 이르러 집권관료제의 폐단으로 고위 관료집단의 기득권 세력화가 공신功臣과 척신戚臣 부

---

[1] 이 책은 《역사비평》 2002년 겨울호(통권 61호)에 '집중분석'의 대상으로 선정되어 오종록, 이호철, 신동원 3인이 유교, 농업기술, 향약의술 세 분야를 분담하여 비평해 주었다. 이에 대해 나는 같은 잡지 2003년 봄호(통권 62호)에 "오해와 이해 부족의 '집중분석'"이란 '반론'으로 답했다.

류를 중심으로 형성되었다. 흔히 훈구파勳舊派로 불리는 이 부류는 현직 지방관의 관권의 도움을 받으면서 경제기반의 세습적 확대를 지향하였다. 이에 대해 지방에 근거를 둔 중소지주층은 비리非理 극복의 차원에서 신유학, 곧 성리학性理學의 가치를 재발견하였다. 그것은 지방 중심 성향을 강하게 지녔다. 성종대의 유향소 복립운동은 향사례鄕射禮, 향음주례鄕飮酒禮의 유교 의례를 보급하여 권신들의 비리 자행을 배격하려는 것이었고, 중종대의 향약 보급운동도 마찬가지였다. 이런 관계는 훈구, 척신의 위세 아래에서는 역공을 받기 마련이었다. 무오사화戊午士禍, 기묘사화己卯士禍는 곧 신진 세력의 향촌질서의 재확립 운동에 대한 훈구 세력의 역공이었다.

조선왕조의 유교 왕정은 15세기에는 중앙집권적 관료제의 한 축으로 영위되었지만, 16세기에 들어오면서 재지 중소지주층 지식인화가 급속하게 이루어지면서 정파 운영의 원리가 도입되지 않을 수 없었다. 서원書院 설립을 통한 재지 중소지주층의 지식인화는 사림士林이라는 호칭을 등장시킬 정도로 정치 참여 의식층의 저변을 넓혔다. 훈구세력의 '역공'으로 사화를 거듭 당해도 그 성장세는 꺾이지 않았다. 학연을 통한 정파의 형성이 이루어지는 가운데 사림은 구양수歐陽脩, 주자朱子의 붕당론朋黨論에서 붕당정치의 정당성과 체제화의 근거를 찾았다. 사화와 당쟁은 곧 '유교 망국론'의 핵심에 해당하는 것이었다. 나는 '붕당'에 대한 새로운 해석으로 조선시대 정치사를 변전의 연속으로 풀어나갈 수 있었다. 일제 식민주의 역사학은 당쟁을 조선민족의 고질적 습성으로 악평하였지만, 조선사회는 재지 중소지주층의 지식인화 과정 속에 새로운 정치운영체제를 만들어 내고 있었다. '당파성론'에 대한 비판이 가능한 수준에 다가갔다.

나는 1969년부터 3년 동안 육군사관학교 교수부에 재직하였다. 그때,

이 학교 부설의 한국군사연구실이 시행한 《한국군제사—조선후기편—》 (1969~1972년 원고 완성, 1977년 5월 간행) 편찬사업에 참여하면서 '중앙 군제' 부분(3개 장)의 집필을 맡았다. 주로 인조반정(仁祖反正, 1623) 이 후 각 붕당세력의 부침, 왕권과의 관계 속에 중앙의 군영軍營제도가 어 떻게 달라졌는가를 고찰하였다. 정치세력의 배후로서 군영제도의 변화 를 살피는 작업이었다. 이 책이 나온 뒤, 사화와 당쟁에 관한 내 평소 의 이론적 고찰을 합쳐 1985년에 《조선 후기의 정치와 군영제軍營制 변 천》(한국연구총서 52, 한국연구원)을 출간하였다. 여기서 나는 조선 후기 각 정파의 당론서黨論書들을 소개하는 한편, 조선 후기 정치사에 대한 긍정적 시각의 선행 연구로 이시이 도시오石井壽夫의 논문과 안확安廓의 《조선문명사》(일명 조선정치사, 1923) 등을 소개하였다. 자산自山 안확은 비록 계몽적 차원이지만 조선시대 당쟁을 정파정치로 간주한 최초의 역사학자로서 나에게 많은 자극을 주었다.

3) 18세기 '민국民國'정치 이념과 그 근대적 변전에 대한 탐구

조선 후기의 중앙군영제의 변천에 대해 연구하면서 나는 17세기와 18세기 사이에 군영제도에 질적인 변화가 생긴 것을 알게 되었다. 숙 종~정조 연간에 중앙 군영제도가 정파(붕당) 중심에서 왕권 중심의 운 영으로 바뀌면서 왕조의 정치가 다시 질적인 변화를 일으킨 것이다. 이 변화의 단계도 이전에는 지적되지 않은 것이었다. 이 변화에서 가장 주 목되는 것은, 왕권이 탕평蕩平의 이름으로 '소민보호'를 앞세운 점이었 다. 약 1세기 반 이상 사림[士族, 士大夫]의 붕당정치가 계속되면서 소민 小民, 곧 평민층의 피해가 상대적으로 커진 현실에서 군주들은 이의 타 개를 가장 중요한 임무로 내세우면서 왕권의 강화를 도모하였다. 소민

들의 삶은 체제적으로뿐만 아니라 16세기부터 시작된 장기 자연대재난
으로[2] 극심하게 피폐하였으므로 탕평 군주들의 주장은 근거가 있는 것
이었다.

18세기 군주들의 소민보호 정치에서는 소민과 왕을 나라의 주체로
규정하는 〈민국民國〉이란 용어를 등장시킨 사실이 주목되었다. 유교는
선진先秦 시대부터 나라(國)는 왕가와 귀족가문들이 모여 이루어진 것이
란 뜻으로 '가家'를 드러낸 '국가國家'란 용어가 상용되었다. 그런데 18세
기 조선의 군주들은 이와는 별도로 소민의 '민'과 '국(王)'의 합성어로
'민국民國'이란 용어를 탄생시켜 즐겨 사용하였다. '민국' 정치이념은 곧
유교 본래의 민본民本 또는 위민爲民의식이 시대 변화에 조응하여 근대
적 지향성을 강하게 담은 새로운 개념으로 간주할 만한 것이다.[3] 비슷
한 시기에 학계의 일각에서 등장한 18세기 조선사회를 소농小農 사회로
규정하는 견해는 동일한 시대 변화를 사회 경제적으로 읽은 셈이다.

---

2 《조선왕조실록》의 자연이상 현상에 대한 기록 25,000여 건을 발췌하여 분석한 결과,
1490년 전후부터 1760년 무렵까지 약 260년 동안 기온이 장기적으로 내려간 '소빙
기(little ice age)'에 해당한다는 나의 연구성과는 조선 중기의 '혼란'이 일제 식민주
의 역사학이 주장하듯이 유교적 정치관료들이 범한 인재人災가 아니라 전 세계가 겪
은 자연재해 곧, 천재天災라는 것을 구명하여 유교망국론의 허위성을 드러내는 일단
의 성과를 거두었다. 그러나 본문에서 이 연구의 경위를 밝히는 것은 장황할 수 있
으므로 필요한 정도에서 주기註記로 밝힌다. 李泰鎭, 〈小氷期(1500~1750)의 天體現象
的原因─《朝鮮王朝實錄》의 關聯記錄分析─〉, 《國史館論叢》 72, 1996, 國史編纂委員會.
Yi Tae-jin, "Meteor Falling and Other Natural Phenomena During 1500~1750
as Recorded in the Annals of Chosun Korea", *Celestial Mechanics and Dynamical
Astornomy* 69-1, 1998, Klurwer Academic Publisher, Netherlands. 주 9) 참조.
補註: 이태진, 〈소행성 지구돌입과 인류역사─나의 '소빙기' 대재난 연구 보고서〉, 한
국역사연구원 홈페이지(http://hitorykorea.org), 특강: 역사학과 우주과학과의 만남.

3 이태진, 〈조선시대 민본의식의 변천과 18세기 '민국' 이념의 대두〉, 朴忠錫·渡辺浩
편, 《국가이념과 대외의식─17~19세기》, 고려대 亞研出판부, 2002: 日本語版, 慶應
大學出版部.

'민국' 정치에 대한 관심은 최근에 고종 시대(1863~1907)의 상황에 대한 검토 기회를 가져 다음과 같은 사실들을 새롭게 확인하였다.⁴ 이 시기에 '민국'의 사용례가 급증할 뿐더러, 1895년 2월에 왕이 내린 〈교육조서敎育詔書〉는 나라(國)를 튼튼히 하기 위해서는 반드시 민을 교육시켜야 한다는 논지 아래 덕양德養, 체양體養, 지양智養의 3양三養 교육론을 내세우고 있는 것이 확인되었다. 영국의 존 로크(John Locke)가 주장한 체양, 덕양, 지양의 교육론이 조선 군주의 교서에 나오다니 놀라움을 금치 못했다. 존 로크의 교육사상은 영국보다 미국 중등교육에서 더 널리 활용된 점을 유의하면 당시 조선에 와 있던 미국인 교사(교수)들이 전해 준 것으로 짐작된다. 앞으로 구체적인 확인 검토가 필요한 대목이다.

나는 2000년에 낸 《고종시대의 재조명》(태학사)에서 이미 고종을 개명 군주(開明君主, enlightened monarch)로 규정하고 있었지만, 〈교육조서〉가 이런 내용을 담고 있는 것은 내 연구 의욕을 북돋아 주었다. 고종은 1909년 3월 15일 태황제太皇帝로서, 〈서북간도 및 부근 각지 민인등처民人等處에 효유曉諭한다〉는 교유敎諭를 내렸다.⁵ 이 교유에는 놀랍게도 "나라는 독립해야 나라이고 민은 스스로 말미암는(自由) 주체여야 하며, 나라는 민을 포갠 것(積民)이라"는 문구가 들어 있었다. 이는 어느 모로 보나 앞의 〈교육조서〉의 군민君民 관계가 한 걸음 더 발전한 것으로서, 조선, 대한제국의 유교 정치사상이 이제 '주권재민主權在民'의 서양 근대

---

4 이태진, 〈高宗時代의 '民國' 이념의 전개─儒敎 왕정의 근대적 '共和' 지향─〉, 《震檀學報》 124, 2015. 8.

5 고종은 1907년 7월 헤이그 만국평화회의에 3인의 특사를 보내 1905년 11월의 '보호조약'은 자신이 승인한 것이 아니라는 사실을 알리고 이를 무효화시키고자 하였다. 일본 정부는 이 사건을 빌미로 황제를 강제로 퇴위시켰다. 그를 밀어내는 데 앞장선 통감 이토 히로부미伊藤博文는 1909년 2월 중순 한국 의병 진압에 실패한 것을 자인하고 바로 귀국하여 4월에 천황에게 사직하기를 아뢰었다. 이 교유는 이토 히로부미가 서울을 떠난 한 달 사이에 작성되었다.

정치사상과 교합交合하는 순간에 이른 것으로 간주되었다. 여기서 나는 한국의 '근대'는 역사적으로 자생의 토대 위에 새 것을 수용하는 순항順航의 역사라는 확신을 가졌다.

나는 이제 1910년 8월의 강제 '병합' 이후 1919년 3월 1일의 독립만세운동까지 사이에 '민국' 정치이념이 어떤 변전을 거쳤는지에 대한 고찰을 남겨 두고 있다.[6] 이 작업이 이루어지면 1919년 상해 임시정부가 정한 대한민국大韓民國이란 국호가 어떤 정치사상에 근거하여 선택된 것인지를 판단할 수 있을 것이다. 현재 알려지기로는 대한제국을 계승하는 '민국'이란 뜻으로 대한민국이란 국호가 제정되었다. 즉, 당초 임시정부 헌법 기초위원회(위원장 여운형)는 '조선민주공화국'이란 명칭을 준비하였지만, 의정원議政院 회의에서 신석우申錫雨 의원이 대한제국을 계승하는 민국으로서 '대한민국'을 제안하고 다수가 이를 지지하여 채택되었다. 당시의 의정원 의원들이 생각한 '민국'이 어떤 것이었는지에 대한 구체적인 검토 작업을 기약하고 있다.

3. 근대사 연구로의 진입과 '한국병합' 관련 조약에 관한 연구

1) 고종시대의 자력 근대화 탐구

식민주의 역사학을 극복하려는 나의 노력은 1990년대에 접어들어 일

---

6 補註: 이 글을 쓴 후 2019년에 〈국민 탄생의 역사—3·1독립만세운동의 배경—〉을 발표하였다. 이태진·사사가와 노리카쓰 공편, 《3·1독립만세운동과 식민지배체제》, 지식산업사, 2019.

본제국의 한국 침략의 실상에 대한 연구로 이어졌다. 다시 말하면 나의 연구는 이제 일제 침략주의가 한국사를 부정적으로 왜곡한 시기인 고종(高宗, 1863~1907) 시대의 역사를 정면으로 다루게 되었다. 한국 민족 문화의 중요한 유산인 규장각奎章閣 도서를 관리하는 직책을 맡은 것이 그 계기가 되었다.

나는 1988년부터 1992년까지 4년 동안 서울대학교 중앙도서관의 규장 각도서관리실의 실장 보직을 맡았다. 이 보직의 임무를 수행하면서 두 가지 일을 추진하게 되었다. 하나는 '외규장각 의궤 도서 반환운동', 다른 하나는 '한국병합'에 이른 조약에 관한 연구이다. 전자는 근대사 연구는 아니지만 근대에 약소국으로서 당한 굴욕을 만회하는 일종의 역사 회복운동으로서 일반 국민들에게 민족사 연구의 중요성을 일깨우는 효과가 컸다.[7]

외규장각 도서 반환운동과 거의 동시에 국권 피탈 관련 조약에 관한 연구를 시작하였다. 규장각에 소장되어 있는 고종高宗 시대의 공문서들이 그때까지 한 번도 정리된 적이 없어서 뒤늦게나마 이를 추진하기로 하였다. 그때만 해도 규장각을 아는 사람들이 매우 적었다. 그래서 홍

---

[7] 규장각 도서는 귀중한 민족 문화유산인데도 관리 예산은 너무나 빈약했다. 그래서 예산 확보를 위해 홍보용 책자로 《규장각소사奎章閣小史》를 만들었다. 이를 위해 강화도 소재의 외규장각에 관한 자료를 수집하다가, 1866년 병인양요 때 프랑스 해군 호즈(Roze) 제독이 섬을 떠나면서 본국 해군성 장관에게 보낸 편지 자료(《교회사연구》 제2호, 1979; 〈한불관계자료 1866~1867〉)를 입수하였다. 섬의 왕실 서고(외규장각)에서 귀중해 보이는 서적 340권과 족자류 십여 점을 꺼낸 다음, 나머지는 모두 건물과 함께 불태우고 나왔다고 보고하는 내용이었다. 국제법 전공의 백충현白忠鉉 교수(당시 교무처장)는 이 행위는 전형적인 문화재 전시약탈행위에 해당하므로 우리 정부가 프랑스 정부에 대해 반환 요청을 하도록 하는 것이 옳다고 하였다. 그의 의견에 따라 1991년 10월 서울대학교 총장이 외무부 장관에게 반환 요청을 의뢰하는 공문을 보내면서 '외규장각 의궤 도서 반환운동'이 시작되었다. 이 운동은 국민적 차원의 뜨거운 성원과 역대 대통령들의 비상한 관심으로 우여곡절 끝에 20년 만인 2011년 4월~5월에 마침내 '귀환'이 이루어졌다.

보용 책자로 만든 《규장각소사奎章閣小史》를 들고 정부 관계 당국자들을 찾아가서 도움을 청하여 확보한 5명의 학예연구사 인력을 믿고 근대 공문서 정리 사업을 벌였다. 중의에 따라 법령 종류(법률, 조직, 칙령)를 첫 정리 대상으로 정하여 해당 문건들을 정리하다가 순종純宗 황제 즉 위년(1907) 11월 중순부터 2개월 동안 60여 건의 법령 자료들에 이상 현상이 있다는 사실을 발견하였다. 하나의 필체여야 할 황제의 이름자 〔坧〕 서명이 서로 다른 대여섯 가지의 필체로 되어 있는 사실을 담당 학예연구사(현 규장각한국학연구원 원장 이상찬 교수)가 발견하였다. 나 는 보고를 받고 즉각 상태를 확인한 다음, 같은 규장각 서고에 소장되 어 있는 국권 피탈 관련 조약들의 원본을 가져오게 하였다.[8] 아니나 다 를까 한눈에 여러 결함들이 보였다. 모든 조약 문건들에는 필수 요건인 황제의 비준서가 보이지 않았고, 가장 중요한 1905년의 '보호조약'에는 조약의 명칭이 쓰여질 첫 줄이 비어 있었다.[9] 1992년 5월 12일 이 사실 들이 신문에 보도되자 나라 안팎이 들썩거리는 반향이 있었다.

나는 곧 보직 임기가 만료되어 연구실로 돌아왔고 이때부터 조약문 의 비정상적인 상태에 대한 추적을 시작하였다. 이 작업은 지금까지 25 년 동안 계속되고 있지만, 이에 대해서는 뒤에서 별도로 언급하기로 하 고, 거의 시기를 같이하여 진행된 고종시대의 자력 근대화에 관한 연구 경위를 먼저 언급하기로 한다.

1992년 서울시는 2년 뒤에 다가올 '한양 정도定都 600년'을 앞두고 강 홍빈康泓彬 정책기획관 주관 아래 여러 가지 준비사업을 서둘렀다. 1993

---

8 제1차 일한협약日韓協約＝용빙조약傭聘條約, 제2차 일한협약＝을사보호조약乙巳保護條 約, 한일협약＝정미조약丁未條約, 한국 병합조약 등

9 '을사보호조약'이니 '제2차 일한협약'이니 하는 명칭은 나중에 임의적으로 붙여 진 것이다.

년 6월에 서울시립대학교에 서울학연구소를 설립하여 기념사업의 중심으로 삼았다. 나는 이 무렵 16~17세기 자연대재난에 관한 연구의 일환으로 17세기에 전국 각지에 발생한 기민들이 중앙정부의 진휼곡賑恤穀을 기대하고 서울로 모여들어 생긴 변화를 다룬 논문을 준비하고 있었다.[10] 이것이 인연이 되어 1994년 1월에 '서울 정도 600년 기념 해외 사료 탐사사업'에 참여하여 런던의 대영도서관과 파리의 국립도서관을 다녀왔다. 이 탐사사업은 고종 시대에 서울을 다녀간 서양인들이 남긴 서적들을 두루 살피는 기회가 되었다. 특히 런던의 대영도서관에서 만난 이태리 외교관 까를로 로제티의 《한국과 한국인(Corea e Coreani)》은 나의 연구에 큰 도움이 되었다.

이 책에는 1902년 당시 저자가 이태리 공사관 소속의 전문 사진사를 데리고 서울이 도시개조사업으로 현대 도시로 탈바꿈해 가고 있는 변화를 담은 사진이 수십 장 실려 있었다. 특히 '소민보호'의 정치를 외친 국왕 영조가 도성都城 행차 때 어가를 멈추고 시전市廛 상인들의 민원을

---

10 이태진, 〈조선시대 서울의 도시 발달 단계〉, 《서울학연구》 창간호, 1993. 11. 나는 이 무렵 조약의 문제점 발견에 앞서 조선 중기의 사회적 혼란의 원인을 구미 역사 학계의 '17세기 총체적 위기(The General Crisis of the Seventeenth Century)'의 관점에서 접근하는 연구를 진행하고 있었다. 이 학설은 17세기에 전 지구의 기온이 내려간 것이 각지에서 사회적 동요와 혼란을 가져온 것으로 파악하고 있었다. 나는 기온 강하가 원인이라면 《조선왕조실록》을 통해 이를 확인할 수 있을 것이라고 믿고 태조실록에서 철종실록까지 471년간의 기상 이변 현상에 관한 기록들을 발췌하여 분석하였다. 그 결과 '위기'의 존속 기간이 1490년 무렵부터 1760년 무렵까지 놀랍게도 260년간이며, 소행성(유성)의 장기적인 지구 돌입이 원인이라는 것을 파악할 수 있었다. 이 연구를 진행하면서 17세기에 접어들어 전란과 자연재난이 겹친 가운데 수많은 기민들이 정부의 진휼을 기대하여 서울로 모여들고, 정부는 이들을 구제하기 위해 부역노동을 품삯을 주는 雇役으로 바꾸어 용산, 마포 등지에 있는 세곡 하치 장소에서 상업이 새롭게 일어나는 관계를 살피게 되었다. 정부의 구휼정책이 주효하여 영조, 정조 시대에는 왕들이 '소민보호'의 기치를 내걸고 어려운 백성들을 직접 만나는 새로운 이벤트가 행해졌다.

직접 듣던 철물교鐵物橋 근처의 원각사圓覺寺 자리가 탑골공원으로 바뀌는 장면을 담은 사진은 매우 충격적이었다. 18세기 탕평군주들이 '소민'들을 만나던 자리가 서양식 공원으로 바뀌는 장면이야말로 유교의 순기능을 탐구하던 나에게 무한한 감동을 불러일으켰다.

1990년대 후반에 나는 고종시대의 조약과 자력 근대화에 관한 논문을 쏟아내다시피 하였다. 5년 동안에 무려 40편을 발표하였다. 유례없는 태작의 기간이었다. 조약에 관한 것은 1995년에 편저 형식으로 《일본의 대한제국 강점》(까치)을 냈고, 자력근대화에 관한 것은 10여 편의 논고를 정리하여 2000년에 《고종시대의 재조명》(태학사)이란 책으로 출판하였다. 후자에 실린 글들은 한국 근대사의 주요 장면들이 대부분 지금까지 시대역행적인 모습으로 해석되어 온 것을 새로운 자료 발굴을 통해 바로잡기를 촉구하는 내용이었다. 1896년 9월부터 시작된 '서울 도시개조사업'에 대한 두 편의 논문은 자력 근대화의 대표적 성과로 간주하여 가장 중요하게 다루었다.[1] 고종시대의 자력 근대화는 늦게 출발하고 수도에 집중된 한계가 있지만, 그대로 두면 순항할 가능성이 얼마든지 있었다. 일찍이 김용섭金容燮 교수가 광무양안光武量案 분석을 통해 대한제국의 농업경제의 근대화 가능성을 논한 것에 대한 공감이 갈수록 커졌다.

조선 유교에 대한 부정적 편견에 도전한 지 30년이 되는 시점에서 그간의 발표 논문 가운데 영어로 번역된 것을 모아 2007년에 코넬대학

---

[1] 조선 정부가 대한제국의 출범을 앞두고 수도 서울의 현대화를 위해 도시개조사업을 벌였다는 것은 이전에 전혀 알지 못하던 것이었다. 정부는 1880년대 초에 이미 미국 에디슨 전기회사(Edison Light Company)와 계약하여 서울에 전기와 전신을 시설하고 1890년대 후반에는 이를 바탕으로 서울의 간선도로(종로, 남대문로)를 정비하여 전차를 달리게 한 사실, 그리고 그것이 일본 도쿄보다 3년 빠르다는 사실 등이 새로 밝혀졌다.

교에 재직하던 마이클 신 교수의 도움으로 이 학교의 '동아시아 프로그램'의 출판물, 동아시아 시리즈 136번으로 *The Dynamics of Confucianism and Modernization in Korean History*"를 출간했다. 유교의 순기능에 대한 나의 확신은 이 책의 이름에 "유교와 근대화"란 단어를 주저하지 않고 쓰게 하였다.

2) 조약 강제 불법성 연구와 이에 대한 국제적 반향

(1) 도쿄대학 총합문화학과總合文化學科에서 잇단 초청 강의

1992년 5월 규장각도서 관리실장의 보직을 마치고 연구실로 돌아온 뒤 나는 1904년 2월 러일전쟁 뒤 일본제국이 전시戰時 군사력을 배경으로 대한제국을 상대로 강제하기 시작한 조약에 대한 연구에 몰두하였다. 3년 안에 3편의 논문을 작성하고, 다른 연구자들의 논문을 모아 1995년에 《일본의 대한제국 강점》(도서출판 까치)을 편저編著 형식으로 출간하였다. 이 분야의 연구를 촉구하는 뜻에서 서둘러 내다보니 출판사와 소통이 부족하여 오탈자를 많이 남긴 과오를 범했다. 이듬해 일반 독자들이 쉽게 읽을 수 있는 글로서 〈일본의 대한제국 국권 침탈과 조약 강제〉를 발표하였다(《한국사시민강좌》 19, 일조각). 이때 나는 언젠가 일본인 독자들도 이 글을 읽을 수 있기를 바라면서 한 일본 유학생의 도움을 받아 이 글을 일본어로 번역해 두었다.

이 번역문은 2년 뒤 지명관池明觀 선생을 통해 일본의 저명한 월간지 《세카이世界》지의 편집장 오카모토 아쯔시岡本厚 씨에게 전해졌다. 일본의 한국병합에 관련되는 조약들은 무력에 의해 강제되고 관련 문서에도 한국 측이 거부한 증거가 많이 남아 있으므로 '한국병합'은 성립했다고 볼 수 없다는 것이 나의 주장이었다. 오카모토 편집장은 논지의 중요성을 인정하여 내 글을 (상) (하)로 나누어 싣는 한편, 일본 학자들의 견해를 듣고자 '일한대화日韓對話'란 코너를 만들어 일본 안의 합당한 필자들을 찾았다. 이 코너는 1998년 7월부터 2000년 11월까지 7회에 걸쳐 찬반의 글이 실렸다. 내 견해에 대해 지지, 반대하는 글이 각 2편씩 실리고, 반대 견해에 대한 내 답변 글이 2편 더 실렸다.

《세카이》지의 '일한대화'를 마무리 지은 이듬해 2001년 11~12월에 나는 도쿄대학 고마바駒場 캠퍼스 총합문화연구과의 테마 강의 "아시아의 역사 인식과 신信"(나카지마 다카히로中島隆博 교수 주관)에 초청받아 3주 동안 집중 강의를 했다. 일본제국의 침략을 받은 당사국인 한국, 중국, 베트남의 주요 대학교 교수들을 초청하여 학생들이 이들의 견해를 직접 듣는 프로그램이었다.[12]

2004년 6월~7월 같은 학과에서 기획한 "21세기 COE 프로그램", 〈공생을 위한 국제철학교류센터〉가 주관하는 "인간의 안전보장연습 Ⅴ—역사, 법, 폭력—" 프로젝트의 일환으로 다시 강의 초청을 받았다. 프로젝트 주관자인 다카하시 데쓰야高橋哲哉 교수가 "근대일한관계사에서의 법과 폭력"이란 주제로 6주 동안 6회의 집중 강의를 요청해 왔다. 이번에는 대학원생들을 위한 강의였다. 도쿄대학에서 잇단 강의는 내가 일본학생들의 근대 한일관계사 인식의 현황을 알 수 있었던 좋은 기회였다. 교수들도 몇 분 거의 매 시간 강의를 경청해 주어 매우 고마웠다. 마지막 강의가 끝난 시점에서 수업 관리 조수가 그동안 강의를 모두 녹음하였다면서 녹음테이프를 건네주었다. 미리 얘기하면 오히려 강의에 부담을 줄 것 같아 마지막에 알리게 된 점에 대해 양해를 구하였지만 나

---

12 나의 강의는 (1) 일본의 〈한국병합〉의 진상眞相, (2) 근대한국의 자력 근대화의 꿈과 좌절이란 두 가지 주제로 행해졌다. 교토 대학의 저명한 야마무로 신이치山室信一 교수가 지정 토론을 맡아 주었다.

로서는 고맙기 짝이 없었다. 모두 초청자인 다카하시 교수의 배려였다. 귀국한 뒤 그것을 풀어서 책으로 내면서 책이름을 《동경대생들에게 들려준 한국사—메이지 일본의 한국 침략사—》(태학사)라고 붙였다.[13]

내가 근대사 연구에 착수한 지 10년이 채 안 된 시점에서 일본의 명문 도쿄대학에서 두 차례나 집중강의를 할 수 있었던 것은 행운이었다. 《세카이》지의 '일한대화'가 일으킨 파장의 하나였다. 한 박사과정 학생이 낸 리포트에 실린 내용이 지금도 잊히지 않는다. 자신은 다른 학생들에 견주어 역사 공부를 많이 하고 있다고 밝히면서, 평소에 메이지 시대의 일본 정치지도자들의 근대국가 수립의 기획과 성과에 대해 존경을 표해 마지않았는데 이번에 그들이 이웃나라 한국에 대해 저지른 침략 행위의 역사를 듣고 큰 충격을 받았다고 하였다. 도쿄대학 강의로 고종 시대 연구의 필요성을 한층 더 절실하게 느끼게 되었다.

(2) 한국병합 불법성에 관한 '국제공동연구'와 '한일 지식인 공동 성명'

《세카이》지의 '일한대화'는 도쿄대학의 초청 강의와 거의 동시에 〈국제 공동연구 "일본의 한국병합에 관한 역사적, 국제법적 재조명(The Reconsideration of the Japan's Annexation of Korea in the Historical and International Law Perspectives)"〉이 발족하는 계기가 되었다. 이미 다른 자리에서 밝혔지만 2000년 미국 하와이대학교의 한국학 센터(Center for Korean Studies)와 국제고려학회國際高麗學會가 함께 21세기 한국학의 발전을 기약하는 학술회의를 마치고, 앞으로 계획에 관한 간담 자리에서 북

---

13 이 책은 곧 일본어와 중국어로 번역되었다. 鳥海豊 譯, 《東大生に語つた韓國史—植民地支配の合法性を問う—》, 明石書店, 2006; 金京子 譯, 《明治日本侵韓史略》, 人民大學出版社, 2011. 두 번역본은 번역자들이 모두 자발적으로 나서서 이루어졌다.

한학자들이 동참하는 방안이 의논되었다. 그 자리에서 한 사람이 '일한 대화'에서 다루어지고 있는 '한국병합' 문제라면 북한 측도 참여할 가능성이 있을 것이라고 하였다. 이것이 계기가 되어 위의 '국제공동연구'가 발족되어 2001년 하와이 오하우시와 일본 도쿄부 타마多磨시 두 곳에서 한일 양측의 사료 설명회 형식의 예비 학술회의가 열리고, 11월에 미국 하버드대학교의 동아시아 관련 연구소 4개가 공동 주관하는 형식으로 본 회의가 열렸다. 이 학술회의는 이후 2008년까지 서울, 도쿄, 호놀룰루 등지에서 번갈아 매년 세미나 형태로 진행되었고, 그 성과는 2008~2009년에 서울과 도쿄에서 《국제공동연구 한국병합과 현대》라는 책으로 출판되었다.[14]

2010년은 일본이 '한국병합'을 강제한 지 100년이 되는 해였다. 2009년 김영호金泳鎬 교수는 도쿄대학 강의를 위해 도쿄를 왕래하면서 와다 하루키和田春樹 교수, 오다가와 고小田川興 교수, 오카모토 아쯔시 회장(岩波書店) 등과 그곳에서 여러 차례 만나 '한국병합' 100년을 맞아 한일 양국 지식인들이 어떤 결의를 표시할 것을 논의하였다. 그래서 양측이 발기인과 운영위원을 구성하고 2010년 5월에 서울, 도쿄에서 동시에 〈한일 양국 지식인 공동 성명서〉를 발표하였다. 이 과정에 한국 측 임원으로 나도 깊이 관여하였다. 성명서에는 '한국병합'은 원천 무효라는 내용이 들어 있는데도 일본 지식인이 놀랍게도 540인이나 서명하였다(한국 서명자 604인).[15] 서명자 가운데 역사학자가 거의 반수에 가까운 것으로

---

14 한국어본은 태학사, 일본어본은 아카시쇼텐明石書店에서 각각 간행되었다. 2008년 12월(일본어판), 2009년 4월(한국어판)에 미국 하와이대학교의 휴 강(Hugh Kang), 에드워드 슐츠(Edward Shultz), 반다이크(Van Dyke, 국제법 전공), 일본 측의 아라이 신이치荒井信一, 사사가와 노리카쓰笹川紀勝 등 여러 분들의 적극적인 참여가 일궈낸 성과였다.

15 《세카이》지의 '일한대화'가 시작되었을 때만 하더라도, '불법론'을 표명한 지식인은

보면, 2001년에 발족한 '한일역사가회의'가 끼친 영향도 적지 않았던 것 같다. 나는 이 '회의'에도 한국 측 운영위원장 차하순車河淳 교수를 도우면서 처음부터 관여하였다.

'한일 양국 지식인 공동성명'의 양측 운영위원회는 성명서를 내면서 "2010년의 약속, 2015년의 기대"라는 슬로건을 내걸고 2011년부터 해마다 기념학술회의를 가지면서 2015년에 진일보한 성과를 기대하였다. 그러나 성명서 직후에 일본 정계가 급격히 '우경화'하여 기대한 성과는 나오지 못했다. 다만 일본 정부가 한국 위안부 문제를 부정하는 태도를 국제적으로 보이자 이를 규탄하는 구미 지식인들이 우리의 입장을 지지하여 이해 2015년 7월 29일 국제정의의 실현 차원에서 식민지배 청산을 촉구하는 〈한·일, 그리고 세계 지식인 공동성명〉을 발표하였다.[16]

3) 조약 강제 연구의 정리와 남은 과제

나는 그동안의 조약에 관한 연구를 정리하여 2016년 11월에 《일본의 한국병합 강제 연구─조약 강제와 저항의 역사─》(지식산업사), 2017년 4월에 《끝나지 않은 역사─식민지배 청산을 위한 역사 인식─》(태학사)을 잇따라 출간하였다. 25년 끌어온 이 분야 연구를 끝낼 생각이었다.

《일본의 한국병합 강제 연구》는 일본 메이지明治 정부가 대한제국의 국권을 빼앗기 위해 러일전쟁을 배경으로 조약을 어떻게 강제하고, 한

10명도 되지 않았다. '양심적'인 지식인들이라고 해도 대부분 도덕적으로는 문제가 있지만 법적으로는 문제가 없다는 '합법 부당론'을 받아들이고 있었다. 일본 지식인들의 이러한 인식 변화에 '일한대화'가 끼친 영향은 부인할 수 없다.

16 이때 미국 교수들과의 접촉에는 코네티컷 주립대학교 사학과의 알렉시스 더든 교수의 도움이 컸고, 유럽 쪽에는 캠브리지대학교의 마이클 신, 튀빙겐대학교의 이유재 교수 등의 도움이 컸다.

국의 저항을 꺾기 위해 어떤 강압적 수단을 동원했는지 등에 대한 그동안의 연구성과들을 모아 종합한 것이다. 단순한 종합이라기보다 최근에 발굴된 자료까지 망라하여 전후좌우 관계를 새로 짠 측면도 많다. 일본 메이죠明城대학의 이나바 치하루稻葉千晴 교수가 소개하여 처음 접하게 된 일본제국 육군성陸軍省 편간의 《명치삼십칠팔년전역육군정사明治三十七八年戰役陸軍政史》(1911)는 매우 중요한 새 자료였다. 육군성 내부용의 '비秘'급 간행물인 이 자료에 따르면, 러일전쟁 발발과 동시에 한반도에 진주한 일본군은 적지敵地가 아닌데도 전시戰時 계엄령을 발동하여 한국인들을 위압 속에 몰아넣고, 전쟁이 끝난 뒤에는 평시平時 계엄령으로 바꾸어 무력 위압을 유지한 상태에서 조약 체결을 강제하였다. 이 상황은 '병합조약' 강제까지 그대로 유지되었다.

아시아역사자료 센터에서 공개된 관련 자료들도 최대로 활용하였다. 이 자료를 통해, 1910년 3월 일본정부는 이토 히로부미伊藤博文 피격사건을 마무리 지은 뒤 5월에 내부적으로 '한국병합' 단행을 결정하고 육군대신 데라우치 마사타케寺內正毅로 하여금 한국 통감統監을 겸하게 하였다. 그는 이때부터 휘하 육군성과 통감부의 인력을 동원하여 '병합'에 필요한 모든 방안을 준비한 사실이 밝혀졌다. 이 사실은 위의 계엄령 발동과 함께 '한국병합'이 군사강점이란 것을 더 이상 부인할 수 없게 하는 결정적인 증거였다.[17]

《끝나지 않은 역사》는 '병합조약'에 대한 한국 황제의 비준 거부의 실제, 일본 신문의 어용적인 역할, 일본 침략주의의 뿌리, 고종황제의 독살 등에 관한 이제까지의 고찰에 더하여, 대한제국과 대한민국 상해

---

17 이 자료에 관해서는 윤대원尹大遠 교수가 앞서 정밀한 분석을 선행하여 도움이 컸다. 윤대원, 《데라우치 마사다케 통감의 강제병합 공작과 '한국병합'의 불법성》, 소명출판, 2011.

임시정부가 국제사회를 상대로 벌인 주권 회복운동에 관한 새 원고들을 한데 합쳐 출간한 것이다. 새 원고라는 것은 상해 임시정부가 벌인 주권 회복운동에 대한 국제사회의 반응에 관한 것으로 조약 연구를 마무리 짓기 위해 살펴야 할 대상이었다. 국제사회란 1920년 탄생한 국제연맹(League of Nations)과 1946년 창설된 국제연합(United Nations) 두 기구로서, 이 기구들이 1905년 '보호조약'을 효력을 발생할 수 없는 강제 조약으로 규정하였다는 것은 이미 알고 있었던 것이지만, 그 경위를 구체적으로 살펴보기로 했다. 그 결과는 지금도 논란 중인 식민지 책임 문제에 직접 관련되는 것이므로 여기서 요지를 간단히 소개할 필요가 있다.

일본이 한국병합을 강제하던 20세기 초는 제국주의 시대이자 이를 억제하려는 국제평화운동이 강력하게 부상한 시기였다. 1900년 카네기 평화재단의 창설, 1901년 노벨 평화상의 시상 등이 상징적으로 말하듯이 열강의 지식인들은 제국주의의 발호를 억제할 수 있는 장치 마련에 부심하여 1920년에 국제연맹이 탄생하게 되었다. 이 새로운 세계사 조류에 대한 인식도 중요하지만 인류 최초의 국제평화 조직이 국제법적 질서 확립을 위해 수립한 공로에 대한 인식도 바로 가질 필요가 있다. 국제연맹은 흔히 국제 분규를 조정하는 데 실패한 약체 조직으로 평가되는 경향이 있지만 이것은 제국주의에 굴복하는 사고로서 경계할 일이다. 국제연맹은 1927~35년 사이에 7개 분야에 걸친 국제법의 법전화(codification) 사업을 수행하여 국제법의 공적 기반을 처음으로 확립하였다. 지금까지 그로티우스Grotius와 같은 국제법 학자 개인의 학설로 존재하던 국제법이 이 사업으로 모든 나라(회원국)가 준수해야 할 공법(Public law)으로 바뀌게 되었던 것이다. 그 결과로 조약법(Law of Treaty)도 7개 분야의 하나로 설정되어 1935년에 〈조약법에 관한 보고서〉[18]가 나왔다. 이 〈보고서〉는 〈1905년의 '보호조약'〉을 역사상 효력을 발생할 수 없는 조약 셋 가운데 하나로 판정하였다.[19] 이 〈보고서〉는 이전에는 단순히 법전화 사업의 총책이 하버드 법대의 맨리 허드슨 교수라는 점에서 〈하버드 법대 보고서〉라고만 알려져 그 중요성에 대한 평가가 충분히 이루어지지 못한 감이 없지 않았는데, 자세한 고찰로 국제연맹의 공식 사업의 결과라는 것을 알게 되었다.[20]

사안의 중요성은 여기서 끝나지 않는다. 1935년 〈조약법에 관한 보고서〉는 법전화 사업의 총책임자인 맨리 허드슨 교수가 1946년에 출범한 국제연합(United Nation)에서도 그대로 활약하여 국제법위원회(Committee of International Law)를 조직하여 1960년 사망할 때까지 이를 이끌었다는 사실이 이번 연구를 통해 함께 확인되었다. 이 국제법 위원회는 1935년의 것을 토대로 '조약법에 관한 보고서'를 새로 작성하여 1963년 11월에 총회(General Assembly)에 제출하여 총회 '결의(Resolution)'로 채택된 경위도 자세히 밝혀졌다. 새 〈보고서〉는 역사상 효력을 발생할 수 없는 조

---

18 이 사업은 하버드 법대 교수단을 이끈 맨리 허드슨(Manley O. Hudson) 교수가 총책이었고, '조약법'(law of treaty)은 일리노이 주립대학교의 제임스 가너(James Garner) 교수가 보고자(reporter)로서 중심 역할을 하였다. 이 '보고서'는 흔히 '하버드 초안'으로 알려지기도 했지만 이것이 국제연맹의 공식적인 법전화 사업의 성과라는 것은 내가 처음 지적한 것 같다.

19 (1) 1773년 러시아 군인들이 폴란드 분할을 위해 의회를 포위하고 강요한 조약 (2) 1905년 일본의 전권대신이 군인들의 도움을 받아 (한국의) 황제와 대신들을 위협하여 승인을 받은 조약 (3) 1915년 미군이 아이티 의회를 점령한 가운데 미국정부가 승인을 받으려 한 조약.

20 1919년 봄 대한민국 상해 임시정부는 파리 대표부를 설치하고 대표 김규식金奎植으로 하여금 파리 평화회의를 통해 주권 회복을 '청원'하는 활동을 폈다. 파리 평화회의 사무국은 이해 9월에 한국문제는 평화회의보다 곧 탄생할 국제연맹에서 다룰 문제라고 하여 소관 변경을 알려 주었다. 이 경위에서 보면 1935년의 〈조약법에 관한 보고서〉의 판정은 곧 대한민국 임시정부의 '청원'에 대한 답변의 의미를 가지는 것으로 간주할 여지가 있다.

약으로 1935년에 판정된 셋을 그대로 유지하면서, 2차 대전 가운데 일어난 일로서 나치 독일이 체코 분할을 기도하여 강요한 조약 하나를 더 추가하였다.

1905년 보호조약에 대한 국제연맹, 국제연합의 판정은 나의 조약 연구가 정당했던 것을 확인시켜 주는 것이었다. 그러나 장애가 하나 더 남아 있었다. 1951년에 미국이 주도한 '샌프란시스코 대일對日 평화조약' 이 바로 그것이다. 미국은 1945년 8월 15일 일본 천황의 '무조건 항복' 을 받은 뒤 일본제국 파시즘의 죄악에 대해 징벌주의 원칙을 적용하기로 하여 일본의 불법적인 식민지배에 대한 책임을 묻는 절차를 밟았다. 1900년대 미국의 법률가나 교수들이 제국주의 발호를 억제하고자 국제 평화운동에 앞장서 1913년 새로 선출된 윌슨 대통령을 도와 1919년의 파리 평화회의를 거쳐 국제연맹을 탄생시키는 데 크게 기여하였다. 일본 파시즘에 대한 징벌주의는 미국 지식인 사회의 '전통적인' 국제정의 실현의 정신을 그대로 잇는 것이었다. 그러나 '무조건 항복' 3년 뒤 중국의 공산화가 눈앞에 벌어지자 미국정부는 일본을 반공反共의 보루로 삼고자 식민지배에 대한 책임을 불문에 붙이는 관용주의로 노선을 크게 수정하였다. 이 방침이 1951년 샌프란시스코 평화조약으로 구체화되었던 것이다.

미국정부는 한국동란 중인데도 이 조약에 입각하여 한국, 일본 양국이 국교를 수립할 것을 종용하였다. 1952년부터 한일협상이 시작되었지만 두 나라 사이의 역사 인식 차이로 난항을 거듭하다가 1965년에서야 '한일협정'이 체결되어 결말을 보았다. 다 알듯이 양국 정부는 이 협정의 〈기본조약〉 제2조의 "'구 조약'(보호조약 및 병합조약)은 이미 무효(already null and void)"란 구절에 대해 서로 전혀 다른 해석을 내놓았다. 한국 측이 원천 무효론의 관점에서 '구 조약'의 체결 당시에 이미 무효라고 한 반면, 일본은 1948년 8월 대한민국의 정부 수립으로 "이미 무효"가 되었다고 하였다.

'구 조약'의 효력 시점에 대한 양국의 상반된 해석은 이미 잘 알려진 사실이다. 그러나 1963년 11월 국제연합 총회가 국제법 위원회의 보고서를 받아들여 총회 '결의'로 채택한 사실을 이에 대입하면 전혀 다른 새로운 문제가 제기된다. 일본은 1963년 총회 '결의'가 이루어질 당시 한국과는 달리 국제연합의 회원국이었다. 뿐더러 국제법위원회에도 위원을 파견하고 있었다. 일본은 곧 1935년의 국제연맹의 〈보고서〉와 1963년 〈보고서〉 양자가 다같이 1905년 '보호조약'을 무효로 판정했음을 알고 있으면서도, 1965년 한일협정 과정에서 '구 조약'의 효력 시기에 대한 해석에서 이를 무시하는 입장을 취했던 것이다. 이 고의적인 회피를 부추길 만한 근거로는 1951년의 샌프란시스코 대일평화조약밖에 없다. 1951년의 샌프란시스코 조약, 1963년의 국제연합 총회 '결의', 그리고 1965년 한일협정의 〈기본조약〉 해석 문제 3자의 관계에 대한 구명이 앞으로 이루어져야 할 가장 중요한 과제라는 것이 확인되었다. 한일 역사분쟁에서 한국 측이 재무장해야 할 영역이 무엇인지가 명확하게 드러났다.[21]

21 2015년 한일 지식인 공동성명팀은 한일 간 역사 인식의 차이를 극복하는 문제가 궁극적으로 1951년 샌프란시스코 대일평화조약을 정면으로 다루는 것에서 시작해야 한다는 데 의견을 같이하였다. 이 문제에서는 미국 연구자들의 참석이 반드시 있어야 한다는 의견이 많았다. 그리하여 교섭 끝에 미국 뉴욕시 컬럼비아대학교의 찰스 암스트롱 교수가 회의 주관을 수락하여 2016년 10월 28~29일에 "국제학술회의, 샌프란시스코 체제를 넘어: 동아시아 평화체제를 찾아(International Conference, Beyond the "San Francisco System": Seeking a Peace Regime in East Asia)"가 개최되었다. 나는 이 회의에 〈샌프란시스코 평화조약의 '식민지' 한국문제 제외에 관한 비판(The San Francisco Treaty and the Problems regarding the Exemption of Japanese Blame on the Colonization of Korea)〉이라는 논문을 제출하였다. 2017년도 12월 초에 펜실베니아대학교에서 두 번째 회의가 열릴 예정이다.

4. 마무리

1965년 학부 졸업논문 발표를 기준으로 나의 한국사 탐구는 반세기를 막 넘어섰다. '역사가 탄생'의 발표자가 되어 자화자찬을 늘어놓다 보니 맺음말을 찾기가 매우 궁색하다. 평생의 과업이 되고 만 "일제 식민주의 역사학의 극복"이란 주제는 오늘에서는 다소 진부한 감이 없지 않다. 하지만 해방 전후 출생한 세대로서는 정면으로 대면하지 않을 수 없는 과제였다.

2009년 2월 정년퇴임 때, 나는 내 '학문편력'을 정리한 소책자를 내면서 "(나는) 스위퍼였나?—5개 연구과제로 보낸 40년—"이란 제목을 달았다. 40년 동안 축구 경기의 스위퍼처럼 눈앞의 과제를 풀기 위해 뛰다 보니 연구 대상에 올랐던 과제가 다섯이나 되었다는 뜻으로 붙인 제목이었다. 이번에 "식민주의 역사관, 그 통론 통설에 대한 도전"이란 제목 아래 정리하다 보니 다섯 분야가 다 연관되었다. 마지막 "우주로 향하는 사안史眼—외계 충격설에 의한 인류사 재해석—" 하나가 이 정리에서는 제대로 언급되지 않았지만, 그것도 주기註記 2, 9에서 비추었듯이 조선 중기 '혼란'에 대한 유교망국론적 해석을 바로잡기 위한 의도에서 시작한 연구였다. 이에 관한 글도 대소의 것을 합쳐 거의 10편 가까이 되지만 조약 연구에 붙잡힌 시간이 많아서 이에 눈을 돌릴 여유가 없었다.

인류가 발을 디디고 살고 있는 지구는 태양계의 한 행성이다. 그렇다면 지구와 인류는 태양계의 우주적 현상으로부터 자유로울 수가 없다. 우주 과학자들은 화성과 목성 사이에 수없이 크고 작은 돌덩이(소행성, 유성)들이 떠도는 소행성 벨트(Astroid belt)가 존재하며, 이 벨트

補註: 2018년 중국 우한武漢대학교, 2019년 서울에서 잇따라 열리었다.

안의 돌덩이들은 태양의 중력에 끌려 타원형 궤도를 그리며 돌다가 지구의 원형 궤도와 만나면 지구 중력에 끌려 대기권에 돌입하는 메커니즘을 가지고 있으며, 그 대기권 돌입 현상을 외계충격(Terrestrial Impact) 현상이라고 이름 붙이고 있다. 지구에 돌입한 돌덩이의 크기와 양은 재난의 크기를 결정하기 마련이다. 나는 조선 중기의 '혼란'의 원인을 규명하고자 《조선왕조실록》의 기상이변 현상에 관한 기록 25,000여 건을 발췌하여 유성이 수없이 출현하여 낙하하는 현상에 대한 설명을 구하던 끝에 우주과학의 외계충격설에 접하였다. 이는 매우 소중한 학문적 소득으로 외계충격 전공 우주과학자들도 나의 《실록》 자료 분석에 지대한 관심을 표하였다.[22] 나는 이에 근거하여 외계충격 현상이 인류역사에 끼친 영향의 사례를 추출하여 새로운 역사 해석을 시도해 보기도 하였다.[23] 나의 '외계충격 현상'에 관한 몇 가지 연구에 대해 외국, 특히 구미 학자들은 지대한 관심을 표한 것과 달리, 국내 역사학자들 가운데는 기후 결정론으로 규정하면서 시큰둥한 반응을 보이는 경우가 많았다. 그렇더라도 앞으로 이 분야에 시간을 더 많이 할애하고 싶은 생각이다.

한국 근대사에 대해서도 일본 메이지 시대 역사에 관한 일본 학계의 성과를 두루 읽는 가운데 우리 근대사가 새롭게 보이는 중요한 사안들이 많다. 현재 일반적으로 쓰고 있는 한국 근대사의 틀은 머지않아 대수술이 가해져야 할 것 같은 느낌이 든다. 최근 정치학자 황태연黃台淵 교수가 잇따라 내놓는 한국 근대사에 관한 연구성과는 폭탄 같은 내용

22 Yi Tae-Jin, "Meteor Falling and Other Natural Phenomena During 1500-1750 as Recorded in the Annals of Chosun Korea", *Celestial Mechanics and Dynamical Astronomy* 69-1·2. (http://www.astro.iag.usp.br/~sylvio/celmech.html)

23 이태진, 《새 韓國史》, 까치, 2012.

을 담고 있다.[24] 역사학계가 눈을 크게 뜨고 살펴야 할 성과이다. 황교수가 짜고 있는 틀은 내가 쌓고 있는 것과 비슷한 점이 많지만, 주요한 사건에 대한 성격 규정과 이름 붙이기는 나보다 훨씬 더 적극적이다. (2017년)

---

24 황태연 교수는 2017년 한 해에 《갑오왜란과 아관망명》(청계), 《백성의 나라 대한 제국》(청계), 《갑진왜란과 국민전쟁》(청계)를 잇따라 내놓고 있다.

한 역사학 연구자의 자술自述
—객관성과 보편성의 추구—

김용덕金容德

1944년생. 서울대 사학과를 졸업하고 하버드대학교에서 역사학 박사를 취득했다. 주요 연구 분야는 일본근대사이며, 서울대학교 동양사학과 교수로 봉직했다. 현 서울대학교 명예교수이자 일제강제동원피해자지원재단 이사장.

주요 저서로는 《日本近代史》(역서, 서울대학교 동양사학강의총서4, 지식산업사, 1983), 《일본근대사를 보는 눈》(지식산업사, 1991), 《일본사의 변혁기를 본다》(지식산업사, 2011) 등 다수가 있다.

1. 좋은 스승과의 만남

내가 서울대학교 문리과 대학 사학과에 입학한 것은 1963년이다. 고
병익高柄翊 선생이 1962년 서울대학교에 부임하셨으니까 입학하면서 만
난 것이나 다름없었다. 물론 고 선생은 이미 국내 동양사학계의 중견학
자로 학계를 이끌어가고 있던 때였다. 동양사연구실에 들어가 공부하라
고 해서 대학에 입학한 뒤 몇 달 안 되어 연구실 구석에 앉아 공부할
수 있었다. 1963년부터 1967년까지 서울대학교는 한 학기도 정상적으로
끝내지 못할 정도로 민주화를 요구하는 학생운동이 끊이지 않았던 때
였다. 그 대신 연구실에서 책을 볼 수 있는 시간은 많았다. 그때만 해
도 동양사는 곧 중국사라는 인식이 강하였기 때문에 동양사에 관심이
있는 학생은 이치무라 산지로市村瓚次郎의 《동양사통東洋史統》이라는 네권
짜리 두꺼운 책을 읽어야 하는 것으로 선배들로부터 들어서 열심히 독
파해 보려고 하였다. 1964년이 되어서야 하버드대학의 Fairbank, Reischaur,
Craig 교수의 *East Asia: The Great Tradition*과 *The Modern Transformation*이
한국에서 《동양문화사》 두 권으로 번역되어 나왔다. 동양사의 내용 가
운데 중국사 이외에 일본사, 베트남사('한국사'는 미국에서 낸 책이기 때
문에 당연히 포함)가 들어 있어서 아주 흥미롭게 읽을 수 있었다. 더구
나 일본학자들의 서술방법과는 다른 것이 눈에 들어왔다.

2학년 여름 방학 때 고병익 선생이 불쑥 영어책 한 권을 주시며 한
달 안에 서평을 써 보라는 '숙제'를 주셨다. 지금은 구하기도 어려운
Wolfram Eberhard의 *Conquerors and Rulers*라는 요금遼金 시대 이민족의 중
국지배 형식에 관한 책이었다. 힘에 부친 책이었지만 선생님께 내 능력

을 보일 수 있는 기회라 여겨 열심히 읽고 요약(실제로 서평은 불가능하여)을 해서 드린 적이 있다. 여기에서 흥미가 생겨 북방족들의 한인漢人지배 형태를 더 공부하고 싶어 Eberhard의 탁발제국拓跋帝國, 곧 북위北魏에 관한 책(das Toba-Reich im Nordchinas)을 어렵게 구해 읽고자 애썼다. 북위에 대한 관심은 계속되어 대학원 석사논문의 주제로 삼기도 하였으나, 마침 병역복무를 위해 이 관심은 3년 이상 끊어질 수밖에 없게 되었다.

또 한 분의 스승은 김상기金庠基 선생이시다. 그분은 전통적인 한학漢學의 맥을 이으심과 동시에 근대적인 역사학 연구자이기도 하셨다. 그분의 한문 강독은 어렵기로 소문나 수강생이 2~3명 정도여서, 대개는 집으로 불러 서당처럼 한문을 강독해 주셨다. 정확한 한문 해석은 중국 학자들의 오독을 지적할 정도로 깊이가 있었다. 동양사를 공부하는 데 기본인 한문을 그분에게 배운 것은 큰 행운이었다.

일본학자들한테도 꽤 알려진 민두기閔斗基 교수는 학부나 대학원에서 직접 배우진 않았지만 언제나 궁금한 것을 내게 가르쳐 주신 분이었다. 한국의 중국사 연구 수준을 세계적 수준으로 올린 것으로 평가받는 민 선생은 냉엄한 학자의 자세를 잃지 않아서 늘 나의 멘토와 같은 존재였다. 곧고 까다로운 성격이라 나에게 쓴 충고도 마다하지 않으셨다. 그것이 사실 큰 자극이 되기도 하였다. 항상 학문적으로 의지할 수 있는 큰형과 같은 분이었다.

2. 일본사로 연구 분야 전환

학부 2학년을 마칠 즈음 고병익 교수가 이전 선배들에게 가르쳤던

특강교재를 우연히 읽게 되었다. 죤 홀(John Hall)의 "Tokugawa Shogunate"라는 짧은 영어논문이었다. 하버드대학 교재이기도 한 *East Asia: The Great Tradition*과 *the Modern Transformation*의 일본사 부분을 읽고 피상적으로나마 일본사에 관심이 있을 때여서 그리 어렵지 않게 읽을 수 있었다. 물론 그때는 아직도 일본사는 중국사를 하면서 여유가 있을 때 더 해 보고 싶은 정도의 관심밖에 없었다.

1967년에는 대학을 졸업하고, 해군사관학교에서 교관으로 복무하며 역사를 가르치게 되었다. 1969년 마침 역사학강독을 맡게 되면서, 교재를 찾다가 도서관에서 라이샤워 교수의 "Modernization of Japan"이라는 쉬운 논문(강연을 정리한 것)을 발견하였다. 생도들에게 가르쳐야 하는 것이었기 때문에 내가 먼저 완벽하게 이해해야 한다는 책임감으로 이것저것을 참고해 가며 영문강독을 무사히 끝내었다. 그 뒤 1971년 초부터 수도여자사범대학(현 세종대학교)에서 유일한 동양사 전임교수로 동양사에 관한 모든 과목을 다 가르쳐야 했을 때, 내가 개설한 과목 가운데 일본사가 들어간 것은 해군사관학교에서 가르친 경험을 살리고 싶어서이기도 했다. 그러나 아직도 나의 주된 관심은 중국 중세사에 있었다.

그해 말 고병익 교수께서 나에게 일본사를 공부해 볼 의향이 없는지, 신중히 고려해 보라는 말씀이 있었다. 내가 일본사를 가르친 것을 알고 있는 고 선생께서는 마침 하버드-옌칭연구소(Harvard-Yenching Institute)에서 일본사를 전공할 장학생을 추천하여 달라는 연락을 받으셨다는 것이었다. 일본 안의 대학이건 하버드대학이건 어디나 내가 택할 수 있다는 조건이었다. 그때까지 중국 중세사 공부에 집착이 있어 고민하고 있을 때, 고 선생께서 방향을 제시하여 주셨다. 앞으로 동아시아의 역사를 균형 있게 보려면 일본사도 반드시 공부해야 할 것이 아닌가 하는 자극이었다. 나는 긍정적으로 고 선생님의 충고를 받아들이기로 하고 유학은 동경대학보다 하버드를 택하겠다고 했다. 물론 책으로만 알던 그 하버드대학의 Reischauer 교수 밑으로 가고 싶은 뜻이 강했지만, 그때까지만 해도 일본에서 유학하면 일본의 전통적 사제관계를 평생토록 지켜 가야 한다는 얘기를 많이 들었기 때문이었다. 일본사를 전공으로 하되 냉정하고 객관적인 태도를 갖지 않으면 안 되겠다는 소박한 생각에서이기도 했다.

쉽게 결정할 수 없었던 또 하나의 이유는 집안의 분위기였다. 당시 어느 한국 가정도 마찬가지였겠지만 반일反日 분위기 속에서 자라온 사람들에게 일본사를 전공한다는 것은 곧 친일親日로 기울어지기 쉬운 것으로 경계하던 때였다. 특히 외가 쪽에 독립운동의 맥이 있어서 어머니의 강한 반대를 예상하고 있었다. 그러나 뜻밖에도, 그렇게 일본에 대한 증오심을 갖고 있던 어머니가 일본을 알아야만〔知日〕 우리가 일본을 이겨낼 수 있지 않겠느냐〔克日〕는 말씀을 하셔서 내가 오히려 어머니로부터 앞으로의 방향에 대한 지침을 받은 것이나 마찬가지였다.

미국으로 일본사를 공부하기 위하여 유학하겠다고 했을 때 특별히 격려 겸 경고를 주신 분은 김상기 교수였다. 김상기 교수는 한국사를 항상 염두에 두고 일본의 역사를 봐야 한다는 한국인으로서의 태도를 밝혀 주셨다. 이 모든 요인들이 나로 하여금 일본사를 전공으로 택할 수 있게 하였다.

3. 미국유학 – 학문적 객관성의 습득

1972년 여름 하버드대학이 있는 케임브리지에 도착하여 교수들과 상면한 뒤 라이샤워 교수가 특별히 나에게 "왜 한국에서 네가 선발되어 왔느냐?"고 물었다. "아마도 일본을 전혀 경험하지 않은 해방 후 세대이기 때문에 일본에 대하여 객관적인 입장에 있지 않을까 해서 저를 보낸 것 같습니다."고 대답하자, "아마 일본을 직접 경험한 사람들보다도 이승만 대통령의 반일교육 속에서 자란 자네 같은 사람들이 더 반일감정이 강할 수도 있을 것"이라고 나의 일본에 대한 시각을 우려하는 지적에 이제부터 정말 객관적인 미국에서의 일본사 공부가 시작되는구나 하는 느낌을 받았다.

한국에 대하여 냉랭하고 친일적인 미국의 일본사 교수들이라고 한국에서는 들었지만, 실은 당시 한국의 '유신독재체제'에 철저히 비판적이었지, 한국의 역사나 문화에 대하여는 깊은 지식을 갖고 있는 분들이었다. 라이샤워 교수는 이미 1930년대 수개월 한국을 여행하며 한국어 공부도 해, 지금까지도 서양학계에서 통용되고 있는 한글의 로마니제이션 시스템-McCune-Reischauer System을 만든 사람이기도 해서 한국문화와 전통에 대한 애착이 매우 강한 학자였다. 당시 한국정부로부터 '반한反韓' 인사로 지목되어 한국입국마저 거부당하고 있었으나 본인은 '애한愛韓' 학자일 뿐이고, 그래서 수준 높은 문화를 가진 한국에 당시의 혹독한 유신독재는 정당화될 수 없기 때문에, 비판할 수밖에 없는 것이라고 하였다. 앞서 말한 책의 공저자였던 크레이그 교수 역시 한국에 대한 입장이 비슷했지만 공개적인 비판활동을 하지는 않았다. 특히 나에게는 한국학생이라는 선입견을 보이지 않아 대학원 생활을 문제없이, 보람 있게 보낼 수 있었다.

특기할 것은 E. H. Norman을 알게 된 것이었다. 그는 1950년대 중반 미국의 극우적인 매카시즘의 압박에 못 이겨 자살하고 만 캐나다의 비극적인 일본사학자였다. 미국에서는 그의 연구가 주로 일본 좌익학자들의 영향을 받았다고 폄하하고, 라이샤워 교수와는 대립적인 학자로 알려져 있었다. 반대로 일본 안에서는 아주 높게 평가받고 있었다. 그의 진정한 관심은 일본 도쿠가와德川시대로부터 근대화의 과정에서 희생된 '무명無名'의 인간들에 대한 역사적 조명에 있었다. 인간적이면서 객관적인 그의 연구는 나에게 깊은 영감을 주었고 지금까지도 계속되고 있다. 미국유학에서 얻은 일생의 소득이라고 지금도 생각하고 있다. 물론 노만은 라이샤워 교수와도 인간적으로는 아주 돈독한 우정을 나눈 사이였던 것을 나중에 확인하였다.

당시 같이 공부한 친구로는 Bill Steele(일본 국제기독대학 교수), 그리고 1~2년 후배로 Sheldon Garon(프린스턴대학 교수)와 Andrew Gordon(하버드대학 교수) 등이 있어 지금까지도 가깝게 지내고 있다. 특히 크레이그 교수는 일본인 학자를 공동연구자로 초빙하여 일본사 전공 대학원생들에게 사료강독 등을 맡겨서, 서로 많이 도움을 주고받을 수 있었다. 홋카이도대北海道大의 다나카 아키라田中彰, 교토대京都大의 마츠오 다카요시松尾尊允, 히토쓰바시대一橋大의 나카무라 마사노리中村政則 교수 등을 이때 알게 되어 평생 교유를 지속하고 있다. 내가 서울대학교 제자들에게 히토쓰바시대나 교토대로 유학을 추천한 것도 이러한 인연에서였다.

당시의 미국 안 일본사학계는 이른바 근대화론(Modernization Theory)이 휩쓸고 있는 가운데, 베트남 전쟁에 반대하는 젊은 연구자들(Concerned Asian Scholars)들이 기존 권위에 도전하기 시작할 때였다. 그때 유명한 Modernization Series 6권이 프린스턴대학에서 출간되어 젊은 연구자들의 방향을 이끌고 있었다. 비서양국가 가운데 유일하게 성공한 일본의 근대화는 이후 다른 나라들의 근대화 모델이 될 수 있을 것이라는 정치적 함의도 있는 것이었다. 또한 궁극적으로 구미국가들이 걸어온 근대화의 방향으로 수렴될 수밖에 없을 것이라는 이론(Convergence Theory)이기도 했다. 객관성을 강조하는 근대화론자들은 이에 대한 비판이나 공격을 정치적, 이념적 성향을 못 벗어난 것이라고 비판하였다. 특히 일본 역사학계의 주류였던 강좌파講座派의 입장에 대하여는 분명하게 반대 의견을 나타내었다. 그만큼 일본의 역사학계를 비판할 만한 연구역량이 쌓였기 때문이기도 하였다.

또한 유학 중 영향받은 연구 방법으로는 계량사학(Quantitative History)이 있다. 역사적 변화를 일으킨 것으로 예상하는 여러 요소들을 계량적으로 분석하여 그 결과가 통계적으로 의미(significance)가 있는가를 찾아내는 방식이었다. 미국사의 분야에서 활발히 적용되던 방법이 유럽사를 거쳐 일본사의 연구에도 적용되기 시작하였다. 특히 경제사 분야에서 인구 동향과 경제 발전, 철도 건설이 다른 산업분야에 미치는 영향 등에서 재미있는 결론을 끌어내기도 하였다.

박사학위논문의 주제를 놓고 크레이그 교수는 한국학생으로서 이점을 살려 이토 히로부미의 한국체류 활동에 대해 써 보는 것이 어떻겠냐고 제안하였다. 나에게도 관심이 있는 주제이기는 했지만, 이왕 일본사를 공부하는 바에야 일본사 자체를 대상으로 해야겠다는 생각에서 메이지 초기의 자유민권운동에 관하여 논문을 써보고 싶다고 내 본심을 밝혔다. 당시 미국에서는 일본의 자유민권운동이 연구주제로 인기를 끌던 때이기도 하였다. 그러나 1970년대 후반에는 이미 많은 연구가 나와 적절한 논문주제를 찾기가 어려울 정도였다. 크레이그 교수는 그러면 자유민권운동의 뿌리에 관한 연구로 농촌에서의 사회적 반응을 찾아보는 것이 좋겠다고, 내 뜻과 나의 일본사료 독해능력을 감안하여 추천하는 것이었다. 지조개정地租改正 반대운동이 여기에 가장 부합하는 주제로 떠올랐다. 마침 당시 일본에서도 지조개정에 대한 연구가 많은 성과를 거두고 있어서 이를 주제로 택하는 데 도움을 받을 수 있었다.

그러나 1873년 이후 메이지 정부의 가장 큰 국책사업을 다룬다는 것이 내게는 너무 벅차고 일본의 학자들도, 후쿠시마 마사오福島正夫 같은 원로학자의 전체적인 연구 이외에는, 어느 지역을 한정해서 연구하는 것이 대세여서, 지조개정사업의 아이디어를 처음 내놓았던 칸다 다카히라神田孝平의 고향인 미노美濃지방(현 기부켄岐阜縣의 일부)을 집중적으로 다루기로 하였다. 물론 여러 면에서 일본 안의 표준지역이기도 하였다.

1976년 여름에는 미국에서 자료수집을 마무리하고 일본으로 현지조사를 떠나게 되었다. 이때 나는 지조개정과 자유민권운동을 같이 다루고 있는 동경대학 사회과학연구소의 교수를 찾아가려고 하였다. 그러나 라이샤워 교수나 크레이그 교수는 그곳이 강좌파講座派 이론으로 유명한 좌파적 경향이 강한 곳이니까, 내가 한국으로 귀국할 때를 대비해 다른 곳으로 가는 것이 좋겠다는 우려 섞인 충고를 한국인 제자에게 해 주는 것이었다. 나보다도 한국의 정치상황을 더 잘 알고 걱정하는 듯하였다. 마침 경제학부의 하야시 다케히사林健久 교수가 그 즈음 재정사의 시각에서 지조개정 문제를 다룬 책을 낸 직후라 동경대학 경제학부의 객원연구원으로 1년 넘게 가 있을 수 있었다. 또한 지조개정 연구자로 독보적인 업적을 내고 있던 가나가와神奈川대학의 니와 구니오丹羽邦男 교수를 개인적으로 찾아가 자료 해독과 수집에 큰 도움을 받았다.

논문의 기본방향을 놓고 처음 크레이그 교수와 견해가 갈렸다. 그는 메이지 정부의 근대성을 강조하는 쪽이어서 지조개정으로 농촌 부담이 오히려 줄었을 것이며, 일본학자들이 주장하는 것과 같은 '위로부터의 할당割當(wariate)'은 없다고 하는 쪽이었는데, 나는 시골문서를 검토한 결과 할당은 분명히 있다는 것을 증명하였다. 다만, 강좌파 학자들이 주장하는 것처럼 중앙정부에서 일방적으로 부담액을 하달하는 것이 아니라 막부 말기의 농촌토지대장을 기초로 하여 할당한 것이라는 것을 밝혀낼 수 있었다. 또한 지조개정을 통해 확보한 재원財源이 있었기 때문에 메이지 정부가 안정된 재정 기반 위에서 과감한 근대화 사업을 벌일 수 있었다는 것도 밝혔다. 크레이그 교수도 동의를 해서(완전히 설복된 것은 아닌 것 같지만) 이후의 논문 작성은 큰 문제 없이 끝낼 수 있었다.

4. 귀국 후의 연구 - 집중적 연구의 어려움, 그리고 보편적 한일관계의 모색

1979년 말 논문을 제출하고 다음 해 1월에 돌아와, 서울대학교 동양사학과에서 1980년 1학기부터 일본사를 가르치게 되었다. 오랜만에 처음 개설되는 강의라 학생들의 호응이 적지 않았다. 특히 사회과학 쪽 학생들도 꽤 수강했던 것으로 기억한다. 일본사 전체를 혼자서 다 가르쳐야 했기 때문에 고대사부터 현대까지를 다 다뤄야 했으나, 그만큼 전체를 볼 수 있는 기회이기도 했다.

그러나 희망에 찬 1980년 초의 이른바 '서울의 봄'은 짧았다. 바로 5.18 쿠데타와 광주항쟁이 뒤를 이었던 것이다. 캠퍼스는 민주화를 부르짖는 학생들의 시위와 이를 저지하려는 군부집단과의 대결현장이기도 했다. 특히 미국과 일본이 한국의 군부독재를 묵인하거나 지원한다는 정치적 배경논리로 말미암아 반일의식은 이전보다도 강했다. 그만큼 일본을 어떻게 가르쳐야 하는가를 고민하기도 했다. 그래도 강의는 충실히 해야겠다는 나름대로의 신념으로 이겨냈다. 서강대학을 비롯한 타교 출강도 혼자서 해야 했다.

귀국한 뒤 내가 우선 발표한 것은 외국의 일본사 연구 소개와 박사논문의 수정본이었다. 아울러 교양인을 위한 일본사의 발간 요구가 있어 피터 두으스(Peter Duus)의 일본근대사를 번역하였다. 지조개정과 자유민권운동에 대한 더 이상의 연구는 귀국 후 주춤하였다. 우선은 사료를 수집해야 하는 일본 현지연구가 절대적으로 필요한 주제라서 당시의 조건에서는 상당히 힘들었던 것이 첫째고, 일본사에 대한 다양한 요구들에 응하느라 사실 시간을 할애해 집중하기도 어려웠다. 그래서 외국에서 공부하기에 불편하지 않고, 일본이나 세계학계에도 공헌할 수 있는 주제로 일본사학사日本史學史에 관심이 갔다. 아직까지도 그 전체적인 결과물을 내놓지 못하고 있으나, '노만의 일본사 이해'에 관한 글은 이러한 관심의 시작이었고 시기적으로 여건과 연구 관심이 결부된 주제였다. 또 하나는 앞에 언급한 칸다 다카히라와 관련하여 그가 열심히 활동했던 메이지 초기의 지식인 집단 명육사明六社에 관한 것이다. 근대 일본에서 공공권公共圈(public sphere)의 형성이라는 시각에서 그 위치를 찾아보려 한 것이다. 이것도 결말을 맺지 못하고 있으나 항상 내 머리를 떠나지 않고 있어 몇 편의 논문으로 발표했을 뿐이다.

1986년은 마침 릿쿄대학立敎大學과 히토쓰바시대학一橋大學의 초청으로 1년 동안 동경에 체류하며 연구할 수 있었다. 1987년 초 귀국할 때는 또다시 군부집권 연장을 반대하는 목소리가 학내외를 뒤덮고 있었다. 이어진 '6.29 선언'으로 정치적 격동은 그치고 캠퍼스는 안정을 찾았다. 서울대학교의 일본사 교육과 연구에도 새로운 상황이 찾아왔다. 이미 1980년대 중반에 일본정부로부터 서울대학교 일본 연구 발전을 위해 1백만 달러 기부 제안이 있었다. 그러나 한국의 일본 연구는 일본정부의 돈이 아닌 우리 힘으로 해야 하고, 설사 일본의 지원을 받는다 해도 국제적인 경쟁을 통해 떳떳이 받아야 한다는 논리로 학교 책임자들과 다툰 적이 있다. 당시 교수나 학생들의 일본에 대한 입장을 고려하여 학교 측에서도 물러서지 않을 수 없었던 것 같다.

서울대학교는 1995년 국제지역연구원 안에 일본연구실을 개설하여 차근차근 일본 연구의 내실을 다져가 2004년 일본연구소를 발족시키는 밑거름이 되었다.

5. 동아시아의 역사 갈등의 해소를 위하여

2004년부터 중국의 동북공정東北工程 가운데 역사문제가 사회적으로 큰 이슈가 되었다. 오늘날의 중국 동북지방까지 영역이 퍼져 있던 고구려와 발해의 역사를 중국의 변방 이민족의 역사로 다룬다는 것이 중국의 입장이었다. 중국은 오늘날의 중국영토 안의 모든 민족(한족을 포함한 공칭 56개 종족)이 현재의 중국인을 이룬다는 다민족통일국가多民族統一國家의 역사를 중국역사로 포괄해야 한다는 것이었다. 물론 한국인들에게는 이해할 수 없고, 받아들일 수도 없는 것이었다. 그 밖에도 많은 갈등의 문제들이 한일 사이에도 또한 제기되어, 학문적으로 대응하는 것이 가장 건설적인 방법이라고 판단하였다. 마침 2006년 이에 관한 연구기관인 동북아역사재단東北亞歷史財團이 설립되어, 나에게 책임을 맡겼다. 아마도 고병익 선생이 내게 일본사를 권하며 했던 충고-동아시아의 역사를 균형 있게 포괄적으로 보라는-가 이러한 때를 대비하라는 뜻이 아니었나 하는 생각이 들어, 힘든 일일 것이라 예상하면서도 수락을 하였다.

어느 민족에게나 역사는 또 하나의 주권과 같은 것이라고 본다. 즉 영토와 거기에 사는 국민과 영토와 국민을 다스리는 통치권이 있어야 한다는 전통적인 국가 성립의 요건에 추상적인 개념의 '역사주권'을 제시한 것이다. 한국역사의 경우 역사상 외국의 침략으로 국권을 빼앗긴

적은 있어도 '자기 역사(문화, 언어, 관습 등)'에 관한 인식을 잊지 않고 지속해 온 것을 내세워 영토의 상실이 곧 역사의 상실로 이어질 수 없다는 논리이다. 이는 자칫 편협한 민족주의로 이용될 수도 있으나, 진정한 국제 평화란 다른 국가, 민족, 문화의 절대가치를 인정하는 바탕 위에서 이루어진다는 점과 연계하여 보면, 건전한 국제주의와 건설적으로 공생할 수 있는 것이다.

일본과의 관계에서도 일본제국이 한국의 역사를 왜곡하고 문화를 파괴하려 했다는 사실에 한국인들이 그 한을 품고 있다는 것은 누구나 알고 있는 일이다. 불행한 역사를 한일 사이의 특수한 역사적 관계 속에서 풀어 가려는 것은 본질을 덮을 뿐이다. 그보다는 제국주의 열강의 침략과 수탈에 대한 반성과 사죄라는 보편성의 과정과 원칙을 따르는 것이 정도正道일 것이다. '일본국'이 역사의 연속선상에 이어지고 있다고 한다면 일제의 과오는 과거의 일로 치부할 수만은 없고, 오늘날 일본을 만든 형성체의 하나일 것이다. 이러한 인식을 1945년 이후 출생한 일본인들에게 철저하게 인식시키는 일은 우리 모두의 과제일 것이다. 생물학적인 세대 구분으로 전후세대가 불행한 과거로부터 눈을 돌리고 책임을 못 느낀다면 역사 갈등의 해소는 점점 힘들어질 수도 있지 않을까 염려된다. 역사적 연속체로서 일본국과 그러한 역사국가의 구성원으로서 일본인들의 자기인식이 요구되는 바이다. 불행한 과거에 대한 '국가책임'의 인정, 이것은 일본이 국가의 역사적 연속성, 국제평화, 인권과 자유의 보장 등과 같은 보편성을 통해 국제적으로 평가받는 첩경일 것이다.

한국의 일본사 연구는 한일 사이의 근접성과 친밀성(때로는 적대감)을 넘어 국제적 안목에서, 세계사적 구조 속에서 깊이 있게 탐구하여야 할 것이다. 외국사로서 일본사라는 객관적이고도 냉정한 인식을 견지해야 하며, 그렇게 해야만 감성적인 일본관에 대응할 수 있다. 또한 일본사 안의 전공분야에 대한 깊은 천착이 전제가 되어야 하지만, 그것의 보편적 의미를 놓치지 않는 긴장이 연구자에게 필요하다고 항상 새기고 있다. (2018년)

나는 무엇을 하는 사람인가?

주명철朱明哲

1950년생. 서강대학교 영문학과를 졸업하고 같은 대학원 사학과에서 석사, 파리 1대학에서 박사학위를 받았다. 주요 연구 분야는 프랑스사(계몽주의, 혁명사)이며 한국교원대학교 역사교육과 교수로 봉직했다. 현 한국교원대학교 명예교수.

주요 저서로 《서양 금서의 문화사》(길, 2007), 《책과 혁명》(알마, 2014), 《프랑스 혁명사 10부작》(여문책, 2019) 등이 있다.

1. 역사 연구 입문

누구나 그렇듯이 나도 무엇을 하겠다고 마음먹고 태어나지 않았다. 그러나 대학교 입학과 졸업 과정에서 여러 가지 선택을 거치고 여러 사람의 도움을 받은 덕택에 늦게나마 역사학자로 평생의 할 일을 찾았다. 나는 공부를 잘해서가 아니라 운이 좋아서 교수가 되었다고 생각하기 때문에 오랫동안 꾸준히 공부하면서 좀 더 떳떳하게 살려고 결심했다.

맥아더 장군이 지휘하는 유엔군이 인천상륙작전을 시작한 날 태어난 나는 어린 시절 4.19 혁명, 5.16 군사정변과 잇따른 군사독재 정권 시대를 거쳤다. 대학생(서강대학교 영어영문학과) 시절에는 박정희 독재 정권에 저항하는 데모에 참여했다. 데모가 심하면 휴교령을 내리는데, 전공 과목을 공부할 마음을 추스르지 못했기 때문에 과외활동을 열심히 했다. 학내 영어신문사에서 기자로 일하기도 했고, 합창이나 연극에도 참여했다. 총학생회에서 섭외부장직(일종의 외무?)을 맡았다. 대학생 군사훈련에 반대하고 유신독재체제에 반대했다. 박정희는 위수령을 내렸고 전국의 불량대학생을 검거하여 군대에 보냈다. 1진은 이미 전방무대에서 생명수당 30원(당시 라면 값?)을 추가로 받으면서 보안부대의 사찰을 견뎠다. 나는 1진이 아니라 2진에 분류되어 육군통합병원에서 신체 검사를 받고 대기했다. 그러나 내가 속했던 2진은 군대에 끌려가지 않았다.

한국 남성이면 의무복무로 군대에 가야 한다. 누구에게나 닥치는 문제라서 운이 좋아 노동하지 않고 대학생이 되어도 피할 수 없다. 물론 지금도 신비스러운 병명이나 이유로 면제받는 '금수저'가 있지만, 절대 내게 해당되지 않았다. 신검은 받아 놨겠다, 소집영장만 오면 입대할 처지였다. 친구 가운데는 베트남 전쟁에 참전하고 돌아와 복학한 사람도 있었다. 그는 나보다 두 살 위라서 대학교 입학하는 해에 영장 받고 베트남까지 갔다 왔다. 나는 머릿속에서 군대 생활에 대한 두려움, 일상생활과 단절되는 것에 대한 걱정을 안고 살았다.

지금 생각해도 현실도피로 대학원에 진학했다. 이왕 늦어진 입대를 대학원에 들어가면서 더욱 늦췄다. 영어영문학과를 졸업했지만, 영어영문학으로 성공할 자신은 없었다. 마침 서강대의 사학과 교수진은 훌륭했다. 학부 시절에 한국사와 동양사 한두 과목을 들은 적이 있던 나는 영어영문학과 출신이므로 서양사를 전공하게 되었다.

대학교 4년을 마치고 역사 공부를 시작했으니, 남보다 최소한 4년 이상 늦게 출발했다. 학문에 뜻을 둔 사람 가운데 중고등학생 시절에 이미 역사 공부에 전념하겠다고 생각한 사람에 견주어 출발시점이 늦었기 때문에 되도록 남보다 더 오래 공부하려고 다짐했다. 그러나 그 뒤에도 기초소양 부족으로 석사논문을 쓰지 못하고 시간을 죽이다가, 결국 군대로 도피했다. 대학생 군사훈련(교련)을 도입할 때 강하게 반대했지만, 대학 3학년까지 3년 동안 훈련을 받은 덕을 보았다. 3개월의 복무단축 혜택을 받아 모두 30개월 가까이 복무하고 제대했다. 군복무를 마치고 나니, 어쩌면 내가 군인이 되었다면 잘살았겠다는 생각도 들었다. 남에게는 원칙을 강요하면서도, 나는 살짝살짝 규칙을 위반하는 재미를 느꼈기 때문이다. 이런 걸 '(군인)체질'이라고 할까?

군대를 무사히 마치고 석사 과정에 돌아와 마지막 학기를 보낼 때에는 서양사를 공부하는 후배들도 생겼으나, 별로 친하지는 않았다. 석사학위 논문을 겨우 쓰고 시간강사로 나서기 시작했으니 나와 같은 시대에 태어나 고생한 친구들보다 훨씬 복을 많이 누렸다. 내 노력보다는 조상의 음덕이 컸다고 생각한다.

조상의 음덕을 증명하는 일화가 생각난다. 삼성 계열사라서 계보상 JTBC 방송의 전신이라고 할 수 있을지 모르겠으나, 동양방송국(TBC)이 1979년에 저축장려운동을 주제로 방송극본을 현상 모집했다. 시간강사를 하던 나는 잠시 한눈을 팔고 〈자전거〉라는 극본을 제출했다. 어느 날 아침 일곱 시쯤 누가 전화를 걸어서 내게 극본을 냈는지 확인하고, 혹시 참고한 작품이 있는지 묻고 끊었다. 나중에 알고 보니 심사위원장이 표절 여부를 확인하고자 건 것이었다.

〈자전거〉 스포일러. 개구쟁이 아들이 부모에게 자전거를 사달라고 조르니까, 아버지가 아들에게 스스로 해결하라고 말한다. 자전거는 스스로 페달을 밟아야 가는 것이니까, 용돈을 모아서 스스로 사라는 말이다. 아들은 부모 몰래 집안의 물건을 내다 팔았으나, 고물을 취급하는 엿장수는 푼돈만 쥐어 주니, 아들은 답답하기만 했다. 그러나 결국은 그 과정에서 아들이 자립을 배운다는 훈훈한 얘기라서 분명히 잘될 줄 기대했다. 권선징악의 위대한 서사구조 덕분? 아니다, 내 인생이 늘 조상의 음덕으로 좋지 않았던가?

동양방송국에 가서 1등 상패(지금은 어디 있는지?)와 상금 200만원을 받고 텔레비전 화면에 나왔다. 그 상금으로 먼저 그때 새로 나온 천연색 텔레비전 한 대를 거의 70만원을 주고 사서 부모님께 효도하였다. 그 텔레비전으로 내가 쓴 드라마를 보았다. 김세윤과 선우용녀가 부모로 나오고, 아들과 딸의 이름은 잊었다. 나머지 상금은 저축하지 않고 대개 술집에 가져다 주었다. 상금 덕분에 후배들과 몹시 친해졌다. 그때 이재에 밝았다면 지금쯤 주식부자가 되었을지도 모른다.

방송국에서 작가실에 나와 보라는 말도 들었지만, 곧 전두환 독재정권의 언론통폐합으로 동양방송국이 없어졌고, 게다가 내 드라마를 연출한 감독은 교통사고로 사망했다. 방송국도 망하고, 연출가도 사망했으니, 방송계가 인연이 아니라고 생각했다. 아마도 늦게나마 역사 공부에 재미를 붙였기 때문에 금세 방송계를 포기하고 공부를 계속하겠다고 결심했던 것 같다. 그 당시 아버지가 편찮으셨지만, 숙부모가 프랑스 파리에서 공부할 기회를 마련해 주셨다. 그 은혜를 잊지 못한다. 아버지는 한의사, 숙부는 피부과 의사였다. 두 분은 틈만 나면 "너희들은 교수가 되면 좋겠다"고 말씀하셨다. 지금 생각해 보면 그분들의 말씀을 따른 것이 옳았다.

전두환 독재정권 시절에 전국의 어느 대학교나 증원을 신청하면 다 허가해 주다시피 했기 때문에, 석사학위만 가져도 대학교수가 될 수 있었다. 80년대 초에는 교수가 되는 일이 지금보다 훨씬 쉬웠던 것이다. 선생님들이 추천해 주셔서, 이력서를 가지고 대학 세 곳을 찾아갔던 기억이 새롭다. 그러나 그 뒤 나는 선생님들께 좀 더 공부해야 학생들 앞에 설 수 있겠다고 솔직히 말씀드렸다. 만일 그때 내가 선뜻 취직했다면, 지금처럼 떳떳할 수 있었을까? 아마 그렇지 못했을 것이다.

2. 프랑스 유학

내겐 집중할 수 있는 시간이 필요했는데, 대학생이 된 뒤 한 번도 그런 적이 없었다. 그래서 모처럼 유학의 꿈을 실현했을 때 되도록 한눈을 팔지 않고 기간을 단축하려고 노력했다. 요즘은 인천에서 파리까지 열두 시간 안에 갈 수 있다. 그러나 1982년 2월에는 김포-앵커리지-파리까지 거의 스무 시간 걸렸다. 프랑스에 도착한 뒤 그르노블로 가서 어학연수를 하였다. 거기서 파리 1대학 혁명사연구소장이신 소불 (Albert Soboul) 선생님께 편지를 썼다. 답장이 안 왔다. 5월까지 기다리다가 직접 전화를 했다. 그리고 약속날짜를 잡았다. 그르노블에서 연수를 끝내고 6월 중순에 파리 1대학으로 찾아갔다. 소르본 광장에서 왼쪽 문으로 들어가 마당에서 꼭대기 층을 올려다보았다. 그곳에 소불 선생님이 계셨다. 어둑한 층계를 올라가 혁명사연구소 도서관에 들어가니 청바지 차림의 작은 노인이 혀를 차면서 도서카드를 뒤적이시다가 나를 반갑게 맞이하셨다. 그리고 거기 있는 사람들에게 "김일쑹 동무 나라에서 온 학생"이라고 소개했다.

김일성이라는 말을 듣고 깜짝 놀랐고, 잘못 찾아갔다고 생각했다. 반공을 국시國是로 삼는 나라에서 공산주의자 소불 선생님 제자가 될 생각을 하다니. 난 그저 그분에게 프랑스 혁명사를 배우려고 갔을 뿐인데, 첫마디가 '김일쑹'이라니. 당시에 우리 국민은 외국으로 갈 때는 안보교육을 받았다. 남북이 대치하는 나라이기 때문에 자칫하면 간첩이 되니까 조심하라는 취지다.

소불 선생님은 내 표정을 읽으셨는지 농담이라는 듯이 눈을 찡긋하고 미소를 지으셨다. 나는 답장을 받지 못한 이유를 알게 되었다. 편지봉투보다 편지지에 회신용 주소를 적는 문화를 이해하지 못했기 때문에 생긴 일이었다. 선생님은 내 주소를 적은 봉투를 무심코 버리고 나서 편지지에 주소가 없었기 때문에 회신을 하지 못했다고 설명했다. 그뒤 대화 내용은 간단했다. 그 분은 내게 서류를 가져왔느냐고 묻더니, 내가 접은 채로 내민 서류를 펴보지도 않고 학생으로 받아 주겠다는 뜻으로 "승인"(Avis favorable)이라고 쓰고 서명하셨다. 당시에는 지도교수가 승인해 주면 무조건 입학할 수 있었다.

서명을 받고, 일단 파리에서 귀국했다. 아버지가 편찮으셨기 때문에,

되도록 방학 때마다 뵙고 가라고 숙부가 배려해 주신 덕이다. 9월인가, 프랑스에서 아는 사람이 전화를 걸어 주었다. 소불 교수 사망. 하늘이 무너지는 것 같았다. 아무튼 그분이 서명한 서류가 있으니 10월에 파리로 가기로 했다. 박사과정의 수업은 10월 이후에 시작하니까 그렇게 했는데, 실은 혁명사연구소의 활동이 중요했다. 토요일마다 전국에서 교수와 박사과정 사람들이 혁명사연구소에 모여 발표하고 토론한다는 사실을 전혀 몰랐다.

10월 초 학과사무실에 입학 서류를 내밀었을 때, 사무원이 두 번 접은 서류를 펴 보고 웃었다. 원본과 부본까지 세 겹(?)의 서류를 접은 채로 서명했으니 겉장의 글씨가 부본에도 희미하지만 그대로 전사되었다. 사무실에서 안내해 준 대로 학과장인 아귈롱(Maurice Agulhon) 교수를 만났다. 처음에는 막연히 프랑스 혁명사를 공부하려고 소불 교수를 만났지만, 이번에는 좀 더 구체적으로 대답할 수 있었다. 나는 "어떤 사회가 혁명을 맞이하는가?" 알고 싶었다. 아귈롱 선생님은 즉시 로슈(Daniel Roche) 교수를 만나보라고 권해 주셨다. 사실 그 직전에 혁명사연구소에서 브뤼넬(Françoise Brunel) 선생을 만나서 같은 내용의 얘기를 하고 추천받은 이름이었기 때문에 친근했다.

그렇게 해서 윌름 거리(rue Ulm)의 파리고등사범학교(Ecole Normal Supérioeur)에서 매주 수요일에 하는 로슈 교수와 페로(Jean-Claude Perrot) 교수의 공동세미나에 참여하기 시작했다. 교수 두 분이 번갈아 가면서 몇 주씩 발표한 뒤에 한 분이 토론하고, 나머지 사람들도 토론이나 질문을 하는 형식이었다. 읽기는 해도, 듣기와 말하기가 약한 나는 거기서 오가는 말을 거의 알아듣지 못했다. 그러나 일상생활의 대화보다는 전문성이 있는 내용이라서 띄엄띄엄 듣고 궁금한 내용을 찾아보면서 겨우 따라갔다.

그 자리에서 내용을 알아듣지 못해도 한 가지는 확실히 배웠다. 로슈 선생님은 두 시간 이상 페로 교수의 강의를 계속 받아 적으셨다. 역사학의 기본은 기록이라는 평범한 사실을 직접 보았다. 지금 생각하면, 그 분들의 강의는 곧바로 책이 될 만한 수준이었다. 녹음이라도 해 둘 것을. 마침 로슈 선생님의 강의가 '바스티유 수감자들에 대한 분석'이었다. 면담시간에 나는 그 주제가 마음에 든다고 했더니, 선생님은 흔쾌히 허락하면서 "바스티유에 갇힌 출판업계 사람들"(Les gens du livre embastillés)이라는 제목까지 주셨다.

나는 세미나에 가서 알아듣지도 못하는 수업을 따라가느니, 논문에 집중하자고 결심하고, 날마다 바스티유 문서가 있는 아르스날 도서관으로 갔다. 도서관은 아침 열 시에 문을 열고 오후 다섯 시에 닫았다. 거기서 하루 종일 바스티유 문서를 신청해서 읽었다. 1789년 7월 14일 바스티유를 정복한 사람들은 문서고를 뒤져 전제정의 상징이라고 마구 찢고 태웠다. 이틀 뒤에 파리시정부가 문서의 소중함을 인식하고 다시 거둬들이기 시작했지만 얼마나 잃어버렸는지 그 양을 제대로 파악하지도 못했다. 프랑스정부가 나중에 러시아에서 일부를 사 오기도 한다. 이 문서는 혁명의 혼란기에 정리하지 못한 채 사라졌다가, 아르스날 도서관을 고치는 공사를 하다가 마루장 밑에서 홀연히 나타났다. 그렇게 찾은 문서를 라베송(François Ravaisson)이 40년 동안 분류했다. 그는 조금이라도 연관성이 있는 문서를 상자에 한 통(carton)씩 담아서 정리했다.

짓밟힌 상흔을 지금까지 보여 주는 문서, 약탈의 순간을 담고 있는 바스티유 문서는 대부분 상태가 나빴다. 나는 그 문서를 한 통씩 받아서 읽었다. 아르스날도서관에서 책을 신청하면 한 번에 여러 권을 내주지만, 바스티유 문서는 여러 통을 신청해도, 한 통씩만 준다. 묶어 놓지 않아서 다른 통의 문서와 뒤섞일 참사를 막으려는 뜻이다. 라베송의 노력을 생각하면 당연한 일이다. 문서를 한 장씩 들고 읽어 보려고 노력했지만, 처음에는 뭐가 뭔지 도저히 알 수 없었다. 아무런 훈련도 받지 못했으므로 글씨를 잘 쓴 문서라도 힘들었을 텐데, 악필의 수서본, 중간에 읽을 수 없을 정도로 뭉개지거나 찢어진 문서를 읽겠다고 덤볐으니, 무척 절박했던가 보다.

다행히 나는 고문서 읽는 법을 차차 깨쳐 나갔다. 어떤 때는 하루 종일 한 글자를 읽지 못해서 끙끙 앓다가 고문서 전문가이기도 한 당일 근무자에게 읽어 달라고 부탁도 했다. 그분도 읽지 못하는 글씨가 있었다. 바스티유 문서 읽기가 지지부진하거나 배경지식이 필요할 때마다, 리슐리외 거리의 파리국립도서관(Bibliothèque nationale de Paris, BN)에 다녔다. 그리고 다시 아르스날 도서관(BA)에 가서 전에 읽다가 반환한 문서를 신청하면 차례가 뒤죽박죽 바뀌어 있었다. 그래서 그때부터 한 장씩 손으로 베끼기 시작했다. 한 통을 읽고 나면 뒤죽박죽 섞인 문서가 내 손에서 시간적 순서와 내용상의 맥락을 갖추기 시작했다. 그렇게 3년을 계속 베끼면서 살았다. 하루 종일 베끼고 기숙사에 돌아가면 기진맥진했다.

내가 논문을 한창 쓸 때, 로슈 교수는 피렌체의 유럽 대학으로 가서 몇 년 동안 가르쳤다. 언제나 내가 원고를 우편으로 보내면, 그분은 연필로 꼼꼼하게 내용을 수정하고, 더 보충할 거리를 적어서 보내 주셨다. 그렇게 몇 번 오간 뒤, 박사학위논문 심사 날짜를 잡자고 말씀하셨다. 로슈 교수의 파리 체재 일정에 맞춰 날짜를 잡았고, 나는 1986년 12월에 "3기 박사학위"를 받았다.

내가 논문발표와 심사를 받는 날짜를 잡을 즈음, 프랑스 학제가 바뀌었다. 국가박사학위 제도가 과정생들에게 너무 고통스럽기 때문에 "새로운 박사학위 제도"(Nouveau Dotorat)를 만들어 한 6~7년 정도에 학위를 끝낼 수 있게 제도를 고쳤다. 그러니까 나는 옛 제도의 마지막 "3기 박사"가 된다. 심사위원은 미셸 보벨(Michel Vovelle)과 로제 샤르티에(Roger Chartier) 두 분에 보고자로 참가한 지도교수 다니엘 로슈, 세 사람이었다. 심사받는 날, 소르본에서 파업을 했다. 지도교수는 부랴부랴 수소문하더니 파리고등사범학교의 '살데작트'(Salle des Actes)로 가자고 했다. 그곳 커다란 강의실 벽에서 전쟁이나 저항운동으로 숨진 졸업생의 명단을 읽고 뭉클했다. 거기서 발표하고, 비평을 듣고, 분에 겨운 평을 받았다. 외국인임을 감안해 주신 덕이라고 생각한다.

소불 교수 밑에서 공부했으면 나는 어떻게 되었을까 생각해 본다. 로슈 교수를 만난 것이 내 운명을 바꾸었다고 할 수는 없지만, 내가 혁명사 연구에 전념할 때 기초가 될 구체제의 사회와 문화를 더 잘 알 수 있는 기회였다고 생각한다. 구체제를 잘 모르면서 혁명기의 변화를 어떻게 이해할 수 있을까?

3. 한국교원대학교 교수 시절

1987년 9월 1일부터 한국교원대학교 역사교육과 조교수로 재직했다. 처음에 강의 준비하랴 논문 쓰랴 바빴지만, 결혼 전이라서 밤늦게까지 연구실에서 박사학위 논문을 우리말로 번역했다. 당시 외국에서 박사학위를 받은 사람은 귀국한 뒤에 관련학회에서 논문을 소개하고, 박사학위 논문을 몇 개 논문으로 쪼개서 학회지에 싣는 관행이 있었다. 당시 나도 그런 방법으로 논문 두 편을 학회지에 실었다. 지금은 연구윤리의 기준이 엄격하기 때문에 자기표절의 문제로 공격을 받을 일이다. 어쨌든 내 박사학위 논문의 연구주제가 군사독재시절의 언론탄압과 맞아 떨어지기 때문에 빨리 번역해서 출판해도 좋겠다고 생각했다. 그 결과 박사학위 논문을 고스란히 번역한 《바스티유의 금서》가 세상에 나왔다.

논문을 잘 써야 좋은 책도 쓸 수 있다. 주제에 대한 역사적 맥락과 해석을 자세히 알면 알수록 수준 높은 저서를 쓸 수 있다는 사실을 누가 모르겠는가? 그러나 지구 반대편에 있는 프랑스까지 가서 한 줌의 사료를 구해다가 좋은 논문을 쓴다는 일은 내 능력을 벗어난다는 사실을 깨달았다. 2년에 한 번 정도 한 달씩 파리에 머물면서 국립도서관과 외무부 도서관을 찾아가 고문서를 뒤졌지만, 겨우 한 줌 정도만 베껴 가지고 돌아왔다. 그 자료를 가지고 1년에 한 편씩 논문을 발표해야 살아남을 수 있다는 사실이 힘들고 서글펐다. 언젠가 연구비를 받은 김에 프랑스 외무부의 문서를 마이크로필름으로 떠왔지만, 겨우 논문 한 편, 흡족하지도 않는 한 편만 쓰고 말았다. 그 뒤로 좋은 논문을 쓰겠다는 꿈을 접었다.

그래도 의미 있는 일을 하려고 노력했다. 직접 쓰지는 못해도, 부지런히 좋은 책을 번역해서 소개했다. 내가 생각하는 좋은 책이란 제목과 내용이 일치하거나 제목보다 내용이 더 큰 책이다. 제목은 거창한데, 내용은 빈약한 책은 내가 쓸 수 있기 때문에, 큰 제목에 알찬 내용의 책을 골랐다. 그런 책 가운데 내 지도교수 다니엘 로슈의 책이 있다. 사회사가이며 문화사가인 다니엘 로슈는 박사학위 논문을 출간했는데, 실로 큰 제목을 알찬 내용으로 꼭꼭 채웠다. 원제(*Le siècle des lumières en province. Académies et académiciens provinciaux 1680-1789*)를 살려서 《지방의 계몽주의》에 "계몽시대의 아카데미 사회와 문화, 1680-1789"라는 부제를 달았다. 제목보다 내용이 더 풍부한 이유는 아카데미와 그 회원들의 집단전기학(集團傳記學, prosopographie) 연구에서 그치지 않고, 그들이 속한 사회와 지식인 세계의 관계를 치밀하게 재구성했기 때문이다. 나는 이 책을 번역하여 지도교수에게 감사의 마음을 표했다. 다니엘 로슈 교수는 내가 보내드린 번역본을 받고 한 권을 프랑스국립도서관(BNF)에 기증했다. 나는 도서목록을 뒤지다가 내 번역책이 등록되어 있음을 확인했다.

그 밖에 로버트 단턴의 《책과 혁명》(*The Forbidden Best Sellers of Pre-Revolutionary France*), 다니엘 모르네의 《프랑스 혁명의 지적 기원》(*Les origines intellectuelles de la Révolution française 1715-1787*), 필리프 아리에스와 조르주 뒤비가 책임편집한 《사생활의 역사》1권(*Histoire de la vie privée*, tome I, 공역), 알랭 코르뱅, 자크 쿠르틴, 조르주 비가렐로 책임편집, 《몸의 역사》1권(*Histoire du corps*, tome I: De la Renaissance aux Lumières), 알랭 코르뱅 책임편집, 《역사 속의 기독교》(*Histoire du Christianisme*), 그리고 작지만 중요한 프랑수아 르브룅의 《옛 프랑스인의 부부생활》(*La vie conjugale sous l'Ancien Régime*)을 번역하였고, 그 밖에도 여러 권을 번역했다.

그리고 틈틈이 저서를 내놓았다. 프랑스국립도서관에서 금서를 모아서 분류한 "지옥"(Enfer)의 책들을 중심으로 《지옥에 간 작가들》, 18세기 중엽의 파리치안총감 휘하의 풍기감찰관 마레(Louis Marais)의 보고서(프랑스국립도서관 수서본 11357-11360, BNF. Ms 11357-11360)를 중심으로 《파리의 치마 밑》을 낸 뒤에, 두 권을 합치고 보완해서 《계몽과 쾌락》을 내놓았다. 이 책에서는 18세기가 합리주의를 중시하는 계몽주의 시대이긴 해도, 일상의 영역에는 비합리주의와 감성의 요소가 많다는 점을 부각시켰다. 프랑수아 르브룅의 《옛 프랑스인의 부부생활》을 옮기면서 "살 냄새 나는 역사"를 쓰고 싶었던 것이다. 사회사의 계량화한 역사보다 사람 사는 냄새가 나는 역사가 더 중요하다고 생각했기 때문이다. 그래서 경찰의 끄나풀들이 상류사회나 사창가에서 얻은 정보 보고서를 분석해 보았다.

나는 대학강의에서 학생들에게 독후감 숙제를 내줄 때 특정한 책을 강요하지 않으려고 보통 다섯 가지 목록 가운데 두세 가지를 골라서 쓰라고 하는데, 1992년이던가, 어떤 학생이 《파리의 치마 밑》을 재미있게 읽으면서도 남이 볼까봐 창피해서 혼났다고 말했다. 독자에게 큰 충격을 준 것 같아서 미안하면서도, 내 책을 많이 읽지 않는 이유를 알게 되었다.

그렇게 하면서 점점 프랑스 혁명 시대로 관심의 폭을 넓혔다. 마침 일본사 전공자인 아내 김은숙金恩淑 덕에 알게 된 니타니 사다오二谷貞夫 선생님의 소개로 센슈專修대학교에서 한 달 동안 연구비를 제공받았고, 오미 요시아키近江吉明 교수와 만나 교류하면서 베른슈타인 문고를 이용했다. 저명한 역사가 티모시 타켓(Timothy Tackett, U. of California, Irvine)과 부인 헬렌도 나와 같은 날 숙소에 도착했다. 우리는 아침마다 숙소에서 산을 넘어 센슈대학 도서관까지 걸어서 갔다. 그 추억에 다시금 행복하다.

프랑스 혁명사를 기초부터 공부하면서 우리나라에 번역서는 몇 권 있어도 우리 손으로 쓴 개설서가 거의 없다는 사실이 늘 마음에 걸렸다. 《오늘 만나는 프랑스 혁명》을 연습 삼아 썼다. 구체제(앙시엥 레짐)부터 로베스피에르 몰락까지 다룬 작은 책이다. 고등학교에서 근무하는 선생에게 부탁해서 학생들에게 원고를 읽혔고, 그들이 프랑스 사람이나 장소의 이름(언제나 낯설다)을 빼고 대체로 쉽게 이해했다는 말을 듣고서야 안심하고 출판했다. 그것은 더 자세한 개설서를 쓰려는 계획의 첫 걸음이었다.

4. 정년퇴임과 프랑스혁명사 10부작

2015년 8월 말에 정년퇴임을 하자마자 계속 마음먹었던 일을 시작했다. 프랑스 혁명사를 자세히 쓰는 일이다. 공교롭게도 은퇴한 이튿날에 이메일을 받았다. 발신자는 몇 년 전에 페브르(L. Febvre)와 마르탱(H. Martin)의 《책의 탄생》(*L'apparition du livre*) 번역서에 추천사를 써달라고 부탁한 사실을 내게 상기시켰다. 그는 자신이 출판사를 차렸으니 혹시 출판할 원고가 있다면 보내 달라고 제안했다.

마침 나는 다섯 권 분량을 준비해 둔 상태였다. 내가 준비한 원고를 보내 주면서 만약 관심이 생기면 알려 달라고 부탁했다. 이삼일 뒤에 이메일로 출판계약을 하자고 제안했고, 그렇게 해서 은퇴한 해 말에 두 권을 한꺼번에 발간했다. 여문책 출판사 대표는 2019년까지 1년에 두 권씩 내서 프랑스혁명사 10부작을 완간하겠다고 공고했다. 순전히 그 뜻에 따라 출판 준비를 해야 했다. 다행히 그때부터 올해까지 계획대로 열 권을 내놓았다.

> 1권 대서사의 서막: 혁명은 이렇게 시작되었다.
>
> 2권 1789: 평등을 잉태한 자유의 원년
>
> 3권 진정한 혁명의 시작: 신분제 국가에서 국민국가로
>
> 4권 1790: 군대에 부는 혁명의 바람, 낭시 군사반란
>
> 5권 왕의 도주: 벼랑 끝으로 내몰린 루이 16세
>
> 6권 헌법의 완성: 입헌군주제 혁명을 완수하다
>
> 7권 제2의 혁명: 입법의회와 전쟁, 왕의 폐위
>
> 8권 피로 세운 공화국: 9월 학살에서 왕의 처형까지
>
> 9권 공포정으로 가는 길: 구국위원회와 헌정의 유보
>
> 10권 반동의 시대: 공포정의 끝인가, 출구인가

첫 두 권을 내놓을 때부터, 이명박·박근혜 정권의 비리가 터지기 시작했고, 8권까지 나오는 동안 '촛불혁명'을 겪었다. 비록 1789년~1794년의 그곳과 2015년~2019년의 여기가 천양지차가 있다는 점을 감안하더라도, 각권의 내용과 우리의 정치적 현실이 기묘하게 겹쳤기 때문에 정치생활의 방식, 특히 민주주의를 실천하는 방식을 비교할 수 있었다. 그래서 그동안 서문에서는 우리의 '촛불혁명'의 과정과 과제에 대해 생각나는 대로 썼다. 역사가는 다른 나라의 역사를 쓰더라도 현재에 대한 할 말이 있다고 생각하기 때문이다. 나는 책을 쓰면서 프랑스 혁명이 단기적으로 제정과 왕정복고로 후퇴하기도 하였고, 프랑스인들이 갈등을 봉합하여 민주주의를 반석 위에 올려놓는 데에 1세기 이상 걸렸다는 사실을 확인했다. 또한 한국인도 세계에 유례없이 평화적으로 시작한 '촛불혁명'을 연착륙시켜야 하는 과제를 안고 있다는 점을 깨달았다.

5. 서양사 개설서의 역사용어 문제

프랑스혁명사 제9권의 서문에서도 말했듯이, 나는 서양사학계에서 통용하는 주요 개념의 번역문제에 대해 언급해 왔다. 일본어로 교육을 받은 선학들은, 영어·불어·독어에 능통하면서도 일본어 책을 읽는 것이 더 편안했던 듯하다. 그래서 일본어로 번역된 학술용어가 한국학계에 그대로 도입되었다. 일본말 번역어에 의존해서 한국에서 학문을 발전시켰다는 사실을 부정할 생각은 없다. 그러나 나는 역사용어의 일본어 번역 가운데에는 적절하지 않은 말도 있다는 것을 지적하는 것이다.

일본인이 번역하고 우리나라 학자들이 가져다 쓰는 용어 가운데 심성사(心性史, histoire des mentalités)는 1980년대부터 일본에서 새로 들어와 유행하기 시작한 말이다. 사회문화사 영역에서 특별히 쓰기 시작한 '망탈리테'(mentalités)를 일본에서 '심성心性'으로 부른다고, 우리도 '심성'이라는 낱말을 완전히 새로운 학술어로 받아들여야 하는지 나는 의문이 들었다. 프랑스에서는 단수형 '망탈리테'(mentalité)를 '정신적 태도'(attitude mentale)로 이해한다. 특정 사회의 개인이 삶·죽음·세계에 대한 가치체계를 물려받거나 학습하여, 무의식과 의식의 모든 단계에서 특정문제를 해석하고 대응할 때 일정한 방식을 가진다는 사실을 증명하기 위해 등장한 용어다. 일본에서 '心性'이 원래 이런 뜻을 포함하는지는 모르겠지만, 한국어에서는 '심성'을 이런 의미로 쓴 적이 없다. 학자가 '심성'을 새로운 학술용어로 등록하려면 자기 나름대로 개념을 정의하고 설명해야 한다.

'망탈리테'(mentalités)는 사회적인 의미의 복수형 개념이므로, 나는 이를 사회집단이 공유하는 정신세계의 표현방식으로 이해하여, '집단정신자세'라고 번역하였다. 그 뒤 한국의 서양사 연구자 가운데 '집단심성'이라고 쓰는 사람도 생겼다.

6. 프랑스혁명사 연구와 용어 문제

다음으로, 프랑스혁명기 용어의 번역어 문제에 대해 언급하겠다. 먼저 성직자민사기본법(聖職者民事基本法, Constitution civile du clergé)은 이해하기 어려운 번역이다. Constitution civile du clergé는 영어로는 Civil Constitution of the Clerge로 번역되었다. Constitution civile du clergé를 성직자민사기본법으로 번역한 최초의 일본 번역자는 Constitution civile을 민사기본법民事基本法으로 번역하였음을 알 수 있다.

헌법으로 번역할 수 있는 Constitution을 굳이 기본법基本法이라고 한 이유를 추론해 본다. 1791년의 헌법을 프랑스 최초의 성문헌법이라고 하므로, Constitution civile du clergé는 일부러 기본법이라고 번역했을 것으로 추측할 수 있다. 그러나 최초의 번역자가 제헌의회 회의록(Archives parlementaires)만이라도 읽었다면, 프랑스 역사상 최초의 성문헌법을 만드는 제헌의원들이 1,000년 이상의 전통을 가진 가톨릭교와 종교인의 문제부터 해결하려고 노력한 과정을 이해했을 것이다.

구체제의 불문(헌)법에서 가톨릭교는 국교였고, 종교인은 성직자로서 제1신분이었다. 구체제를 합리적인 체제로 바꾸려고 최초로 성문헌법을 제정하는 과정에서 가장 큰 문제가 바로 신분제를 타파하고 종교인을 일종의 공무원처럼 시민사회의 일원으로 규정하는 일이었다. 이른바 근대화의 첫걸음이다.[1] 그와 같은 체제를 규정한 헌법이 Constitution civile du clergé였다. 1790년 7월에 제헌의원들이 당당히 Constitution civile, 곧 시민헌법이라고 부른 것을, 후대의 우리들이 일부러 민사기본법이라고 번역할 필요는 없을 것이다. 그래서 나는 이를 성직자시민헌법이라고 번역하였다. 일본에서도 최근에는 성직자속사기본법, 성직자기본헌장, 성직자공민헌장, 승려시민헌법 등의 번역어도 등장하였는데, 한국에서는 여전히 일본어에 능통한 선배 학자가 받아들인 성직자민사기본법이라는 용어를 무비판적으로 대물림하는 현실이 나는 몹시 부끄럽다.

다음은 공안위원회(Comité de Salut public)라는 번역어에 대해 말하겠

---

[1] 나는 정교분리, 산업화, 합리화, 민주주의를 이뤄야 근대화했다고 생각한다. 우리나라에서 '식민지근대화론'을 주장하는 자의 오류를 단 한마디만으로 지적할 수 있다. 제국주의·군국주의 일본이 근대화한 나라였던가? 군국주의의 산업화를 근대화라 주장할 수 없음에도, 다른 나라까지 근대화시켰다고? 2019년의 우리나라는 국민의 힘으로 근대화했다. 그러나 일본의 민주주의는? 일본의 평화헌법은 군국주의자들에게 언제나 위협을 받고 있다.

다. 한국에서는 Comité de Salut public를 공안위원회라고 번역한 책이 많다. 그러나 왜 공안위원회라고 번역하였는지 설명하지 않는다. 나는 관련 사료를 소개해서 올바른 번역이 얼마나 중요한지 강조하고 싶다. 다음에서 제시하는 1번과 2번의 설명을 읽고, 공안위원회의 설명을 맞혀보기 바란다.

7. 1번 위원회

이 위원회는 정치 분야에서 외교관계를 이끌고, 행정 분야를 감독한다. 또한 육군과 해군을 징집하고 조직한다. 군인을 훈련시키고 기강을 확립한다. 육군과 해군의 원정계획을 수립하고 명령하며 집행을 감독한다. 식민지의 방어, 항구 건설, 해안 방어, 국경요새 건설과 방어, 군사시설 건설, 무기 제조, 대포 주조, 화기·병기·화약·초석·탄약 보관, 육군과 해군의 병기창 지도·해도 보관, 육군과 해군의 기록 보관, 군사적 역참(짐수레와 군마) 등등을 관장한다.

사람과 물자를 징발할 권한을 행사한다. 최소한 일곱 명의 위원이 결정했을 경우, 위원회가 감독하는 군관계자(agens militaires)를 체포하거나 방면할 수 있다. 그러나 다음에 정하는 규칙에 따라 **2번 위원회**와 함께 논의를 거쳐야만 혁명법원에 넘길 수 있다.

이 위원회가 감독하는 민간인 관리의 경우, **2번 위원회**와 함께 논의를 거쳐야만 체포하거나 혁명법원에 넘길 수 있다.

매일 저녁 여덟 시에 모여 다섯 개 분과의 보고를 듣고 중요한 사안을 토론한다. 위원회가 발송할 문서는 날마다 정오와 저녁 여덟 시에 서명한다.[2]

2번 위원회

위원 30명인 이 위원회는 무엇보다도 국가의 전반적 안보(la sûreté générale de l'Etat)를 감시하는 역할을 한다. 이러한 목적을 달성하기 위해 (……) 특히 다음의 네 가지 목표를 수행할 수 있다.

1. 파리에서 국가의 적을 감시하고, 체포해서 신문하며, 음모를 적발하고, 주모자와 하수인을 알아낸다.
2. 위조지폐범을 찾아내고 추적한다.
3. 시민이 외국의 밀정으로 고발한 자, 어떤 방식으로든 공공질서를 어지럽힌 자를 체포한다.
4. 끝으로 왕실비를 받은 자, 말하자면 전왕에게 매수당한 자도 감시한다.[3]

이상 설명한 것 가운데 과연 어느 쪽이 'Comité de Salut public'를 설명한 것일까? 답은 1번이다. 먼저, 2번 위원회부터 검토해 보자. 이 위원회는 Comité de sûreté générale이다. 나는 국민공회가 출범하고 열흘 뒤인 1792년 10월 1일에 설치된 이 위원회를 공안위원회라 부르고 싶었지만, 혼란을 주고 싶지 않았기 때문에 '안보위원회安保委員會'라고 번역했다. 위의 설명에서 보듯이, 안보위원회는 국내 치안을 위해 중요한 사건을 추적, 조사하고 위험인사를 체포하는 일을 맡았다. 일본에서는 이

---

2 1793년의 연감에서는 단 한 줄로 "이름만 가지고도 그 역할의 중요성을 알 수 있다 Son titre seul indique l'importance de ses fonctions"라고 설명한다. 본문의 설명은 1794년 연감에서 인용했다. 《1794년 프랑스 국민연감Almanach national de France pour l'année 1794》.

3 《1793년 프랑스 국민연감(Almanach national de France pour l'année 1793)》. 그리고 1794년의 연감에서 "이 위원회는 공화국 전체의 치안(또는 공안)을 책임진다(Ce comité a la police générale de la République)"라고 적고 있다.

를 보안위원회保安委員會라고 번역하였는데, 안보위원회와 같은 의미라고 할 수 있다.

일본의 번역자가 2번 위원회와 1번 위원회의 차이를 알고 번역했다면 1번 위원회를 안이하게 공안위원회公安委員會라고 번역할 수 있었을까? 나는 일본에서 Comité de Salut public를 공안위원회라고 처음 옮긴 사람의 마음이 되어 이 번역어를 어떻게 창조했는지 추측해 보았다. Comité de Salut public 관련 사료를 읽지 못한 상태에서 프랑스 혁명사 개설서를 번역하였다면, 먼저 영미권에서는 어떻게 번역하였는지 참조했을 것이다. 'Comité de Salut public'는 영어로는 'Committee of Public Safety'로 번역되었으므로, 사전적인 의미에서 Public Safety를 공공안전公共安全으로 번역하여, 공안위원회公安委員會라는 용어를 만들었을 것이다.

그렇다면 Salut public는 어떻게 번역해야 할까? Salut는 안녕·안전·구원을 뜻하는 말이다. 특히 1,000년 이상의 가톨릭 국가인 프랑스에서는 구원이란 뜻이 가장 강했다. 프랑스 혁명기에는 하늘에서 구원받는다는 개념을 세속적으로 확대해서 이 땅에서 구원받는다고 생각했다. 공화국은 민주주의를 실현하고 이 땅의 모든 사람을 구원한다는 이상을 실현해 줄 것이며, 국민이나 인민은 공화국을 구원해야 자유를 확립할 수 있다고 생각했다.

오스트리아군과 싸우던 프랑스혁명군의 뒤무리에 장군은 1793년 3월 12일에 국민공회에 보낸 편지를 다음과 같은 말로 시작했다. "인민의 살뤼(salut)가 최상의 법이다(Le salut du peuple est la loi suprême)." 이는 키케로(Marcus Tullius Cicero)가 《법에 관하여》(De Legibus)에서 말한 "인민의 살루스(Salus)가 최상의 법이다(Salus populi suprema lex esto)"를 프랑스어로 번역한 말이다. 라틴어의 'Salus'는 행복, 안녕, 구원의 의미가 있다. 위의 말은 위기를 맞은 로마공화정을 구하려는 키케로가 주장할 만한 얘기였다. 뒤무리에가 언급한 'Salut'도 안전, 안녕, 구원의 의미가 있지만, 위기가 닥쳤을 때는 구원의 뜻으로 쓸 수 있다.

1792년 7월부터 프랑스인의 일상생활에서 "나라를 구하자(sauvez la chose publique/patrie)"라는 말이 자주 등장했다. 이 말의 명사형이 '공화국(조국)의 구원'이다. la chose publique는 라틴어 res publica를 직역한 말로서 '공공의 것'을 뜻하는 동시에 '공화국'의 어원이다. 그러므로 혁명기의 Salut는 종교적 구원을 세속적으로 전유專有해서 쓴 말이며, public는 공화국을 뜻한다. 당시 사람들은 Comité de Salut public를 '공화국을 구하는 위원회'라고 이해하였을 것이다. 따라서 나는 이 위원회를 구국위원회救國委員會로 옮기는 것이 타당하다고 생각한다.

게다가 앞의 1번 사료의 설명을 읽으면 '공안'보다 '국방'이 먼저 떠오른다. 실제로 이 위원회는 1793년 1월 1일에 설치한 '국방위원회'를 대신해서 생겼다. 이 위원회가 설립된 과정을 보면, 영국과 급격히 사이가 나빠지는 상황에서 국민공회는 1793년 1월 1일에 국방위원회(Comité de défense générale)를 설치했다. 그 뒤 3월 18일 뒤무리에 장군이 이끄는 프랑스혁명군의 패퇴와 3월 19일의 방데 반란에 대응하기 위해, 바레르가 새로운 위원회의 설립을 제안한 뒤, 26일에 의장인 드브리가 긴급조치로 새로 구국위원회(Commission de salut public)의 위원 25명의 명단을 제출해서 의원들의 승인을 받았다. 그러나 그 뒤 4월 2일 뒤무리에 장군의 반역이 확실해지자, 4월 6일 바레르와 콩도르세가 제출한 법안이 통과되어, 긴급조치로서 새로 위원 9명의 구국위원회(Comité de salut public)를 설치하게 되었다. 명칭은 Commission이 Comité로 바뀌었을 뿐이지만, 소수정예로 구성된 새 구국위원회는 최고행정회의(6부장관)·파견의원들과 긴밀히 연락하면서 긴급조치를 내렸다.

이처럼 구국위원회(Comité de salut public)는 국방위원회에서 발전한 것임을 알 수 있다. 국민공회는 프랑스가 공화국이 되었음을 선포한 1792년 9월 21일부터 약 6개월 동안 국내외의 적들과 싸우면서 국방위원회를 좀 더 효율적이고 강력한 구국위원회(Comité de salut public)로 발전시켰음을 알 수 있다. 이러한 모든 점을 고려해 나는 Comité de salut public는 구국위원회로 번역하는 것이 타당하다고 생각했다.

역사 속에서 특별한 목적을 가지고 만든 기구의 이름은 실존을 규정한다. 그래서 역사학에서 이름의 연원을 생각하는 일을 소홀히 해서는 안 된다. 공안위원회公安委員會라고 번역한 일본인은 고심해서 그 말을 '창조'했을지 모른다. 그러나 우리나라의 서양사 학자는 일본 책을 읽으면서 그들이 창조한 말을 '발견'하는 것으로 번역을 마쳤다. 그리고 혁명기에 어떤 과정으로 그 위원회를 설립했는지 깊이 알아보지도 않고 후학에게 그 말을 가르쳤으며, 그렇게 해서 일종의 학파가 생겼다. 그 학파의 창시자는 사료를 쉽게 접하기 어려웠을 테지만, 오늘날에는 모든 연구자가 서울대학교 도서관이 1989년 즈음부터 소장한 프랑스 혁명사 사료나, 또는 프랑스국립도서관에서 제공하는 인터넷 자료를 쉽게 읽을 수 있다. 그럼에도 '공안위원회 학파'는 30년 이상의 전통을 지키고 있다. 선승禪僧은 '부처를 만나면 부처를 죽이라'고 말했고, 18세기 계몽주의자는 소르본에 우상이 넘쳐 난다고 지적하여, 권위의 우상을 숭배하는 것에 경종을 울렸다. 학문 발전을 위해서는 이와 같은 우상파괴 정신이 필요할 것이다.

8. 미래 계획

마지막으로 내가 할 일을 간단히 말하고 긴 이야기를 끝내려 한다.

미국인 아이비 리(1877~1934)는 아주 간단히 생산성을 높이는 방법(The Ivy Lee Method)을 알려 주었다. 나는 학생들에게 반드시 한 번은 그 방법을 소개했다. 날마다 할 일을 여섯 가지 정하고 우선순위를 매겨 생활하는 것이다. 그러나 나로서는 딱히 그 방법을 적용할 기회가 없었다. 사회생활을 바쁘게 하지 않았기 때문이다. 30년이나 교수로 재직한 대학에서는 의무로 맡는 학과장 두 번이 보직의 전부다. 큰 학회의 회장직도 설렁설렁했다. 은퇴하고 발간하기 시작한 프랑스혁명사 10부작의 마지막 두 권까지 발간한 지금, 쳇바퀴처럼 도는 일상에서 중요한 일 여섯 개를 꼽기도 어렵다.

몸이 늙지 않게 실내에서 스쿼트를 하고, 한 시간 정도 아내와 함께 개 세 마리를 데리고 걷는다. 그것이 먹고 자고 깨는 일만큼 중요한 두 가지이다. 세 번째 중요한 일은 날마다 원고를 몇 줄이라도 쓰는 것이다. 아이비 리 선생에게 미안하지만 내게는 이 세 가지 이외에 꼽을 만한 중요한 일은 없다. 요즘은 "파리의 역사산책"을 구상하고 하루에 몇 줄씩 쓰고 있다. 파리의 거리와 건축물에 얽힌 역사와 내 추억을 적고 있다(예를 들어, 지난 4월에 불 탄 "노트르담의 숲"에 대한 이야기를 썼다).**4** 그리고 프랑스혁명사 10부작에서 다루지 못한 내용을 쓰는 일도 계획에 넣었다.

내 이름을 달고 나온 책은 30권을 넘는다. 그런데 나는 무엇을 썼던가? 흔히 책을 쓴다고 말하지만, 엄밀히 말해서 나는 내용을 썼을 뿐이다. 그 내용을 모든 사람이 읽기 좋게 책으로 만들어 준 사람들의 노고에 감사한다. 원고를 쓰는 일은 독자를 위한다기보다 나 자신이 바보가 되지 않기 위해서 하는 작업일 뿐이다. 그럼에도 역사학자나 인문학자

---

4 한겨레 신문에 "[토요판] 주명철의 프랑스 역사산책"을 격주로 싣고 있다. 2020년 10월 31일까지 모두 20회를 올렸다.

가 바보로 살려고 마음먹지 않은 이상, 나이가 먹을수록 세상을 향해
할 말이 많아진다는 사실에 위안을 받는다. (2019년)

고려사의 '술이부작述而不作'과 '직서直書'의 실상을 찾아 떠난 길

노명호盧明鎬

1951년생. 서울대학교 국사학과를 졸업하고 같은 대학원 국사학과에서 박사를 취득했다. 주요 연구 분야는 고려시대이며 서울대학교 국사학과 교수로 봉직했다. 현 서울대학교 명예교수.

주요 저서로《고려국가와 집단의식: 자위공동체, 삼국유민, 삼한일통, 해동천자의 천하》(서울대출판문화원, 2009),《고려 태조 왕건의 동상: 황제제도·고구려 문화전통의 형상화》(지식산업사, 2012),《고려사와 고려사절요의 사료적 특성》(지식산업사, 2019) 등이 있다.

1. 초중등 교육기 지적 성장 과정

한일역사가회의 주최 측으로부터 역사가로서 일생을 되돌아보는 발표를 해 달라는 의뢰를 받은 뒤, 막상 글을 쓰려니 글의 중심 맥락을 잡는 것이 논문을 쓰는 것보다도 어렵게 여겨진다. 그러한 고민 끝에 이 글을 쓴다.

다른 글들도 그렇지만 역사 논문이나 저서들을 읽다 보면 연구자 개인의 개성이 느껴질 때가 종종 있다. 그럴 때면 그러한 개성들이 어떻게 형성되었는지 궁금해지기도 한다. 이러한 관점에서 이 글에서는 나의 연구 생활에 어떤 개성이 있다면, 그에 영향을 준 것들을 되짚어 보게 하는 기억되는 사실들을 가지고 일종의 복기復棋 비슷한 것을 시도해 보려 한다.

한국속담에 "세 살 적 버릇 여든까지 간다."고 한다. 되돌아보면 나의 공부습관이나 지식에 대한 태도에도 그러한 면이 있었다. 초등학교 때를 돌아보면, 호기심에 이끌려 좋아하는 것은 종종 놀이의 대상이 되었다. 책을 읽다가 그러한 대상을 발견하면, 그 사진 등을 자세히 들여다보고 찰흙·나무·종이 등을 이용하여 축소 모형을 만들며 노는 때가 많았다. 여러 번 만들다 보니 모형이 제법 정교해졌다. 초등학교 3학년 때도 놀이로 몇 가지 모형을 만들었는데, 책에서 본 사진의 진해鎮海 이순신 장군 동상을 본뜬 모형도 그 하나였다. 대나무 중심 골조骨組에 찰흙을 입혀 만든 그 모형을 동네 친구에게 보여 주고 있을 때, 그 친구의 중학생 누나가 지나가다가 보고서 미술 숙제 작품으로 제출하게 해달라고 부탁하였다. 상냥한 미소를 띤 부탁에 나는 여러 날 공들인 그 모형을 흔쾌히 선물하였다. 그러고는 잊고 있었는데, 얼마 후 고맙다는 뜻으로 마련한 성찬에 초대받았다.

중학교 때, 깊이 빠져들어 좋아한 과목은 수학이었다. 수학의 치밀한 논리성과 논리적으로 확장되는 지식의 체계성이 신기하여 큰 흥미를 느꼈던 것으로 기억된다. 고등학교 때도 수학은 매우 좋아하는 과목이었지만, 주변 친구들의 영향을 받으며 문학·역사·철학 쪽의 독서에 관심을 갖게 되었다. 중학교와 고등학교 때 전교학생회장을 맡은 것은 비교적 다양한 친구들과 사귀고 대화를 많이 하는 계기가 되었다. 나이보다 어른스럽고 독특한 독서를 하는 괴짜 친구들도 만났다. 불교에 심취하여 출가出家를 결심하고 입산入山하였다가 주지 스님의 여러 날에 걸친 설득으로 돌아온 친구도, 기독교 신앙에 독실하여 교리 탐구에 열심인 목사 같은 친구도 대화 상대였다. 그리고 원자물리학에 관심을 가진 친구도 있었다. 그들과의 대화는 새로운 자극을 받는 기회가 되었고, 각자의 의견을 견지하는 토론이 되기도 하였다.

당시 마음속에 큰 자리를 차지하게 되어 여러 가지 생각을 하게 만든 의문의 대상들이 있다. 그것들은 지금까지도 종종 반추反芻하는 문제들이다. '진리와 정의'를 말하는 종교나 사상들이 긍정적인 기능도 하지만 시대적 질곡桎梏이 되거나 대규모의 잔혹한 사건을 유발한 역사, 확신범確信犯의 문제, 그리고 과학을 비롯한 지식의 발달과정과 유한성有限性이었다. 진리·정의·종교·사상·자기확신·유한한 지식, 이러한 문제들은 인류나 사회의 문제이기도 하지만, '생각하는 나'의 바탕을 이루는 문제이기도 하였다. 사람은 모르는 부분을 못 보고 안다고 확신하고, 불완전한 부분을 못 보고 완전하다고 믿는 오류에 빠지기 쉬운 존재가 아닌가 의심되었다. 그 오류가 오랜 기간 반복되며 생각 속에 깊이 배어들면 개인이나 집단은 그것을 자각하여 빠져나오기가 더욱 어려워지는 것이 아닐까 의문이 들었다. 이러한 문제들에 대해 나는 친구들의 생각을 묻고, 토론하기도 하였다. 책을 읽고, 생각하고, 글을 써서 정리해 보며 보내는 시간이 늘어났다. 그렇게 한눈을 팔며 시간을 많이 보내서, 3학년(1970) 초까지도 수학을 제외한 학과 성적은 좋지 않았다.

2. 학부에서 접해 본 학문

서울대학교 문리대 국사학과에 입학한(1971) 뒤 접한 강의들은 학문의 세계가 얼마나 넓고 공부해야 할 것이 하나의 주제에만도 얼마나 많이 쌓여 있는지 깨닫게 하였다. 논리적 근거를 다루는 접근 방식의 다양함·정밀함과 함께 관점觀點의 차이에서 비롯된 학설學說 사이의 거리가 얼마나 벌어질 수 있는지 눈뜨게 해 주었다.

전공은 물론이고, 교양과정에서 인문학 전공 학생은 사회과학 분야나 자연과학 분야에서 몇 강좌씩을 선택하여 이수하는 타분야 필수학점제 또한 사고의 폭을 넓히는 데 많은 도움을 주었다. 수학을 좋아했던 연장선에서 신청한 물리학II에서는 한 학기 동안 특수상대성이론特殊相對性理論과 일반상대성이론—般相對性理論을 증명하는 수식의 전개를 다뤘다. 몇 년이 지나자 그 수식 증명과정은 다 잊어버렸다. 하지만 고전물리학古典物理學으로부터 혁신적으로 확장된 그 기본 개념들의 증명과정을 접해 본 것은 시간과 공간에 대한 현대물리학의 새로운 해석이나 근대과학사의 중요 개념들에 대해 독서할 때 큰 도움이 되었다. 경제학원론 강의에서 담당교수께 질문하여 추천받은 책인 《비교경제체제比較經濟體制》는 교련 반대시위로 휴강이 잦았던 시기에 읽었던 책 가운데 하나이다. 그 책을 읽으며, 자유주의-자본주의 시장경제체제와 사회주의 계획경제체제가 경제는 물론 인간의 기본 속성까지 근본적으로 다른 관점에서 이해하는 것에서 출발하고 있음을 주목하게 되었다.

전공과정에서는 김철준金哲埈 교수의 강의들이 많은 학생들에게 인기가 있었는데, 나도 그 학생들 가운데 하나였다. 문화의 역사적 전개라는 관점에서 한국 고대사 내지 한국사 이해, 인류학의 방법론과 개념을 참고한 사료의 비판과 해석, 그리고 문화의 시대적 특성들에 대한 이해는 여러 가지 생각을 하게 만들었다. 《삼국유사三國遺事》의 내용 등과 대조한 《삼국사기三國史記》의 사료비판은 사관史觀에 따라 사료로서의 역사서나 역사기록이 얼마나 굴절된 형태로 만들어지는가를 깊이 생각하게 만들었다. 한우근韓㳓劤 교수의 한국최근세사 강의는 광범한 자료를 어떻게 정리하고 다루는지에 대해, 그리고 역사철학과도 연관된 한국사의 이해에서 사관史觀의 문제에 대해 여러 측면의 검토를 접해 보게 하였다. 김용섭金容燮 교수의 조선농업경제사 강의, 한영우韓永愚 교수의 조선의 '양반兩班'과 '양인良人'의 개념을 다룬 한국근세사 강의도 한국사에 대한 다양한 접근을 통해 사고의 폭을 넓히게 해 준 강의들이다.

학부 시절은 학비를 스스로 해결하며 시간이 빠듯한 생활을 하였다. 그래도 생각의 새로운 영역을 열어 주는 강의와 책을 만났을 때, 마음 한 모퉁이의 우매한 혼돈이 새로운 빛으로 밝혀지는 느낌들은 새로운 활력을 얻는 즐거움이었다. 졸업 후의 진로로는 책을 읽고 생각하고 글을 쓰는 것이 가능한 직장을 우선으로 생각하였다. 전공과 관련된 독서를 계속하며, 노력한다면 몇 년에 논문 한 편이라도 쓸 수 있는 직장으로 중고등학교 교직을 생각하고, 대학원 진학을 결정하였다.

I William N. Louks, *Comparative Economic Systems*, New York, Harper, 1961.

3. 친족제도에 대한 연구

대학원 석사과정의 시작은(1975) 서울대가 옮겨간 첫해의 관악캠퍼스에서 시작하였다. 공간이 넓어져, 대학원생들에게도 몇 명이 함께 사용할 수 있는 연구실이 배정된 것은 연구에 큰 도움이 되었다. 나는 3동 4층 연구실의 열쇠를 받아 문을 열고 들어가 바닥과 책상 위의 톱밥 등 신축공사 먼지를 청소한 뒤 책을 정돈하는 일로 대학원 생활을 시작하였다. 내 책상 옆 창문으로는 자하연紫霞淵 연못과 자하골이 내려다보였다. 역사교육과에서 국사학과로 합류하신 변태섭邊太燮 교수의 고려시대 강의를 들으며, 고려시대 자료들에 대한 감각을 키울 수 있게 된 것도 새로운 변화였다. 또한 이태진李泰鎭 교수, 최승희崔承熙 교수, 최병헌崔炳憲 교수, 정옥자鄭玉子 교수, 노태돈盧泰敦 교수가 속속 새로이 국사학과에 부임하셔서 더 다채롭고 역동적인 연구 분위기를 접하게 되었다.

등록금 전액과 그 액수만큼의 학자금을 매 학기 장학금으로 받게 되어 공부에 집중할 시간을 많이 확보할 수 있었다. 자정부터 새벽 4시까지 통행 금지를 시행하던 때였고, 대학 정문 앞 정류장의 버스는 오후 10시까지 운행하였다. 늦은 시간에는 연구실에 혼자 있는 날이 많았는데, 책을 읽다가 버스 시간을 챙기지 못하면, 종종 연구실에서 밤 시간을 넘겨야 했다. 여름 어느 날인가는 연구실에 있다가 이른 새벽의 신선한 공기를 마시려 3동과 2동 건물 4층을 연결하는 육교 위로 나갔을 때, 어둠이 남아 있는 관악산 골짜기 위에서 시작된 안개의 흐름이 소리 없이 다가오며 채워 나가는 한 폭의 수묵화水墨畵를 감상하기도 하였다. 멀리 비탈 위의 버들골 쪽에 낮게 깔린 안개는 살아 있는 듯 머리를 드러내더니 굽이치며 내려왔다. 흐름은 여러 갈래의 길을 따라 퍼져 나가, 나무며 건물들이 반쯤 떠 있는 안개의 바다를 만들었다.

인류학의 친족제도에 대한 책들을 모으며, 집중적인 공부를 시작하였다. 남북한을 포함하여 국내외의 한국사 연구자들에게 근대적 연구가 시작된 이후 통설화, 일반화된 친족제도 유형의 개념은 부계父系와 모계母系의 씨족氏族이나 종족宗族(lineage)이 전부였다. 그런데 이기동李基東 교수에 의해 한국사 연구자들이 사용하는 모계의 개념이 잘못된 것이어서 모계가 아닌 혈연들까지 모계라 하는 오류가 지적되었다.[2] 이기동 교수가 지적한 모계의 개념은 인류학 쪽의 관련 연구들을 통해 바로 확인할 수 있는 것이었다. 그에 따라 남게 되는 문제는 그동안 한국사 연구자들이 모계로 오인한 혈연은 부계에도 해당하지 않는 혈연 유형이라는 사실이었다. 《사회과학백과사전》의 친족제도 항목에도 이미 20세기 중반까지 이루어진 친족제도에 대한 인류학의 새로운 연구성과들이 정리되어 소개되고 있었고,[3] 구미 인류학계에서는 친족제도 연구성과를 모아 잘 정리한 서적들과 개설도 나온 상태였다. 하지만 한국사 분야에서 친족제도를 논한 여러 연구자들은 모계의 개념조차 정확하게 파악하지 않은 상태였던 것이다. 친족제도는 정치·경제·사회·생활문화 등 많은 분야에 관련되는 기초적 사실이다. 친족제도에 대한 인류학 쪽의 책을 모으며 읽게 된 것은 그렇게 시작되었다.

인류학 쪽에서는 이광규李光奎 교수에 의해 친족제도에 대한 새로운 연구들이 조금씩 소개되고 있어 도움이 되었지만, 전면적으로 소개된 것은 여러 해 뒤의 일이었다. 나는 수집한 책 가운데서 하나를 선정하여 대학원 동료들과 함께 읽고 질의·토론하는 세미나팀을 만들어 공부하기도 하였다. 세미나 팀이 공부한 책은 폴 보해넌 등이 편집한 친족

---

2 이기동, 1975, 〈신라중고시대 혈족집단의 특질에 관한 제문제〉, 《震檀學報》 40.
3 Fred Eggan, Jack Goody, Julian Pitt-Rivers, 1974, "Kinship", *International Encyclopedia of Social Science*, The Macmillan Company & The Free Press.

제도에 대한 인류학의 주제별 주요 연구 20편을 선정하여, 다섯 파트로 분류한 책이었다.[4] 세미나와 별도로 나는 친족제도의 유형별 주요 연구서들을 수집하여 읽었다. 그 가운데에는 특히 한국사 연구자들이 모계라고 오해한 부계도 모계도 아닌 혈연인, 양측적兩側的(bilateral) 유형에 대한 책도 포함되었고, 인류학에서 조사된 많은 사회들의 친족제도 유형을 충원방식 세 가지와 친족관계 기준점 두 가지의 조합에 의해 전체 여섯 범주의 유형으로 나누어 체계화한 책도 있었다.[5]

석사논문은(1978) 신라의 3성三姓 왕족이 비단계적非單系的(nonunilineal) 친족집단임을 논하고 그것이 정치체제와 3성 사이의 왕권 교대와 관련된 면을 검토하였다.[6] 신라의 친족제도를 기존 통설의 부계 종족이 아닌 래미지(ramage)로 본 이광규 교수의 견해에서[7] 기본적인 타당성을 발견하고 자료를 보강하여 검토한 것이다. 그렇게 단계와 비단계, 모두를 포함한 확대된 친족 유형의 개념을 가지고 검토해야, 신라의 부계도 모계도 아닌 혈연관계 자료들까지 포괄하는 이해와 설명이 가능해진다. 그것은 자연수의 개념만을 가진 사람이 음수가 들어간 자료들은 제대로 해석하지 못하다가, 확대된 개념인 정수의 개념을 갖게 된 뒤 그것까지 포괄하는 파악이 가능해지는 것과 같은 것이다. 연구자가 체득體得

---

4 Paul Bohannan and John Middleton ed. 1968, *Kinship and Social Organization*, The Natural History Press.

5 George Peter Murdock(editor), 1964, *Social structure in Southeast Asia*, Chicago, Quadrangle Books. Robin Fox, 1967, *Kinship and Marriage*, New York, Penguin Book.

6 노명호, 1978, 〈신라초기 정치조직의 성격과 上古紀年〉, 서울대 석사학위논문.

7 이광규, 1977, 〈신라왕실의 친족체계〉, 《동아문화》 14.
래미지(ramage)는 퍼쓰(Raymond Firth)가 단계 출계 집단單系出系集團(unilineal descent group)인 리니지(lineage)와 구분하여, 새로이 발견된 비단계 출계 집단非單系出系集團을 지칭하는 용어로 사용한 것이다. 영어의 branch에 해당하는 고불어古佛語에서 가져온 것이라 한다.

한 개념체계의 논리적 범위는 이해할 수 있는 자료의 논리적 범위를 결정한다. 그 범위를 넘는 자료는 제대로 해석할 수 없고, 그 범위 안의 자료들과 다른 특징을 구별하기 어렵다. 더 많은 자료가 남은 고려시대의 경우도 많은 연구들에서 신라시대 연구에서와 동일한 현상이 발견되었다.[8]

하지만 이 논문에는 다른 부족한 점 외에도 큰 문제가 있었다. 신라 친족제도에 대한 전체의 자료량 자체가 너무 적은 까닭에, 통설과 충돌하는 신설新說임에도 후속 연구의 추진이 어렵다는 것이었다. 더구나 그 통설은 같은 방식으로 연구되는 고려시대의 친족제도에 대한 통설과 결합되어 거대한 관성력慣性力을 가진 흐름을 형성하고 있었다.

통설의 거대한 흐름과 충돌하는 구조적이고 기초적인 이해의 전환을 제기하는 것은 단기간에 끝날 수 없는 매우 힘들고 두려운 일이었다. 하지만 중요한 사실의 단초端初를 발견한 연구자로서 새로운 영역의 사실들을 찾아내어 밝혀 나가는 자신만의 보람도 있었다. 국사학과의 연구 분위기는 대학원생들의 성장 가능성을 믿어 주고 자유롭고 다양한 연구를 장려하는 면이 있어서, 다양한 시도를 할 힘과 용기를 키워 주었던 것으로 생각된다.

박사과정을 시작하며(1979), 연구대상을 고려시대 친족제도로 바꿨다. 상대적으로 자료가 훨씬 많은 고려시대의 친족제도에 대한 연구를 하는 것이 엉켜 있는 실타래를 푸는 방법으로 생각되었다. 첫 학기에 쓴 논문은 신라시대와 같은 비단계非單系이면서, 친족관계의 기준점이 '시조

---

8 친족제도의 개념체계와 함께 고려 당시의 용어 개념체계를 가지고 근래에 그러한 현상에 대해 글을 쓴 바 있다. 노명호, 2017, 〈고려시대 새로운 영역의 연구에서 사료와 개념체계의 관계: 실제 사례를 통한 고찰〉, 《大東文化研究》 100(노명호, 2019 《고려사와 고려사절요의 사료적 특성: 해석 방향의 정립과 관련하여》, 지식산업사, 제II편 제2장. 일부 보완 수록)

始祖'에서 '나(ego)'로 변동된 고려시대의 친족제도 유형을 개괄적으로 검토하고, 그것이 조선 전기를 거친 뒤에도 잔존한 17세기 초 산음현山陰縣 마을의 혈연관계망에 나타나는 것을 검토하였다.[9]

국사학과 조교직을 맡아(1979) 학과업무에 시간을 나눠 사용하던 상황은 1980년 전남대학교 사학과 전임강사를 시작하며 강의 준비에 시간을 써야 하는 상황으로 바뀌었다. 졸업정원제의 실시로 학부생이 갑자기 늘어나 교수 수가 부족해진 때문에 일찍 강단에 서게 된 것이다. 1982년에는 중앙대학교 사학과 조교수로 부임하였다. 전남대와 중앙대 사학과 학생들은 젊은 교수의 열성적이지만 아직 덜 익은 부족한 강의에 열심히 참여하여 진지하게 들어 주었다. "가르치고 배우며 함께 성장한다〔敎學相長〕"는 말을 실감하였다. 강의 준비에 많은 시간을 나눠 사용해야 했지만, 그것은 직접·간접으로 논문을 쓰는 것에도 연결되었다.

친족제도 연구에는 여러 자료에 분산되어 있는 인명 등의 색인이 필요하여 색인카드를 만들기 시작하였는데(1982), 단순 작업에 너무 많은 시간이 들어갔다. 마침 법대교수가 판례 색인을 8비트 PC를 사용하여 만든다는 이야기를 들었다. PC를 도입한 결과 작업시간이 대폭 줄어들고 검색과 이용도 색인 카드함 검색보다 몇 배 신속하였다. 다만 아직 개인용 소프트웨어는 없었던 때여서 책을 보고 필요에 맞게 직접 만들어 써야 했다. 간단한 프로그래밍이라서 예제를 참고하면 바로 응용 가능한 쉬운 함수나 명령어를 사용하는 수준이었다. 이렇게 시작한 색인 프로그램을 조금씩 업그레이드하여 뒤에는 논저목록 등 여러 가지 자료 관리에도 사용하게 되었다. 대용품이 없던 때라, 부족하지만 그것을 공개하여 PC 도입 초기에 일부 역사 연구자들이 사용하기도 하였다.

---

[9] 노명호, 1979 〈山陰帳籍을 통해 본 17세기초 촌락의 혈연양상〉《韓國史論》5.

졸업정원제 시행으로 학생 수가 급격히 늘어나 교수들의 강의시간 부담이 과중했던 때였다. 그러한 때에 PC의 도입은 신뢰하는 유능한 자료관리 보조원을 얻은 효과를 주었다. 고려시대 친족제도에 대한 9편의 논문을 더 쓰고, 고려의 양측적兩側的 친속親屬(bilateral kindred)을 주제로 박사학위논문을 제출(1988.1)하였다.[10] 그 뒤 퇴임하신 변태섭 교수의 후임으로 서울대 국사학과에 재직하게 되었다(1990). 박사논문 후에 친족제도에 대해서는 논문 9편을 근래까지 더 발표하였다. 최근 쓴 논문은 고려시대 귀족가문의 구성이 3세대 양측적 친속에 의한 것임을 '가家'·'가문家門' 등의 용례, 촌수제寸數制의 원리, 여러 법제들, 그리고 사례를 결합하여 논증한 것이다.[11]

오랜 시간이 지났지만, 논문 한 편을 더 쓴 후 전체를 정리하여 묶어 책으로 간행할 예정이다. 근래에는 확대된 친족관계 유형의 개념을 사용하여 논문이나 저술을 발표하는 연구자들이 있어서, 서둘러 책을 간행하기보다는 다루지 못한 소주제에 대한 연구를 채운 다음 출판하려 생각하고 있다. 박사논문을 낸 지 30년이 넘도록 출판을 미뤄 온 또 다른 이유는 친족제도의 자료에서 보이는 두 가지 계통의 내용을 규명하는 문제와 표리를 이루는 고려시대사의 윤곽에 관련된 연구들을 진행하고 있기 때문이다.

---

10 노명호, 1988.1 《고려사회의 양측적 친속조직 연구》 서울대학교 박사학위논문.

11 Ro, Myoungho, 2017, "The Makeup of Koryŏ Aristocratic Families: Bilateral Kindred", *Korean Studies* 41, Univ. of Hawaii.

4. 《고려사》·《고려사절요》의 편찬원칙과 그 실제의 규명

친족제도에 대한 연구를 시작하며 많이 보게된 자료는 고문서古文書, 문집文集, 금석문金石文 등 1차 사료였다. 그것을 《고려사》와 《고려사절요》(이하 《절요》로 약함)의 내용과 함께 분석하면서 두 책의 사료 성격 파악에서 통설과 크게 다른 사실들이 나타남을 발견하고 어떻게 이해해야 할지 오랫동안 고심하게 되었다.

고려시대에 대한 역사책이자 중심적 기본 사료인 《고려사》와 《고려사절요》의 서술 내용과 1차 사료류의 문헌들 사이에는 서로 통하는 것과 근본적 차이가 있는 것이 동시에 나타났다. 전자의 예를 들면, 팔조호구식八祖戶口式에 보이는 모母의 모母의 모母로 연결되는 계보 등을 포함하는 비단계적인 계보와 《고려사》의 공신자손음서功臣子孫蔭敍 등에 보이는 비단계적 계보 같은 것이 있다. 후자의 한 예는 《고려사》에 수록된 당제唐制를 많이 참고하여 도입한 중국의 전통적 상례喪禮이자 친족제도인 오복제도五服制度가 그것이다. 이 제도는 고려의 토속 상례나 전통적 친족관계와 그 구성원리부터 달랐다.

두 책이 유교 사관儒敎史觀의 역사서술 원칙인 "술이부작述而不作"에 따라 고려 당시의 문헌에 철저히 입각하여 직접 인용 위주로 서술된 것이라는 통설적 이해는 실제로 남아 있는 고려 당시의 기록과 두 책에 수록된 내용의 비교로 확인되었다. 하지만 두 책에 수록되지 않은 1차 사료에 해당하는 여러 자료들이 보여 주는 고려시대의 시대상은 그것과 매우 다른 부분이 많았다. 이것 역시 주목해야 할 중요한 사실이었다.

친족제도나 그것과 연관된 사회제도에 한정되지 않고 여러 분야에서 그러한 차이가 발견되었다. 자료 조사가 진행될수록 조금씩 함께 보게된 문화·사회·정치 등에 대한 1차 사료류와 두 책의 내용에 나타나는 차이는 시대상 전체에 걸쳐 광범하게 분포할지 모른다는 의문이 짙어져 갔다. 예를 들면, 고려말 조선초 나주羅州 읍사邑司의 일지日誌인《금성일기錦城日記》에서 찾은 태조太祖와 제2대 혜종惠宗의 조각상을 사용하는 왕실과 조정의 토속제례土俗祭禮라든가,《제왕운기帝王韻紀》에 이승휴李承休가 기록한 금金나라가 초기에 고려에 보내온 국서國書 서두의 "大金國皇帝寄書高麗皇帝"를 비롯한 문집 등에 많이 보이는 고려 임금의 "황제皇帝"·"천자天子" 위호 등이 그것이다. 이와 관련된 문헌사료나 태조 왕건의 동상과 같은 유물 등은 다른 자료들에 대한 조사가 진행될수록 계속 증가하였다.

이러한 자료들과 연결시키면, 종래에는 지나쳐 버려 이용되지 않거나 잘 해석되지 않던《고려사》등의 기사에서도 새로운 사실들이 발견되었고, 그러한 것 역시 계속 증가하였다. 유교를 비롯한 당송문화唐宋文化가 지배하여 토속문화는 미미한 것처럼 이해되던 문화의 구성 요소나 조선시대의 사대정책事大政策을 그대로 옮겨 놓은 듯이 이해되던 대륙의 강대세력들에 대한 정책 등에 근본적인 의문이 생겼다. 뿐만 아니라 고려 전·중기 중앙의 관제를 비롯한 정치제도사, 정치사, 정치세력의 구성과 사상적 기반에 대한 이해도 기존 통설의 타당성이 의심되었다.

친족제도에 대한 연구만으로도 학계에 광범한 기반을 갖는 통설과 충돌하여 크게 부담스러운 상황에서, 그 같은 광범한 분야에 연결된 이견의 제기는 학계의 고려시대 연구동향을 정면으로 거스르는 훨씬 부담스러운 큰 문제였다. 지극히 조심스러운 문제이어서 연구범위를 친족제도에 한정하며, 다른 분야와 관련되는 문제는 최대한 언급을 자제하고 조사와 검토를 거듭하였다. 그것은 당시로서는 고려시대 광범한 분야의 이해가 기존설과 달라질 가능성만 본 단계였던 때문이기도 하였다. 즉 아직 새로운 해석의 구체적인 큰 방향을 잡지 못한 상태로 부분적인 새로운 해석을 시도하면 완성도가 떨어질 수밖에 없기 때문이었다. 나의 연구들이 친족제도에 대한 문제에 너무 한정되고 그것이 고려시대 역사 전반과 관련되는 이해 제기가 없다는 비판을 듣기도 한 것은 당연한 결과였다. 그것은 누구보다 나 자신이 깊이 고민하며 돌파구를 모색하고 있던 문제였다.

흩어져 있던 고려시대 고문서를 정리한 자료집이 1987년 이기백李基白 교수에 의해 편찬되어 간행된 것은, 고려시대 고문서 자료들을 종합하여 집중적인 검토를 하는 데 도움이 되었다.[12] 1994년부터 서울대 국사학과 대학원생들과 고려시대 고문서를 강독하기 시작하였다. 그리고 자료 소장처를 찾아다니며, 자료의 추가 조사·수집·판독, 문서양식에 대한 연구를 병행하였다. 이미 알려진 자료들도 원문서를 다시 조사하고 사진 촬영을 하였다. 추가 조사된 자료들도 적지 않았고, 많은 문서들이 새롭게 해석이 가능해졌다. 크고 작은 많은 변화가 있었다. 기존에 알려져 있던 문서들도 어떤 것은 내용 순서가 착란된 것을 바로잡아 재구성하기도 하고, 어떤 문서는 연대를 거의 200년 정도 올려야만 되는 것으로 판명되어 해석도 다시 하였다. 그 내용에는 정치제도의 중요한 부분에 대한 종래에 주목되지 않던 고려시대의 새로운 면모들도 많이 포함되었다. 그 연구 결과는 2000년에 두 권의 책으로 출판하였다.[13] 이때에 축적된 고문서 연구 경험으로 불국사佛國寺 석가탑釋迦塔 중수문서重修文書를 복원하기도 하였다. 3건의 문서를 96면으로 접은 것이 심하게 부식腐蝕되어 조각나고 순서도 뒤섞인 상태로 공개되었다. 다양한 퍼즐 맞추기를 한 판독判讀들이 쏟아져 나오며 논란이 크게 일어나서 언론에서도 큰 관심을 가지고 보도하였다. 나는 결정적 위치 기준 정보

---

12 이기백, 1987, 《韓國上代古文書資料集》, 일지사.

13 노명호 외, 2000, 《韓國古代中世古文書研究 (上)(下)》, 서울대학교출판부.

가 되는 종이에 남은 외형적 흔적들을 조사하여 문서의 내용 구성과 결합시키며, 그래픽프로그램을 이용하여 정밀하게 퍼즐을 맞추었다. 그 결과 조각 사이의 사라진 종이 모양과 크기까지 산출하여 문서를 복원하고, 문서를 판독하였다.[14]

이러한 연구를 진행하는 동안 《고려사》·《절요》와 그것에 수록되지 않은 1차 사료의 차이는 더욱 뚜렷해지고, 그것을 재검토할 방향이 구체화되었다. 그 차이의 분포 범위도 고려 역사의 각 부문 전반에 걸친 것이 분명해졌다. 고문서 연구와 병행하여 고려시대 문집 등 그 시대에 만들어진 문헌들에 대한 개인적 조사와 검토를 통해서도 같은 결론에 도달하게 되었다. 규장각 소장의 《고려사》·《절요》 및 고려시대 문집의 모든 이본異本들을 조사하여, 학계에 알려지지 않은 특징들을 정리하여 발표하기도 하였다.[15]

《고려사》와 《절요》를 통해서는 잘 드러나지 않고, 그 때문에 그 존재 자체가 인식되지 않거나 부정된, 고려시대 역사상의 중요한 구성요소들을 주목하게 되었다. 고려시대 세 가지 천하관天下觀 가운데 학계에 알려지지 않았던 오히려 가장 큰 흐름이었던 다원적多元的 천하관天下觀, 그와 밀접히 연관된 고려의 황제제도皇帝制度 및 정치제도政治制度, 고려시대 문화의 3대 구성 요소의 하나로서 문화적 개성의 중심축이었던 토착문화土着文化(토풍土風), 조선 후기와 근본적으로 다른 고려사회의 모습 등이 그것이다. 1997년의 이규보의 다원적 천하관에 대한 논문을 시작으로, 나는 그러한 주제들에 대한 논문들과 저서 3권을 발표하였다.[16] 그리고 진행 중인 후속 연구들이 더 남아 있다. 그것은 고려 친족

---

14 노명호, 2009, 〈釋迦塔에서 나온 重修文書의 연결 복원과 판독〉, 《重修文書: 불국사 석가탑 유물 02》, 국립중앙박물관.

15 노명호, 2002, 〈규장각 소장 고려사·고려사절요·고려시대 문집〉, 《奎章閣》 25.

제도와 연결된 사회·문화·정치를 이해하기 위한 작업이기도 하였다.

고려시대를 이해하는 데 필수적이며 가장 큰 흐름을 형성한 천하다원론天下多元論이나 그와 직결된 황제제도나 정치제도 등을 학계에서 오랜 동안 제대로 보지 못하였던 이유는 《고려사》 등의 편찬원칙인 "직서直書"의 개념 파악에 오류가 있었기 때문이다. 조선이 건국되며 정도전鄭道傳 등이 편찬한 《고려국사高麗國史》는 고려의 황제제도를 "참람하게 명칭이나 흉내낸 일〔僭擬之事〕"이라 규정하고 제후제도諸侯制度로 모두 바꾸어 서술〔改書〕하였다. 군주와 조정의 동향을 서술의 중심에 두는 왕조사에서 그 핵심제도와 관련된 사실들을 개서改書하려면 서술 자체가 어려워지는 것들이 많아 내용도 빈약해지고 왜곡되는 사실도 많아질 수밖에 없다. 보완을 위한 편찬 작업이 진행되며, 일부 사관史官들과 세종은 사실대로 서술하는 "직서"의 원칙을 제시하였는데, 황제皇帝·천자天子의 위호는 예외로 한 것이었다. 그러한 제한적 직서였지만, "개서"가 옳다는 신하들은 그것을 받아들이지 않음으로써 격렬한 논쟁이 일어났다.[17] 세종은 타협안으로 "대사천하大赦天下"의 기록에서 "천하"를 삭제하고 "대사大赦"만을 칭하는 등 직서의 예외를 확대함으로써 고려의 황제제도는 실질적 의미를 갖는 핵심은 삭제되거나 개서되고 부수적인 제도들만 직서하게 되었다.

---

16 노명호, 1997, 〈東明王篇과 李奎報의 多元的 天下觀〉, 《震檀學報》 83(이후의 논문은 생략).

_____, 2009, 《고려국가와 집단의식: 자위공동체, 삼국유민, 삼한일통, 해동천자의 천하》, 서울대학교출판문화원.

_____, 2011, 《고려 태조 왕건의 동상: 황제제도·고구려 문화전통의 형상화》, 지식산업사.

_____, 2019, 《고려사와 고려사절요의 사료적 특성: 해석 방향의 정립과 관련하여》, 지식산업사.

17 이에 대해서는 노명호, 2019, 위의 책 제I편 참조.

《세종실록》 등에는 15세기의 격렬했던 "개서와 직서" 논쟁을 거쳐 편찬원칙이 정해지는 과정에 대한 자료나 그 원칙에 따른 《고려사》나 그 전신에 해당하는 역사책 등의 구체적인 편찬 작업 과정에 대한 자료들도 적지 않게 남아 있다. 1차 사료 등을 조사하여, 편찬원칙에 따라 개별 사료 단위를 선정하여 채록한 "단자單子"들을 만들고, 그것을 모아 엮은 "본초本草"를 만들었다. 그 "본초"를 기초로 편찬 실무관이 역사책의 개별 기사로 될 "초고初藁"들을 만들면, 동료가 보고 의견을 나누기도 하였다. "초고"를 고칠 때는 "본초"가 다시 참조되었다. 그리고 편찬 원칙 등에 따라 수정지시를 내리기도 하는 "산윤散潤"을 담당한 고위책임자의 검토를 거쳐 기사로 확정되었다. 그렇게 역사책이 완성되면 세종이 보완 지시를 내리기도 하고, 최종적으로 인쇄 보급 여부를 결정하였다.

근현대의 역사 연구자들은 고려의 황제제도를 "명칭이나 흉내낸 실질적 의미가 없는 것"으로 간주하며 무관심하였다. 그 때문인지 《세종실록》 등에 비교적 자료가 많이 남아 있는 15세기의 격렬했던 "개서와 직서" 논쟁도 검토하지 않았다. 어쩌면 그 역의 인과관계인지도 모르겠다. 논쟁의 중요한 기록들이 관련 연구들에 이용도 되지 않거나, 부분만 언급하며 해석이 잘못되기도 하였다. 한문에 정상급 수준인 연구자들까지 《고려사》에 수록된 속악俗樂 〈풍입송風入松〉 가사의 음수율音數律이나 뒤에 이어지는 내용과의 연결성도 무시하면서까지 잘못된 끊어 읽기로 처음 보는 존재를 만드는 해석을 한 것을 보면, 그것은 한문의 문제가 아니라 고려의 황제제도가 있을 수 없는 것이라고 믿는 선입견이 너무 강하였던 때문으로 보인다.[18]

---

18 주17과 같음.

근현대 역사 연구자들이 "제한적 직서"를 "온전한 직서"로 오해하게 된 것은 앞에서 언급한 바처럼 그 성립과정에 대한 검토가 전혀 없었기 때문이었다. 그에 따라 고려의 황제제도의 핵심이 삭제된 《고려사》 등의 역사 서술에 고려 당시의 《실록》이나 정부기록 등 1차 사료가 온전히 직서되어 반영되었다고 믿고 사료를 해석하였다. 그뿐만 아니라 1차 사료의 활용도 충분하고 정밀한 수준과는 거리가 멀었다. 이러한 상태에서 "제한적 직서"를 "온전한 직서"로 오해하면, 15세기 편찬자들의 주자학朱子學 이념의 이단배척과 사대명분론事大名分論에 따라 여과되고 부분 삭제된 고려역사의 퍼즐조각들과 퍼즐 맞추기가 온전한 것으로 보이게 된다. 그 결과 역사 연구자들은 15세기의 편찬자들이 남겨 놓은 퍼즐조각을 거의 무비판적으로 그대로 사용하고, 심지어 그 퍼즐 맞추기의 윤곽도 상당 부분 받아들여 고려 시대상의 퍼즐 맞추기를 하였다. 15세기에 왜곡된 역사가 세부적인 사실부터 구조적 윤곽에 이르기까지 상당 부분 그대로 이어져 내려 온 것이다.

15세기 편찬자들의 "제한적 직서"의 세부 내용과 실행 방식을 알게 되면, 《고려사》 등의 기사에서 그 편찬원칙에 따른 "여과"와 "부분 삭제"의 대상들이 그 대상이 아닌 것들과 구분되며, 표시를 해 놓은 듯 눈에 들어오기 시작한다. 《고려사》 등의 기사와 그 원자료의 내용이 남아 있는 경우, 양자를 대조해 보면, 그러한 여과와 부분 삭제 작업에 의한 실제의 변화를 볼 수도 있다. 여과와 부분삭제 작업은 비교적 철저하였지만, 《고려사》 등에는 다른 서술에 혼입混入되는 등으로 살아남은 파편화한 자료들이 적지 않게 존재한다. 그 파편화한 자료들은 대부분 학계에서 이용하지 않았다.

그 파편화한 자료들은 1차 사료들과도 잘 연결되며, 1차 사료들과 함께 분산되어 있는 파편화한 자료들을 모아 연결시키면 기존에 알려지지 않았던 새로운 중요한 커다란 퍼즐 조각들을 얻을 수 있었다. 고려시대 대부분의 시기에 중심적 사조였던 천하다원론과 그것을 기반으로 한 정파라는 퍼즐 조각은 그렇게 찾아낸 것이다. 그것과 직결되어 있었던 황제제도와 정치제도사, 토풍적 문화요소 등의 퍼즐 조각들도 그렇다. 이 주제들에 대한 논문들과 저서는 그러한 새로운 중요한 사실들에 해당하는 커다란 퍼즐 조각을 규명하는 연구들이었다.

그 퍼즐 조각들은 고려 시대상의 중심부에 해당하는 큰 것들이었는바, 기존에 파악된 고려 시대상의 윤곽은 그 퍼즐 조각들의 존재를 모른 상태에서 나머지만을 가지고 퍼즐 맞추기를 한 것이었다. 그 퍼즐 맞추기는 자료의 이용과 해석에서 많은 문제를 남겼다. 《고려사》 등의 중요한 기사이지만 다른 사실들과 잘 맞지 않아 편찬 오류에 의한 기사라 하고 제외된 것, 서로 모순되며 충돌하는 것처럼 해석되어 이설들이 제기된 뒤 의문으로 남겨진 것, 그리고 주목을 받지 못하고 이용되지 않은 기사들이 적지 않았다.

천하다원론 등의 큰 퍼즐 조각들을 포함시켜, 시대상의 윤곽이나 큰 변천의 흐름에 해당하는 더 큰 범위의 퍼즐 맞추기를 하면, 다른 많은 사실들의 퍼즐 조각들과 맞추기가 잘되었다. 기존에 편찬 오류 등으로 보고 제외되었던 조각들도 퍼즐 맞추기가 잘되었다. 근래에 발표한 두 편의 논문은 그러한 방식으로 고려 전기의 시대상의 윤곽 내지 큰 변천을 재검토한 것이었다.[19] 기존에 편찬 오류라 하며 방치된 기사나 잘 이용되지 않던 기사들도 중요한 의미를 갖는 사실들로 새롭게 해석되

---

19 노명호, 2019, 〈고려전기 국가의식과 천하관의 분화: 유교정치문화 정착과 관련하여〉, 《고려왕조와 21세기 코리아 미래 유산 1》, 한국중세사학회 등 공편, 경인문화사.
_____, 2019, 〈문명의 보편성과 개성: 고려 초 유교정치문화 도입과 文化接變〉, 《震檀學報》 133.

며, 다른 사실들과 잘 연결되었다. 기존 연구에서 이용되던 자료들도 퍼즐 맞추기 과정에서 그 일부만 확대 해석하거나 당시에 사용된 용어의 의미를 잘못 이해하는 등의 문제가 발견되어 재해석되는 경우가 적지 않았다.[20] 당연히 고려 전기의 시대상의 윤곽, 그 내부의 세부적인 유교사상이나 문화, 시기별 정책, 정파 및 정치세력, 정치제도사에 이르기까지 기존의 파악과 많이 달라졌다. 이러한 연구는 앞으로 뒤 시대에 대해서도 진행할 예정이다.

친족제도 연구를 시작하며 《고려사》와 《절요》의 사료적 성격에 대해 갖게 된 의문은 오랜 시간에 걸쳐 두 책을 여러 각도에서 검토하며 큰 변화를 경험하게 하였다. 미처 언급하지 못하였지만, 두 책의 여러 이본異本들을 조사하여 자료를 수집하고, 국사학과 대학원생들의 조력을 받아 서로 다른 내용을 대조하여 통합한 교감본을 출판하게 된 것은, 두 책에 대한 정밀한 검토를 심화시키는 데 큰 도움이 되었다.[21] 고려시대 문헌들만 아니라, 한국사의 사료들은 정밀한 문헌학적 조사·연구가 더욱 진전될 필요가 있다고 생각된다. (2020년)

---

20 예컨대, 고려 중기의 유학과 유교사관儒敎史觀을 다룬 기존연구들에서는 윤언이尹彦頤·김부식金富軾·정지상鄭知常의 유학사상과 정치적 추구를 검토하며, 그 중요한 배경인 당시에 시행 중인 대내적인 칭제稱帝를 누락하고 자료해석을 하였다. 그에 따라 윤언이가 추가로 "건원建元"을 건의한 것을 "칭제건원稱帝建元"으로 잘못 해석하였고, 묘청-정지상 일파가 대외적인 칭제건원을 주장한 것과 혼동하기도 하였다. 또한 김부식이 시행 중인 대내적 칭제도 억제하려 한 자료를 제대로 해석하지 못하였다. 이에 대해서는 금년 8월 역사학회 하계학술대회에서 고려 전·중기에 역사서는 왜, 어떻게 다시 서술되었는지, 《(구)삼국사(舊)三國史》의 구성과 그 후의 변화를 만든 두 계열의 유교사관에 대해 발표한 바 있다(《역사학보》 제248집 수록 예정).

21 《교감 고려사절요》는 2016년에 집문당에서 출판되었고, 《교감 고려사》는 서울대학교 출판문화원에서 출판을 위해 교정 작업이 진행 중이다.

'아시아란 무엇인가'를 찾아서

카라시마 노보루辛島 昇

1933년생. 도쿄대학 동양사학과를 졸업하고 같은 대학원 인문과학연구과에서 박사학위(문학)를 받았으며, 주요 연구 분야는 남인도사이다. 도쿄대학 교수와 다이쇼大正대학 교수로 봉직했으며 도쿄대학·다이쇼대학 명예교수로 2015년 별세했다.

주요 저서로는 《남인도》(南インド, 편저, 世界歷史大系·南アジア史3, 山川出版社, 2007), *Ancient to Medieval*(Oxford University Press, 2009), *A Concise History of South India*(Oxford University Press, 2014) 등 다수가 있다.

1.

저는 남아시아의 역사와 문화가 전공입니다. 좀 더 좁혀서 이야기하자면 인도 남부의 역사가 주된 연구 분야입니다. 공부를 위해 지금으로부터 무려 47년 전인 1961년에 처음으로 인도에 유학을 갔습니다. 그때는 마드라스대학 대학원과 인도 정부의 각문사료편찬소刻文史料編纂所에서 3년 가까이 공부했는데, 그 이후로 수차례 인도에 갔으니 다 합치면 아마도 8년 이상의 세월을 인도에서 보낸 것 같습니다. 인도 말고도 파키스탄과 아프가니스탄, 네팔, 스리랑카, 동남아시아 국가들도 가끔 방문했습니다.

저는 이러한 나라들, 특히 인도에 있으면 때때로 "당신은 일본인인데 왜 인도의 역사를 공부합니까?"라는 질문을 받습니다. 하도 많이 받는 바람에 저도 대답할 때 두 가지 패턴이 생겼습니다. 상대가 묻는 방식이나 시간 여유에 따라서 둘 중 하나를 고르는데 그 가운데 간단한 쪽은 이렇습니다. 우리 집이 학문을 가업으로 삼고 있는데 외할아버지는 중국문학을 전공하고 도쿄대학 문학부에서 교편을 잡고 계셨습니다. 아버지는 그런 외할아버지의 제자였고 마찬가지로 중국문학을 전공하고 1945년 초까지 서울의 경성대학에서 가르치셨습니다. 아버지는 특히 현대 문학 전공이어서 루쉰魯迅과도 친교가 있으셨습니다. 그래서 저 또한 사실은 중국문학을 전공해야 하는 상황이었는데 별생각 없이 아버지와 똑같은 공부를 하는 것은 재미없겠다, 혹은 쑥스럽다 싶은 생각이 들어서 좀 바꿔 본 것입니다. 다시 말해 중국에서 인도로, 문학에서 역사로,

이런 식으로 바꾸면서 인도의 역사를 공부하게 되었다, 이렇게 대답을 합니다.

이렇게 말하면 대부분은 '아, 그렇구나' 하고 납득한 얼굴을 합니다. 이것은 결코 거짓말은 아니기 때문에 문제는 없습니다만 이것만 가지고는 왜 제가 인도의 역사를 공부하는가에 대한 완전한 답변이 될 수 없습니다. 그래서 저는 상대가 진지하게 묻는다고 생각될 때, 그리고 시간적 여유가 있을 때는 다음과 같이 대답합니다. 저는 고등학교 때부터 아시아의 역사에 흥미가 있었고 대학에서는 동양사, 그러니까 아시아의 역사를 공부하는 학과에 진학을 했습니다. 그러나 공부를 하면서 아시아란 과연 무엇인가 하는 의문이 들기 시작했습니다. 우리는 서양인이 아니고, 가끔 우리들은 아시아인이라고 말하는데 어째서 그럴까, 저는 아시아라는 개념이 부정적으로 만들어진 것 같은 생각이 자꾸 들었습니다. 서양이 있고 아시아가 있으며 아시아란 서양인이 지구의 이쪽 부분에 건너왔을 때 만들어진 것에 지나지 않는다, 결코 우리 자신이 만들어 낸 것은 아니지 않은가 하고 말입니다.

말하자면 이는 사이드가 가졌던 의문이기도 한 셈인데, 만일 그렇다면 우리들의 과거에는 무엇이 있었을까요. 역사를 살펴보면, 아시아라 불리는 지역에는 고대에 두 개의 거대한 문명이 있었다고 할 수 있겠습니다. 하나는 중국 문명으로 일본도 한국도 역사적으로는 이 중국 문명에 속해 왔습니다. 그리고 다른 하나는 서양과 관계가 깊은 이슬람 문명을 제외하면 바로 인도 문명입니다. 동남아시아는 뒤에 독자적인 문화를 구축하지만 고대에서는 인도 문명 아니면 중국 문명의 영향 아래 놓여 있었다고 생각할 수 있습니다.

지금 말씀드렸듯이 우리 일본인은, 그리고 한국인 역시 중국 문명의 영향 아래 놓여 있었고 중국에 대해서는 잘 알고 있습니다. 또한 아까 언급했듯이 제 집안의 학문은 중국문학이었기 때문에 제가 중국에 대해서는 어느 정도 압니다. 그러나 인도 하면 불교는 알지만 사실 그 사회나 사람들의 생활은 물론, 역사에 대해서는 더더구나 아무것도 모릅니다. 게다가 불교는 인도 자체에서는 멸망해 버렸다고도 합니다.

따라서 제가 인도의 역사를 공부해서 인도 문명을 중국 문명과 비교해 본다면 그를 통해 '아시아란 과연 무엇인가'에 대한 해답을 얻을 수 있을지도 모른다, 다시 말해 만일 그 둘에 공통점이 있다면, 그리고 그것이 서양과 다른 것이라면 그것이야말로 아시아라고 할 수 있을지도 모른다, 곧 그로써 아시아의 개념을 긍정적으로 정의할 수 있을지도 모른다, 이렇게 생각해서 인도의 역사를 공부하기 시작한 것입니다.

2.

물론 처음부터 이렇게 논리적으로 생각이 정리되어 있던 것은 아니지만 자신이 어째서 인도의 역사를 전공하게 되었는지는 대충 그렇게 설명할 수 있을 것 같습니다. 그리고 그렇게 설명을 하면 많은 사람들이 그러냐고 흥미있게 생각해 줍니다. 그러나 대부분은 그다음에 '그래서 어땠느냐, 중국 문명과 인도 문명의 공통점을 찾아서 아시아를 적극적으로 정의할 수 있게 되었느냐'고 묻습니다.

이 질문이 오면 난처해지는데, 여기에 대해서 저는 유감스럽게도 아직 답을 찾지 못했고, 저 자신이 연구하는 것은 인도의 역사 가운데 극히 일부분에 지나지 않기 때문에 죽기 전에 해답을 발견하는 것은 어쩌면 무리일지 모릅니다. 그러나 누군가가 나의 이 질문을 이어받아 해답을 찾아 줄 것이라고 대답합니다. 이것이 두 번째 답입니다. 그러나

이 대답은 제가 왜 아시아의 역사에 흥미를 갖게 되었느냐는 중요한 부분을 건너뛴 것입니다. 이제 이 부분에 대하여 말씀드리겠습니다.

이는 제 정체성의 형성과도 연관이 있는데, 이야기는 제가 어렸을 때로 거슬러 올라갑니다. 저는 2차 대전 종전 뒤에는 소학교 6학년생이었는데 공습으로 도쿄의 집이 불타고 소개疏開가 있는 바람에 가족이 뿔뿔이 흩어져 있었습니다. 그러다가 전쟁이 끝나고 가을이 와서야 겨우 가마쿠라鎌倉의 작은 아파트에 자리를 잡고 부모님과 누나와 함께 네 식구가 옛날처럼 같이 살 수 있게 되었습니다.

그런데 2차 대전이 끝나고는 여러분도 아시다시피, 미국군이 주둔하게 되어 가마쿠라 지역에서도 주둔군 병사의 모습을 많이 볼 수 있게 되었습니다. 이 무렵 아이들은 모두 병사들 뒤를 따라다니며 초콜릿이나 추잉 껌을 얻고는 했습니다. 저 역시도 몇 번 받은 적이 있는데 그 주둔군은 그때까지 전혀 없었던 존재였던 만큼 어린 마음에도 강렬한 인상을 남겼습니다.

그 이듬해 저는 중학교에 진학했습니다. 아마 그 무렵이었던 것으로 기억하는데 어느 날 누나와 제가 단둘이 도쿄에 가야 할 일이 생겼습니다. 도쿄에 가려면 요코스카橫須賀선의 전철을 타야 하는데, 그 시절에는 하루에 전철이 몇 대 없었고 차량 수도 적어서 대단히 붐볐기 때문에 창문으로 타고 내리는 일도 비일비재했습니다. 아이들 둘이서 도쿄에 가는 것이 걱정되었던 어머니는 이등차(지금의 특실차)를 탈 수 있을 만큼의 돈을 쥐어 주었던 모양입니다. 누나와 저는 가마쿠라역의 플랫폼에서 이등차를 탔습니다.

그렇지만 이등차에도 사람이 많았고 특히 요코스카 기지에서 도쿄나 요코하마로 놀러 가는 주둔군 병사들로 꽉 차 있었습니다. 못 탈 뻔하다가 누나에게 바짝 붙어서 겨우 올라탈 수 있었는데 그때 밀집해 있는 사람들 사이로 흰 손이 쑥 나오더니 저를 차 밖으로 밀어내려 하는 것이었습니다. 밀고 밀리는 게 싫었던 주둔군 병사들은 여자인 누나는 감싸 안아서 안에 태우려고 하면서 남자아이는 안 태우려고 했던 것입니다.

누구의 손이었는지는 모릅니다. 얼굴도 안 보였으니까요. 그래도 저는 그 희고 커다란 손과 몸에 손이 닿았을 때의 기분 나쁜 촉감과 공포를 아직까지도 잊지 못합니다. 저를 밀어내려던 흰 손의 주둔군 병사, 그들은 과연 누구였을까, 그리고 그들이 서양인이라면 서양인이 아닌 나는 과연 무엇일까. 저는 그때 이렇게까지 논리적으로 생각했던 것은 결코 아닙니다만, 직감적으로 느꼈던 이와 같은 의문이 훗날 저로 하여금 대학에서 아시아 역사를 전공하게끔 했던 것이라고 생각합니다.

전쟁 종식이 저에게 주었던 강렬한 충격은 주둔군뿐만이 아니었습니다. 서울에 있었을 때는 유복했던 우리 집이 도쿄에 와서는 모든 것이 바뀌었고 전쟁이 끝나고 나서는 매우 어려운 생활을 해야 했습니다. 그것은 저에게 크나큰 충격이었습니다. 저는 아마 그렇게 우리 집의 운명이 변화하는 속에서 사회의 모순을 감지하고 그로 말미암아 사회의 시스템과 역사에 대해 관심을 갖게 되었다고 생각합니다. 중학교와 고등학교에서 역사에 대한 관심을 더욱 북돋워 주시는 좋은 선생님들을 만난 것도 행운이었습니다.

3.

대충 여기까지가 제가 대학에서 동양사를 배우게 된 이유입니다. 좀 길게 설명조로 말씀을 드렸는데, 저는 지금도 '아시아란 과연 무엇인가'

라는 의문을 마음속에 계속 품고 있습니다. 몇 년 전에 제가 일본학술회의 회원으로 동양학 연구 연락회의 위원장을 맡았을 때 '아시아란 무엇인가', '아시아의 다양한 역사관'이라는 심포지엄을 개최했던 것도 그 일례였으며 후자의 심포지엄에는 서울대학의 백영서 교수님을 모시기도 했습니다. 그러나 제가 역사 연구자로서 실제로 연구하는 것은 더 작은 일입니다. 연구는 한 걸음 한 걸음씩 앞으로 나아가야 하는 것이지 단숨에 창공을 날 수는 없습니다. 저는 대학에서 중세 남인도의 '촐라'라는 왕조의 역사를 공부해서 졸업논문을 썼습니다.

아시다시피 오랜 전통이 있는 불교국인 일본에서 인도 연구라 하면 인도 철학, 산스크리트 문학, 불교학 같은 학문에서 높은 수준의 연구가 이루어져 왔습니다. 그러나 인도의 역사와 사회 쪽으로 가면 연구 자체가 시작된 것이 2차 대전이 끝나고 나서였기 때문에, 1950년대 들어 제 선배들이 인도에 유학을 가서 처음으로 공부를 시작한 상황이었습니다. 제가 졸업논문에서 남인도의 왕조를 다루었던 것은 이와 같은 연구 흐름 속에서 한 선택이었습니다. 북인도의 역사에 대해서는 선배 몇 분이 연구하고 있었는데, 남인도의 역사를 연구하려는 사람은 아무도 없었습니다. 북인도와 남인도는 언어 문화적으로도 달라서 북인도는 알리야 문화, 남인도는 드라비다 문화라는 식으로 큰 차이가 있었고 인도문화, 인도 역사를 전체적으로 이해하기 위해서는 남인도 연구가 매우 중요한데도 연구하는 사람이 없다면 곤란한 일입니다. 그래서 직접 하자고 마음먹었던 것입니다.

남인도사에 대해서는 마드라스대학에 계시는 나라칸타 샤스트리라는 교수님이 개척자, 확립자로서 훌륭한 업적을 많이 남기셨습니다. 그러나 북인도 역사에 견주면 아직 밝혀지지 않은 부분도 많았고 매우 어려운 분야였습니다. 공부하기 시작하면서 금방 깨달은 점은 고대, 중세에 대해서는 역사서가 전혀 없으며, 힌두교 석조사원의 벽면 등에 새겨진 각문, 저는 '비문碑文'이라는 말을 쓰지 않고 '각문刻文'이라고 하는데 이 각문이 거의 유일한 사료라는 사실과 각문은 상당히 많이 남아 있으며 특히 타미르어로 된 것이 많다는 사실을 알게 되었습니다. 제가 타미르어를 공부해서 타미르 지방의 중세 왕조인 촐라조의 역사를 공부하기 시작한 것은 바로 그 때문이었습니다.

대학원 박사 과정에 진학한 뒤 저는 마드라스로 유학을 떠났습니다. 샤스트리 교수님께서는 이미 퇴임하셨지만 마드라스대학 대학원에서 1년 동안 공부하고 나머지 2년은 남인도의 고산지대에 있는 인도 정부의 각문 사료편찬소에서 공부했습니다. 아까 말씀드렸듯이 고대, 중세사의 근본 사료는 각문이라 각문을 읽는 훈련을 하지 않고서는 역사 연구를 할 수 없기 때문에, 그를 위해서라도 각문사료편찬소는 최고의 장소였습니다.

이 편찬소는 연구자인 연구소원들을 지방에 파견하여 석조사원의 벽에 새겨진 각문의 탁본을 떠서 해독하여 텍스트를 출판하는 식의 끈기를 요하는 작업을 했는데, 당시 우수한 젊은 연구원들이 많아서 활기를 띠었습니다. 저는 그런 분위기가 매우 마음에 들어서 선배 연구원들의 지도를 받으며 젊은 연구자들과 토론도 하면서 2년을 알차게 보냈습니다. 그 뒤 1969년에 다시 인도에서 공부할 기회를 갖게 되었고 이번에는 가족과 함께 갔습니다. 3년 가까이 있으면서 후반 2년 동안은 전에 있던 산 속의 우티라는 지역 산기슭에 있는 데칸 고원의 마이솔이라는 마을로 옮겨 살았는데, 이때도 각문사료편찬소에서 일을 했습니다. 이 마을에서 차남도 얻었고 후반 무렵에는 당시 70이 다 되었던 제 어머니도 모셔 와서 10개월을 함께 있었습니다. 정말 즐거웠습니다.

이 편찬소에서 공부한 덕에 저는 각문학자라는 간판을 내걸 수 있게 되었고 인도의 우수한 각문학자들로부터 동료 대우를 받을 수 있었습니다. 1975년에 인도 각문학회가 설립되었는데, 1985년 제11회 대회에서는 제가 회장을 맡게 되었고 1995년에 열린 제21회 대회에서는 명예회원으로 뽑혀 고대 문서를 재현한 동판 문서에 제 공적을 새긴 기념패를 받았습니다. 외국인이라고 해서 편견을 갖는 일이 없었던 그들의 관대함과 따뜻함을 정녕 고귀하게 생각합니다.

그러나 저는 본래 역사학자이므로 각문을 어떻게 읽을 것인지보다는 오히려 읽어 낸 각문을 어떻게 역사 사료로 활용할 것인가가 문제였습니다. 저는 시대적으로는 촐라조에서 비자야나가르 왕국 시기에 대해, 그러니까 9세기부터 17세기에 걸쳐 남인도 사회가 어떻게 발전해 왔는지에 대한 사회경제사적 문제를 추구했는데, 종래의 연구가 자의적으로 하나하나의 각문을 주제 삼아 논하는 경향이었던 것과 달리, 그 시대에 남겨진 각문 '전체'를 바탕으로 어떤 주장을 할 수 있을 것인지 계수적인 방식을 도입해서 연구를 진행했습니다. 그 연구 역시 인도인 연구 동료들과 공동으로 추진했는데 이 새로운 방식 덕분에 그때까지 주목받지 못했던 많은 사실을 밝혀낼 수 있었다고 생각합니다.

사회의 발전을 밝히는 연구에서 저는 처음으로 토지 소유 방식을 중심으로 그 변화를 살피는 방식을 취했습니다. 차차 그 당시 사람들의 의식이나 일상생활의 문제에도 관심을 갖게 되면서 카스트 간 충돌이나 식기로서의 중국 도자기, 카레 라이스 등등을 연구 대상으로 삼게 되었습니다. 또한 역사학은 고대를 연구할 경우에도 그 출발점은 현대에 두고 있어야 한다는 것이 저의 기본 생각이기 때문에 현대 인도와 스리랑카에서 카스트 문제, 민족 문제에도 큰 관심을 갖고 대학 강의와 세미나에서도 계속 그 문제들을 다루어 왔습니다.

카레 라이스에 대해서는 식문화 문제로서 아내와 함께 책을 쓰기도

했기 때문에 나중에는 '맛의 달인(원제: 美味しんぼ)'이라는 인기 만화에 '카레 전문가 가라시마 선생'으로 등장하기도 했습니다. 인도 카레는 일본의 카레와 달라서 많은 향신료를 혼합한, 일본의 간장과도 같은 '종합 조미료'라는 것이 저의 견해인데, 그렇다면 그것이 인도에서 언제 어떻게 완성되었는지가 또다른 연구 주제가 될 수 있는 것입니다. 오늘은 여기에 대해 언급할 이유가 없습니다만, 이에 대해서도 타미르어의 각문이 중요한 사료가 됩니다.

또한 중국에서는 9세기 무렵부터 수출용 도자기가 만들어져 한국, 일본, 동남아시아, 그리고 이집트를 비롯한 서아시아에서도 많은 파편이 발견된 바 있습니다. 인도에서는 지금까지 별로 진행되지 않았지만 제 견해로 이는 식사에 대한 힌두교의 금기적 관념과 무덤을 만들지 않는 습관과 연관이 있을 것 같습니다. 그래도 이슬람교 정권이 들어서고 동서양을 잇는 바다의 실크로드를 통해 무역이 활발해진 13,14세기 이후로는 항구 도시나 왕궁에서 출토되어야 맞습니다. 그렇게 생각한 저는 프로젝트를 발족하여 인도, 스리랑카의 연구자들과 함께 조사에 착수, 여러 곳의 항만 유적에서 대량의 중국 도자기 조각을 발견함으로써 당시의 무역활동과 관련된 새로운 지식을 많이 얻을 수 있었습니다.

그와 함께 제가 흥미를 느꼈던 것은 남인도에 다수 남아 있는 중세 상인 길드의 활동을 전하는 각문이었습니다. 이러한 각문에는 길드를 구성하는 다양한 상인 그룹과 호위 병사 집단 등이 모이고 때로는 지역 농민 집단도 합세하여 사원 기부 등에 관해 논의한 것을 기록한 내용이 많이 있습니다. 이 각문에 대해서는 지금까지 연구가 충분히 이루어지지 않았기 때문에 저는 인도와 스리랑카의 연구자들과는 별도의 프로젝트를 세워서 연구를 했습니다. 이러한 상인 길드의 활동을 전하는 타미르어 각문은 미얀마, 태국, 인도네시아 등만이 아니라 중국의 천주泉州에도 남아 있는데, 인도양에서 동남아시아에 걸친 광범위한 지역에서 사람과 문화의 지역을 초월한 깊은 교류가 존재했다는 것을 알려 주고 있습니다.

인도의 문화, 특히 힌두교와 불교가 고대 동남아시아에 전해져 그 지역사회의 발전에 기여했던 것은 이미 잘 알려져 있습니다. 그러나 문화의 전파, 교류란 결코 일방적인 것이 아니기에 동남아시아의 문화가 인도에 영향을 끼친 부분도 틀림없이 있었을 것입니다. 인도에서 데바라쟈 사상, 곧 왕은 신이라는 가치관은 동남아시아에서 전해진 것이라고 보는 연구자도 있습니다. 그런 의미에서도 고대와 중세에서 남아시아와 동남아시아의 관계를 '재검토'해 보고자 저는 또 다른 프로젝트를 세워서 인도의 연구자들과 함께 동남아시아 각지의 유적을 돌아봤습니다. 고대, 중세에서 인도와 동남아시아의 문화 접촉 과정에서 과연 무엇이 생겨났는지를 탐구하기 위해서였습니다.

이처럼 저는 인도의 역사 속에 북인도와는 언어 문화적으로 다른 남인도의 역사를 연구하여 그를 통하여 인도문화라는 통일된 전체를 조명하려 해 왔습니다. 제가 동남아시아에 흥미를 가진 것은 대학에서 지도를 받았던 야마모토 타츠로山本達郎 선생님의 영향도 있지만, 동남아시아에서 인도문화에 대한 관심은 두 문화의 '부딪침'이 일어나고 그로부터 새로운 문화가 생겨난다는, 그 충돌과 통합에 대한 흥미에서 비롯된 것이었다고 할 수 있겠습니다. 그러한 관심은 더 나아가 서양과 우리 '아시아'의 '부딪침'으로 이어집니다.

다시 말해 처음에 말씀드린 주둔군의 흰 손에 의하여 환기된 저의 '아시아란 무엇인가'라는 의문은 애초부터 동양과 서양이라는 서로 다른 두 문화의 '접촉'에서 태어난 것이지만, 그와 같은 의문이 역시 아직도 저를 깊숙이 규정하고 있는 것 같습니다. 아까도 말씀드렸지만 저는 중국문화와 인도문화를 비교함으로써 '아시아'를 바라보려 하고 있지만 직접적 연구 대상은 '아시아 속'에 있는 다양한 문화 접촉을 지향해 왔습니다. 그 때문에 저는 고대 인도문화의 동남아시아로의 전파, 현대 인도 아대륙 내부에서 민족 분쟁 등 역사의 각 시대에서 찾아볼 수 있는 문화의 부딪침을 고찰해 왔습니다. 그 과정에서 지금까지 말씀드린 것을 감안하여 말한다면 '아시아란 무엇인가'라는 의문에 대한 하나의 답은, 아시아란 서양과의 충돌까지도 포함한 그와 같은 '부딪침' 속에서 긍정적으로 태어난 것이라 할 수 있겠습니다.

4.

이러한 서로 다른 세계, 다른 문화의 '부딪침'과 함께 저의 또 다른 관심은 '사회의 변천', '사회의 변화'입니다. 이 문제에 대해서는 9세기부터 13세기에 걸친 촐라 왕조의 역사에 대해서도, 또한 그 뒤를 이어 연구한 14세기~17세기에 걸친 비자야나가르 왕국의 역사에 대해서도 탐구해 왔습니다. 촐라 왕조의 연구를 시작한 저에게 의문으로 떠올랐던 것은 '동양사회 정체론'이었습니다. 아시다시피 인도 관련 연구 가운데 헨리 메인의 인도 촌락공동체 연구가 있는데, 토지 공동 보유에 입각한 촌락공동체가 강력하게 존속했기 때문에 인도에서는 서양에서 볼 수 있는 사회 발전이 없었다는 견해로서, 이 시각은 마르크스에 의해 답습됩니다. 그 역시 인도 사회를 정체적 사회로 간주했던 것입니다.

그러나 촐라 왕조의 토지 기진壽進 각문을 다수 읽어 보면서 이러한 견해에 의문을 갖게 됐습니다. 촐라 왕조 시기 남인도에서는 토지의 사적 매매가 활발하게 이루어졌으며, 지배 말기에는 광대한 토지 보유를 바탕으로 영주층의 대두가 현저하게 나타나기 때문입니다. 이어서 검토했던 비자야나가르 왕국의 경우는 그와 같은 영주제 출현이라는 사회 변동 뒤에 국가 권력에 의한 나야카제라는 서양의 종사제從士制와 비슷한 제도가 도입되었고 이로써 봉건제라 할 수 있는 통치 제도가 완성되었다고 볼 수 있습니다. 당시 제가 하던 이러한 연구는 이제 와 생각하면 마르크스에 반발하면서도 마르크스에 경도되어 가던 제가 서구 사회에 대한 마르크스의 발전 단계론을 인도에 적용하려 했기 때문이라는 생각이 듭니다.

그러나 자세히 언급하지는 않겠지만, 마르크스의 발전 단계론을 인도에 적용하려면 가령 고대 노예제의 존재를 어떻게 생각할 것인가 등등 여러 문제가 생깁니다. 제 관심은 서서히 촐라 왕조에서 비자야나가르 왕국으로 옮겨 가는 과정에서 실제로 어떠한 변화가 일어났는지, 다시 한번 각문 사료에 밀착하여 그 변화를 더 구체적으로 밝혀 보자는 쪽으로 향하게 되었습니다. 그 연구 과정에서 제가 만난 흥미로운 13세기 각문 사료가 있습니다. 그것은 어떤 어떤 바라문 5형제가 약탈, 강간 등의 소행을 거듭하게 되자 자신들의 힘을 잃어 가는 상황에 처한 당시의 지배 계층이었던 바라문 카스트와 벨라라 카스트가 '이제 이 바라문 형제는 과거의 바라문과 벨라라의 선한 풍습을 잊고 낮은 카스트의 악한 소행에 물들고 말았다'고 탄식한 것입니다.

이는 일본 사회가 중세로 변화하면서 지엔慈円이 기록한 유명한 '일본국의 반역이 일어난 뒤 무사의 세상이 될 것이다'라는《우관초愚管抄》의 한 구절을 떠올림과 동시에 저 자신이 2차 대전 직후의 힘든 생활 속에서 느꼈던 '시대의 변화'를 상기하게 하는 것입니다. 이 '시대의 변화를 감지하는 일', 거기에서 읽어 낸 시공을 초월한 '공감'이 '서로 다른 문화의 부딪침'과 함께 지금 제 역사 연구를 지탱하는 또 하나의 기둥이 되어 준 것입니다. 그러나 저 자신의 그러한 변화, 다시 말해 마르크스의 발전 단계론을 인도의 역사에 적용해 보려는 연구에서 이와 같은 연구로 옮겨 간 것은 물론 최근의 역사학 자체의 변화와 무관하지 않습니다.

앞서 언급한바, 카레 연구, 카스트 연구 등 이른바 사회사적 연구로 전환하게 된 것은 전세기 중반부터 등장한 아날학파(École des Annales)에 자극을 받았으며 시대 변화를 감지하는 감각에 대한 관심 역시 그러한 심성(mentarite)의 연구에 영향을 받았다고 생각합니다. 저는 중세에 많은 신흥 카스트가 출현한 사실을 연구하는 과정에서 낮은 카스트에 해당하는 그 신흥 카스트들이 각문 속에서 바라문에 대한 저주의 말을 쓴 점을 주목했습니다. 그들은 앞서 13세기의 각문에서 바라문과 벨라라들이 '낮은 카스트들의 소행'이라며 한탄했던 그 카스트들이며, 최근 남아시아사 연구에서 탄생한 서발턴 연구가 '목소리가 없다'는 지적을 받았지만 이것이 바로 그 서발턴의 목소리라고 할 수 있을지 모릅니다.

과거 마르크스주의적 역사 해석은 유로-센트릭(Euro-Centric)한 것으로 간주되어 경원시되었고 전세기 말에는 이른바 '언어론적 전회'에 따라 역사학의 존립 자체가 의문시되어 왔습니다. 그러한 포스트 모던, 포스트 콜로니얼적인 연구 상황 속에서 역사학자는 무엇을 해야 하는지, 우리들은 때때로 그 목표를 잃어버리기 쉽지만 저 자신은 앞으로 얼마나 많은 일을 할 수 있을지는 차치하고라도, 지금 말씀드린 '서로 다른 문화의 부딪침'과 '시대 변화의 감각'에 의지하여 연구를 계속할 생각입니다. 또한 이번 심포지엄을 기회로 그 주제인 '글로벌 히스토리' 속에서 저 자신의 두 테마가 어떤 의미를 지닐 것인가를 생각해 보고 싶습니다.

5.

작년 강연에서 와다 하루키和田春樹 선생님은 '역사가는 태어나는 것이 아니다. 역사가는 성장해 가는 것이다'라고 말씀하셨는데, 저 자신이 어린이로서 전쟁 뒤에 겪었던 상황들이 저로 하여금 역사에 대한 흥미를 품게 하고 역사 연구자로서의 오늘을 규정한 것이 아닌가 합니다.

경청해 주셔서 감사합니다. (2008년)

《차茶의 세계사》는 어떻게 만들어졌는가

츠노야마 사가에角山榮

1921년생. 교토京都제국대학교 경제학부를 졸업하고 교토대학에서 박사학위
(경제학)를 받았다. 주요 연구 분야는 영국경제사이다. 와카야마和歌山대학과
나라奈良산업대학에서 봉직했으며, 와카야마대학 명예교수로 2014년 별세했다.
주요 저서로는 《사카이—바다의 도시 문명—》(堺—海の都市文明, PHP新書, 2000),
《차와 환대의 문화》(茶ともてなしの文化, ＮＴＴ出版, 2005), 《시계의 세계사》(時
計の世界史, 復刊, 吉川弘文館, 2014) 등 다수가 있다.

제9회 일한역사가회의에서 강연할 기회를 받아 매우 영광으로 생각하며 진심으로 감사드립니다.

저는 1921년 오사카大阪시에서 태어나 올해 만 88세가 됩니다. 교토京都대학(당시는 교토제국대학) 경제학부를 졸업한 것은 1945년, 제2차 세계대전이 종식된 해입니다. 당시 결핵을 앓아 병역면제가 돼, 전쟁에 관여하지 않고 종전을 맞이했습니다. 학생시절에는 호리에 야스조堀江保藏 선생님 아래서 일본 경제사를 전공했는데, 취직한 와카야마和歌山대학 경제학부에서는 1987년에 퇴임할 때까지 일반경제사와 서양 경제사를 담당했습니다.

그동안 편저서를 포함한 저서는 약 20권이며, 이 가운데 출판한 지 29년이 지난 지금도 중판을 거듭해 애독되고 있는 책이 1980년에 '추코신서中公新書'에서 출판된 《차의 세계사(茶の世界史)》입니다. 제가 59세 때의 저작물인데, 지난 5월에 33판이 출판됐습니다. 초판 이래 현재에 이르기까지 출판부수 15만 5천 부를 넘었습니다. 그뿐 아니라, 2000년에는 한국어로 번역됐고, 2004년에는 중국어로 번역돼 대만에서 출판됐습니다. 이 저서는 저의 베스트셀러가 됐습니다.

제가 말씀드리기는 쑥스럽지만, '역사가의 탄생'이라는 말이 허락된다면 제 경우는 객관적으로 보아 《차의 세계사》의 탄생이 여기에 해당한다고 생각됩니다.

그래서 제가 역사가로서의 길을 걷기 시작한 이래 약 30년 동안, 《차의 세계사》에 이르기까지 과정을 돌이켜 보면, 와카야마대학이라는 지방대학의 불리한 조건과 환경 속에서 문헌과 자료 수집 등 여러 가지

면에서 고생의 연속이었습니다. 현재의 일본 역사가들은 상상조차 할 수 없을 것으로 생각되나, 종전 직후부터 1970년 무렵에 이르기까지 패전 후의 일본 경제와 사회 복구에 대해서는 활발한 논의가 역사가들 사이에서 이루어졌었습니다. 일본이 걸어온 민주화, 공업화, 근대화에 관한 역사와 이데올로기의 논쟁뿐만 아니라, 앞으로 일본이 걸어가야 할 서양의 역사적 모델로서 '오츠카 사학'[1]이 제시한 것이 봉건제에서 자본제로의 이행기에 있었던 영국 경제사였습니다. 따라서 '오츠카 사학'의 매력에 빠진 많은 학생들이 영국을 동경하고 영국 경제사 연구에 모여들었습니다. 사실은 저도 그러한 학생 가운데 한 명이었습니다.

그러나 저는 교토대학 인문과학 연구소('인문연'으로 약칭 기술) 사람들, 곧 가와노 겐지河野健二, 우에야마 슌페이上山春平, 이누마 지로飯沼二郎, 이마니시 긴시今西錦司, 우메사오 다다오梅棹忠夫 등과 연구를 진행하는 가운데, 오츠카 히사오大塚久雄 교수의 연구에 대해서 실증적으로나 이론적으로 몇 가지 의문점이 생겼습니다. 그래서 서양경제사 연구자로서 '오츠카 사학'을 대신하는 새로운 역사상을 어떻게 구축할 것인지가 제 자신의 과제였습니다. 또 한편으로 '공동 연구'를 통해 새로운 학문 분야의 개척에 열심이었던 교토대학 인문연 그룹의 연구자와 어떤 의미에서는 공통된 점이 있었습니다.

그런 가운데 제가 가장 많은 영향을 받은 사람은 이마니시 긴지, 우메사오 다다오 씨 등의 연구회였는데, 특히 우메사오 씨가 제기한 '문명의 생태사관[2]'은 충격을 받을 정도로 신선한 학설이었습니다. 저는 이 생태사관에 자극을 받고 영국 산업혁명을 오츠카 히사오 씨와 같이 농

---

1 오츠카 히사오(大塚久雄, 1907~1996, 경제학자/역사학자)가 구축한 사학 체계.
2 우메사오 다다오의 이론. 세계를 문명발달 정도에 따라 제1지역과 제2지역으로 나누어, 제 1지역에 일본과 서유럽을 위치시켰다.

민층 분해에 따른 자본=임금노동 관계의 성립과는 별도로 에너지 혁명이었다는 새로운 학설을 내놓았던 것입니다. 또 훗날 언급한 바와 같이 제가 전통적 경제사에서 벗어나, 이마니시, 우메사오 연구회에서 민족학, 문화인류학적 접근법을 배운 바가 컸다고 생각합니다.

1960년의 안보투쟁, 이에 이은 이케다 내각의 소득배증계획 및 경제성장률의 급상승 등, 1960년대의 일본 경제는 비약적인 성장기에 접어들었습니다. 이때 저는 1963년, 와카야마대학에서 문부성 해외유학생 자격으로 런던대학 LSE(London School of Economics and Political Science)에 1년 동안 파견됐습니다. 저는 이를 계기로 영국 경제사를 처음부터 다시 배울 생각으로 비싼 수업료를 지불하고 일개 학생이 됐습니다. 그러자 저 한 명을 위해 지도교수로 두 명의 저명한 경제사가 F.J. 피셔(F. J. Fisher) 교수와 D. C. 콜먼(D. C. Coleman) 박사가 정해졌습니다. 이들 두 명의 스승으로부터 각각 한 번 15분 동안의 면접과 지도를 받았습니다.

그런데 면접과 지도를 받는 과정에 제가 와카야마대학 경제학부의 경제사 교수라는 사실이 알려졌습니다. 경제사 교수라는 사실이 알려지자 다음에는 반대로 일본 경제를 배우고 싶다는 식으로 태도와 대접이 바뀌었습니다. 그래서 학내의 젊은 경제사가와 대학원생들로 구성된 연구회에서 보고를 의뢰받아 〈일본의 공업화(Industrialization in Japan)〉'라는 제목으로 보고를 했습니다. 이 보고가 호평을 받았는지, 다음에는 런던대학 본부로부터 시민대학부(Extra-Mural Department)가 주최하고 런던 교외 살리 주의 모어파크 칼리지에서 열리는 사흘 동안의 '일본문제'에 관한 합숙 세미나의 강사로 초빙됐습니다. 강사는 저 외에 LSE의 도어(Ronald P.Dore) 교수와 LSE의 영일동맹 연구가인 이안 니쉬(Ian Hill Nish) 박사가 초빙됐으며, 영국 국내외에서 참석한 40여 명의 청강자를 대상으로 세미나를 개최했습니다. 도어 씨는 일본의 사회, 니쉬 씨는 일본의 정치, 그리고 저는 일본의 경제를 담당했으며, 야간에도 일본 영화를 상영했습니다. 질문의 대부분은 일본인인 제게 쏟아졌지만, 상당히 즐거운 세미나였습니다.

당시 영국 경제는 불황과 '영국병'으로 활기가 없었으며 날마다 각 신문들이 '일본을 본받으라'고 강조하고 있었기 때문에 일본에 대한 관심이 높았습니다. 그러한 환경에서 개최된 일본 세미나였기 때문에 세미나는 성공적이었다고 호평을 받았습니다.

이 세미나 뒤에 인도 봄베이(현재의 뭄바이)에 있는 한 출판사에서 인도의 대학원생 교재로 메이지 유신 이후 100년 동안의 일본 경제사를 저술해 달라는 주문이 들어와 놀랐습니다. 영어 4만 단어로 집필해 달라는 주문이었습니다. 그것이 *A Concise Economic History of Modern Japan*, Vora & Co. 1964입니다.

한편 제가 영국 체재 중에 알게 된 사실은 오츠카 사학을 중심으로 한 일본의 역사학계 정보가 영국에 주로 전해졌기 때문에, 종종 '당신은 오츠카파'인지를 묻는 질문을 받았습니다. 왜냐하면 런던에는 세계 각국, 특히 개발도상국에서 많은 유학생들이 와 있었는데, 그들은 일본이 어떻게 공업화에 성공했는지를 알고 싶어 했습니다. 그럼에도 일본은 그 요망에 부응하려는 노력을 하지 않았고, 일본이 왜 근대화와 공업화에 뒤떨어졌는지를 논하려고만 했습니다. 그들은 이러한 일본의 상황에 불만을 갖고 있었습니다.

다시 말해 일본이 국내적으로는 여전히 존재하는 봉건적 잔재를 문제시하는 것은 상관없다고 하더라도, 런던에서는 통용되지 않는다는 것입니다. 세계의 요망에 부응하기 위해 먼저 필요한 것은 일본 역사학계의 주류인 봉건적 잔재의 극복이 아니라, 일본 근대화에 공헌한 도쿠가와 사회의 재평가라고 생각했습니다. 그리고 일본 학계의 주류인 자본주의 성립의 일국자본주의론이 아니라, 일본의 자본주의가 어떻게 세계경제의 험난한 환경 속에서 성공을 거뒀는지를 연구하는 세계자본주의론으로의 패러다임 시프트가 필요하다고 생각했습니다. 세계자본주의라는 용어는 뒷날 월러스틴의 세계 시스템, 그리고 현대의 글로벌 히스토리에 계승되고 있다고 해도 무방할 것입니다.

이렇게 해서 저는 1년 동안의 해외연구를 마치고 귀국한 뒤, 교토대학 인문연에서 가와노 겐지, 이누마 지로 씨 등과 함께 세계자본주의연구회를 발족시켰습니다. 연구회의 이후 활동에 대해서는 후술하기로 하고, 여기서 또 한 가지 새로운 역사 연구 동향에 대해 말씀드리겠습니다. 바로 대학분쟁 중의 일이었습니다. 전국을 휩쓴 대학분쟁은 1966년에서 67년 무렵부터 시작해 대학교 봉쇄 등 오랜 혼란 속에서 장래의 전망도 불투명한 채, 대학은 연구와 수업중단 상태에 빠졌었습니다.

그때 대학원 봉쇄로 갈 곳이 없다며 전국에서 젊은 영국사 연구자, 대학원생들이 제 집으로 모여들었습니다. 그들이 안고 있던 공통된 문제점은 현실에서 벗어나 매력을 잃은 '오츠카 사학'을 대신해 앞으로 영국사 연구의 목표를 어떻게 설정할 것인가에 있었습니다. 영국 유학에서 막 귀국했던 제게 온다면 무엇인가 새로운 정보를 얻을 수 있지 않을까 하고 생각했는지도 모르겠습니다.

교토대학에서는 기타가와 미노루北川稔 씨가 와카야마대학의 무라오카 겐지村岡健治 교수와 함께 찾아와 젠트리 연구에서 새로운 영국사 개척을 모색했습니다. 도쿄에서 온 대학원생으로는 게이오의숙대학 대학원생인 구리모토 신이치로栗本慎一郎 씨 도쿄대학 대학원생이었던 스기하라 가오루杉原薰 씨 등이 있었습니다. 그리고 모모야마학원대학의 조교수였던 야스모토 미노루安元稔 씨, 고베 여학원대학 가정학의 권위자였던 야스자와 미네 교수 등, 모두 영국사 연구의 소장파로, 각 전문분야가 달랐어도 새로운 역사 설립을 위한 정열을 불태웠습니다.

마르크스 시대의 종결에 따라 향후 마르크스를 대신할 것으로 우리들이 주목한 사람은 칼 폴라니(Karl Polanyi)였습니다. 폴라니의 저서 《대전환》을 배우고, 앞으로 경제는 시장경제 외에, 상호주의(reciprocity), 부의 재분배(redistribution)를 통해 세계 민족의 평등과 평화로운 생활상을 그리는 동시에, 폴라니의 계열에 속하는 학자로는 A·G·플랭크, I·월러스틴, 페르낭 브로델(Fernand Braudel) 등이 글로벌 히스토리의 업적이 있다는 사실을 알았습니다.

그리고 우리들의 연구는 기존의 농촌사와 노동운동사를 대신해, 도시생활사, 사회사로 이행하는 대전환을 일으켰던 것입니다. 이렇게 해서 저는 기타가와 미노루 씨, 무라오카 겐지 씨의 협력을 얻어 가와데쇼보신사河出書房新書로부터 《생활의 세계역사》 전 10권 가운데 한 권인 《산업혁명과 민중》을 저술했습니다. 이 책은 영국 생활사 연구의 선구적인 저서가 됐습니다. 그 뒤 영국 생활사에 관심을 갖는 학생과 대학원생이 늘어났기 때문에 우리 연구회는 '영국 도시생활사 연구회'라는 이름으로 쓰노야마와 기타가와 미노루 씨의 지도 아래 교토대학으로 장소를 옮겨 약 30년 동안 지속해 왔습니다. 이 연구회는 1980년대 중반의 전성기에는 보통 30~40명이 참가하는 성황을 이뤘습니다. 그리고 연구회에서는 우수한 영국사 연구자가 속속 배출됐습니다. 현재 오사카 대학의 아키타 시게루秋田茂 교수, 코난대학甲南大學의 이노세 구미에井野瀨久美惠 교수 등이 이에 속합니다.

생산력이 낮은 시대의 일본 경제는 구미와 비슷한 공업화, 생산력의 발전이 목표였으나, 1인당 GDP가 유럽 각국을 상회하는 단계에 접어들자, 물자와 시간의 소비, 생활문화 속에서 발견하는 행복감이 목표가 될 것입니다. 이러한 경향을 경제사 연구에 반영시킨 것이 영국 생활사 연구였습니다. 이렇게 해서 영국 생활사 연구라는 새로운 흐름에서 영국인의 생활에 가장 중요한 위치를 차지하는 차(tea)를 거론해 《차의 세계사》에 도전한 제 의도를 이해해 주셨으리라 생각됩니다.

그리고 《차의 세계사》에 일관된 또 한 가지 커다란 역사학의 흐름이 있습니다. 그것은 세계자본주의의 흐름과 그 성과입니다. 그렇기 때문에 교토대학 인문연에서 발족한 세계자본주의 연구회가 그 뒤 어떤 전개 양상을 보였는지에 대해 말해 보겠습니다.

교토대학 인문연에서 세계자본주의에 관한 연구성과는 가와노 겐지, 이누마 지로 편의 《세계자본주의의 형성》(1967), 《세계자본주의의 역사 구조》(1970)의 2권이 이와나미서점에서 출판됐는데, 그 뒤 연구회는 해산됐습니다. 그러나 해외에서 세계자본주의론은 활발하게 움직이기 시작했습니다.

먼저 A·G·프랭크가 비슷한 시기에 비슷한 구상을 *Capitalism and under development in Latin America*, N.Y. 1967(오사키 마사하루大崎正治 외 옮김, 《세계자본주의와 저개발(世界資本主義と低開發)》, 柘植書房, 1979)에서 주장했습니다. 한편 미국의 사회학자인 I·월러스틴은 세계자본주의를 하나의 사회학적 의미에서 시스템으로 제시했습니다. 그것이 Immanuel Wallerstein, *The Modern World System: Capitalist Agriculture and the Origins of the European World—Economy in the Sixteenth Century—*, N.Y. 1974입니다. 이 책을 가장 빨리 주목한 것이 우리 연구그룹의 기타가와 미노루 씨였는데, 그는 지금까지 일본에서 세계자본주의 연구와의 관계 등을 포함한 '해설'을 붙여 일본어판 《근대세계 시스템》I, II(近代世界システム, 岩波書店, 1981)을 출판했습니다. 이렇게 해서 세계자본주의론은 국제적으로 공통된 과제로 새로운 단계에 들어섰습니다.

이러한 상황에서 1978년 4년마다 개최되는 제7회 국제경제사학회 대회가 에딘버러에서 열렸는데, 저는 런던대학 LSE의 T·C·바커(T.C. Barker) 교수 주최의 리셉션 〈영사보고의 각국 비교연구〉에서 일본의 영사보고領事報告에 관한 연구를 발표하게 됐습니다.

'영사보고'는 19세기 세계자본주의 시대의 귀중한 자료입니다. 그럼에도 일본에서는 아직도 미지의 상태로 남아 있는 자료였습니다. 영사는 외국의 근무지에서 자국민 및 자국 선박의 보호를 담당하는 것이 주된 임무이지만, 이와 동시에 자국 상인의 통상무역활동을 촉진하기 위해 현지에서 수집한 필요 경제통상정보를 본국 정부에 송신했었습니다. 이러한 정보를 '영사보고'(Consular Report)라고 부릅니다.

그 중요성에 대해서는 다음과 같은 정보를 고려하면 명백할 것입니다. 다시 말해 19세기는 현대와 같이 고도의 정보수집 수단이 발달된 시대와는 달리, 상품을 수출한다고 해도 외국무역 경험이 없었던 메이지 초기에는 상품의 해외 시장 조사에서 수입상사의 소개에 이르기까지, 그리고 상사의 업무까지 모두 영사가 담당했었습니다. 상사가 발달했던 영국 외에는 이러한 영사 및 '영사보고' 제도를 서양 주요 선진국에서 모두 적극적으로 활용해 정보활동을 전개했었습니다. 아시아에서는 태국과 중국, 한국, 일본이 각각 각국에 영사관을 두었는데, 통상정보를 '영사보고'로 송신하고 정부가 이를 정기적으로 출판해 관계업자와 기관에 무료로 배포한 것은 알려진 바에 따르면 아시아에서는 일본뿐이었습니다.

일본은 오랜 기간에 걸친 '쇄국' 정책 이후 1854년에 개항해 세계 시장에 참가했는데, 이를 위한 기반이 전혀 마련되어 있지 않았습니다. 그렇기 때문에 초기에는 수출무역이 외국 상사에 의존할 수밖에 없었지만, 머지않아 일본 상인이 직수출하게 되었습니다. 이때에 영사 및

'영사보고'가 얼마나 일본 경제의 해외 진출에 큰 공헌을 했는지는 명백합니다.

이리하여 근대사 자료로 발견된 '영사보고'의 정부 간행물은 1873년부터 1943년까지 계속 발간됐습니다. 이 가운데 메이지 말년까지 발행된 간행물은 제가 편집과 감수를 맡은 마이크로 필름 75릴 분량의 《영사보고자료》로 유쇼도雄松堂 출판에서 1983년에 출판됐습니다.

교토대학 인문연에서 '영사보고' 공동연구반을 조직하기에 앞서, 저는 먼저 말씀드린 바와 같이 추코신서中公新書에서 《차의 세계사》를 출판했습니다. 그 배경에 대해 말씀드리고 싶은 것은 교토학파의 특징인 공동연구회의 존재가 크다는 점입니다. 이 연구회는 국립민족학박물관에서 故 모리야 다케시守屋毅 씨를 대표로 하는 공동연구 《차 문화에 관한 종합적 연구》(1978~1980)를 내놓았습니다. 이 서적에서 식물학, 문화인류학, 기타 방면의 전문가와의 교류에서 생성된 산물이 바로 《차의 세계사》입니다.

이 책의 내용을 간단히 언급하자면 다음과 같습니다. 즉 영국인이 애호하는 홍차의 기원을 거슬러 올라가면, 16세기 아시아에 도항한 유럽인이 일본에서 본 다도문화, 이에 대해 품은 경외심과 동경이 그 배경이 됐으며, 영국으로 들어간 차가 영국과 세계의 근대사를 창출해 냈다는 것입니다. 이는 유럽 중심의 역사관이 지배하고 있는 가운데, 독자에게 충격적인 반향을 불러일으켰다고 생각합니다.

이렇게 해서 《차의 세계사》가 큰 호평을 받은 덕분인지 계속해서 추코신서로부터 출판한 책이 《시계의 사회사》(1984)였습니다. 이 책은 공동연구의 성과가 아니라, 제가 오랜 기간에 걸쳐 경제사가라는 독자적인 입장에서 생활사를 테마로 저술한 책입니다.

시계와 시간, 특히 기계시계가 만들어 내는 인공적인 시간이 어떠한 시간문화를 창출해 내는가. 생활의 역사는 시간을 무시하고 논할 수 없다는 사실은 언급할 필요도 없으나, 지금까지 경제사 연구 속에서 시간의 역사는 거의 거론되지 않았습니다.

제가 《시계의 사회사》 속에서 거론한 시간의 역사는 자연의 시간(부정시법 시각제도)에서 기계시계가 만들어 낸 인공적 시간(정시법 시각제도)으로 전환됐으며, 이 인공적 시간이 전 세계로 확대된 서양의 시간문화 역사입니다. 그리고 인공적 시간은 '타임 이즈 머니(Time is Money)'가 돼, 자본주의가 성립, 전개된 것입니다.

그러나 에도시대의 일본은 서양에서 기계시계가 도래했을 때 그대로 수용하지 않았습니다. 오히려 일본은 자연 시간의 시각제도에 적합한 기계시계를 독자적으로 발명해 일상생활에 실제로 사용했었습니다. 그 시계는 화시계和時計라 불리었습니다. 부정시법 시각제도에 적합한 화시계는 세계에서 유례가 없습니다. 일본만이 창조한 독자적인 시간문화입니다. 이 시계가 뒷날 일본의 근대시계 공업발전의 기반이 돼, 근대 시민사회의 시간의식을 배양했다고 생각합니다. 화시계는 가라쿠리 시계라고도 불리었으며, 그 기술은 현대의 로봇 산업에 계승되고 있습니다.

그런데 화시계의 발명과 동일한 점을 차문화에서도 찾아볼 수 있습니다. 다시 말해 차와 차문화는 본래 중국과 한국에서 고대나 중세에 일본에 전해졌습니다. 그러나 전래된 차문화는 16세기 일본의 대표적 다인인 센리큐千利休 등에 따라 다도문화로 알려진 와비, 사비 문화3와 모테나시(접대) 문화라는 형태로 새로운 문화를 만들어 냈던 것입니다.

이러한 일본사의 흐름 속에서 생성된 것이 메이지 시기의 일본 서양 잡화공업입니다. 이에 대해 다룬 서적은 1995년에 PHP연구소에서 출판

---

3 와비侘, 사비寂는 일본 미의식 가운데 하나. 일반적으로 조용하고 단순한 것을 뜻한다.

된 《아시아 르네상스》입니다. 즉 19세기 중엽 이후, 서양 근대 물질문명은 아시아 민중의 생활 속에서 성냥과 양산, 비누 등 개개 생활편의품 형태로 들어왔습니다. 그러나 이들 물품은 민중의 동경 대상이기는 했어도, 값비싼 물품이었기 때문에 일반 민중들에게는 구입하기 어려운 물품이었습니다. 아시아의 민중들은 성냥개비 한두 개를 살 수밖에 없는 빈민이었습니다. 이러한 빈민들도 구입할 수 있는 저렴한 모조품을 만들어 제공한 것이 일본의 서양식 잡화공업입니다. 저는 이러한 일본의 역할을 문명의 변전소라고 이름 붙였습니다.

그런데 책 제목인 《아시아 르네상스》의 의미에 대해 말씀드리자면, 이미 알고 계시리라 생각되지만, 아시아는 구미 세력의 식민지, 반식민지적 상태에 놓인 이래, 세계사의 무대에 주역으로 등장한 일이 없었습니다. 따라서 아시아의 역사와 문명은 바르게 평가되어 왔다고 말할 수 없습니다. 그러나 최근의 아시아는 경제발전 속도가 매우 현저합니다. 이러한 가운데 아시아의 역사를 다시 한 번 되짚어 보면, 아시아는 결코 '영구 정체사회'는 아니었습니다. 15-6세기에 세계 문명의 중심은 서양이 아니라 아시아였습니다. 유럽문명이 기독교를 공통의 기반으로 성립된 문명이라고 한다면, 아시아는 유교와 도교, 불교, 이슬람교, 기독교와 같은 세계의 주요 종교와 기타 토착 신앙이 각 지역에서 생성돼 모자이크 형태의 문화를 구축해 온 지역입니다. 그런 만큼 21세기의 문명시대 기반은 이미 존재하고 있습니다. 따라서 아시아에 대한 기대도 아직 크다고 생각합니다. 《아시아 르네상스》라는 제목도 바로 그런 연유에서 붙여진 것입니다. 새로운 시대는 아시아에서 올 것이라고 확신하며 발표를 마치고자 합니다. 경청해 주셔서 감사합니다. (2009년)

일본은 어떻게 아시아인가라는 화두

후카야 카쓰미深谷克己

1939년생. 와세다早稲田대학 제일문학부를 졸업하고 같은 대학원 문학연구과
사학전공에서 박사학위(문학)를 받았다. 주요 연구 분야는 일본근세사이며,
와세다대학 문학부 교수로 봉직했다. 현 와세다대학 명예교수.

주요 저서로 《동아시아법문명권 안의 일본사》(東アジア法文明圏の中の日本史,
岩波書店, 2012), 《사자死者의 역할과 에도시대 유훈·가훈·사세辞世》(死者のはた
らきと江戸時代 遺訓·家訓·辞世, 吉川弘文館, 歴史文化ライブラリー, 2013), 《민간
사회의 천과 신불─에도시대 사람의 초월관념》(民間社会の天と神仏─江戸時代
人の超越観念, 敬文舎, 2015) 등 다수가 있다.

1. 동아시아 역사 연구자를 만나기까지

저는 1939년 미에三重현 한 농가의 장남으로 태어나 공립 소학교와 중학교, 고등학교를 거쳐 1958년에 와세다早稻田대학 정치경제학부에 입학했으나, 전도가 밝지 않아 1년 만에 고향으로 돌아와 부모와 함께 농업에 종사했습니다. 여유 시간에 일본과 외국의 농민소설을 탐독했습니다. 저는 1960년의 '안보투쟁' 전에 도쿄를 떠났기 때문에 그 상황에 대해서는 잘 몰랐으나, 여름방학을 맞아 도쿄의 대학에서 귀경한 친구들이 시작한 '귀경활동'에 참가하거나, 20세가 된 해에 첫 국정선거 투표를 하려던 때에 민주적인 정당의 대표자가 우익 청년의 칼에 맞아 숨지는 사건이 발생하는 등, 당시의 많은 젊은이와 비슷하게 정치적인 감정에 큰 자극을 받았습니다. 3년이 지난 1962년, 와세다대학 문학부에 입학해 일본 근세 농촌사를 연구하기 시작했습니다.

농촌사도 몇 가지 방향이 있었으나, 저는 반봉건투쟁으로 자리매김된 농민투쟁사에 매력을 느꼈고, 졸업논문으로는 17세기인 1630년대에 발생한 시마바라·아마쿠사 농민투쟁(島原·天草一揆)에 대해 다뤘습니다. 이는《역사평론》에 게재돼, 저의 첫 발표논문이 됐습니다. 대학원에 진학한 이후에도 농민투쟁사에 몰두했으며, 석사논문으로는 〈18세기 말 한 번藩의 번정개혁藩政改革과 이에 반대한 대규모 농민투쟁〉을 연구해 제출했습니다. 이는 농민투쟁이 발생한 지방에서 출판돼, 저의 첫 저서가 됐습니다. 1980년에 제출한 박사논문도 〈농민투쟁의 역사적 구조〉라는 제목이었으며, 이 논문도 단행본으로 발간돼 당시 '계급투쟁사', '인민투쟁사'로 통칭되었던 농민투쟁의 연구자로 알려지게 됐습니다.

직장 경력으로는 1971년에 와세다대학 문학부 조교가 된 뒤, 74년부터 약 39년 동안 학부와 대학원 학생에게 강의, 연습, 논문지도를 하는 일을 해 왔습니다. 그 사이에 근세 대외관계사에서는 '쇄국'에 대한 관점이 크게 바뀌었지만, 제 연구 대상으로 일본의 밖을 보려는 자세나 시각은 없었습니다.

1985년 일본사가 전공인 제게 캐나다 토론토대학에서 연구할 기회가 있었습니다. 반년 동안의 짧은 기간이었지만, 아무런 의무도 없이 사립 대학 예산으로 행동 경로를 구속받지 않고 미국과 캐나다의 국경을 자동차로 자유롭게 넘나들 수 있는 곳이었기 때문에, 저는 캐나다와 미국의 대학, 도서관, 박물관을 시간 제한 없이 방문했습니다. 일본사 문헌의 배치와 일본사 관련 과목을 나라 밖에서 볼 수 있는 풍족한 기회를 누렸습니다. 아시안 스터디즈에서 차이나, 재팬, 코리아가 하나의 묶음과 같은 환경에 놓여 있는 것에 큰 감회를 느꼈습니다.

이듬해인 1986년, 처음으로 한국을 방문했습니다. 이는 제 저서인 일본사 시리즈 집필의 준비행사차 집필자와 편집자로서 한국을 방문하게 됐던 것입니다. 저는 이때 방문했던 왜성의 사진을 제9권 《사농공상의 세상(士農工商の世)》에 담았습니다. 이 무렵 제가 담당한 대학원 수업에는 한국에서 유학 온 민덕기 군이 있었습니다. 한국에서는 당시 '반일에서 극일로'라는 슬로건이 나오기 시작해, 구미가 아닌 일본에서 일본을 연구하는 움직임이 일기 시작했었습니다. 저는 다른 참가자가 돌아간 뒤에도 지금은 청주대학교의 교원인 민덕기 씨와 여행을 했습니다. 민덕기 씨는 유학 중에 학위를 취득해 연구서를 간행할 수 있었으며 모교에 전임교수로 귀국할 수 있었습니다. 그는 열심히 연구했을 뿐만 아니라, 책봉체제와 화이질서론을 쉽게 번복하는 데 이의를 제기하는

자세로 조선왕조와 중근세 일본의 동태성 있는 관계 변동을 연구해, 제게도 신선한 충격을 주었습니다.

일본 사회는 이른바 '고도성장'을 거쳐 일반 시민들의 해외여행이 당연시됐고, 외국사와 대외관계사 전문가뿐만 아니라 일본사 연구자가 국제적인 역사학회의에 대거 참가하기 시작했습니다. 저와 가까운 일본사 연구자들이 자국사 연구를 하고 있는 동아시아 연구자와 현지에서 만나 교류하고 싶다는 마음을 갖게 된 것도 과제의식뿐만 아니라 사회의 흐름에 따른 것이기도 했습니다.

1990년 '민중적 시점'이 강하다는 공통점이 있는 몇 명의 가까운 관계의 일본 근세사, 근대사 연구자들이, 와세다대학 문학부에서 연세대학교 대학원에 유학해 조선사 연구자가 된 쓰루조노 유타카鶴園裕 씨의 중재로 한국의 '역사문제연구소' 멤버들과 교류를 갖게 됐습니다. 한국 측은 갑오농민전쟁에 대해, 일본 측은 농민투쟁과 자유민권운동에 대해 보고하고, 서로 기본적인 질문과 의견을 나눴습니다. '민중'이라는 말에 대해 긴장감이 높았었다는 사실도 잘 기억하고 있습니다.

1993년, 와세다대학에 유학해 일본적인 '소국주의자'를 연구했던 강극실 씨의 중재로 중국의 남경南京대학과 교류를 가졌습니다. 중국 측은 태평천국운동에 대해, 일본 측은 근세, 근대의 민중운동과 민중의식에 대해 보고하고 토론했습니다. 이렇게 해서 일본사 연구자의 한 그룹이 한국과 중국을 방문해 교류하기 시작했는데, 와세다대학이 시작한 국제 연구교류에 대한 자금 지원계획에 응모해 1997년 중국과 한국에서 연구자를 초청해 '18-19세기 근대이행기의 동아시아 민중상'이라는 제목으로 국제심포지엄을 이틀 동안에 걸쳐 개최했습니다.

당초, 작은 그룹모임으로 출발했지만, 무명으로는 국제교류를 성립시키기 어려웠기 때문에 1990년 한국의 '역사문제연구소'와 교류를 시작했을 때 '아시아 민중운동사 연구회'라는 이름으로 조직을 만들었습니다. 이후 젊은 연구자들이 나서서 활동 방향도 바뀌어 '아시아 민중사연구회'로 이름을 바꾸고 회칙도 있는 작은 학회로 발전시켜, 근대사의 안자이 구니오安在邦夫씨와 근세사의 제가 대표를 맡아 교류활동을 지속해왔습니다. 올해 3월, 안자이 씨와 제가 동시에 정년퇴직했기 때문에 사무국이 메이지대학의 쓰다 쓰토무須田努씨로 바뀌었습니다.

그 사이에 2001년에는 와세다대학의 프로젝트 연구소의 하나로 '아시아 역사문화연구소'를 발족시켜 '근대이행기의 동아시아 정치문화'에 초점을 둔 심포지엄을 개최했으며, 2002년부터 와세다대학 문학부에서 시작한 21세기 COE 프로그램 '아시아 지역문화학의 구축'에 참가했습니다. 여기서 일본사는 주변적 위치에 있었으며, 고대에 중점을 두었기 때문에 저는 '사업추진자'의 한 사람에 지나지 않았으나, 5년 동안 견학자로서 참가한 가운데 '동아시아'라는 대상을 끊임없이 반추해 볼 수 있었습니다.

제 개인적으로는 지바대학의 조경달 씨의 초청으로 1894년 갑오농민전쟁 100주년 행사에 참가해 비교사적 관점에서 일본 근세의 민중운동을 보고한 적이 있습니다. 또 뜻을 같이하는 학자들과 대만과 베트남 대학을 방문해 연구상황을 토론한 적도 있었습니다.

2. '百姓成立(하쿠쇼 나리타치)'론의 연장선에서

시대 추세에 따랐다는 사실 이외에, 저는 자신의 연구과정 속에서 동아시아의 확대에 접근하는 계기를 찾을 수 있었습니다. '계급투쟁사', '인민투쟁사'라는 흐름 속에서 농민투쟁의 현장에서 사료를 찾고 지방

연구자와 투쟁 관계자를 방문하는 연구자이기도 했던 1973년, 저는 《사상》 584호에 〈농민투쟁의 사상(百姓一揆の思想)〉이라는 논문을 발표했습니다.

일본의 '농민투쟁(百姓一揆)'은 지배권력에 대해 '비화해非和解'의 관계에 있다는 것이 계급투쟁론에 바탕을 둔 농민투쟁의 이해였습니다. 그렇기 때문에 처형도 각오하면서 투쟁한 농민들을 규명하는 일은 연구자에게 큰 매력이었습니다. 제2차 대전 후의 민주화 기운을 받아 근세의 서민사료 조사와 발견이 진행된 데다, 사회경제사적인 수법의 마르크스주의 역사학의 방법론과 개념이 부상함에 따라, 각지에서 저항운동이 잇따라 발굴되고 의민비義民碑와 기념물품이 발견됐습니다. 농민투쟁에 대해서는 기록과 유물 강소强訴(집단적 요구제기, 고발)의 진로, 자손 가족 등을 알고 있는 시민 연구자가 각지에 있었습니다.

농민투쟁의 건수는 이전에는 5천 건, 최근에는 절반 정도로 추측하고 있지만, 이는 직접적으로 영주 권력에 대항하는 위법시된 저항운동입니다. 이에 대해 새로 주목되는 것이 에도시대 '촌락 내 분쟁(村方騷動)'(무라카타 소도)으로, 주택 및 정장 등이 표상하는 농민의 신분과 가문 차이를 둘러싼 분쟁, 가문별 또는 경작지별 부담 경중에 대한 분쟁, '촌정 담당자(村役人)'의 사욕횡령을 둘러싼 투쟁, 하층농민의 계급 상승 소망에 대한 투쟁 등 다종다양했는데, 서민사료 조사의 진전에 따라 이들이 차례로 규명됐습니다. 근세의 마을은 약 5, 6만 정도 있는 것으로 보이는데 2세기 반 사이에 잇키一揆는 일어나지 않았어도 무라카타 소도를 경험하지 않았던 마을은 없었을 것입니다. 이는 촌정 민주화운동으로 자리매김됐습니다.

이러한 연구 환경에서 저는 농민투쟁 사상에 대해 생각해 보았습니다. 투쟁을 한 농민이 부정부패를 일삼은 자의 가옥을 부수거나(打ちこ

わし) 번藩 관리와의 직접협상 자리에서 내뱉은 비난을 추출해 적대적인 계급의식을 논하는 방식이 아니라, 일상생활과 투쟁 행동, 투쟁의 시작, 분노의 고조, 그 종식 과정, 그리고 투쟁 농민의 역량을 반영하고 있는 '투쟁 사상(잇키의 사상)'은 어떠한 것인가를 고찰해 보았습니다. 그러자 비화해적 적대의식론으로는 설명할 수 없게 됐습니다. 농민투쟁에서는 소장訴狀을 준비하는데, 이 소장에는 많은 요구 항목이 적혀 있습니다. 이를 정리해 마지막에 '농민의 임무를 다한다'는 내용과 함께 '농민(百姓)의 삶이 성립'될 수 있도록 '인정仁政'의 구체적인 방안인 '구제(御救い)'를 하도록 요구합니다. 이러한 소장은 두려워하면서 비굴한 표현에서 시작되는데, 그 표현방식에서도 계급투쟁론에서 말하는 신분 차별성을 읽어 낼 수 있었습니다.

근세 일본에는 소송제도가 있었지만, 소송을 하는 순서가 정해져 있었습니다. 그러나 한편으로는 인격적 영향이 강한 군주제에서 그렇듯이, 현지 지배자의 폭정이 있을 경우 군주에 직소(直訴: 직접 고발)하는 것이 인정되었습니다. 중앙정부나 각지의 지방정부에 직소제도가 있었습니다. 농민투쟁이 위법인 것은 절차를 밟거나 직접 고발하는 것이 아니라 '도당'이라는 집단을 만들고 억지로 고발하는 행위를 취했기 때문입니다. 농민은 연공을 '완불'하는 대신에 공법적 존재로서 '인정仁政'의 보호를 받아야 할 입장에 있으며, 영주는 이에 '책무'가 있다는 이해를 갖고 '농민의식〔御百姓意識〕'을 토대로 직소를 한 것입니다. 반봉건이 아니라 막번幕藩체제 아래에서 '감사와 신뢰'를 전제로 해 '무민撫民'을 실행하지 않음에 항의하고, 그 실행 책무를 요구하는 위법도당의 직접고발이라는 형태로 이루어진 것이었습니다. 따라서 농민투쟁의 중심에는 '소訴'의 논리가 자리 잡고 있다는 것입니다.

1970년대에 제가 참가했던 번정사藩政史 연구에서 근세의 지배 이데올로기는 '인정仁政 이데올로기'라는 견해가 나오기 시작했습니다. 영주는 '무위武威, 무력武力'으로 '백성 토지긴박(土地緊縛, 이주나 이동의 제한)'을 강제해 '전 잉여노동'을 '착취'한다는 통념에서 보자면, '인정' 사상으로 지배한다는 설명은 부자연스러웠습니다. 이를 주장한 사람도 같은 생각을 하게 돼, '인정 이데올로기'는 피지배자를 기만하는 '허위 이데올로기'라는 사실에 납득했던 것입니다.

저는 농민투쟁 사상에 대해 한편으로는 이 인정 이데올로기론을 머리 속에 넣고, 한편으로는 전후의 근세사 연구의 최대 성과인 '소농 자립론'을 바탕으로 투쟁 소장에서 요구 논리를 중심으로 정합시키고자 한 결과, '百姓成立(하쿠쇼 나리타치)'이라는 정당성을 상하 모두가 부인할 수 없는 '표면적 이유'를 찾아냈습니다.

그것은 통치자의 사상에서 시작되는 것이지만, 전국적으로 농민투쟁의 요구 논리로 표명된다는 사실은, 그것이 피지배자의 세계에도 침투됐다는 것을 말합니다. 계급적 이해론에 따르면 지배자와 피지배자의 '하쿠쇼 나리타치'에 담긴 소망은 동일하지 않으며, 각각의 욕구는 권력의 지속과 생활의 지속이라는 대치성을 갖습니다. 그러나 현대의 국제 조약이 양측의 이해 상충을 전제로 성립되는 것과 마찬가지로, 영주와 농민의 역사적, 정치적 약정이 사회에 뿌리를 내린 것으로 이해할 수 있습니다. 여기서 기대되는 통치자상像과 기대되는 농민상像의 관계의식이 '하쿠쇼 나리타치'라는 것입니다.

그러나 당시의 저는 계급투쟁사, 인민투쟁사의 흐름, 다시 말해 국지적인 투쟁에서 전국적인 투쟁에 이르는 도정을 모색한다는 발전단계론적 논의 가운데 있었으며, 발상이나 용어도 이에 따랐습니다. 영주와 농민 관계의 비화해적 이해에는 거리를 두면서도 자기모순을 피하고자 허위 이데올로기론에 비중을 둔 '하쿠쇼 나리타치'론이었습니다.

그러나 지배 이데올로기를 허위 이데올로기로 하는 것은, 결국 지배자는 민중을 기만한다는 시각에 묶이게 돼, 연구자가 우민관에 빠지게 된다고 생각합니다. 현대의 실제 정치에서 살다 보면 연구자도 그런 경험적 감정에 빠지는 경우가 종종 있는데, 과연 지배자와 위정자의 처지는 농간을 구사할 정도로 여유가 있었던 것일까요. 지배, 위정, 통치 등의 행위는 항상 여유 없는 상태의 연속으로, 그러한 의미에서는 진정성, 또는 외부의 힘으로 규정되어야 했다고 생각합니다. 그 힘의 폭넓은 저변이 이른바 '민의民意'입니다.

일본의 근세화 과정에서 패권을 잡은 '천하인'이 천하에 대한 선언문과 같이 문언을 남겼습니다. 민중사 연구의 이러한 구름 위의 새 지저귐 같은 화두는 허위성, 억압성이라는 관점에서 설명돼 왔지만, 저는 이러한 것도 민중의 소망, 또는 천하 목소리의 반영으로 활용해야 한다고 생각합니다. 본디 농민투쟁은 1608년 관리에 부정부패가 있을 경우 '신고없이 직소'해도 된다고 선언한 쇼군의 약속을 토대로 한 것입니다. 상세한 설명은 생략하지만, 100년에 걸친 난세를 평정하고자 하는 사회적 분위기에 따라 이러한 선언으로밖에 패권을 달성하지 못했던 것이 천하통일이었던 것입니다. 그러한 의미에서도 '하쿠쇼 나리타치'라는 인정仁政원칙은 지배자의 기만이라 단정 짓기 어려우며, 당시의 통치와 피통치 사이의 역사적 합의였다고 생각합니다.

3. 탈아시아적 역사상의 탈피를 향해

이른바 '새로운 역사교과서'가 국가주의적, 영웅주의적, 민중사 경시, 침략전쟁, 식민지 지배의 자성이 결여됐다는 등의 비판이 들려옵니다.

이 교과서는 일본의 역사가 유럽에 비견한다고 주장하고 그 결과 아시아 경시의 역사상이 된다는 것이 특징입니다. 근세사에서 일본은 세계 유일의 철포생산국이 되어 과학기술은 서양에 뒤지지 않는 수준에 달했다고 기술되어 있는데, 동아시아의 문물을 흡수해 개성적으로 진화한 점에는 주목하지 않고 있습니다.

근세의 농서는 그 수가 많지만, 중심은 미야자키 야스사다宮崎安貞가 저술한 《농업전서農業全書》입니다. 이 교과서는 서양에 뒤지지 않는 수준이라고 기술했으나, 야스사다가 명조 말기의 서광계徐光啓가 저술한 《농정전서農政全書》를 참고로 각지를 조사하고 자신의 실험을 거쳐 풍토에 적합한 재배법을 만들었다는 사실은 간과하고 있습니다. 이노 타다타카伊能忠敬의 연안측량도와 다나카 히사시게田中久重의 자동장치 인형을 예로 들어 식민지화를 막고 기술대국이 된 것은 서양에 뒤지지 않은 근세 기술 덕택이라고 기술했습니다.

교과서에 따라 많고 적음의 정도는 있지만, 그 내용을 비판하는 일본사학계의 역사 인식에도 교과서 내용과 일맥이 통하는 부분이 포함돼 있는 만큼, 이를 극복하는 방안이 필요하다고 생각합니다. 반전과 민주화를 지향하며 양심적인 연구과제를 제기해 성과를 올린 '전후역사학'은 발상의 토대에서 '탈아시아'적인 인식을 내포하고 있습니다.

'전후역사학'은 실은 '전시하戰時下 역사학', '전전戰前 역사학'과 연결되어 있으며 근대 일본의 반체제적 역사학이 부각된 모습을 하고 있습니다. '탈아시아'는 1930년대 전반의 《일본 자본주의 발달사 강좌》에서 지대한 영향을 받아, 이를 기점으로 '전후역사학'이 성장해 왔다고 생각합니다.

역사학연구회와 일본사연구회라는 대표적인 학회가 마르크스주의적인 세계사의 기본법칙론을 살린 이론과 실증을 축적해 온 것이 '탈아시아'의 일본사 인식에 이르는 요인이 됐습니다. 자본주의발달사의 전사로서 재지在地영주제의 중세사, 병농 분리된 부재不在영주제의 근세사라는 '봉건영주제'의 단계가 연결되어 일본사의 골격을 이뤘습니다. 다른 근대주의적 역사학도 근대를 자본주의 사회와 등가시하며, 시대 구분도 비슷했습니다.

산업혁명으로 연속되는 자본주의 발달사라는 인식을 축으로 하면, 유럽과 비슷하게 일본은 아시아 사회와는 다르다는 인식을 가질 수밖에 없습니다. 메이지 유신과 자본주의화의 근대뿐만 아니라, 중세 근세의 통일권력이 고대 왕조가 아닌 무가武家정권이었다는 점도 유럽과 비슷한 요소로 간주됐습니다.

한편 유럽 수준에 이르지 않는 점도 인식돼, 일본의 '뒤늦은 근대'에 대해서도 논의가 됐습니다. 근세사는 지주제의 전사前史를 진지하게 연구했습니다. 일본사의 '뒤늦은' 측면은 아시아적 특질론, 아시아 생산양식론으로 심화되면서 아시아의 '정체', '후진성'을 학문화했습니다. 그러나 1980년대부터는 연구세대가 교체되어 전후 역사학의 구심력이 약해지고, 환경, 가령加齡, 생태계, 스트레스와 같이, 상정을 뛰어넘는 사회문제에 개별적으로 대응하는 거대 이론(Grand Theory) 부재의 '현대적 역사학'으로 이행하고 있습니다.

그런데 일본을 유럽에 비견시켜 아시아를 극복하려는 역사 인식은 '일본 이질'론이기도 합니다. 일본 이질론에는 일본 사회가 생성하는 것, 구미가 발신하는 것, 아시아에서 인식되는 것 등 다양하지만, 전후 역사학도 자기견책을 수반하는 일본 이질론이라고 할 수 있습니다. 근대의 군국주의와 결부돼 근세도 무사의 무위, 무력 지배로 설명됩니다. 그러나 유럽이나 아시아와는 다른 이질적인 존재라는 일본 설명은, '하쿠쇼 나리타치'론을 정치문화의 축으로 하는 제 입장에서 받아들일 수 없습니다.

동아시아의 공통분모는 무엇인지, 일본의 개성적 분자는 무엇인지, 양자의 관계성은 어떠한지, 다시 말해 일본은 어떻게 아시아인지에 대한 물음에 쉽게 답을 찾기는 어렵습니다. 대외관계사 연구는 사반세기 이상 활발하게 진행되고 있지만, 교류의 활발함과 사회의 질은 다릅니다. 동아시아에서는 촌락과 도시 등의 기초적인 요소도 차이가 크고, 국가형태도 일본의 무가정권처럼 가시적인 차이가 명백해 이질론으로 보이기 쉽습니다.

유의해야 할 관점으로는 근대화를 축으로 한 유럽 중심사관, 고대화를 축으로 한 중국 중심사관, 초시대적 동양문화론, 황색인종론적 아시아주의가 있는데, 저는 '탈아시아적 근세사상에서 탈피'라는 방향에서 동아시아 세계를 유기적인 역사 구조체로 인식하는 발상이 필요하다고 생각합니다. 이는 문명의 지역분할이라는 발상이 아니라, 세계사의 정점 아래 역권域圈의 독자성을 모색한다는 다양성 존중의 자세입니다. 저는 '하쿠쇼 나리타치'론을 살릴 수 있는 정치문화론을 구상하고 싶습니다. 정치문화에는 정치적 질서의 법제, 직제뿐만 아니라, 통치와 피통치의 관계, 상하신분의 기대되는 인격상, 정사正邪, 초월관념 등 사회적 문화적 기반이 되는 요소도 포함시켜야 합니다. 동아시아 사회는 애매한 유사성이지만 같은 정치문화를 갖고 기술경제의 단계 차이, 우호와 적대를 넘어 정치적 형질로는 상사성相似性을 갖고 있습니다.

이러한 정치문화적인 공통성을 갖고 있는 역권을 '동아시아 법문명권'으로 부르겠습니다. 이는 오랜 기간 축적된 화두로 실체인지 의식인지 간파하기 어려운 동아시아의 '고전고대'적인 문명에 심원을 두고, 주변 각지에 흡수 반발의 운동을 일으키면서 정착되고, 그 과정에서 새로운 신화와 소지역 문화를 파생시키면서 만들어진 역권으로 이해할 수 있습니다. 중심이 되는 중화적 왕조를 시원始原적인 광원光源으로 하고, 소광원화된 주변 왕조의 연합체와 같은 경관인데, 자연성이 강한 부족 사회도 각처에 지속돼 3층의 세계를 구성해야 했었습니다. 이 법문명권은 성쇠를 되풀이하고, 중화왕조도 난립과 통일을 반복하면서 주변왕조와의 관계도 유동적이었습니다. 그 가운데 상하의 화이華夷, 사대事大, 기미羈縻, 적례敵禮 관계라는 국제관계가 형성되었습니다.

근세화 단계의 이베리아 임팩트, 근대화 단계의 웨스턴 임팩트의 자극을 받은 '동이東夷'왕조의 중화황제 욕구, 중화왕조 약화에 대응한 '북적北狄'왕조의 조공 중단과 중화황제 욕구가 대륙침략의 쟁란을 일으켜, 동아시아 세계의 서열이 재편됐습니다. 이러한 가운데 17세기부터 19세기까지 동아시아 왕조 간에 주목해야 할 비전非戰상태가 계속됐습니다.

그러나 동란과 태평 아래에서 생겨난 보편성 있는 정치문화 속에 동아시아를 묶어 놓을 수 있는 요소, 심지어는 발판으로 삼을 수 있는 요소가 보입니다. 동아시아 법문명권을 대표하는 것은 '군주제적인 민본주의'로 불려야 하는 것으로 '백성은 국가의 근본'이라는 통치자의 마음가짐입니다. 표면적인 것이기 때문에 현실적으로는 쉽게 어기게 되는데, 통치자의 자의를 제약하는 힘이기도 합니다. 일본 근세사의 '인정仁政 이데올로기'론, '하쿠쇼 나리타치'론은 이에 이어지는 '민본' 원리의 표출이라고 생각합니다. 이에 '덕치'를 포함해 '민본덕치'가 치정治政 방식을 규정하는 중심적 가치가 됐습니다. 요컨대 유교 정치문화입니다. 오래전 일본에 유입됐으나, 난세를 극복한 '평화의 시대'의 통치 정치사상이자 근세화를 구분짓는 사상으로서, 조선으로부터 서적, 활자, 학자의 약탈을 포함해, 주자학을 중심으로 한 유교적 사상이 전 사회를 뒤덮었습니다. 사고방식에 유교 이외의 요소도 포함됐다는 의미에서 유교 '핵核' 정치문화로 한정 짓는 것이 타당합니다. 근세 일본은 중화왕조에 조공을 바치지 않고, 조선과는 비적대시 관계에 있었는데, 정치문화의 질적인 면에서 볼 때 동아시아 법문명권의 내측에 있었다고 생각합니다. 근세화를 나타내는 주자학이 중요하다는 의견도 있지만, 저는 민본, 덕치와 같은 측면에서 보려는 입장입니다.

동아시아 사회에서는 민본덕치 원칙이 통치자와 피지배자 사이에서 공유돼 이해利害를 달리하면서 역사적 합의를 이루었다고 생각합니다. 항상 파탄의 위험을 안고 있었지만, 왕권의 성립과 지속의 최대 보장은 천하에 대한 '안민', '태평'의 약속으로, 백성은 통치를 승인하고 물품과 노동력을 상납하는 대신에 생활 유지를 확보했다고 해석할 수 있습니다. 통치권자는 천자, 국왕, 쇼군 등으로 차이가 있어도 국가의 '공민'을 백성 신분으로 두었다는 점, 교령 우선, 법령 후원이라는 두 가지 원칙의 법제화라는 점도 특징이라 할 수 있습니다.

백성에 대한 '태평'과 '평균'의 보장 약속이 깨지게 되면, 군주의 위신이 떨어져 이반현상이 생깁니다. 이것이 천하 규모가 되면 방벌放伐, 혁명론이 대두돼 화이변태를 포함한 왕조교체에 이르게 됩니다. 참고로 동아시아의 역사관은 쇠퇴된 것을 다시 부흥시키는 '쇠퇴사관'입니다.

근세 일본에서는 조선 주자학의 큰 영향을 받아, 이러한 정치문화의 급속하고 확대적인 침투라는 동아시아화가 크게 진전됐는데, 이에 반발적으로 일본화의 힘도 활발하게 증폭돼 신유일치神儒一致와 같은 절충적인 입장을 낳거나, 깊이 있는 일본학을 키우거나 했습니다. 미토학水戶學이 시작된 미토번水戶藩에서는 중국의 유학자를 등용했습니다. 린케林家(유학자, 주자학자의 가계)를 중용함으로써 주자학이 국가적 정학 입장을 유지했으나, 더 오래된 교설, 현실에 대응하는 교설을 추구하는 유학이 유력했습니다. 동아시아화와 일본화의 힘이 양방향에서 작용해 한쪽만의 독주를 허용하지 않았습니다.

동아시아 세계의 정치문화는 한편으로는 '평균'평등주의이며, 민중의 저항투쟁도 거의 이 이념에 따라 평균平均, 균전均田, 균산均産을 슬로건으로 했습니다. 그러나 한편으로는 국제적으로 '화이' 관계, 국내적으로는 '양천良賤' 관계의 위계성적 편성이 구조화된 점에도 주목해야 합니다. 평등주의와 위계주의의 관계는 함께 고찰해야 할 중요 과제입니다.

근세 일본이 동아시아 법문명권으로 편입할 때 최대 난제는 과거科擧제도에 따른 관료 등용의 결여입니다. 요컨대 무사武士란 무엇인가라는 문제입니다. 그러나 근년, 중세사에서도 무사를 재인식하려는 논의가 이루어지고, 근세사에서는 1970년대부터 무사관료제 논의가 제기되어, 반론이 나오지 않고 있습니다. 저는 과거제도를 통한 관료선거가 아니라, 관료 공출 사회기반에 따라, 중국의 향신관료제, 조선의 양반관료제, 일본의 무사관료제라는 특징을 가졌다고 생각합니다. 일본 근세도 '하쿠쇼 나리타치'를 의무화한 관료제 국가의 하나로 함으로써, 동아시아 법문명권 속에 자리매김할 수 있고, 이로써 '탈아시아적 근세사상'을 극복하는 전망이 섰다고 생각합니다.

아무튼 일본의 아시아성은 자명한 것이 아니라, 어떻게 아시아인가라는 화두를 계속해서 던지지 않으면 그 해답을 찾기 어려운 난제입니다. 저는 71세가 되어서야 비로소 이런 점을 생각하는 역사가로서 '탄생'하고 있습니다. (2010년)

토지제도사에서 지역사회론으로
—인도사 연구의 새로운 방법을 찾아서—

고타니 히로유키小谷汪之

1942년생. 도쿄대학 문학부 동양사학과를 졸업하고 같은 대학원 박사과정을 거쳐 도쿄東京도립대학에서 박사학위(사학)를 받았다. 주요 연구 분야는 인도 사이며, 도쿄도립대학 인문학부 교수로 봉직했다. 현 도쿄도립대학 명예교수. 주요 도서로 《인도 사회·문화사론—'전통'사회에서 식민지적 근대로》(インド 社会·文化史論—『伝統』社会から植民地的近代へ』, 明石書店, 2010), 《'대동아전쟁'기 출판 이문異聞—《인도자원론》의 수수께끼를 찾아서》(「大東亜戦争」期出版異聞— 『印度資源論』の謎を追って, 岩波書店, 2013), 《나카지마 아츠시의 조선과 남양— 두 개의 식민지 체험》(中島敦の朝鮮と南洋—二つの植民地体験, 岩波書店, 2019) 등 다수가 있다.

1. 제2차 세계대전 후의 세계와 일본의 상황

제가 도쿄대학 문학부 동양사학과 대학원에서 아시아사를 공부하기 시작하려 한 것은 지금으로부터 50여 년 전인 1960년대 중반입니다. 당시 제가 연구테마로 선택한 것은 아시아의 토지제도나 토지소유관계였습니다. 이것은 당시 일본 사회 상황과 이에 대응한 일본 역사학에 의해 규정된 면이 강했다고 생각합니다. 당시 일본은 고도경제성장 직전으로 지금은 상상하기 어려울 정도의 농업사회였습니다. 1945년 제2차 세계대전 패전 후에 실시된 농지개혁은 일본 역사상 유례가 없을 정도의 근본적인 대혁명을 일본 사회에 불러일으켰습니다.

이에 대해 몇 가지 통계수치를 예로 들어보겠습니다. 일본에서 근대적 사적 토지소유가 도입된 것은 1873년 지조개정地租改正에 의해서인데, 이는 근대 일본의 출발점인 메이지 유신(1868)으로부터 5년 뒤였습니다. 이 지조개정으로부터 약 30년 뒤인 1903년의 통계수치를 보면, 논밭을 합한 농지 총면적은 약 530만 헥타르였으며, 이 가운데 소작지는 약 240만 헥타르였습니다. 비율로 보면 44.5%였습니다. 이와 같이 메이지 시대(1868~1912)에는 지주적 토지 소유가 급속히 발달했는데, 1930년에 이르러 그 절정에 도달했으며 당시 소작지 비율은 48.1%였습니다. 이처럼 일본의 근대는 일반적으로 기생지주제(parasite landlordism)라 불리는 지주적 대토지 소유를 하나의 사회 기반으로 하고 있던 것입니다. 그러나 제2차 세계대전 후에는 미국(연합군) 점령 아래 이 지주적 토지소유를 폐지하기 위한 농지개혁이 실시됐습니다. 농지개혁의 기점인 1945년 11월 23일 시점에 농지 총면적은 약 520만 헥타르, 소작지 비율은

약 45%였습니다만, 농지개혁이 종료된 1950년의 소작지 비율은 10% 정도로 급감해 지주적 대토지 소유는 사실상 소멸됐습니다. 이에 따라 농가 호수가 증가하기 시작해 제2차 세계대전 전에는 약 540만 호였던 것이 1950년에는 약 620만 호로 증가해 절정에 달했습니다. 농지 총면적은 1961년에 정점에 달해, 약 610만 헥타르까지 증가했습니다. 이처럼 제2차 세계대전 후의 농지개혁은 일본의 농업구조를 크게 바꾸어 일본은 소규모 자작농(소유지 면적 약 1헥타르 이하)을 중심으로 한 농업사회가 된 것입니다(참고로 고도 경제성장과 1990년대의 거품경제 붕괴를 거친 2009년이 되면, 농가 호수는 약 250만 호, 농지 총면적은 약 460만 헥타르까지 감소했습니다).

한편 외부 세계를 보면, 1947년에 영국 식민지 지배에서 독립한 인도에서는 각 주州 정부에서 토지개혁을 실시했습니다. 또 1949년 중국 혁명 후 중국에서는 토지개혁뿐만 아니라 농지집단화(인민공사화) 정책을 추진했습니다. 1950년대부터 1960년에 걸쳐 그 밖의 많은 아시아, 아프리카 국가들도 독립을 이뤘으며, 이들 독립국가에서도 토지개혁이 큰 정치적 과제가 됐습니다.

제가 동양사학과 대학원에 진학한 1960년대 중반 무렵에는 이러한 상황이 계속되고 있어, 지주제와 소농경영을 둘러싼 문제가 활발하게 논의됐습니다. 이러한 상황에서 토지제도사 또는 토지소유관계사 연구가 역사학의 왕도처럼 보였던 것은 매우 자연스러운 흐름이었다고 생각합니다.

2. 마르크스의 '아시아론'에 대한 의문

이렇게 하여 아시아에서 토지제도 또는 토지소유관계를 연구 테마로 선택했던 것인데, 아시아에서도 특히 인도를 연구 대상으로 하게 된 계기는 마르크스(Karl Marx, 1818~1883)의 이른바 '아시아론'이었습니다. 당시 일본의 역사학에서 마르크스주의의 영향력은 지금은 생각할 수 없을 정도로 컸기 때문에, 아시아사에 관해서도 마르크스가 저술한 내용을 그대로 수용한 연구자가 많이 있었습니다. 그래서 마르크스의 '아시아론' 등이 자주 거론됐는데, 어떻게 이러한 내용을 쉽게 이야기할 수 있는 것인지 의아한 생각이 들었습니다. 마르크스의 '아시아론'은 몽테스키외Montesquieu 이래의 '아시아적 전제국가론'에 19세기 세계 각지에서 '발견'된 토지를 공유하는 촌락공동체, 예를 들어 자바의 데사desa와 러시아의 미르mir 등, 당시 잘못된 판단으로 원시적 공동체로 간주됐던 이러한 촌락공동체에 관한 지식을 접목시킨 것입니다. 요컨대 무수한 토지공유의 원시적 공동체를 바탕으로 전제국가가 수립된 것이 아시아적 국가 사회 체제이며, 이 체제는 태고 이래 변함없이 계속돼 왔다는 것이 마르크스의 '아시아론'입니다. 이는 마르크스만의 고유한 '아시아론'이 아니라, 19세기 서구의 가장 일반적인 '아시아론'이었습니다. 이러한 점에서 마르크스가 강하게 비난한 영국 역사법학의 창시자 메인(Henry S. Maine)도 마르크스와 동일한 이론을 주장하고 있습니다.

당시 일본은 이러한 마르크스의 '아시아론'을 그대로 믿으려는 풍조가 아직 남아 있었는데, 하나의 국가 사회가 태고 이래 전혀 변함없이 19세기, 20세기까지 존속했다는 것을 믿는 사람이 있다는 사실을 저는 도저히 이해할 수가 없었습니다. 오해를 불러일으키지 않도록 한 마디 첨언하자면, 저는 마르크스의 역사관 자체에 의문을 품었던 것은 아닙니다. 이른바 사적 유물론(유물사관, historical materialism), 간단히 말하면

필연적으로 발전하는 생산력이 기존 생산관계에 스스로 얽매이게 되고, 생산력의 또 다른 발전은 이러한 기존 생산관계를 파괴시키고, 새로운 생산관계를 만들게 된다는 역사의 역동성 자체에는 이의를 갖지 않았습니다. 그러나 아시아(비서구세계)에서는 이러한 역사의 역동성이 작용하지 않고 역사는 태고 이래 정체된 상태라고 한다면, 사적 유물론은 세계 대부분을 차지하는 비서구세계에서 통용되지 않게 됩니다. 따라서 사적 유물론은 역사관으로서 보편성을 갖지 않게 되는 것입니다. 다시 말하자면, 마르크스의 '아시아론'은 마르크스의 사적유물론 자체를 배신한 것이라고 생각했던 것입니다. 그러나 1960년대 일본에는 이러한 마르크스의 '아시아론'을 올바른 것이라고 믿는 사람들이 많이 있었습니다. 이 마르크스의 '아시아론'의 중심이 '인도론'이었기 때문에, 인도사의 실증적 연구를 통해 마르크스의 '인도론', 나아가서는 '아시아론'이 잘못된 것임을 증명하려고 생각했던 것입니다.

이리하여 저는 두 가지 과제를 갖고 인도사 연구를 시작했습니다. 그 하나는 영국 식민지 지배가 시작되기 전, 주로 17, 18세기 인도의 토지제도를 원 사료에 바탕을 두고 복원해, 이를 통해 인도 사회의 역사적 발전 역동성을 규명하는 것이며, 또 한 가지는 마르크스의 '인도론'을 근본 소재로 거슬러 올라가 철저하게 비판하고, 마르크스의 주장을 무비판적으로 받아들였던 일본 학문 상황을 비판한다는 것입니다. 이 가운데 후자, 다시 말해 마르크스의 '인도론' 비판에 대해서는 오늘 강연시간이 한정돼 있으므로 생략하기로 하고(이에 대해서는 고타니 히로유키, 《마르크스와 아시아—아시아적 생산양식 논쟁비판(マルクスとアジア—アジア的生産様式論争批判)》(青木書店, 1979년을 참조) 첫 번째 과제 이후의 전개에 대해서만 말씀드리도록 하겠습니다.

3. 유학 시절

저는 1967년부터 2년 동안, 인도의 봄베이대학(현 뭄바이대학교)과 마하라자 사야지라오대학(Maharaja Sayajirao University 구자라트 주 바로다시)에서 공부했습니다. 당시에는 주로 아라비아해 연안 남구자라트 지방의 데사이Desai에 관한 사료를 수집했습니다. 데사이는 50개 정도의 마을로 구성된 지역공동체의 세습 수장을 뜻하며, 남구자라트 지방의 데사이는 아나빌Anavil이라 불리는 브라프만(바라만) 커뮤니티(카스트)에 속하는 사람들입니다(1977~79년 인도 총리를 지낸 모라르지 데사이는 이 커뮤니티의 일원입니다). 그들은 지역 유력자인 동시에, 늦어도 18세기까지는 시장에서 매매하는 상품, 주로 설탕raw sugar과 바나나 등의 과일과 야채 생산을 중심으로 한 대규모 시장형 농업경영을 해왔습니다. 이 아나빌 데사이의 집을 방문하며 무갈제국(Mugal Empire, 1526~1858)시대의 페르시아어 문서와 마라타 왕국(Maratha Kingdom, 1674~1818)시대의 마라티어 문서(마라티어는 마라타 사람들의 언어로, 인도 중앙부에서 남부에 걸쳐 사용되고 있습니다)를 확인하는 작업을 했습니다. 마하라자 사야지라오대학에 재학했던 아나빌 데사이의 학생에게 소개장을 받아 데사이의 집을 차례로 방문했었는데, 거의 대부분 집에서는 친절하게 사료를 보여 주며 사진도 촬영할 수 있도록 해 주었습니다.

인도에서는 1969년 3월에 귀국했습니다. 무서운 간염과 황달에 걸려 마로다 시내 병원에 한달 가까이 입원했다가 가까스로 퇴원했습니다만, 그 뒤에도 건강이 회복되지 않아 유학을 단념할 수밖에 없었습니다. 사료 수집을 위해 방문했던 많은 데사이 저택에서 제공해 준 식사와 물을 사양하지 않고 먹고 마셨던 것이 탈이 났던 것이었는지 모르겠습니다. 채식을 하는 인도 가정 요리는 매우 맛있었지만 말이지요. 이러한 이유로 귀국해 보니, 일본에서는 이른바 대학투쟁이 한창이었으며, 도쿄대학도 휴강상태였습니다. 역사학이나 일반적으로 학문이란 본디 무엇을 위한 것인가라는 당시 '근본적'radical인 문제가 활발히 논의되고 있었기 때문에 인도 시골의 지주경영을 연구하고 있다는 말은 좀처럼 할 수 없는 분위기였습니다. 그런 상황에서 건강이 여전히 회복되지 않아 한동안은 연구에 전념할 수 없었습니다. 그러나 한때의 정치적 열광 속에 빠져들지 않고 공부를 꾸준히 계속해 언젠가는 의미있는 일을 할 것이라는 생각에서 인도사 연구를 조금씩 재개했습니다. 그러나 다시 장기간에 걸쳐 인도 유학을 하는 것은 도저히 생각할 수 없는 상황이었기 때문에 연구대상을 구자라트 지방에서 마라타 왕국(1674~1818)의 중심지인 마하라슈트라 지방으로 바꾸기로 했습니다. 이 지방에 대해서는 마라타 왕국의 공문서와 지방 사문서 등, 마라티어 사료가 풍부했을 뿐만 아니라 사료집도 많이 나와 있었기 때문이었습니다. 게다가 고 후카자와 히로시深沢宏 히토츠바시대학 교수가 상당한 양의 사료집을 이미 수집했기 때문에 장기간 인도에 가지 않더라도 연구를 진행할 수 있었기 때문입니다.

4. 토지제도사에서 지역사회론으로

이리하여 마하라슈트라 지방을 구체적인 대상으로 삼아 인도사 연구를 재개했습니다. 각종 사료집을 읽다 보니 토지소유 자체에 관한 사료, 예를 들어 토지매매문서 등이 거의 없고, 매매 대상과 분쟁의 씨앗이 됐던 것이 대부분 와탄vatan이라 불리는 다양한 세습 권익이라는 것을 알게 됐습니다. 따라서 인도의 전근대사회 구조와 동태를 사적 토지소유의 발전이나, 영주적, 지주적 토지소유 형성과 같은 토지소유관계의 변화를 통해 파악하기는 어렵다는 데 생각이 미쳤습니다. 이에 따라 토지소유가 아니라, 와탄이라는 말을 단서 삼아 전근대 인도사회의 구조와 동태를 파악하는 방향으로 방침을 전환했습니다. 이것이 결국 제 인도사 이해의 틀을 토지제도사에서 지역사회론으로 전환하게 됐던 계기입니다.

와탄이라는 말은 원래 아라비아어로 향리 또는 국가라는 의미인데, 마하라슈트라 지방에서는 촌락공동체(village community)와 50개 안팎의 마을로 구성된 지역공동체(local community)에서 모든 세습적 공동체 관리직과 이에 부수하는 몫share을 의미했습니다. 마을의 경우, 촌장 Patil은 촌장 와탄, 촌서기 Kulkarni는 촌서기 와탄을 갖고, 촌의 정규 농민 Kunbi은 농민 와탄을 갖고 있었으므로 '와탄 소지 농민'(vantandar Kunbi)이라 불렸습니다(그 밖에 농민 와탄을 소지하지 않은 '외부자 농민'sukhvasti 또는 upari라 불리는 농민계층이 존재했습니다). 마을에는 마을 전체에 서비스를 제공하는 목수Sutar, 대장간Lohar, 도예공Kumbhar, 이발소Nhavi, 세탁소Parit, 점성술사Joshi, 불가촉민인 마하르Mahar, 망Mang, 찬바르 Chambhar 등의 카스트인들이 있었는데, 그들은 각각의 와탄을 갖고 있었습니다. 이처럼 마을은 다양한 와탄을 가진 자들, 다시 말해 와탄다르들로 구성됐던 것입니다. 한편 지역공동체에는 그 수장인 데슈무크 Deshmukh(남구자라트 지방의 데사이에 대응하는 존재), 서기인 데슈반데 Deshpande가 있어 각각 와탄을 갖고 있었습니다. 또 목수와 대장간과 같은 카스트는 이 지역공동체를 단위로 각각의 집단을 형성하고 있었으며, 이에는 메타르Mhetar라 불리는 각각의 카스트 집단의 장이 있었는데, 이 메타르 직업도 와탄으로 특정 가계에 의해 세습됐습니다. 이는 인도사회의 특징인 카스트 제도, 카스트적 분업관계가 구체적으로는 이 촌락공동체-지역공동체를 바탕으로 형성됐다는 사실을 의미합니다.

이처럼 촌락공동체-지역공동체라는 중층적 지연 공동체에 따라 구성된 지역사회(local society)의 골격을 이룬 것은 각종 와탄 소유자(와탄다르)들이었기 때문에 이 지역사회의 구조를 와탄체제(Vatan System)라 부르기로 했습니다. 이 와탄체제는 지역사회 안의 사회적 분업체제인데, 이곳에는 계급적 수취관계도 포함되어 있었습니다. 특히 데슈무크는 지역사회의 계급적 지배자라 해도 무방한 존재로, 그들의 대부분은 수백 명의 병사를 이끌고 전쟁에 참가하는 토호(local chief)라 부를 수 있는 계층이었습니다. 마라타 왕국 건국의 원동력이 된 것도 데슈무크들이었던 것입니다.

지역사회는, 전술한 바와 같이, 카스트 제도, 카스트적 분업관계를 성립시키는 현실적인 장이기도 했습니다. 와탄체제를 취하는 지역사회 내부에서 다양한 카스트 사이에 사회적 분업관계를 형성했던 것입니다. 따라서 지역사회 안의 사회적 분업관계와 관계없는 형태로 카스트 제도가 존재한 것이 아닙니다.

와탄체제의 원형이 언제 완성됐는가에 대해서는 사료 부족으로 잘 모르나, 10세기 전후부터 형성되기 시작해 14세기에는 대체적인 형태를 갖췄다고 생각됩니다. 그후 16,17세기가 되면 와탄체제 내부에 다양한 변동이 발생했습니다.

첫째, 생산력 상승에 따른 사회적 분업관계의 발전입니다. 이 시대에는 유럽 세력이 인도양으로 진출해 국제교역과 원거리 교역도 급속히 발달했습니다. 이러한 교역활동이 상품생산을 자극해 시장경제가 인도 내륙부로도 확대됐습니다. 마하라슈트라 지방의 마을에도 상인Vanni과 기름장수Teli 등이 상점을 내기 시작했습니다. 또 마을 시장도 활발하게 열렸습니다. 이때 촌락공동체에서는 예컨대 기름장수 와탄(Teli vatan)과 같은 새로운 와탄을 설정해, 이를 마을에서 인정받은 자만이 상점을 낼 수 있도록 했습니다. 이처럼 시장경제의 발전에 따라, 와탄체제는 새로운 와탄을 그 내부에 포함하게 됐습니다.

둘째, 이 시대에는 마라타 왕국 등 국가에 의해 지역사회의 사회적 분업체제와는 전혀 관계가 없는 새로운 와탄, 예를 들어 총촌장 와탄 (Sar-Patil vatan)과 같은 와탄이 점차 설정됐습니다. 이러한 새로운 와탄을 국가에서 수여받은 사람은 국가 관리나 군인이었는데, 그들은 자신의 부하를 마을에 파견해 직접 와탄 몫을 징수했습니다. 이들의 와탄은 생산력의 상승, 시장경제의 발전 등으로 국가가 세금 징수를 한 다음에도 지역사회에 남은 잉여생산물까지 흡수하는 펌프 기능을 했던 것입니다. 이리하여 와탄체제는 이러한 면에서도 확대되고 복잡해지게 됐습니다.

셋째, 시장경제의 발전에 따라 각종 와탄이 매매가능한 물건이 됐습니다. 특히 촌장 와탄은 활발하게 매매됐는데, 그 원인은 촌청제村請制라는 징세 방법에 있었습니다. 촌청제에서는 각 마을에 세금이 일괄적으로 부과되며, 납세의 최종 책임은 촌장에게 있었습니다. 이러한 이유로 납세에 어려움을 겪은 촌장이 자신의 촌장 와탄을 나누어 그 절반을 매각하는 일이 종종 있었던 것입니다. 이 경우 촌장 직함은 원래 촌장이 행사하며, 절반의 촌장 와탄을 구입한 자는 이에 걸맞은 몫만을 받는 것이 일반적이었습니다. 촌장 와탄은 수입이 많은 와탄이었기 때문에, 촌장 와탄이 매매품으로 나오면 기꺼이 구입하는 사람이 많았습니다. 마라타 왕국의 왕과 재상(Peshva 페슈와)이 구입하는 경우마저 있었습니다. 예를 들어 마라타 왕국의 창시자 시바지 왕(Shivaji, 재위 기간 1674~1680)은 어느 마을의 촌장 와탄 절반을 구입해, 이를 자신의 딸에게 주었습니다. 이처럼 전근대 마하라슈트라 사회에서 재산 가치가 있었던 것은 토지가 아니라, 촌장 와탄처럼 수입이 많은 와탄이었던 것입니다. 그렇기 때문에 축재 방법으로는 토지를 사 모으는 것이 아니라, 와탄을 사 모으는 방법을 선택하는 것이 일반적이었습니다. 이는 토지 자체에는 경제적 의미가 그다지 없었기 때문입니다. 지금은 생각하기 어려운 일이지만, 전근대 인도에서 토지는 인구에 대비해 상대적으로 풍부했기 때문에 토지보다도 노동력이 경제적으로 중요했던 것입니다.

이처럼 지역사회의 골격을 이루는 와탄체제는 시간이 경과함에 따라 점차 새로운 와탄을 내부에 포함하는 동시에, 와탄의 빈번한 매매 등을 통해 점차 복잡하고 고도의 사회적 분업관계로 발전해 갔습니다. 이는 또한 와탄체제가 점차 많은 계급적 수취관계를 포섭해 가는 과정이기도 했습니다. 이처럼 사회적 분업관계가 점차 고도로 정밀해지고, 그 내부에서 계급적 수취관계가 광범위하게 전개되는 것이 전근대 인도사회의 역사적 발전에서 기본적인 역동성이었던 것입니다. 토지제도사에서 벗어나, 지역사회론의 구축을 지향한 제 연구 과정의 도달점은 이러한 인도사 인식이었습니다.

마지막으로 덧붙이자면, 현재의 과제는 이러한 와탄체제가 19, 20세기, 영국의 식민지 지배 아래에서 어떻게 해체됐으며, 그 과정에서 어떤 사회관계가 새로 형성됐는가 하는 문제입니다. 영국 식민지 지배가 인도사회에 미친 영향에 대해서는 C.A.Bayly와 같은 영국인 연구자를 중심으로 식민지 지배 성립 전후의 인도사회가 갖는 '연속성'을 강조하는 '수정주의적' 견해revisionism가 제시돼, '단절'을 중시하는 인도인 연구자 사이에 논쟁이 되고 있습니다. 이것이 이른바 '인도사에서 18세기의 문제'인데, 식민지 지배 아래에서 와탄체제 해체과정을 보면, 저는 이러한 '수정주의적' 견해를 따르고 싶지 않습니다. 역시 식민지 지배 성립 전후에 인도사회의 구조와 동태에는 커다란 변동이 있었다고 보는 것이 옳다고 생각합니다. (2011년)

참고문헌

H. Kotani, *Western India in Historical Transition: Seventeenth to Early Twentieth Centuries*, NewDelhi: Manohar, 2002.

H.Kotani, M. Mita and T. Mizushima, 'Indian History from Medieval to Modern Periods: An Alternative to the Land−System Centred Perspective', *International Journal of South Asian Studies*(published by Manohar, New Delhi, edited by the Japanese Association for South Asian Studies), Vol.1(2008), pp.31∼49.

C.A Bayly, Rulers, *Townsmen and Bazaars: North Indian Society in the Age of British Expansion 1770−1870*, Cambridge: Cambridge University Press, 1983.

근대역사학의 형성과 식민주의Colonialism

아라이 신이치荒井信一

1926년생. 도쿄東京대학 문학부 서양사학과를 졸업했으며 서양사와 국제관계
사가 주요 연구 분야이다. 이바라키茨城대학 인문학부, 스루가다이駿河台대학
현대문화학부 교수로 봉직했으며, 이바라키대 명예교수로 2017년 별세했다.
주요 저서로는 《전쟁책임론》(戰争責任論, 岩波書店, 1995·2005), 《역사화해는
가능한가》(歷史和解は可能か, 岩波書店, 2006), 《3·1독립만세운동과 식민지배체
제》(공저, 지식산업사, 2019) 등 다수가 있다.

1. 들어가며 - 경험에 의한 서술

1945년 4월   도쿄대 문학부 서양사학과 입학

                         한 달만 수업. 〈고고학은 금金이다〉 군 기밀비에서

                         외지의 발굴비용 충당.

1977년 9~10월   일본사회과학자 중국 방문단의 일원으로 중국 방문

                         (32일 동안)

                         사회과학원 고고연구소의 윈따尹達 부소장의 안내로

                         베이징 남서교南西郊의 주구점周口店(1921년, 북경원인

                         의 화석 발굴)에서 윈따의 이야기; 군의 보호 아래

                         에서 도쿄대학 인류학교실의 재발굴, 중국 고고학자

                         의 저항.

참고: 궁중고문관宮中顧問官 겸 제국박물관 총장인 구키 류이치九鬼隆一는, 청국 및 조선의 문화재 수집에 '찬조贊助'를 요청하기 위해 정부와 육해군 고위관리에게 〈전시청국보물수집방침戰時淸國寶物收集方針〉을 보냈다. 전쟁으로 '동양 보물의 정수'를 수집할 수 있다면 ① 국력을 자랑할 수 있고, ② 일본이 동양 학술의 본거지가 되며, ③ 국산을 추진할 수 있다고 요약해, 〈국광國光〉(국가의 위광)을 선양할 수 있으므로, 평시에는 물론 '절호의 기회'를 이용해 실행해야 한다고 주장 (1894년 가을).

2. 한국식민지화와 근대적 학지學知의 성립

1) 고적古蹟 조사 - 한국을 필드field로 한 고고학의 성립

철도건설과 분묘墳墓·고적古蹟의 황폐화와 파괴, 통치 필요성에 따른 건조물의 존속, 이용, 파괴

1890년대~1909	도쿄 제국대학의 파견으로 인류학, 고고학적 조사
1909	통감부의 세키노 다다시關野貞 조사(건축학, 토목공학적 수법의 도입, 일본 본토의 유적조사와는 질적으로 다른 정밀도, 발굴기술과 기록기술 및 보고서 작성 등 근대 고고학의 기초 형성)
1910~1915	조선통감부가 실시한 조사
1916~1921	총독부 고적조사위원회에 의한 5개년 계획(고대 일본과의 관계가 중점)

구로이타 가쓰미黑板勝美, "내가 조선에 간 목적은 우리 상고사를 새로운 방법으로 연구하기 위해서이다. 따라서 남방을 주로 연구한 것이다." (《고고학잡지考古學雜誌》 제6권 제3호)

① 토기, 청자기, 석탑, 석불 등 문화재의 대량 유출 ② 시굴試掘, 남굴濫掘 붐을 초래함.

"유적遺蹟, 특히 고분古墳을 주로 한 발굴조사가 현실적으로 진귀한 출토품을 얻기 위한 것으로 보이므로, 그렇게 해서는 안 된다."(조선총독 우가키 가즈시게宇垣一成, 1934년)

　참고: 군의 비호

　그 어떤 벽지라 해도 헌병대 파견소나 출장소가 있어서 일본인을 숙

박시켜 주었기 때문에 유쾌하게 여행을 할 수 있고, 또 "(어떤 군에서는) 도중에 주민들이 횃불로 길을 밝혀 주었다. 이러한 경우에는 품삯 등을 지불하지 않는다고 해서, 주민들이 '세금을 받으면서 이러한 노동을 시키는 것은 무법이다'라고 이야기하는 것을 듣고 불쾌했다. 이러한 상황으로는 조선인들에게 한국병합의 진의를 의심하게 만드는 것이 아닌가 걱정이다."(세키노関野팀의 야쓰이 세이이치谷井濟一, 조선통신(一), 1912년)

2) 역사편찬·역사 인식

① 1910년 11월, 《역사지리》 임시증간호 〈朝鮮号〉(자료 목차)

1899년 기다 사다키치喜田貞吉가 조직한 '일본역사지리연구회日本歷史地理硏究會'가 편집한 일반지.

역사학의 과제 "본래 과거는 현재를 낳는 부모이며, 미래는 또한 현재가 낳아야 할 자손이다. 이 부자 연계가 제국의 한국병합에는 어떠한 상태에서 나타나야 하는가. 오늘날 가장 연구가 필요한 문제이다."

인종주의적 역사 인식 "한번 보라, 영국이 인도를 병합하기 앞서 서구 각국의 인종 및 언어는 인도의 그것과 기원을 같이 한다는 학설이 일찍이 유럽 학자들 사이에서 주창되었다. …… 이른바 인도, 게르만계가 인도와 서구 각국을 결합하는 고리가 된다는 설은 얼마나 영국의 인도 병합과 그 통합, 동화에 커다란 편의를 주었는가."

일한동종론日韓同種論 "우리 제국과 조선의 과거 관계는 과연 어떠했는가. 무릇 인종과 언어가 같은 계통일 뿐만 아니라 양국 역사에서 분리할 수 없는 것이 존재한다."

(이상 〈조선호朝鮮号〉 발간사에서 발췌)

기다 사다키치喜田貞吉 〈한국병합과 교육가의 각오〉의 주요 논점

① 조선반도에서 생겨난 나라는 항상 "동양의 귀찮은 존재"였다. 그래서 일본은 동양평화를 위해, 국민의 안녕을 위해 어쩔 수 없이 병사를 일으켰다. "진구황후神功皇后의 정한征韓, 청일·러일전쟁과 같은 것이다."

② "본디 조선은 우리 제국과 시작을 동일하게 했고 조선인은 우리 야마토 민족과 대체적으로 구별이 없음을 주장하고자 한다." "이 일한동종설은 실은 한국병합 이후의 조선인을 야마토 민족에 결부시키는데, 이것이 동화 융합시키는 데 가장 유력한 걸쇠고리이다."

③ 일본과 한국은 본가와 분가의 관계에 있다. 병합을 통해 분가는 본가 가정으로 복귀했다. "한국은 멸망한 것이 아니다. 조선인은 망국의 백성이 아니다. 그들은 실은 본래 있던 곳으로 되돌아간 것이다."

3) 조선총독부의 수사사업修史事業

동화정책은 일본의 식민지 통합의 기본 정책, '일한동종설日韓同種說' '일선동족론日鮮同族論'이 수사사업, 역사교육의 핵심 개념

1916년 9월, 조선총독부가 《조선반도사朝鮮半島史》의 편찬 결정

목적: 일한동족론日韓同族論 "일본과 조선이 동족이라는 사실을 명확히 할 것"

편찬 요지에서는 "조선인들의 지능과 덕성을 계발함으로써, 정치충량한 제국신민이 되는 데 부끄럼이 없는 지위로 있는 것을 기대한다"며, 천황의 신민으로서 동화하는 것을 목적으로 했다. 독립운동을 도와서 이끄는 애국 지식인의 주장, 예를 들어 박은식의 역사서 《한국통사韓國痛史》(1915)와 《한국독립운동지혈사韓國獨立運動之血史》(1920) 등에 대항해

한국병합을 정당화하는 의도도 솔직하게 기술되어 있다.

3·1독립운동에 따른 좌절 — 《조선사朝鮮史》의 편찬과 간행으로 ······

일본 통치하에서는 보통학교 교과에서 '지리역사'를 빼고, 국어(일본어)독본 교재 안에 '일본의 역사지리' 설치, 중등학교에 해당하는 고등보통학교에 '본방(일본)역사'를 신설했다. 공립학교에서는 조선사의 수업이 자취를 감추었다.

3·1운동이 일어나 독립의식이 고양되면서 '조선인 본위의 교육'이 주창되어, 조선역사를 독립 과목으로 가르칠 것, 왜곡된 조선사를 시정할 것 등을 요구하며 중등학교 학생들이 동맹휴학한 사례가 적잖이 있었다. 총독부는 1920년에 보통학교의 '보조교재'로서 《조선사력朝鮮事歷》을 편찬하고, 급거 설치한 《일본역사》 안에 향토사와 같은 형태로 끼워 넣었다. 이 책은 일본의 통치에 유리하도록 해석한 조선왕조사이며, 이를 향토사로 한 것은 중앙사(일본사)에 대한 종속, 부분을 강조한 것이었다.

참고: 동화정책에 대한 비판

박은식 《한국독립운동지혈사》(1920, 제24장 '교육의 동화정책')의 보통학교(소학교)에서 동화정책 중심과목인 '수신과修身科' 비판

이른바 수신과는 완전히 일본어로 가르쳤다. 일본인 교사가 과목을 담당한 것은 굳이 말할 필요도 없다. 그 때문에 조선인 아동은 선조의 위대한 사업과 훌륭한 말, 선행을 배우는 일은 절대로 없었다. 민족 계통에 대해서도 사실을 왜곡하여 가르쳤고, 우리 민족 시조는 일본 시조의 남동생이라거나, 아마테라스 오미카미天照大神는 조선인의 시조라고 가르쳤다. ······ 어떻게 이러한 황당무계한 이야기가 만들어질 수 있는가. 우리나라의 부녀와 아동은 모두 냉소를 지으며 쳐다보지도 않는다. 아무리 말을 만들어도 그것이 거짓말이고 허위라면 우리 민족의 마음

을 잡을 수 없다는 것이다(강덕상姜德相 번역).

다이쇼大正 데모크라시 시기의 대표적인 정치학자, 요시노 사쿠조(吉野作造, 도쿄제국대학)의 동화정책 비판

"이민족과 접촉한 경험도 적고, 특히 걸핏하면 다른 민족을 열등시해, 오로지 그들의 반항심을 도발하는 데만 능한 협량한 민족이 짧은 시기에 다른 민족을 동화하는 따위는 말은 할 수 있어도 실행해서는 안 되는 일이다."

"아무튼 목하의 상태에서는 표면적으로 아무리 동화의 필요성을 호소하고, 2천 년 역사에 비추어 일본과 조선 민족의 인종학적 접근을 고양해도, 또 정부가 아무리 공사립 학교에서 일본주의 교육을 강화해도 결코 동화의 결실을 얻을 리가 없지 않은가. 아니, 오히려 교육하면 할수록 그들은 점점 반일적으로 기울어지고 있는 사실이 있지 않은가. 그래서 조선인의 개발은 겉으로는 크게 이를 도모한다고 하면서도, 정말로 개발이 이루어졌는가 하는 점은 점점 당국자 사이에 하나의 의문이 됐다고 생각한다."(〈만주와 한국을 시찰하고〉《중앙공론》 1916년 6월호)

3. 나가며 ─'제국의 숙취'[1]

"일본의 식민지 통치는 이질적인 것을 선별하고, 차별하며 배제하는

---

[1] Imperial hangover: 제국 상실이 본국에 미친 영향impact, 직접적인 정치적 결과뿐만이 아니라, 사회적 정치적 행동에 대해 장기간에 걸쳐 미친 폭넓은 영향.

동화정책으로서 강행, 그 극한점이 황민화 정책. 이것이 이안 닛슈(Ian Hill Nish)가 말하는 동화정책 역사에서 긴 구제국 피지배민족에 대한 차별, 배제를 특징으로 하는 제국의식으로, 오늘날에도 일반대중의 행동에까지 영향을 미치고 있다."

"(20세기 초엽에 보수당의 영수인 휴 세실Hugh Cecil Lowhter은, 만약 영국이 해외 영토를 모두 상실한다면 그것은 국민성도 바꾸어 버리고 말 것이라고 우려했으나,) 1980년 영국이 잃은 사명에 대해 논한 역사가 앤소니 하틀리(Anthony Hartley)는 이 말을 인용해 '세실에게 영국 제국의 형성은 영국이 에너지를 쏟아붓는 목표였다. 그 목표의 소멸은 국력의 쇠퇴와 일찍이 어떤 제국주의가 '격심한 선발시험'이라 불렀던(대국이 경쟁하는 국제사회) 곳에서부터 추락으로 받아들여졌다.'"제국의 쇠퇴는 국력의 상실이라는 실제적 레벨과 함께 자신감의 상실에 반영된 심리적 레벨에서도 논해졌다며, 탈식민지화의 위기가 본국 국민의 자의식에까지 심각한 위기를 낳아, 이른바 정체성의 위기로까지 발전했다고 논하고 있다."(아라이 신이치荒井信一, 《전쟁책임론戰爭責任論》, 1995)

영토 문제(센카쿠 열도문제)가 실무적 과제를 넘어서, '국민감정'의 영역에 들어서면, 이는 종종 출구가 없는 위험한 상황을 낳게 된다. 이는 저급 술의 취기와 비슷하다. 저급 술은 몇 잔만 마셔도 사람을 취하게 하고, 머리에 피를 몰리게 한다. 사람들의 목소리는 커지고, 행동은 난폭해진다. 논리는 단순해지며, 자기반복적이 된다. 그러나 시끄럽게 떠들고 난 뒤 밤이 밝으면, 남는 것은 기분 나쁜 두통뿐이다. 이러한 저급 술을 기분 좋게 향응에 내놓고 소동을 선동하는 타입의 정치가와 논객에 대해 우리는 깊이 주의해야 한다(村上春樹, 〈魂の行き来する道筋〉, 《朝日新聞》 2012년 9월 28일자).

부언

이 글의 대부분의 논점에 대해서는 필자의 최근 저서를 참조하기 바랍니다.

《コロニアリズムと文化財─近代日本と朝鮮から考える》, 岩波新書, 2012.

〈社会科世界史と教科〈世界史〉─帝國日本の〈世界史〉の克服は?〉, 《歷史学研究》 2012-11.

강연

방금 소개받은 아라이荒井입니다. 벌써 86세라서 서서 하면 좀 힘들므로 앉아서 발표하겠습니다. 발표 요지가 있으니 이것에 따라 하려 합니다. 거기에 쓰여 있듯이 오늘의 주제는 고고학 등 관련 과학을 포함한 일본의 근대역사학에 관한 것입니다. 그것을 콜로니얼리즘colonialism, 구체적으로는 조선에 대한 식민지 지배와 관련하여 비판적으로 고찰해 보려는 것인데, 매우 허풍스럽습니다만 아무튼 이런 취지입니다.

바로 얘기하겠습니다만, 먼저 나의 체험을 말하면 꽤 오랫동안 내 안에 남아 있던 문제가 있었습니다. 나는 1945년, 패전한 해의 4월에 도쿄대학 문학부 서양사학과에 들어갔습니다. 당시 3월에 있었던 고등학교 졸업식에서 동급생은 원래 40명이었지만, 졸업식에 참석한 것은 겨우 13명이었습니다. 나머지는 모두 군대에 가버린 상태였습니다. 그래서 우리가 대학생이 된 그때 문학부 당국은 작별의 인사말 같은 것을 말했습니다. 즉 그대들은 어차피 전쟁에 나가 살아 돌아올 가능성이 거의 없으니, 이를테면 학문의 향기라도 맡아 보라고 하여 4월 한 달만 수업을 해 주었을 뿐이었습니다. 꽤 많은 수업이 있었지만, 나는 그 가운데 하나에 비상한 충격을 받았는데 고고학개론이라는 수업이었습니다.

당시 도쿄대학의 고고학은 이른바 동아고고학東亞考古學, 곧 일본 국내보다도 침략이나 전쟁 확대에 따른 아시아 여러 지역을 발굴하는 것이어서 이 고고학개론은 하나의 흥밋거리가 되고 있었던 것입니다. 그 고고학 주임교수가 고고학개론에서 제일 먼저 입에 담은 말이 "고고학은 금이다", 곧 돈이라는 것입니다. 특히 외지에서 진행되는 발굴에는 엄청난 비용이 들고, 결국 그 발굴비용을 어떻게 염출하는가라는 얘기로 시종일관했습니다. 그리고 그 비용이 결국 어디서 감쪽같이 오는가 하면 군의 기밀비라는 것입니다. 매우 간단히 말하면, 갖가지 명목을 붙여 군부로부터 돈을 인출해 와 그것으로 동아고고학이라는 것을 해왔다는 것이 몇 시간 수업의 골자였습니다. 그래서 이것이 현재에 이르기까지 내 안에 매우 강하게 남아 있습니다.

그로부터 한참 뒤인 1977년, 이때는 마침 중국에서 문화대혁명이 끝나고 그 경험으로부터 중국사회과학원이라는 것이 이해 5월에 새로 생깁니다. 그때까지 중국과학원 하나뿐이었습니다. 중국사회과학원의 초대로, 일본 사회과학자 방중단의 일원으로 약 1개월 이상 중국 곳곳을 둘러보았습니다. 베이징에 있을 때 마침 사회과학원 고고연구소의 원따夘達 씨를 만났습니다. 이 사람은 얼마 안 있어 고고연구소 소장이 되는데, 역시 중국 고고학 개척자의 한 사람입니다. 원따 씨가 베이징 남서쪽 교외에 있는 저우커우뎬周口店으로 안내해 주었습니다. 저우커우뎬은 아시다시피 당시 동아시아 최고의 인류로 여겨진 베이징 원인, 시난트로푸스 페키넨시스(Sinanthropus pekinensis) 자료가 발굴된 곳입니다. 그때 원따 씨의 얘기는 이러했습니다. 1937년 8월에 일본군이 베이징을 점령합니다. 그러자 일본군은 곧바로 한 부대를 파견하여 저우커우뎬을 차지했다 합니다. 저우커우뎬은 대부분이 석회암으로 이루어진 산입니다.

그 뒤에 도쿄대학 인류학교실의 연구자들이 와서 1개월 동안 그곳을 발굴합니다. 그렇지만 발굴해도 아무것도 나오지 않아 단념하고 돌아왔다 합니다. 이 얘기를 원따 씨가 해 준 다음에 큰소리로 웃으면서 실제로는 이런 일이 있었다고 합니다. 일본군이 저우커우뎬을 발굴할 때 중국 고고학자 2명이 발굴 인부로 가담했다 합니다. 그들은 낮에는 열심히 발굴해도 밤이 되면 몰래 3분의 1이나 3분의 2 정도를 다시 메워 버렸다 합니다. 그래서 결국 한 달이 되어서도 아무것도 나오지 않게 되었다는 의미의 얘기를 원따 씨가 해 주었던 것입니다. 이 밖에도 여러 가지 인상 깊은 얘기가 있습니다만, 아무리 생각해 봐도 일본의 고고학이란 것은 역시 전쟁이든지 침략이든지 그런 것과 결부되어 발전해 온 것이 아닌가라는 의문이 매우 강하게 있었던 것입니다.

그런 까닭에, 발표문에 참고자료로 실려 있습니다만, 이것은 매우 확실한 정책이었다고 나는 생각합니다. 1894년 청일전쟁이 시작되었을 때 궁중고문관宮中顧問官이고 현재 일본국립박물관의 전신인 제국박물관의 총장(관장 ―옮긴이)인 구키 류이치九鬼隆一라는 사람이 전쟁이 시작되자 청나라 및 조선의 문화재 수집에 찬조를 구하면서 조력해 달라고 정부나 육해군 고관들에게 '전시청국보물수집방침'이라는 것을 보냈던 것입니다. 이것은 꽤 길지만 간단히 말하면, 전쟁으로 동양 보물의 수집을 일본이 완성시키면 첫째, 일본의 국력을 자랑할 수 있다, 둘째, 일본이 동양 학술의 본거지가 된다, 셋째, 국산을 추진할 수 있다는 것입니다. 요컨대 나라의 위광을 떨칠 수 있으니, 평시는 물론 전쟁이나 또는 전쟁이 부여한 모든 호기회를 이용하여 그 실행을 꾀하자는 편지를 각 방면에 보냈던 것입니다. 이런 것 때문에 나는 이전부터 특별히 한국의 식민지화와 고고학 등 일본의 근대적 학술 성립의 연관을 고찰해 보고자 생각했던 것입니다. 그래서 올해 7월에 이와나미 신서岩波新書로《콜

로니얼리즘과 문화재(コロニアリズムと文化財)》란 책을 썼습니다. 부제가
'근대 일본과 조선으로부터 생각한다'는 것인데, 내가 말한 그 근대 일
본과 조선이라는 것의 핵심은 일본의 근대적 학술이 조선에 대한 식민
지지배와 어떻게 밀접한 관계를 가지고 성립, 형성되었느냐는 것입니다.

　내용에 들어갑니다만, 먼저 첫째로 고적조사, 곧 한국을 필드로 하는
일본의 근대적 고고학 조사의 성립에 관한 것입니다. 일본은 벌써 청일
전쟁 단계부터 한국 종관縱貫철도 건설을 생각하고 있었습니다. 그리고
러일전쟁 준비단계로부터 러일전쟁을 거치는 동안 결국 부산에서 서울
까지, 서울에서 의주까지 중국 국경에 이르는 종관철도를 완성했던 것
입니다. 그 철도건설 때 많은 분묘가 파괴되어 갑니다. 자세한 내용은
내 책에 쓰여 있습니다. 또 고분을 황폐화하고 파괴합니다. 특히 분묘
속의 제기가 대량으로 유실되었으며, 그것이 청자, 도자기, 그리고 갖가
지 제기 수집가에 의해 오사카 부근을 중심으로 시장이 만들어졌던 것
입니다. 게다가 본격적 식민통치, 곧 통감부, 조선총독부 시기가 되면
식민지로 통치하기 위해 이용할 수 있는 건물을 처음으로 조사하기 시
작합니다. 이것은 도쿄대학 건축학자 세키노 타다시關野貞라는 사람이
중심이 되어 대체로 1920년대까지 고적조사라는 형태로 진행되었습니
다. 당시 일본의 고고학은 그다지 근대화되지 못했는데, 세키노는 건축
학자라서 고적조사에 건축학, 토목공학 수법을 도입합니다. 그 때문에,
일본 본토에서도 고고학자가 유적조사를 하고 있었습니다만, 조선을 필
드로 한 세키노의 고적조사는 질적으로 본토와 차이 나는 정밀도를 가
지고 이뤄졌습니다. 발굴기술이나 기록기술이 뛰어났으며 정밀한 사진
이나 작도를 만듭니다. 이 사진 등은 현재에도 도쿄대학에 남아 있습니
다만 대단히 정밀한 사진입니다.

　간단히 말하면 일본 근대고고학의 기초적 틀은 조선에서 이 고적조

사를 통해서 만들어졌다고 단언할 수 있다고, 나는 생각하고 있습니다. 그 경과가 발표문 1. 부분에 있는 '총독부 고적조사위원회 5개년 계획 (1916년~1921년)'에 쓰여 있으니 참조해 주시기 바랍니다. 그 결과 어떻게 되었는지는 다음 페이지 위쪽에 쓰여 있듯이 토기라든가 청동기, 석탑, 석불 등의 문화재가 대량으로 유출됩니다. 그리고 일본 내지(본토)를 중심으로 조선골동품시장이라는 것이 성립합니다. 그것이 이른바 욕망내추럴리즘에 불을 붙입니다. 사굴私掘, 난굴亂掘 붐이 일어납니다. 그것도 비전문가, 아마추어 고고학자가 난굴, 시굴試掘을 해서 조선의 고분이 심하게 파괴됩니다. 특히 한반도 북부의 낙랑유적 같은 것은 대부분이 괴멸되고 말았습니다. 이것도 자세한 상황은 내 책에 쓰여 있습니다. 1934년 조선총독 우가키 카즈시게가 낙랑 유적 파괴를 직접 눈으로 보았을 때, "유적, 특히 오래된 무덤을 중심으로 하는 발굴조사가 실제로는 진기한 출토품을 얻기 위한 것으로 보이니, 그렇게 해서는 안 된다"고, 총독 자신이 이런 말을 해야 할 정도로 난굴, 사굴을 했던 것입니다. 처음에 말씀드린 군의 비호와 관련해서도, 세키노 팀의 멤버인 야쓰이 세이이치谷井濟一가 정성들인 엽서와 서신을 발굴지에 보낸 것이 고고학잡지 등에 군데군데 눈에 띄는데 이를 통해 알 수 있습니다. 그런 것을 찾아보면 잔뜩 있습니다만 여기서는 하나만 참고로 들어 보겠습니다. 조선의 벽지僻地 어디를 가더라도 일본군 헌병대의 파출소나 출장소가 있어 일본인을 재워 주기 때문에 유쾌하게 여행할 수 있었답니다. 또 어떤 군에 갔을 때는 도중에 주민이 횃불로 길을 밝혀 주었답니다. 이런 경우에는 품삯 등을 지불하지 않아, 주민들이 "세금을 거두면서 다시 이런 용역을 부과하는 것은 무법이다"라고 하는 말을 듣고 불쾌하게 여겼다 합니다. 이런 상태에선 조선인에게 한국병합의 진의를 의심하게 만드는 것이 아닌가 걱정했다 합니다. 이런 것까지 고고학잡지에 쓰여 있는 것입니다.

다음으로 역사 편찬, 역사 인식에 대한 것입니다만, 1910년 한국병합 직후에 《역사지리歷史地理》 임시증간호로 《조선호朝鮮號》를 출간합니다. 이 잡지는 발표문에 있듯이 교과서 전문가인 기타 사다키치喜田貞吉가 1899년에 일본역사지리연구회라는 것을 만들고 일반인을 대상으로 하여 발행한 것입니다. 이 임시증간 조선호의 목차를 여러분께 배부하였으니 그것을 봐 주시기 바랍니다. 이 목차엔 간단히 말하면, 일본 근대역사학이 대체로 1880, 90년대 정도부터 시작되는데, 그때부터 대략 1920년대까지 일본 역사학을 담당한 사람 거의 대부분이 여기에 망라되어 있습니다. 이는 한눈에 봐서 바로 알 수 있을 정도입니다. 그러면 이 조선특집호가 왜 발행되었을까요. 거기에 쓰여 있듯이 "과거는 현재를 낳는 부모이고, 미래는 또한 현재가 낳을 자식이다. 이 친자 연락聯絡 관계가 제국의 한국병합에는 어떤 상태로 있어야 하는가. 이것이 이제 가장 연구를 필요로 하는 문제"라고 하였습니다. 간단히 말하면 일본과 조선의 관계를, 고대의 영향을 받은 현재, 다시 미래로 발전할 현재에 대해 생각해 보자는 것이 그 취지입니다. 그리고 이 특집이 설명한 바에 따르면 매우 흥미로운 것이 쓰여 있습니다. 흥미롭다고 하면 어폐가 있습니다만, 이 특집 전후의 시기에 여러 역사가가 영국과 인도를 언급하고 있습니다. 영국이 인도를 병합하기 전에 서구 여러 나라의 인종 및 언어는 인도의 그것과 기원이 같다고 하였으며, 이런 설이 일찍부터 유럽 학자들 사이에서 주장되었다는 것입니다. 요컨대 인도, 게르만어족이라든지 또는 그전의 아리아인, 코카서스인종이라든지, 그런 형태로 영국인의 조상과 인도인의 조상은 같다고 매우 강조합니다. 이른바 인도, 게르만계가 인도와 서구 여러 나라를 결합시키는 연쇄였다는 설이 어떻게 영국의 인도병합 및 그 통치와 동화에 심대한 영향을 주었는가라는 식으로 보고 있는 것입니다. 이와 같은 취지는 내 책 가운데 좀 더 상세히 쓰여 있습니다. 결국 그런 역사 인식을 한일관계에 번안翻案하면 일한동종론日韓同種論이 되는 것입니다.

이 《조선호》를 읽어 보면 뉘앙스의 차이, 표현의 차이는 있습니다만, 거의 대부분이 일한동종론, 곧 일본제국의 조선에 대한 과거의 관계는 과연 어떠했으며, 나아가 그 인종 및 언어가 동일 계통일 뿐만 아니라 양국의 역사도 나눌 수 없는 것이 존재하기 때문에 한국병합을 역사적 필연이라 했습니다. 혹은 일한동종론, 동조론同祖論이라 해도 괜찮습니다만, 이것으로 한국병합을 역사적으로 정당화하는 논리가 매우 두드러졌던 것입니다. 그리고 《역사지리》 책임편집자인 기타 사다키치가 그 가운데 〈한국병합과 교육가의 각오〉라는 것을 쓰고 있는데, 그 논점을 정리하면 이렇습니다. 첫째, 한반도에서 일어난 여러 나라는 늘 '동양의 골칫거리'였다. 그 때문에 일본은 동양의 평화를 위해, 국민의 안녕을 위해 어쩔 수 없이 군대를 사용했다. 진구황후神功皇后의 정한征韓, 청일·러일의 두 전쟁이 그 예이다. 둘째, 원래 조선은 일본제국과 시작을 같이해서 조선인은 우리들 야마토大和민족과 대체적으로 구별할 수 없다고 주장했다. 이 일한동종설은 실제로 한국병합 이후의 조선인을 야마토민족에 결부시키고, 동화·융합시키는 데 가장 유력한 걸쇠이다. 일본과 한국은 본가와 분가의 관계이다. 병합에 따라 분가는 본가의 가정으로 복귀했다. "한국은 멸망한 것이 아니고 조선인은 망국의 백성이 아니다. 그들은 실로 그 근본으로 돌아온 것이다"라는 식으로까지 말하고 있는 것입니다. 조선총독부의 수사修史사업도, 특히 최초로 1916년에 조선총독부가 《조선반도사朝鮮半島史》 편찬을 결정합니다만, 거기서는 맹목적으로 일선日鮮이 동족이란 사실을 분명히 한다는 것이어서 일한동종론이 동화정책을 지탱하는 기본적인 역사 인식이 되고 있다는 것을 알 수 있으리라 생각합니다. 3·1운동으로 이 《조선반도사》의 편찬은 일단 좌절되는데, 그 부분은 발표문을 읽어 주시기 바랍니다. 그리고 그 동화정책에 대한 비판은 한국에서뿐만 아니라 다이쇼기大正期 일본의 대표적 정치학자 요시노 사쿠조吉野作造도 비판합니다. 예컨대 요시노 사쿠조는, 이민족과 접촉한 경험도 일천하고, 게다가 걸핏하면 다른 민족을 열등시해, 오로지 그들의 반항심을 도발하는 것만을 능사로 하는 협량한 민족이 단시일 안에 그들을 동화시킨다는 따위는 무릇 말할 수는 있어도 행할 수 없는 일이라고 엄하게 비판하고 있는 것입니다.

이상 30분 동안 꽤 달려왔습니다만, 일본의 사학사史學史나 고고학사에서 이런 사실은 대부분이 말살되었으며, 그리고 그런 일은 없었다고 꾸며져 있는 것이 몹시 마음에 걸려 어쩔 수 없이 말씀드린 것입니다.

마지막으로 '제국의 숙취'에 관한 것입니다. 발표문 끝부분에 작가 무라카미 하루키村上春樹가 올해(2012) 9월 28일 《아사히신문》에 기고한 것이 있습니다. 이것은 주로 영토 문제, 특히 중국과의 센카쿠열도尖閣列島 문제를 염두에 두고 쓴 것입니다. 결국 무라카미 하루키가 몹시 우려한 것은 영토 문제를 국민감정에 섞어 넣어 정치화하는 것인데 이것은 매우 졸렬하다는 것입니다. 그는 영토 문제를 실무적으로 해결해야 한다고, 여기서 매우 강조하고 있습니다. 그 부분만 약간 읽어 보면 "영토 문제가 실무적 과제를 넘어서 '국민감정'의 영역으로 들어오면, 그것은 왕왕 출구가 없는 위기 상황을 낳게 된다. 그것은 값싼 술의 취기와 비슷하다. 값싼 술은 불과 몇 잔만으로 사람을 취하게 하고, 머리에 피를 몰리게 한다. 사람들의 목소리는 커지고 그 행동은 난폭해진다. 논리는 단순해지고 자기반복적이 된다. 그러나 시끄럽게 떠든 뒤 날이 밝으면, 뒤에 남는 것은 기분 나쁜 두통뿐이다. 그런 값싼 술잔치를 벌여 소동을 부추기는 타입의 정치가와 논객에 대해 우리는 깊이

주의해야 한다."는 문장을 썼던 것입니다. 유감이지만 일본의 보수적 정치가 대부분이 이러한 경향이라고 생각합니다. 나는 이 글을 보았을 때 Imperial Hangover라는 말을 떠올렸습니다. 이것은 1980년대 초에 구미의 역사학회가 사용한 용어입니다. Hangover는 숙취(과거의 유물)라는 뜻입니다. 제국의 숙취는, 곧 제국과 식민지지배는 어제의 일이지만, 그것 때문에 오늘날에도 예컨대 이민 문제 등 여러 문제가 남아 있다는 것을 말합니다. 식민지지배는 어제 끝났지만, 이를테면 이 값싼 술의 취기가 현재의 세계를 괴롭히고 있다는 것입니다. 또는 현재의 여러 나라를 괴롭히고 있다는 의미로 이 Imperial Hangover라는 말을 사용했다는 것입니다. 나는 이 단어를 일본의 경우에도, 특히 최근의 여러 가지 상황을 보면, 적용할 수 있다고 생각합니다. 무라카미 씨는 역시 문학자라서 매우 예리하게 값싼 술의 취기라는 식으로 표현했다고 생각합니다만, 결국 어제 끝난 것이 오늘에 두통의 씨앗이 되고 있다는 것입니다. 이것은 결국 식민지주의의 청산, 콜로니얼리즘의 청산, 그리고 우리들 학자의 경우엔 일본의 역사학, 고고학의 탄생을 다시 한 번 식민지지배와 관련지어 재고하지 않으면 안 된다는 것입니다.

조금 급했습니다만 이상으로 마치겠습니다. (2012년)

조공시스템론으로 보는 동아시아

하마시타 타케시濱下武志

1943년생. 도쿄대학 문학부를 졸업하고 같은 대학원 인문과학연구과 동양사 전공의 석사·박사과정을 졸업하였다. 도쿄대학 동양문화연구소, 교토京都대학 동남아시아연구센터, 류코쿠龍谷대학 국제문화학부 교수로 봉직했으며 현 시즈오카静岡현립대학 글로벌지역센터 센터장이자 도쿄대학 명예교수.

주요 저서로 *China, East Asia and the Global Economy: Regional and Historical Perspectives*, London & New York: Routledge, 2008, Linda Grove & Mar Selden (eds.), 《오키나와 입문─아시아를 잇는 해역구상》(沖縄入門─アジアをつなぐ海域構想, 筑摩書房, 2000), 《화교·화인과 중화망》(華僑·華人と中華網, 岩波書店, 2013) 등 다수가 있다.

소개받은 하마시타입니다. 지금 민현구閔賢九 선생님의 말씀을 듣고 깊은 감명을 받았습니다. 특히 진단학회震檀學會와 관련된 말씀에 대해서입니다만, 민 선생님이 학회의 발전을 위해 대단히 진력하시어 진단학회뿐만 아니라 한국 사학계 전체에 영향을 미치는 새로운 방법을 도출한 큰 역할을 해 오신 역사가라는 것을 듣고, 크게 감동하였습니다.

진단학회가 간행하는 《진단학보震檀學報》라는 학회지는 나에게도 이전부터 많은 공부가 되었습니다. 특히 1960년대, 70년대에 발표된 조선 말기, 곧 19세기 후반부터 20세기 초에 걸친 개항기 전후를 둘러싼 청조淸朝와의 관계, 메이지明治 정부 및 미국과의 외교관계에 관해서도 대단히 많은 공부가 되었습니다. 지금까지 한일역사가회의 '역사가의 탄생'에서도 많은 선생님으로부터 직접 말씀을 들을 기회가 있었습니다만, 그 시대의 연구나 학풍이 그 뒤로 어떻게 계속되고 또 변화하고 있는가에 나는 관심을 가져왔습니다. 오늘 민 선생님의 말씀을 듣고 한국 사학계에서 진단학회의 소중한 역할에 대해 다시 가르침을 받을 수 있었습니다. 또한 민 선생님 자신이 역사 연구에 특별한 열정을 가지고 한국의 역사와 중요한 시대의 변화를 정면에서 마주해 오신 한 분임을 알게 되었습니다. 역사 연구와 정치의 문제라는 매우 중요한 주제에 대해 조심스런 표현을 사용하셨습니다만, 대단히 무거운 과제와 씨름해 오신 것에 또다시 감명을 받았습니다. 대단히 감사합니다.

1. 동아시아 역사공간의 확대와 연계

그런데 오늘 발표와 관련하여, 우선 나는 반드시 역사가의 '탄생'에는 아직 도달하지 않았다는 점을 먼저 양해해 주시리라 생각합니다. 오늘 말씀드리려는 것은, 지금까지 '역사가의 탄생'에서 여러 선생님들께서 축적해 오신 것과는 상당히 다르다고 생각합니다. 나는 연구 주제의 변천을 둘러싸고 말씀을 드리려 합니다. 거기엔 반드시 나 자신이 어떠하였는가라는 것이 아니라, 연구 주제 그것을 둘러싼 관심의 변동이나 변화를 말씀드리고자 합니다. 또한 앞서 소개하였듯이 내 관심의 중심은 중국의 역사 연구였는데, 그것을 홍콩·싱가포르·동남아시아 역사를 통해서, 특히 화교華僑·화인(華人, 중국인 이민 2세대-옮긴이)의 역사를 통해서도 공부해 왔습니다. 지금까지 30년 넘게 홍콩이라는 장소에서 중국을 생각하고, 혹은 거기서 영국·유럽을 보거나 나아가 동아시아나 일본을 봐 온 것인데, 그런 점 때문에 시점이 복수에 걸쳐 있게 되었다고 생각합니다. 일국의 역사를 면밀히 공부하는 것보다, 오히려 복수의 시점에서 동아시아나 동남아시아라 할 때의 '아시아'라든가, 동아시아 등 다양하게 걸쳐 있는 역사 공간 혹은 지역의 확대를 생각할 때, 거기에는 어떤 과제가 나오는가라는 시각에서 역사를 보고자 하였습니다. 예컨대 동아시아라 할 때 그곳을 각각의 나라 단위나 민족 단위로 나누어 집중적으로 살펴보는 것보다, 동아시아로 생각될 수 있는 주제, 예컨대 그것을 하나의 지역(국가와 세계의 사이에 존재하는 권역이라는 의미-옮긴이)으로 포착하려 할 때 그 특징은 무엇인가, 또 다른 지역과 어떤 형태로 상호 영향을 주고받는가라는 주제입니다.

2. 아시아로부터 생각한다

다만 이같이 큰 지역 간 관계를 생각할 경우 지금까지는 '유럽과 아시아'라는 형태로 아시아 역사가 유럽의 충격에 의해 변화했다는 이해가 있었습니다. 아시아의 근대는 여러 가지 의미에서 서양으로부터 임팩트에 따라 생겼다는 논의입니다. 그러나 나는 동아시아 지역의 역사로부터 근대를 논하지 않으면, 곧 동아시아를 하나의 통합된 지역으로 보고 그 지역의 운영이나 관리, 지역경영 등의 관점을 가지지 않으면 동아시아를 논하는 것이 불가능하다고 생각하고 있습니다. 그것도 서양의 충격이라는 수백 년의 역사가 아니라 수천 년의 역사, 곧 동아시아 지역질서 원리로서 '조공시스템'이라는 훨씬 긴 역사를 가진 또 하나의 지역질서를 검토한다는 것입니다. 나아가 조공시스템 내부의 변화를 어떻게 봐야 하는지에 대한 관심도 계속 가지고 있습니다. 예컨대 흑선黑船에 의해 개항하고 근대를 맞이했다는 외압근대화론이 아니라, 역사적으로는 조공시스템이라는 넓은 동아시아 지역경영 가운데 일본도 존재했으며 그 가운데서 일본도 근대화 프로세스에 들어갔다는 시각으로 일본사에 접근하는 것입니다. 이 논의는 쇄국이나 에도江戶시기의 재검토 등 다양한 형태로 근년에 진행되고 있습니다. 유럽과의 관계에서도, 유럽이 아시아에 도달하기 훨씬 이전부터 동아시아는 하나의 통합체로서 본래의 지역 운영의 모습과 경영방법을 가지고 있었으며, 거기에 유럽이 새로 들어왔다는 논의가 가능하다고 생각하였습니다.

그런 점에서, 나는 어떤 의미에서는, 아시아·동아시아 공간의 확대를 통해 역사를 생각하는 논의의 지평을 지속시키려 생각해 왔다고 할 수 있습니다. 그리고 그 논의의 지평에서 생각하면, 지역에 걸친 어떤 과제가 나오는가, 혹은 어떤 문제에 맞닥뜨리게 되는가에 관심을 가져 왔습니다. 다른 한편으로 동아시아를 나라 단위·민족 단위로 분할하면,

물론 개별 나라의 역사 연구는 매우 광대한 축적이 있으며 대부분의 연구자가 거기에 논의를 집중시키고 있습니다만, 나는 나라별로 평면에서 논의하기보다 오히려 그것들이 접촉하거나 서로 관련되는 영역에 관심이 있습니다. 여기엔 해양이라는 '지역'도 있으며, 혹은 해역과 관련된 류큐琉球나 홍콩이라는 하나의 교역네트워크도시도 포함됩니다. 그리고 지역 상호 간을 연결하는 요소의 하나로서 무역뿐만 아니라 금융·이민·정보 등 광범위한 영역에서 논의를 전개해 왔습니다.

3. 아시아 경제사 연구: 아시아와 은 유통

여기서부터는 가지고 계신 자료를 참조해 주시기 바랍니다만, 이 《인터뷰, '전후 일본의 중국 연구'》(インタビュー, 「戰後日本の中國研究」, 平凡社, 2013)는 편자의 한 사람인 대만대학의 시지유石之瑜 선생이 지식사회학의 관점에서, 많은 중국 연구자를 인터뷰하고, 어떤 개념, 논리, 말을 사용하는가라는 관심을 포함해서 중국 연구의 여러 특질을 조사한 결과의 일부를 이 책으로 엮은 것입니다. 나의 연구 주제의 변천과 관련하여 어느 정도 이 문장을 따라 말씀드리고자 합니다.

1970~80년대 부분은 첫 번째 시기 연구 주제의 내용입니다만, 이른바 아시아·동아시아 경제사에 대한 관심입니다. 예컨대 아시아를 은의 유통권이라는 형태로 하나의 통합체로 생각해 보면 어떤 과제가 나오는가, 거기에 무역은 어떤 특징이 있는가라는 주제입니다. 예컨대 차와 아편과 은이라는 이른바 3각무역으로 불리는 무역관계를 무역결제라는 점에서 보면 아시아의 공통점으로 은이 등장합니다. 중국의 경제사 연구는 전전戰前에는 중국경제가 지체되었다는 인식이었습니다만, 전후에

는 이제 거꾸로 중국에서도 매우 발전한 지방에 초점을 맞추어 연구하는 경향으로 바뀌었습니다. 그러한 상황에서 나는 어떤 의미에서는 더 일반적인, 더 계통적인, 또는 더 전국 규모의, 또는 전 지역적 규모에서 공통으로 통계적 검토가 가능하고, 전국적인 공통성을 지니는 방법으로 개별 대상지역을 생각하고자 하는 주지主늡에서 중국경제사를 은의 유통이라는 것을 실마리로 하여 검토하고, 그 문맥에서 동아시아 경제사도 생각해 왔습니다. 그것이 내 연구의 첫 번째 기둥이었습니다.

4. 홍콩상하이은행 연구

홍콩에서는 홍콩상하이은행(The Hongkong and Shanghai Bank) 자료를 무릇 20년 동안 봐 왔습니다. 1865년에 홍콩과 상하이에 본점을 두고 설립된 영국계 국제은행인 홍콩상하이은행의 자료는, 1997년 홍콩이 중국에 반환되기까지 홍콩에 있었습니다. 이민송금의 경우에도 은 유통의 경우에도 홍콩상하이은행의 자료를 통해 검토할 수 있는 면도 있기 때문에, 재료로서는 역시 아시아경제사 연구의 기본 자료로 느끼고 있습니다.

다만, 예컨대 1968년에 홍콩폭동이라 부르는 사건이 일어나 중국으로부터의 영향력이 확대되고 있습니다. 그때의 사회적 사건은 영국 식민지로서 홍콩이 현지의 금융활동으로 성립되었다는 것을 다시 확인시킨 움직임이었습니다. 또한 홍콩상하이은행 측은 그것을 위기감을 가지고 받아들였습니다. 그때까지는 은행에 고용된 중국계 은행가를 '매판買辦'으로 불렀습니다만, 홍콩폭동을 계기로 이제부터는 차이니즈 매니저로 부르도록 하라는 지시가 바로 내려집니다. 이 움직임 등은, 지속적인 일상사를 기록한 금융 사료가 많은 가운데에서도 시대의 변화를 느끼게 해 주는 사료였습니다. 또한 예컨대 시베리아 지역의 연해 도시인 블라디보스토크 지점도 20세기 초 러시아혁명 과정에서 제1차 혁명으로 불린 시기에 설립되었습니다. 이 지점에는 규모가 작긴 해도 100종을 상회하는 거래별 장부가 있는 것에 놀랐습니다. 또한 러시아혁명 등에서는, 이전의 로마노프왕조에 대한 차관은행으로서 기능했을 뿐이었는데, 블라디보스토크라는 극동지역에서도 정치적 변화에 민감하게 대응하고 있는 것에 눈길이 끌렸습니다. 그런 점에서도 경제와 정치의 밀접한 관계를 깨닫게 되었습니다. 이처럼 사회경제사의 문제는 현재도 계속 고려하지 않으면 안 된다고 생각하고 있으며, 특히 근년에는 초기의 연구 주제로 다시 한 번 돌아갈 것을 고려하고 있습니다. 왜냐하면 이전의 통계 데이터와 비교할 수 없을 정도의 대량 데이터를 다룰 수 있게 되어 장기 주제를 다루는 것이 가능하게 되었기 때문입니다.

5. 자연사·장기 역사

이전에 이태진李泰鎮 선생님께서 《조선왕조실록》 가운데 천변지이天變地異 재료를 추적하여 장기간의 역사, 특히 자연변동과 역사·사회변동의 관계를 대비시키는 연구를 하셨습니다. 나는 매우 획기적인 연구성과라고 생각한다고 말씀드린 적이 있었습니다만, 그러한 장기 역사 및 그 문제와 환경 문제의 관련성을 검토하는 것이 더욱 필요하게 되었다고 생각합니다.

이것은 예컨대 일본 도호쿠東北 지방의 쓰나미津波 문제와 관련하여, 이를테면 500년 단위로 반드시 큰 지진이 있다면, 자연재해와 지역사회의 관계에서 500년 만에 직접 체험할 기회밖에 없다고도 할 수 있는 격차가 있을 것이기 때문에, 그래서 당연히 현재의 일을 생각하기 위해서 '장기 역사'의 검토, 특히 자연사·환경사를 포함한 검토는 불가결하다는 것이 역사 연구의 과제가 되었습니다. 그런 점에서 장기 역사, 혹은 자연사·환경사와 한 세트로 새롭게 지역사회의 역사를 파악하는 방식이 현재의 역사 연구에서 강하게 제기되었다고 생각합니다. 나 자신이 초기의 경제사 연구와는 다른 각도에서 새롭게 장기의 경제사 연구라는 과제를 생각하지 않을 수 없는 계기가 되었습니다.

6. 류큐 왕조 《역대보안歷代寶案》과 조공 문제

그 다음에 두 번째 기둥입니다만, 그것은 조공관계·조공시스템 연구라는 기둥입니다. 조공이라는 역사 사상事象은 역사 연구에선 누구도 알고 있을 터이지만, 이것은 중국을 중심으로 동아시아에서 동남아시아로 게다가 남아시아 일부까지 교역관계가 확대되었으며, 또 조공사절과 책봉사절의 왕래라는 형태로 상호성을 가지고 있었습니다. 또한 문화적 문제를 종합한 움직임은 중화나 중화사상으로 표현되지만, 종래는 조공시스템의 중심을 명·청조를 정점으로 하는 중국에 두고, 그 중심에서 방사형으로 분포하는 양자관계의 전체로, 말하자면 중심에서 보면서 이해해 왔다고 생각합니다. 그렇지만 나는 오히려 류큐라는 주변에서, 그리고 조공국 측으로부터 이 중국에 대한 관계라는 것에도 주목하여 주연(周緣; 주변, 경계, 프런티어, 변경 등을 의미하는 개념—옮긴이)의 시점에서 조공문제를 검토하면 중심에서 보는 것과는 또 다른 역사 모습을 볼 수 있다고 생각합니다. 거기엔 류큐의 《역대보안》이라는 명·청 중국과의 조공무역·조공사절의 파견·책봉사절의 내방에 관한 440년 동안이나 계속된 자료가 있습니다. 나는 1990년부터 이《역대보안》의 편찬사업에 종사하게 되었습니다. 그리고 류큐의《역대보안》이 보여 주는 류큐사는 오히려 동아시아사, 혹은 동아시아와 동남아시아를 하나의 연계로 관계를 맺게 하는 중요한 역할을 한 것이 아닌가라고 생각하고 있습니다.

그 이유는, 이를테면 동아시아를 하나의 역사적인 지역공간으로 계통적으로나 역사적으로 일관된 시점에서 생각하려 할 때 중요한 자료이기 때문입니다. 지금까지 경제사를 중심으로 검토되어 온 유럽 동인도회사의 아시아 관련 무역자료가 있습니다. 특히 17세기부터 19세기까지 역사는 동인도회사를 중심으로 한 유럽과의 아시아무역이라는 방면에서 무역 관련 자료를 이용해 왔습니다. 동인도회사의 역사에 대해서는 이번에 참가하신 하네다 마사시羽田正 선생님이 종합적으로 연구해 오셨습니다만, 그 동인도회사가 등장하는 17세기라는 시기와 비교해도 류큐의《역대보안》에 실린 것은 동인도회사 자료보다도 이른 15세기 초인 1424년부터 시작하고 있으며 최종적으로는 19세기 후반인 1867년까지 계속되고 있습니다. 그 때문에《역대보안》은 444년에 걸친 중국과의 조공무역 및 이와 병행하여 중국과 조공무역을 하는 다른 조공국과의 무역을 알게 해 주는 자료라 할 수 있습니다. 이 점을 생각하면 동아시아 쪽에서 그 나름대로 장기간의 무역사, 무역자료를 제공할 수 있는 자료로《역대보안》이 있다고 생각합니다. 나로서도 이 자료의 편집·교정 작업에 참가했던 것은 그 뒤 조공시스템을 생각하는 데 매우 획기적인 일이었습니다.

당시 류큐는 한반도, 일본, 중국, 그리고 동남아시아 등에서 많은 교역활동을 하였습니다. 특별히 한국사와의 관계에서 말하면, 류큐가 나오기 전인, 류큐가 자료로서 명조明朝와의 관계에서 나오는 시기는 15세기 초두부터입니다. 말하자면 명조의 초기입니다만, 그전의 몽골, 원나라 시대는 고려 왕조가 동남아시아의 소목蘇木이라는 염료나 후추를 중국에 조공품으로 보냈습니다. 고려 국왕이 이 특산품은 고려에서 생산되는 것이 아니니 조공품에서 제외해 달라고 자주 원나라에 제의하였습니다. 그 뒤 한국과 동남아시아의 소목과 후추의 생산지인 양자의 정확히 중간에 있는 류큐 왕조가 등장하고, 류큐가 동남아시아의 소목과 후추를 조공품으로 중국에 보내게 되었습니다. 류큐사를 통해 나는, 한국의 역사 가운데에서도 중국의 원나라 왕조 때는 장거리 행정行程을 거쳐 동남아시아에 이르는 장거리교역을 하고 있었다는 것에 관심을 가지게 되었습니다. 그리고 김사형金士衡이 1402년에 《혼일강리역대국도지도混一疆理歷代國都之圖》를 제작하는 배경으로서 세계인식을 볼 수 있는 것이 아닌가하고 생각합니다. 그런 점에서 조공무역을 하는 중국과의 무역만 아니라, 조공국 서로가 관계성을 가지는 주연周緣의 네트워크도 실제로 중요하다고 주목하고 있습니다. 조공시스템을 생각할 때, 중국을 중심으로 해서 방사형으로 이루어지는 조공국과의 양자 관계인 조공관계가 있을 뿐만 아니라, 오히려 조공국 서로가 조공국 모두를 포함하는 형태로 이를테면 국제시장이라고 할 수 있는 것을 형성하고 있었다는 점에 대해서 경제사의 시점에서 매우 강한 관심을 가졌습니다.

7. '쇄국'의 재검토

조공관계 가운데 일본이라는 나라를 어떻게 자리매김하는가라는 과제도 있었습니다. 지금까지 중국의 청조에 상당하는 에도江戶시대의 일본은 쇄국이고, 따라서 조공과는 관계가 없다는, 동아시아와의 관계는 오히려 시야에 들어오지 않았습니다. 그러나 조공관계를 보면 이른바 쇄국시대 일본의 대외관계 가운데 4개의 출구라는 형태로 홋카이도의 마쓰마에 번松前藩·아이누를 통한 북동아시아와, 또 쓰시마의 종가宗家를 통한 한반도와의 교류, 그리고 막부가 관리한 나가사키의 무역, 게다가 사쓰마薩摩 경유로 류큐를 통한 중국이나 동남아시아와 일본의 교역이 있었습니다. 이른바 쇄국이라 불린 시대에, 조공관계 가운데 4개의 밖으로 향한 출구, 곧 교역이 이루어졌던 것입니다. 나는 상대적으로 열려 있다는 측면에서 일본의 위치, 조공관계 가운데에서 기능한 일본과 아시아의 관계라는 방면으로 들어가서 보고자 합니다. 따라서 일본의 근대라는 것은 지금까지는 페리 함대, 곧 미국에서 흑선黑船이 오고 그것이 충격을 주어 그 결과 일본이 개국했다는 논리가 구미와의 관계에서 만들어졌을지라도, 나는 앞에서 말씀드린 동아시아와의 관계 속에서 일본의 근대를 생각하고자 합니다. 즉 일본의 근대와 조공관계를 둘러싼 동아시아의 변화에서 그것을 보려고 합니다. 명나라 중기 이후 일본은 조공국이라는 관계를 취하지 않았지만, 혹은 류큐를 통해서, 혹은 나가사키를 통해서, 혹은 쓰시마를 통해서, 혹은 아이누의 경우엔 북동아시아로부터, 조선왕조 및 청조 중국과 연계를 가지게 되었습니다. 이들 연계는 역시 교역활동이라는 것에 강하게 주목했던 것입니다.

8. 중국으로부터의 충격

예컨대 일본의 고베神戶에는 닝보寧波에서 온 오금당吳錦堂이, 조선에서도 1870년대에 담걸생譚傑生이라는 광동성 가오야오현高要縣 출신의 상인이 인천과 서울에 동순태상점同順泰商店을 개설하고 있었습니다. 그런 형태로 청조 치하에서 중앙정부가 쇠퇴해 가자 주변의 지방상업이 매우 활발하게 되었다고 생각합니다. 그것은 일본의 경우에도 마찬가지여서, 이를테면 일본은 그때까지 페리의 개항, 그리고 유럽, 구미 상인이라는 문맥에서 근대화를 생각했습니다만, 요코하마 개항자료관의 이토 이즈미伊藤泉美 씨, 교토대학의 가고타니 나오토籠谷直人 씨 등은 오히려 중국 상인이 일본 개항장에 들어와 다양한 수법으로 경제활동을 했던 사실을 밝혔습니다. 또 게이오慶應대학의 후루타 카즈코古田和子 씨는 상하이 상인이 실제로 일본에서 제조한 영국 기계제 면포를 고베에서 상하이로 수출한 것을 밝혔으며, 일본에서 청나라 상인의 활발한 기계제 면포업에 대한 투자활동이 일본의 공업화에 결부되어 간다는 문맥을 확인하고 있습니다.

그런 것을 생각하면 일본의 근대에는, 예컨대 일본과 거래를 하고 있는 중국 상인이 중국이 수입하고 있는 영국 면포를 일본에서 그것을 대체한다거나, 일본에서 만든 그것을 중국으로 수출하기 위해, 중국 상인의 활동을 계기로, 일본에서 면포를 만들거나 또한 그들이 중국과의 거래를 매개했다고 생각됩니다. 그래서 예를 들면 오금당이라는 고베의 화상華商은 면포공장에 투자를 했던 것입니다. 그런 점에서 일본의 화교 상인이라 할 때, 서양 상인과는 달리 비교적 주변적 역할을 담당했다고 보았지만, 검토할 것은 그 중국 상인의 자본이 일본이 이른바 근대공업을 추진할 때, 구미 자본은 일본과 수출입 무역을 중심으로 했지만, 일본의 화상 및 청국 상인은 오히려 중국 시장의 동향을 살피면서 그곳에서 구미로부터 수입상품의 대체를 목표로 일본에서 면포 등의 제조에 투자했습니다. 중국 상인은 이처럼 일본 및 동아시아에서 일본 공업화에 적극적으로 참여하였다고 생각합니다. 그 배경에는 청조의 중앙정권이 쇠퇴함에 따라 연해지역 중국 상인이 동아시아·동남아시아에서 매우 활발하게 활동한다는 것에 있습니다만, 이 동아시아 규모의 관점에서 보면 일본의 근대는 중국 연해지역으로부터 경제적인 영향이 강했다는 것을 확인할 수 있다고 생각합니다.

이런 시점에서 동아시아에 널리 퍼진 상호영향이라는 문제를 생각하면, 일본사 연구 쪽에서 쇠퇴하는 청조가 어떻게 일본에서 영향을 가질수 있는지, 혹은 일본의 근대화는 서양화이고, 그래서 '탈아脫亞' 등을 해서 중국이나 동아시아와 관계를 단절하고, 일본을 다른 동아시아와 구별하는 것을 목적으로 하는 형태로 근대자본주의에 의한 서양화의 길이라는 의문이나 비판이 나왔습니다. 그렇지만 나는 동아시아 역사를 장기에 걸친 광역 지역질서인 조공관계로부터, 그 계속성에서 동아시아의 근대를 보려고 하는 것에서 다음 단계로 문제를 펼쳐 나아가게 했다고 생각합니다. 이 조공 문제를 둘러싼 지역질서의 변동은, 넓은 의미에선 현재의 중국 및 동아시아·동남아시아의 변동을 생각할 때도 참고사례가 되는 문제라고 생각합니다. 특히 동아시아와 중국의 관계를 개혁개방 이후의 움직임에서 보면, 중국은 주변지역에 대해서 크게 영향력을 강화하는 모습입니다. 이런 상황에서 새로운 지역질서라는 것을 어떻게 생각해야 하는지 문제가 되고 있다고 생각합니다. 유럽처럼 국가와 국가의 힘 관계라는 형태로 구상할지, 혹은 동아시아에선 오히려 중국이 매우 큰 영향력을 미치는 형태로, 그곳과의 관계에서 형성될 하나의 큰 지역질서를 생각할지, 자리매김을 둘러싼 논의가 우리들 앞에 나타나 있다고 생각합니다. 그런 가운데 중국을 둘러싼 역사적인 광역 지역질서를 생각하면, 그것은 동아시아의 국제관계에 밀접히 관련되는 측면이 있으며 외교관계 안팎에 관련되는 면도 있습니다. 이것은 일본과 한국의 역사관계 혹은 류큐·오키나와 역사에서도 장기간의 역사적 움직임의 국면이 느껴지는 바이기 때문에, 그것은 역시 역사적인 조공 관계에 따른 지역질서의 계속을 생각했을 때 상기되는 시대의 국면이 되어 왔던 것입니다. 그 관계에서 나는 조공 문제를 일본 근대의 지역적 변동의 계기로서 역할을 했다는 측면에서 보고자 생각합니다.

9. 해양사海洋史 연구

그리고 또 하나는 해양·해양사 연구의 문제입니다. 이것은 나에게는 조공질서 가운데 교역 경영과 그 관리에 직접 연결됩니다. 조공무역은 바다를 어떻게 관리하는가, 해양무역을 어떻게 경영하는가라는 문제와 밀접히 관련되어 있다고 생각되기 때문입니다. 그리고 이처럼 해양 관리·해양무역 관리라는 시점에서 조공무역을 생각하면, 조공 형식에 따른 무역이 아니라 세관(해관)을 설치하여 무역을 관리하고, 관세 수입을 재정으로 활용하며, 새로운 양무洋務정책을 동아시아 각국이 채용하게 되어 조공무역에 따른 관세 관리는 해관에 의한 관세 관리로 변화하게 됩니다. 말하자면 해양문제를 통해 근대 재정정책이 전환해 가는 것으로 바뀝니다.

해양 문제는 동시에 지금까지 역사 연구·역사관을 전환시키는 커다란 과제를 가지고 있다고 생각합니다. 왜냐하면 지금까지 인류사회의 역사는 '뭍'의 역사로 묘사되어 왔기 때문입니다. '바다'를 주체에 두고 역사를 생각하면 어떻게 될 것인가. 또 바다에 의해 드러나는 아시아와 세계는 어떻게 묘사되어 온 것인가라는 해양으로부터의 역사 연구가 요청되고 있다고 생각합니다. 특히 근년에 해수 온도의 상승에 따른 기후변동이 일어나 지구 전체의 환경 문제가 해양 문제를 통해 분명해지고 있습니다. 글로벌 히스토리 연구에 따라 해양 문제를 정면에 설정하는 것은 현재 불가결한 과제라고 생각합니다.

또 지금까지 지역사로서 검토되어 온 '동아시아'·'동남아시아'라는 표현도, 그것들을 각각 해역의 주연周緣에 형성된 해역세계라고 보는 것에 따라 더한층 역사적인 지역·해역시스템을 합리적으로 이해할 수 있다고 생각됩니다. 그래서 기능하는 해역세계는 결코 단순히 바다를 수면이 평면적으로 펼쳐진 것을 일컫는 것이 아니라, 더 구조적으로 파악하고 검토할 수 있는 대상이라고 생각합니다.

해역 또는 해역세계를 더 구조적으로 다루려 할 때, 그것은 다음 세 가지 요소의 복합으로 구성되어 있다고 생각됩니다. 첫째는 '연해'로 구성되는 연해지역의 연계입니다. 청조 초기에 연해 주민을, 바다를 근거로 반청활동을 했던 정성공鄭成功의 영향력에서 떼어 놓으려 한 강희제의 '천계령遷界令' 등은 이 연해지역이 고유한 해역세계의 구성요인이었다는 것을 나타내고 있다고 생각합니다.

해역을 구성하는 둘째 요소는 이 연해지역을 구성요소로 그것들이 서로 연계하는 것에 따라 형성되는 '환해環海'의 해역세계입니다. 거기엔 해역을 중심으로 그 주변에 교역항, 교역도시가 형성됩니다. 이들 교역항은 바다로 향한 내륙의 출구라기보다 해역세계의 연해 항만도시를 서로 연결하는 네트워크로 존재하고 있습니다. 예를 들면, 역사적으로 봐서 중국의 연해 해역지대에 속하는 닝보의 상인은 내륙과의 교역보다 연해지역 및 해역에 걸친 교역으로 재부를 쌓았다고 간주할 수 있을 겁니다. 특히 나가사키와 동·은 무역에서 닝보 상인집단은 중요한 역할을 했습니다. 이 환해 문제는 현재 환동해(일본해)나 환황해 논의로 재등장하고 있는 것도 주목됩니다.

세 번째로 해역을 구성하는 요인은 해역과 해역을 연쇄連鎖하는 역할을 가지고 형성된 '연해連海' 항만 외곽도시입니다. 예컨대 동중국해와 남중국해를 매개하고 서로 해역을 연동시켜 더 다각적으로 또 광역적으로 해역세계를 기능하도록 하는 역할을 가진 항만도시로 류큐의 나하那覇, 광둥의 광저우廣州, 마카오, 그리고 19세기에 들어와 이들을 대체한 홍콩 등을 들 수 있습니다. 또한 남중국해와 벵골 만을 매개하는 항만도시로는 말라카나 뒤에 그것을 대체한 싱가포르, 나아가 인도네시아의 아체(Aceh) 등을 열거할 수 있습니다. 이들 '연해'·'환해'·'연해連海' 3요소에 따라 성립하는 해역세계는 뭍과는 다른 다원성·다양성·포섭성包攝性을 지닌 개방적 다문화시스템의 세계였다고 할 수 있습니다. 앞으로 해양세계·해역세계로부터 보는 아시아 역사를 글로벌하게 검토해 간다는 과제가 있다고 생각합니다.

10. 아편전쟁 사관의 재검토

1839~40년의 아편전쟁은 중국과 영국의 대립이었다는 이해가 있습니다. 아편전쟁은 아편을 유럽이 중국에 가져오고 그것에 대해 중국은 아편을 금지했기 때문에 충돌했다는 도식입니다. 그렇지만 주요한 문제는 그런 구도가 아니지 않은가라고 나는 생각합니다. 아편전쟁은 중국과 유럽의 문제가 아니라 오히려 중국 북쪽의 정권과 남쪽의 경제 사이의 대립관계라는 관점에서 고찰하는 것이 필요하다고 생각합니다. 왜냐하면 19세기에 들어와서 남쪽의 경제, 곧 바다의 교역은 매우 발전하게 되기 때문입니다. 쌀 무역의 증대는 곧바로 해양무역의 발달과 연동합니다. 새로운 동향을 본 북쪽의 청조 정권은, 지금까지 아시아의 조공무역과 구미와는 광둥무역이라는 형태로 남쪽의 교역을 관리하고 거기

서 재원을 확보해 왔습니다만, 남쪽의 경제활동이 매우 활발해지자 청조는 지금까지 조공 관계에 따른 교역관리를 중단하고, 일종의 중상주의라고도 할 수 있다고 생각합니다만, 정부가 상업·무역을 직접 경영한다는 대응으로 이행하는 방침을 냅니다. 이것이 1839년의 조공삭감령朝貢削減令이고 새로운 남쪽에서 재원 확보정책입니다. 그것에 대해 남쪽의 상인은 물론 지방관도 반발합니다. 남쪽의 상인은 유럽 상인과 결합하여 더욱 경제활동을 활발히 하고 있었는데, 청조가 개입해서 광둥 상인과 유럽 상인을 아편을 이유로 분리하는 정책을 채택합니다. 그것이 이른바 아편전쟁입니다. 그러므로 그것은 결코 중국 대 유럽, 중국 대 영국의 대립의 결과가 아니라, 그때까지 북쪽 청조 정부의 무역관리정책과 남쪽의 새로운 경제활동의 대립의 결과가 야기한 모순이었다고 생각됩니다.

그런 점에서 나는 중국의 근대화에 대해서도 더 다양하게, 곧 구미와의 문맥만 아니라 아시아와의 문맥, 나아가 청조 내부의 문맥을 복합적으로 보는 관점이 필요하지 않는가라고 생각하고 있습니다.

11. 일본의 '근대' '근대화' 문제

이상의 과정에서 나는 조공 문제에 대해서, 왜 조공을 생각하는 것이 중요한가라는 역사 시야의 문제이지만, 중국을 중심으로 한 전반적인 조공을 말하기보다 오히려 나는 일본의 근현대사에 대해, 특히 동아시아와의 관계에서 일본의 근현대사를 어떻게 봐야 하는가, 그리고 그것은 아시아 속의 일본이라는 자리매김이 필요하기 때문에 조공을 살펴봐야 한다고 생각하고 있습니다. 만약 일본 근대사의 계기 중에 조공

지역질서라는 관점이 없다면, 이를테면 일본의 메이지부터 제2차 대전까지의 하나의 역사시대라는 것을 어떻게 아시아의 역사 중에서 생각할 수 있을까라는 과제와 씨름하는 것은 불가능합니다. 이 과제는 그 뒤의 전쟁과 관련된 논의와도 분리할 수 없다고 생각합니다. 나는 제2차 대전까지 나아간 일본의 근대가 메이지에서 시작하고 있다는 것, 그리고 거기까지를 하나의 큰 역사시대로 되돌아보고, 그 출발점에 대해서도 다시 한 번 어떤 선택이 가능하였는가라는 방식으로 되돌아보는 것을 반복하는 것이 필요하다고 생각합니다. 경제사 연구가 그중에서 어떤 위치를 차지해 왔는가라는 문제는, 반드시 명확한 답이 나오지는 않을지도 모르지만, 현재까지 이어지는 장기 역사 연구의 과제라고 생각합니다. 지역질서가 변동하는 시대에 더 장기적 시야에서 역사를 생각하는 것과 관련하여 경제사가 씨름해야 할 과제도 적지 않다고 생각하고 있습니다. 그래서 필요하다고 생각되는 더 넓은 지역 가운데에서 자리매김하는 것을 생각할 경우에도, 앞으로도 조공이라는 장기에 걸친 지역질서를 더 종합적으로, 더 다면적으로 검토해야 한다고 생각하고 있으며, 특히 일본의 역사를 살펴보는 데 한층 필요하다고 생각하고 있습니다.

12. 화교華僑·화인華人 연구

마지막입니다만, 화교와 그들의 출신지에 관한 연구 주제가 있습니다. 동아시아 혹은 동남아시아 등 넓은 지역 환경을 생각할 때 사람의 이동과 그것에 동반하는 이민을 간 곳과 이민을 보낸 곳과의 네트워크적 연계와 분규가 일어납니다. 또한 민과 관의 관계도 생기기 때문에 때로는 국적 문제·주권 문제에까지 관련된 문제도 발생합니다. 그리고 이민에 따르는, 말하자면 국가와의 관계를 어떻게 보아야할까라는 문제도 나옵니다. 거꾸로 말하면 이민을 보낸 국가가 이민을 어떻게 외교적으로 대상화해서 보는가, 혹은 이민을 받은 곳·현지의 문제로부터 보면, 현지의 정치사회뿐만 아니라 경제활동과도 복잡하게 얽히게 됩니다. 화교를 이민네트워크 시점에서 생각하면, 화교·화인 연구는 중국을 이해하기 위해 매우 중요한 요소일 뿐만 아니라, 오히려 동아시아·동남아시아 같은 더 넓은 아시아라는 공간을 생각할 때, 사람의 이동 가운데 이루어지는 다양한 네트워크의 형성을 살펴보는 것입니다. 특히 홍콩이나 싱가포르가 그 중심적 이민센터였기 때문에, 거기서 사람의 이동 가운데 지역을 생각한다는 것이 일찍부터 나 자신에게 하나의 큰 연구 과제였습니다.

거기선 특히 화교가 돈을 본국의 가족에게 보낼 터이지만, 화교라는 표현은 '임시로 바깥에 거주한다'는 의미로 외국에 단기적으로 살고 있다는 의미입니다. 그런 화교의 태도, 혹은 이민의 역사라는 것이 지역을 형성하는 데 매우 중요한 요소가 되고 있습니다. 또한 나는 화교 송금의 흐름을 통해서 화교가 복잡한 요소임을 추적하고 있는 것입니다. 예를 들면 같은 화교 송금이라도 경제적인 투자의 경우도 있고, 가족의 가계에 사용되는 경우도 있으며, 그리고 이를테면 예금이든가 투기이든가 다양한 다른 기업 활동에도 사용되는 경우도 있습니다. 그런 점에서, 나는 화교의 움직임을 염두에 두면서 중국, 동아시아, 혹은 동남아시아와 중국의 관계를 알아갑니다. 그리고 싱가포르를 거점으로 해서 말레이시아든지 혹은 태국의 방콕 등, 어떤 의미에서는 나 자신이 네트워크가 되어 30년 정도 돌아다녔던 것입니다. 그렇지만 앞으로는 지금까지 해 온 것처럼 움직이면서 문제를 생각한다거나 움직이면서 보거나 쓰는 것이 아니라 고정적인 연구 스타일을 만드는 것이 필요하지 않은가라고 생각합니다. 그러나 변화하는 시대에는, 아시아 각각의 지역에서 다른 대응과 문제에 대한 타개책이 강구되고 있음을 보기 때문에, 이런 과정에서 도출되는 생생한 자료와 연구 과제도 역사 연구에 소중하다는 것을 강하게 느끼고 있는 바입니다.

이상과 같은 상황이어서, 앞으로 좀 더 시간이 경과한다면 내 안에서 역사가가 탄생할지 모르겠습니다만, 아직 풋내기라서 오늘 말씀드린 것은 지금까지 나의 연구과정에서 하나의 경과보고로 들어 주셨으면 합니다. 경청해 주셔서 대단히 감사합니다. (2013년)

나의 베트남 현대사 연구

후루타 모토오古田元夫

1949년생. 도쿄대학 교양학부 교양학과를 졸업하고 같은 대학원 사회학연구과 국제관계론전문과정을 나왔다. 도쿄대학 학술박사. 주요 연구 분야는 베트남 현대사이며 도쿄대학 교수로 봉직했다. 현 일월日越대학 학장이자 도쿄대학 명예교수이다.

주요 저서로는 《베트남의 세계사》(ベトナムの世界史, 東京大学出版会, 1995; 2015년 증보신장판), 《도이모이의 탄생》(ドイモイの誕生, 青木書店, 2009), 《베트남의 기초지식》(ベトナムの基礎知識, めこん, 2017) 등 다수가 있다.

1. 왜 베트남 연구를 했는가?

저는 베트남 현대사 연구를 전공으로 하고 있습니다. 베트남 연구를 하려 한 이유는 학생시절에 격렬하게 전개됐던 베트남 전쟁의 영향 때문이었습니다. 1968년 도쿄대학에 입학하기 3년 전인 1965년, 미군 전투부대가 월남에 투입되어 베트남 전쟁이 국지전으로 확대되었습니다. 그리고 입학했던 1968년에는 테트공세라 불리는 베트남전의 전기가 된 반미세력의 일대 공세가 있었습니다. 그해에 시작된 파리평화협상은 1973년에 매듭지어졌는데, 그 뒤에도 베트남 내전이 계속되어 1975년 사이공 해방으로 베트남 전쟁이 종결되었습니다.

이 베트남 전쟁 시기에 일본은 당시 아직 미국의 지배 아래 있었던 오키나와를 비롯해, 베트남에 출격하는 미군의 출격, 보급기지가 되어, 베트남전에 대한 관심이 매우 높았습니다. 당시는 '베트남을 중심으로 세계가 움직이고 있는 것처럼' 보이던 시대로, 그러한 시대에 학생시절을 보낸 제가 도쿄대학 교양학부의 학부 후기과정에서 교양학과 국제관계론 분과에 그다지 망설임도 없이 베트남을 졸업논문 주제로 정했던 것입니다. 이후 40여 년 동안 베트남을 연구하여 오늘날에 이르게 되었습니다.

그러나 베트남을 연구대상으로 선정한 배경은 더 어린시절에 만들어졌다고 생각됩니다. 제 부친은 하코다테에서 태어나 히로사키에서 자랐고, 모친은 오카야마 출신인데, 저는 도쿄에서 태어나 그곳에서 자랐습니다. 실은 태어난 장소나 학교—미나토구 세이난青南소학교, 사립인 아자부麻布중학교, 고등학교, 그리고 도쿄대학 교양학부 모두가 시부야渋谷

를 중심으로 반경 5킬로미터 안에 들어 있습니다. 현재의 아오야마靑山 −시부야渋谷는 도쿄에서도 가장 패셔너블한 젊은이의 거리인데, 제가 어린 시절에는 이 지역에도 전쟁의 흔적이 남아 있었습니다. 바로 진주 군이라 불리던 미군의 존재였습니다. 1951년 샌프란시스코 강화조약으로 이듬해 1952년에 일본이 독립을 회복했는데, 당시 일본에는 26만 명의 미군이 있었습니다. 현재 주일미군은 오키나와를 포함해 4만 명이므로, 당시에 얼마나 많은 미군이 있었는지를 이해할 수 있을 것입니다. 시부야에서 하라주쿠原宿로 향하는 야마노테선 왼쪽에 요요기 올림픽 공원이 있습니다. 이곳에는 1950년대에 워싱턴 하이츠라 불리는 미군 주택이 있었습니다. 또 롯폰기六本木의 도쿄 미드타운 건너편에 있는 국립신미술관 자리에는 미군 헬기장이 있었습니다. 그리고 지하철 오모테산도表参道역에 있던 아오야마 회관이라 불리는 건물도 미군이 접수했었습니다. 이 아오야마 회관 옆 빈터에서 세이난소학교 학생들이 야구를 하고 놀았었는데, 야구공이 회관으로 날아가 유리창이 깨지면 MP라는 완장을 찬 무섭게 생긴 미군 헌병이 "헤이! 보이!"라 외치며 뛰어나와 저를 포함한 아이들이 뿔뿔이 도망가기 바빴던 기억이 납니다. 이 때문에 반미 애국주의가 몸에 배어 베트남 연구자가 됐다고 하는 것은 농담이지만, 그러한 소학생 시절의 경험이 전쟁에 대한 관심과 외국군의 존재에 대한 복잡한 심경 등을 갖게 하고 이후 제가 베트남 전쟁에 강한 관심을 갖게 된 복선이 됐다고 생각합니다.

일본에는 '베트남연구자회의'라는 인문사회과학을 중심으로 자칭 베트남 연구자라는 정체성을 가진 사람들의 조직이 있는데, 현재 120명 이상의 회원이 있습니다. 베트남 본국을 제외하면 한 나라의 베트남 연구자 단체로는 세계 최대 규모입니다. 저와 동일한 '베트남 전쟁' 세대에는 베트남 연구를 전공한 사람이 많으며, 이 연구자 회의 결성에서도

저와 동시대 연구자가 중심 역할을 맡았습니다(연구자회의 홈페이지 : http://user.ecc.u-tokyo.ac.jp/users/user-10613/jsvs/index.htm, 또한 저와 같은 세대 일본인 베트남 연구자의 자서전으로 고 사쿠라이 유미오桜井由躬雄의 〈하나의 태양 올웨이즈(一つの太陽オールウェイズ)〉, めこん, 2013, 참조).

2. 왜 현대사 연구인가

'베트남 전쟁 세대'의 베트남 연구자는 베트남 전쟁을 계기로 그 나라에 관심을 갖게 되었습니다. 베트남 현대사, 동시대 역사로서 베트남에 먼저 관심이 있었던 것인데, 그대로 현대사 연구를 계속한 사람은 그다지 많지 않았습니다. 많은 사람들이 미국에 대한 베트남의 과감한 저항에 관심을 갖고 어떻게 그러한 저항을 할 수 있을까라는 데서부터 베트남 연구를 시작했는데, 많은 사람들이 현재의 저항을 이해하는 데는 프랑스 식민지 지배 아래의 근대 내셔널리즘 역사를 이해하지 않으면 안 된다, 또 근대 내셔널리즘을 이해하기 위해서는 10세기 중국에서 자립한 이후 베트남 역대의 독립왕조가 취한 대중국 관계를 비롯한 역사를 이해해야 하며, 자립왕조의 역사를 이해하려면 중국 한漢나라에 지배되기 이전까지 거슬러 올라가는 고고학적 연구도 필요하다고 하고, 점점 관심이 과거로 거슬러 올라가 전근대사와 고고학을 전공으로 하는 사람과 역사의 기저에 있는 문화를 이해할 필요가 있다고 생각해서, 문학 등 문화를 시대별로 연구하는 이들이 생기게 된 것입니다. 이러한 가운데 제가 현대사 연구에 '발을 들여놓은' 데는 도쿄대학 교양학부라는, 제가 베트남 연구자로서의 길을 걷기 시작하게 된 장소의 의미가 컸다고 생각합니다.

베트남 전쟁과 중국의 문화대혁명 등 아시아의 큰 사건이 발생한 시대에 도쿄대학 교양학부에 입학한 저는 입학 당시부터 아시아에 대해 공부해야겠다고 생각했었습니다. 그러한 제게는 우에하라 다다미치上原淳道 선생님의 동양사 수업은 매우 자극적이었습니다. 우에하라 선생님은 중국 고대사를 전공으로 하셨는데, 강의 내용은 남아프리카의 아파르트헤이트부터 베트남 전쟁까지, 현실적인 아시아 아프리카에서 당시 발생했던 현대적 과제가 중심이었습니다. 베트남 전쟁이 일본에서 커다란 주목을 받으면서도 베트남 현대사를 학문적으로 연구하는 연구자가 일본에는 아직 거의 없다는 우에하라 선생님의 말씀은 제가 베트남 연구자가 되는데 첫 번째 계기가 되었습니다. 이러한 현대사 연구를 장려하는 분위기는 도쿄대학에서는 문학부보다 교양학부에서 더 강했다고 생각합니다. 제가 재적했던 시기의 교양학부 국제관계론 분과는 미국적인 국제관계론 연구보다도 현대사 연구의 장이라는 색채가 더 짙었습니다.

당시 일본에서 현실로서의 베트남 전쟁에 관한 많은 사람들의 생각을 이끌었던 사람은 저널리스트들이었습니다. 혼다 가쓰이치本多勝一 씨 등, 많은 저명한 저널리스트의 베트남 현지 르포타주가 일본에서 베트남전 이미지를 형성하는 데 큰 역할을 했으며, 저도 많은 영향을 받았었습니다. 따라서 우에하라 선생님이 말씀하신 '학문으로서' 베트남 현대사를 연구하는 데 큰 관심을 갖게 된 것입니다. '학문으로서' 연구한다는 것은 이러한 저널리스트의 일과 어떻게 중첩되며, 어떻게 다른가라는 문제가 베트남에 대한 제 관심이 커짐에 따라 제 자신의 과제로 인식되었습니다.

제가 학생시절에 도달한 결론은 다소 방향이 다른 두 가지였습니다. 첫 번째는 저널리스트인 경우, 베트남전이 종결되고 다른 지역에서 전쟁이 발발하면 그 지역의 보도에 관여하는 것이 일반적일지 모르지만, 연구자로서 베트남을 연구한다는 것은 베트남을 평생 그 대상으로 삼아야 하는 것이며, 이를 위해서는 베트남에 대한 내재적 이해가 불가결하고 베트남어를 말할 수 있어야 한다는 결론이었습니다. 당시는 아직 도쿄대학의 커리큘럼에 베트남어가 없어, 제 베트남어 공부는 월남에서 일본으로 유학와 도쿄대학 농학부 대학원에 있던 베트남인을 선생님 삼아 시작했었습니다.

두 번째는 베트남에서 현재 일어나고 있는 일을 얼마나 정확하게 전하는가에 저널리즘의 진가가 있다고 한다면, 학문으로서 베트남 현대사 연구에서는 베트남에서 일어나고 있는 일이 인류사회에 갖는 보편적인 의미를 역사학이라는 방법으로 생각하는 것이 중요할 것이라는 결론이었습니다. 당시 상황에서는 '베트남 전쟁의 세계사적 의의'를 생각하는 것이 제 최대 과제였습니다.

학생시절에는 저의 이러한 두 결론이 상호 간에 그다지 잘 결부되지 않았습니다. 베트남 전쟁을 보편적인 바탕 위에서 생각하는 것은 베트남을 민족해방운동이라는 보편적 가치의 기수로 간주하는 경향이 강해, '악질적인 타자'로서 베트남의 개성을 보려는 노력으로 그다지 이어지지 못했습니다.

3. 베트남 장기체류 경험의 의미

제가 대학원생이었던 1975년에 베트남 전쟁이 종결됐는데 이 전쟁 직후의 베트남에 일본 대학원생이 유학하는 길이 당시에는 아직 열려 있지 않았습니다. 저는 하노이에 있는 무역대학의 일본어 강사를 맡는 형식으로, 베트남에 장기체류할 기회를 얻어 1977년과 1980년 각각 1년씩 하노이에 체재하게 되었습니다.

이 체류 경험을 통해 그때까지 갖고 있던 제 베트남 이해라는 관념을 부수게 되었습니다. 민족해방운동의 기수로 사회주의 베트남을 미화했던 제게 베트남전이 끝난 지 2년밖에 지나지 않은 하노이에서 사람들이 어제까지는 '적국' 화폐였던 미국 달러를 너무나도 고맙게 생각하는 모습은 충격이었습니다. 헌책방에 가면 발행금지 서적이나 내부자료를 간단히 입수할 수 있었던 것도 충격이었습니다. 공산당과 국가의 통제가 철저한 사회라고 하기보다는 당국의 통제에 굴하지 않고 자신이 가려는 방향으로 달리고 있는 데서 베트남 사회의 활력을 느낄 수 있었습니다.

이 당시 제 연구는 베트남의 개성을 내재적으로 이해한다는, 지역연구적인 색채를 강하게 띠게 되었습니다. 1986년에 도이모이를 시작한 베트남은 사회주의라는 목표를 견지하면서 경제운영에는 시장원리, 자본주의적 수법을 대거 도입했는데, 그 사회주의라는 간판의 의미는 크게 변화하였습니다. 도이모이 이전에는 기본적으로 소련 모델의 사회주의 건설을 지향하며 인류보편성을 가진 사회주의를 구현한 '사회주의 베트남'임을 강조한 것과 달리 도이모이 이후에는 어디까지나 베트남의 개성에 적합한 '베트남 사회주의'를 추구하게 됩니다. 이러한 베트남의 변화도 제 연구 방향에 영향을 주었습니다.

그러나 현대사 연구자로서 베트남을 연구하기 시작한 제게는 이러한 베트남에 대한 이해를 보편적 토양 위에 재정립시키고 싶다는 뜻이 계속해서 강하게 남았습니다.

저의 베트남 연구 방법은 1995년 도쿄대학출판회에서 발간한 《베트남의 세계사》에 정리되어 있습니다. 이 책은 '베트남에서의 세계'가 어떻게 역사적으로 변천했는가라는 의미와, 인류적인 세계사적 과제가 각 시대의 베트남에 어떻게 영향을 주었는가라는 두 가지 의미에서 '베트남에서의 세계사'를 논한 것입니다.

4. 1945년 베트남 대기근에 대한 연구

제가 베트남 현대사 연구자로서 임했던 연구의 한 축에 일본군이 베트남에 주둔했던 제2차 세계대전 중인 1945년, 베트남 북부에서 발생한 대기근에 대한 연구가 있습니다. 이 기근은 1945년 9월 2일 호치민이 낭독한 베트남 민주공화국 독립선언에도 '200만 이상의 동포가 아사'했다고 언급한 것으로, 베트남에서는 제2차 세계대전 중 일본이 베트남에 준 죄과의 상징으로 보고 있습니다. 따라서 이 기근은 1950년대 일본과 당시 월남이 전쟁배상협상을 할 때에도, 1970년대 베트남 전쟁 뒤 통일 베트남과 일본이 외교관계를 맺을 때에도 양국 정부 간에 화두로 올랐는데, 세계대전 말기의 혼란한 시대에 발생한 사건이기 때문에 신뢰할 만한 기록이 그다지 남아 있지 않습니다. 이에 따라 베트남과 일본 정부 사이에서는 큰 인식의 차이가 있고, 또 일본에서는 일반 국민들이 거의 알지 못한 채 시간이 경과됐습니다.

이 기근 발생의 원인으로는 ① 베트남 북부지역이 원래 인구과잉지역으로 농업기반이 매우 취약했다는 점, ② 여기에 1944년 가을 이후 기상악화가 있었다는 점, ③ 일본군의 압력 아래 프랑스 식민지 정권이 도입한 쌀 강제매입제도로 농촌에 기근용 비축미가 없었다는 점, ④ 군사적 요청에서 황마와 피마자(아주까리)의 재배가 장려되어 곡물 재배, 특히 기근 비상식으로 중요한 잡곡 재배면적이 감소했다는 점, ⑤ 미군의 공습으로 잉여쌀이 있는 베트남 남부에서 기근이 발생한 북부지역으로 쌀 수송이 어려웠다는 점 등을 생각할 수 있습니다. 자연재해와 전쟁이라는 인재의 양 측면이 있고, 또 일본과 프랑스 양측에 책임이 있는 사태라는 등 복잡한 요소가 있으나, 일본이 일으킨 전쟁 중에 발생한 일로 일본의 책임을 면할 수 없는 사건이라고 저는 생각합니다.

도이모이가 주창되어 일본과 베트남의 국가 간 관계가 호전될 조짐이 보인 1980년대 말부터 1990년대 초에 걸쳐, 저는 베트남의 역사 연구자에게 이 기근에 대한 공동조사를 제안했습니다. 베트남인들 사이에서는 1945년에 매우 심각한 기근이 발생했다는 사실이 널리 공유된 기억인 것과 달리, 일본에서는 거의 알려지지 않았고 또 알고 있는 사람들도 총인구 1300만 명이었던 당시 베트남 북부에서 그 15%에 달하는 200만 명의 아사자가 발생하는 대규모 기근이었다는 것을 쉽게 믿지 못하는 사람이 많은 '기억의 차이'가 존재하는데, 이는 안정된 일본과 베트남 관계에 장애가 된다고 생각하기 때문이었습니다. 일본과 베트남의 관계가 모처럼 호전되고 있는 때에 '과거의 상흔'을 건드리지 않아도 되지 않느냐는 비판은 일본 측에서도, 또 베트남 측에서도 있었지만, 저는 양국관계가 호전되고 있는 때일수록 '기억의 차이'를 조금이나마 수정하려는 노력을 기울일 필요가 있다고 생각했습니다.

다행히 베트남 국립역사학연구소의 반타오 소장이 이러한 제 제안을 전향적으로 받아들여, 1992년부터 1995년에 걸쳐 공동조사가 이루어졌습니다. 이 조사는 일본인 사이에서 1945년 베트남 기근에 대한 인식을 넓히기 위해서는 그 누구도 부정할 수 없는 기근의 실태 복원이 필요하다는 생각에 따라, 기근 피해의 전체상이 아니라 피해 규모를 확실히 파악할 수 있는 마을과 촌락과 같은 '점点' 조사를 실시했습니다. 구체적으로는 베트남 북부의 기근 발생지역을 각 성마다 1945년 당시의 총

인구, 가구구성, 가구별 아사자의 수를 마을 노인들에 대한 인터뷰 조사 등으로 실시 가능한 마을(또는 부락)을 선정해 조사하는 방법이었습니다. 23개 마을(부락을 포함)을 조사해 1945년 8월 베트남역사연구소에서 〈베트남의 1945년 기근의 역사적 증거〉(Viện Sử Học Việt Nam, Nạn Đói Năm 1945 ở Việt Nam- Những Chứng Tích Lịch Sử)라는 제목의 베트남어 보고서를 간행했습니다.

이 23개 마을 가운데, 1945년 당시 총인구를 거의 정확하게 복원할 수 있었던 마을은 22개 마을이었습니다. 이곳에서 사망자 비율은 8.37%에서 58.77%로 피해 규모가 지역마다 다양했으나, 매우 광범위한 지역에서 심각한 피해가 발생했었다는 사실을 확인했습니다. 조사마을에서는 사망자 가운데 아사 이외의 원인인 경우가 약간명 포함되어 있을 가능성은 부정할 수 없지만, 거의 정확하게 기근 피해를 복원할 수 있었다고 생각하며, 이 공동조사는 1945년 기근에 관한 최초의 본격적인 역사사회학적 조사로서 '점'에 관해서는 그 누구도 부정할 수 없는 실태를 제시함으로써 당초 목적을 달성했다고 생각합니다. 그러나 반대로 1945년 기근의 전체상에 대해서 이 공동조사는 직접적인 결론을 제시하는 성격의 것은 아니었습니다. 1995년에 간행된 보고서 말미에 베트남 측 편자였던 반타오 씨가 조사한 마을의 사망자 비율을 평균하면 15%를 넘어, '200만'이라는 수의 타당성을 증명할 수 있게 됐다고 지적했지만, 이는 공동조사에서 직접 도출된 결론이라기보다는 공동조사에서 추론할 수 있는 하나의 가설이라는 의미의 논의입니다.[1]

---

[1] 이 기근 조사 결과에 대해 일본어로는 〈제2차 세계대전에서 미소대립으로〉, 《世界の 歷史》 28, 中央公論社, 1998(油井大三郎씨와의 공저)에 자세한 소개가 있다. 또 기근과 조사에 관해서는 다음 논문을 참조하기 바란다. 〈과거를 닫고 미래를 지향한다— 역사의 증언과 현대사(過去をとざし未来を志向する—歴史の証言と現代史)〉, 義江彰夫·山内昌之·本村凌二編, 《역사의 문법(歴史の文法)》, 東京大學出版會, 1997; 〈베트

이 공동연구로 말미암아 일본에서 베트남 기근을 바라보는 시각에도 약간의 변화를 주었습니다. 이전에는 베트남에서 1945년에 대기근이 발생했었다는 자체를 의문시하는 목소리가 상당히 있었으나, 이 공동조사 결과가 발표된 이후에는 그러한 의문의 소리는 잦아들었습니다. 일본에서 주된 쟁점은 피해 규모, '200만'이라는 수치가 가능성이라는 점과 책임이 일본뿐만 아니라 프랑스에도 있을 것이라는 데로 옮겨 갔습니다. 이렇게 하여 고등학교 세계사와 일본사 교과서에서 이 기근을 언급하는 경우도 많아졌습니다. 1945년에 베트남에서 대기근이 있었다는 사실이 일본인의 상식적 지식이 되는 데는 아직 시간이 더 필요한 상황이나, 다소간의 진전이 있었다고 생각합니다.[2]

1995년에 출판된 《베트남의 1945년 기근의 역사적 증거》에 대해 2012년 베트남에서 '과학기술국가상'을 받았습니다. 이 '국가상'은 과학, 기술, 교육, 예술 분야에 베트남 국가가 주는 상인데, '호치민상' 다음으로 권위 있는 상으로 학문적, 예술적으로 높이 평가되며 사회적 영향이 큽니다. 베트남의 국가 발전에 기여한 연구성과, 저작물, 교육사업, 예술작품에 5년에 한 번 수여되는 상으로, 2012년의 '국가상' 수상대상은 20건이었습니다. 베트남 역사학회 사무국장으로 국회의원을 역임한 주옹 충 퀵 씨가 베트남의 《젊은이》라는 신문에서 이 책의 수상을 지지하는

남 현대사에서의 일본점령(ベトナム現代史における日本占領)〉, 倉沢愛子編 《동남아시아사 속의 일본 점령(東南アジア史のなかの日本占領)》, 早稲田大學出版部, 1997; 〈전쟁의 기억과 역사연구 베트남 1945년 기근의 조사(戦争の記憶と歴史研究·ベトナム1945年飢饉の調査)〉, 小森陽一·高橋哲哉 編 《(내셔널 히스토리를 넘어서)ナショナル·ヒストリーを超えて》, 東京大學出版會, 1998; "A Survey of Village Conditions during the 1945 Famine in Vietnam," Paul H. Kratoska ed., Food Supplies and the Japanese Occupation in South-East Asia, Macmillan Press, 1998.

2 일본에서 이 기근에 대한 최신 논의는 阿曾村邦昭 編著, 《ベトナム國家と民族(베트남 국가와 민족)》 上卷, 古今書房, 2013을 참조.

기사를 냈는데, 여기에는 다음과 같은 기자와의 대화내용이 있습니다.[3]

> 기자: 이 책에는 일본 역사가인 후루타 모로오 씨가 공저자로 함께 있습니다. 기근의 직접 원인을 만들었다고까지는 말하지 못해도 기근에 깊은 관계를 가진 국가의 연구자 역할도 이 역사 연구서의 정확성을 새삼 증명하고 있다고 할 수 있을까요?

> 퀵 씨: 한 역사가로서 저는 일본 역사가의 역사에 대한 공평한 태도를 매우 존경하고 있습니다. 일본 역사가들은 주도적으로 베트남 역사가와 공동조사, 연구에 참가했습니다. …… 역사가는 물론 일반 일본인도 자신을 소중히 여기는 민족이기 때문에 더욱 역사적 증거에 대해 엄숙하게 사실을 존중하는 태도를 취한다고 생각합니다. …… 일본인은 이 사건(1945년 기근)을 '피의 교훈'으로 보고 있으며 확실하게 배워야 할 일로 후세에도 교육을 통해 전함으로써 두 번 다시 같은 피를 흘리지 않게 해야 한다고 생각하고 있습니다. 일본 역사가의 이번 참가는 세계의 친구 그리고 베트남 역사를 이해하려는 모든 사람들에게 이 책의 신뢰성, 설득력을 높일 것이라고 생각합니다.

퀵 씨가 평가할 정도로 저를 포함한 일본 역사가와 일반인의 자세가 일관되어 있다고는 생각되지 않으나, 1945년 대기근이라는 일본이 깊이 관여한 비극을 조사하는 데 제가 참여해서 다행이었다는 생각이 '국가상 수상' 소식을 들었을 때 강하게 들었습니다.

도이모이 이후의 베트남은 '과거를 닫고 미래를 지향한다'는 외교 문구를 내걸고 과거에 베트남에 군대를 파견한 나라와의 사이에 과거 전쟁이 외교상의 문제가 되지 않도록 노력하는 자세를 취하고 있습니다.

---

3 (Tuổi Trẻ On Line 26-12-2011)

이는 자칫하면 베트남이 과거를 망각하려 한다고 해석되는 경우도 있지만, 제 책이 '국가상'을 수상한 데는 베트남이 과거를 잊고 있는 것이 아니라는 의미가 있다는 점에서 현대사 연구자인 제게 커다란 격려가 되었습니다. (2014년)

근대 일본 경제사에서 전체사로

이시이 간지石井寬治

1938년생. 도쿄대학 경제학부 경제학과를 나와 같은 대학원 경제학연구과에서 박사학위(경제학)를 받았다. 주요 연구 분야는 근대일본 경제사이다. 도쿄대학에서 봉직했으며 현 도쿄대학 명예교수이자 일본학사원日本学士院 회원이다.

주요 저서로는 《제국주의 일본의 대외전략》(帝国主義日本の対外戦略, 名古屋大学出版会, 2012), 《자본주의 일본의 역사구조》(資本主義日本の歷史構造, 東京大学出版会, 2015), 《자본주의 일본의 지역구조》(資本主義日本の地域構造, 東京大学出版会, 2018) 등 다수가 있다.

1. '역사가'란 무엇인가

저는 이전에 대학생을 위한 텍스트 《일본 경제사日本經濟史〔제2판〕》
(1991)의 서두에 "역사학 혹은 넓게는 인문·사회과학을 배우는 목적은,
현대 사회에 살고 있는 우리가 어떠한 존재이며, '어디에서' 와서 '어디
로' 향해 가고 있는지를 아는 데 있다"라고 썼습니다. 그렇다고 한다면
역사가라는 사람은 자신들의 존재를 가능한 넓은 공간과 긴 시간 속에
서 파악하고 자리매김을 할 수 있지 않으면 안 됩니다. 이번에 '역사가
의 탄생'이라는 테마로 연구자로서 자신의 발자취를 이야기해 달라는
의뢰를 받았을 때, 저 자신은 과연 이러한 의미에서 역사가라 할 수 있
을지 하는 의문이 뇌리를 스쳐 지나갔습니다.

저 역시 20년 전에 '역사가'로서 자신에 관해 이야기한 짧은 글을 쓴
적이 있습니다. 《역사가가 말하는 전후사》(歷史家が語る戰後史, 永原慶二, 中
村政則 編, 東京: 吉川弘文館, 1996)라는 책에서 도야마 시게키遠山茂樹 씨부
터 고타니 히로유키小谷汪之 씨에 이르는 다양한 세대의 '역사가' 64명과
함께 저는 〈나의 그리스도교와 마르크스주의〉(私のキリスト教とマルクス主
義)라는 거창한 제목을 내걸고 역사를 연구하는 과정에서 일본의 그리
스도교계, 마르크스주의자와도 일정한 거리를 두게 된 것에 대해 기술
했습니다. 그러나 여기에서는 그리스도교와 마르크스주의와의 관계를
통해서 완성한 자신의 독자적인 시점에 기초해 전후 50년의 일본과 세
계를 어떻게 파악할 것인지에 관해서는 전혀 다루지 못했습니다.

제가 '나는 어떠한 존재이며 이 세계에서 무엇을 해야 하는가' 하는

과제와 마주하게 된 것은 고등학교 시절이었습니다. 어릴 때부터 근처의 교회에 다녔고, 고등학교에서도 성서연구회라는 동아리에서 친구들과 인생론에 대해서 설전을 벌였습니다. 그러나 종교는 마르크스가 말한 대로 아편이 아닌가 하는 의문이 늘 있었습니다. 고등학교의 '일반사회' 수업에서 '원자폭탄을 허하지 마오(原爆を許すまじ)'의 작곡가인 기노시타 고지木下航二 선생님으로부터 마르크스 경제학을 배우면서 근대사회가 지닌 모순을 자각하게 되었기 때문이었습니다. 이때 교회학교의 하계 수련회에서 목사의 강연을 듣고 실천적인 면에서는 마르크스주의자와 그리스도교도의 협력이 가능하다고 알게 되어, 세례를 받았습니다. 이는 저 자신이 마르크스주의 이론의 추종자가 되는 것은 우상숭배이며 불가능하다고 생각하는 계기가 되었습니다. 한편 나중에 저는 일본의 그리스도교회가 세속 권력에 대한 비판의 싹을 자르는 역할밖에 하지 않는다고 생각하게 되어 목사와 대립해 탈교회적인 신도로 바뀌었습니다.

2. 일본 잠사산업의 역사에 대한 전문 연구자로서

도쿄대학 경제학부와 대학원에서는 지도교수인 야마구치 가즈오山口和雄 선생님 밑에서 근본 자료를 바탕으로 한 철저한 실증 연구 방법을 배웠습니다. 선생님께서는 지금까지의 경제사 연구가 대부분 기업 내부의 경영 자료를 쓰지 않았다는 결함을 극복하도록 몸소 가르쳐 주셨습니다. 또한 오츠카 히사오大塚久雄 선생님으로부터 마르크스·베버의 이론과 한계에 대해 자상하고도 알기 쉬운 가르침을 받은 것은, 그 뒤 저의 역사 연구에 커다란 지침이 되었습니다.

가장 먼저 다룬 실증 연구의 테마는 근대 일본의 제사製絲산업의 역사였습니다. 방직산업과 더불어 일본 산업혁명의 중심이었던 제사산업에 주목했던 것은, 농촌 공업으로서 제사산업의 원료인 누에고치도 일본 국내의 농촌에서 조달했음에도 불구하고, 이의 발전이 반드시 농촌 사회의 근대화로 이어지지 못한 이유를 알고 싶었기 때문입니다. 아시다시피 제사산업은 일본 최대의 수출 산업이었으므로, 정부는 도미오카富岡에 프랑스식 관영 기계제사장을 세워 제사산업의 발전을 촉진했습니다. 그렇다고 해도 최근 세계문화유산으로 등록돼 유명해진 도미오카 제사장과 같은 대규모 공장은 당시 농촌 사람들에게는 너무 커서 건설할 수 없었습니다. 실제로는 여성 노동자 10여 명뿐인 작은 공장에서 출발해 조사繰絲설비도 철제가 아니라 목제가 대부분인 간소한 것이었습니다. 기계 제사라는 서양 근대기술의 이식은 일본의 경제 실태에 맞는 '적정 기술'을 탄생시킴으로써 성공했습니다. 그러나 여기서 생산된 제품은 그다지 고급이 아니어서 직물의 씨실[緯絲]로밖에 사용할 수 없는 '보통사普通絲'였습니다. 따라서 세계 시장을 제압하기 위해서는 도미오카 제사장이 제조한 것과 같은 견직물의 날실[經絲]을 사용한 '우등사優等絲' 또한 대량으로 만들어 내야 했습니다. 일본의 제사가製絲家는 '적정 기술'에 만족하지 않고 끊임없는 기술혁신을 통해 점차 '우등사'도 만들 수 있게 되어, 일본의 생사生絲는 1920년대에 세계 시장의 80%를 독점했습니다.

이러한 발전의 이유에 대해서는, 높은 소작료를 내기 위해 소작인의 딸들이 제사공장에서 저임금으로 일했기 때문이라는 설명이 일반적이었습니다. 하지만 저는 이러한 설명을 인정하면서 아울러 이들을 고용해서 일을 시킨 제사가들이 필요한 자본을 어떻게 조달했는지를 알고 싶어 제사가의 경영 장부를 찾아내 분석했습니다. 그러자 놀랍게도 제사가들은 초기 설비자금을 친척의 협력을 얻어 모았고 그 나머지는 벌어들인 이익을 투자했으나, 원료인 누에고치 구입에 필요한 거액의 운전자금은 거의 보유하고 있지 않았음이 판명되었습니다. 운전자금은 무역항인 요코하마横濱의 생사 도매상이나 제사산업이 모여 있는 지역의 지방 은행에서 충분하게 공급하고 있었으며, 부족분은 일본은행이 공급했다는 것 역시 알게 되었습니다. 아베노믹스를 이끌어 가고 있는 최근의 일본은행이 위험한 주식 투자에까지 손을 뻗어 인위적으로 주가를 끌어올리려 꾀하고 있는 것은 아주 큰 문제입니다. 그러나 산업혁명기 일본은행은 생사 도매상이나 지방 은행에 리스크를 전가하면서 제사가들에게 적극적으로 금융 지원을 하고 있었습니다. 경쟁 상대였던 이탈리아와 중국의 제사산업에서는 찾아볼 수 없는 일본 중앙은행의 이러한 적극성이야말로 일본 제사산업이 급속하게 발전하게 된 열쇠였습니다.

제사산업에 대한 제 연구는 《일본 잠사업사 분석: 일본산업혁명연구서론》(日本蠶絲業史分析: 日本産業革命研究序論, 1972)이라는 책으로 간행되었는데, 농촌사회의 근대화에 대한 제사산업의 영향력을 그다지 평가하지 않은 주장은 실증 부족이었습니다. 그러나 역사 관련 학회의 전국대회에서는 이 책을 비판적으로 계승·극복하려는 보고가 지금도 이루어지고 있어, 본인의 주장을 넘어서는 연구를 지켜볼 수 있다는 것은 실증사가로서 기쁘기 그지없습니다.

3. 영국 유학으로 외국 상사에 대한 연구에 몰두

1977년부터 이듬해에 걸쳐 영국 유학의 기회를 얻은 저는 케임브리지대학교 도서관에 기탁되어 있는 세계적인 무역상사인 자딘 매디슨

(Jardine Matheson) 상회의 자료를 연구했습니다. 이 상회는 인도의 아편을 중국으로 밀수입한 상사로 아편전쟁의 배후에 있었는데, 그 뒤 다양한 상품을 취급했으며 일본 개항 시에는 최대의 외국 상사로 일본 무역을 지배했습니다. 더욱이 이 상회는 통상조약에서 금지된 일본 안의 유통과정에 침투를 시도해 다카시마高島 탄광에 직접 투자한 것으로 여겨져 왔으나, 그 경영 실태는 수수께끼에 쌓인 채였습니다.

이 상회의 자료로는 홍콩 본사와 상하이 지점을 중심으로 하는 각 점포의 수백 권에 달하는 장부류와 점포 사이에 주고받은 서간류가 수십만 통에 이르렀습니다. 따라서 몇몇 일본의 역사 연구자가 조사하려고 시도했으나 너무나도 방대한 나머지 그 누구도 본격적으로 손을 대지 못한 상태였습니다. 다른 나라의 연구자의 연구는 아편전쟁에 관한 그린버그(Michael Greenberg)의 고전적인 연구 등 여러 가지가 있습니다. 하지만 오로지 서간류를 읽고 연결해 나가는 방식이어서 서간을 쓴 상사원의 관점과 그 서간을 읽은 연구자의 관점이 너무나도 중첩돼 객관성이 결여됐습니다. 이러한 난점을 극복하려면 기본 장부인 원장Ledger와 분개장Journal을 대조해 활동에 관한 기초 데이터를 확정한 다음, 서간류를 자세히 읽고 분석에 살을 붙이는 절차가 필요했습니다. 저는 저보다 조금 늦게 영국에 도착한 아내 마야코摩耶子와 협력해 1년 남짓 중요 사항을 닥치는 대로 연필로 필사하는 작업을 했습니다. 그 성과는 일본에 관해서는 졸저《근대 일본과 영국자본: 자딘 매디슨=매시선 상회를 중심으로》(近代日本とイギリス資本: ジャーディン=マセソン商會を中心に, 1984)으로, 중국에 관해서는 이시이 마야코石井摩耶子의《근대 중국과 영국 자본: 19세기 후반의 자딘 매디슨·매시선 상회를 중심으로》(近代中國とイギリス資本: 19世紀後半のジャーディン·マセソン商會を中心に, 東京: 東京大學出版會, 1998)로 결실을 보았습니다.

자딘 매디슨 상회의 경영 장부를 분석한 결과, 거대 상사를 압도적으로 강력한 존재로 간주한 기존의 이미지가 반드시 정확하지만은 않다는 것이 판명됐습니다. 특히 1866년의 공황에서 덴트 상회(Dent & Co.)의 파산은 거대 상사라 하더라도 무너질 수 있다는 당연한 사실이 밝혀졌습니다. 그러나 외국 상사의 자금력은 외국 은행을 통해 런던 금융 시장과 연결되어 있었기 때문에, 그들이 개항장의 테두리를 넘어 일본 국내로 침입했을 때 충격도 엄청난 것이었습니다. 당시 일본 최대의 근대적 생산의 거점이었던 다카시마 탄광에 대한 덴트 상회의 융자 분석 결과는 그 위험성을 구체적으로 나타낸 것이었습니다.

일본 정부는 다카시마 탄광에 유입된 외자에 대해서는 미쓰비시三菱 재벌의 이와사키 야타로岩崎彌太郎에게 부탁해 회수해 달라고 했습니다. 그러나 무역과 관련된 국내 유통 과정에서 외국 상인의 침투는 통상조약에서 금지된 규정에 의존하는 것만으로는 막을 수 없었습니다. 따라서 일본 측 무역상인과 금융업자의 활약에 의해 개항장에서 현금 거래가 원활하게 이루어지는 것을 기대할 수밖에 없었습니다. 이 점에 대해서는 영국 유학 전부터 시작한 오우미近江 상인 고바야시긴에몬가小林吟右衛門家와 공동 연구를 통해 막부 말기에 이뤄진 외환 거래에서 전국 네트워크가 예상했던 것 이상으로 발달되어 있었다는 사실을 포착했습니다. 그러나 아직 부분적인 분석에 그치고 있으며, 근세 경제사의 발전이 전체적으로 어떤 수준에까지 도달했으며 근대 경제사와 연속될 수 있었는지에 대한 연구는 당분간 착수할 여유가 없었습니다.

4. 근세사와 근대사의 연속적인 측면에 대한 실증

19세기 중엽에 세계 시장으로 편입된 이후, 여러 동아시아 국가의 근대화 노력에 관해서는 일본과 중국과의 비교가 오래전부터 이루어지고 있었습니다. 저의 경우에는 1986년 역사학연구회의 대회보고에서 '외압'의 대응에 관한 한일 양국의 비교에 대해 가지무라 히데키梶村秀樹 씨와 같은 부회에서 함께 발표하며 커다란 시사를 받았습니다. 가지무라 씨는 상인자본의 축적 정도가 한일 양국 권력의 전제적인 성격에 따라 달랐으며, 한국에서 상대적으로 축적의 정도가 낮았음은 부정할 수 없다고 지적했습니다. 이는 졸저《일본 경제사(제1판)》를 한국어로 번역한 이병천 씨의 상인자본 연구에 바탕을 둔 것이며, 일본 근대화에서 상인자본 축적의 역할에 대해 재평가하게 했습니다. 더욱이 1870년대 일본 정부의 외국인 고문들이 이구동성으로 정부의 외자 배척 정책을 비판했음이 명백해짐에 따라, 일본이 외자를 배제하면서 자력으로 근대화를 시행했다는 전제가 된 근세 일본 내부에서의 상인적 축적에 대한 검토가 불가결하다는 생각이 점차 강해졌습니다. 그러나 이후 1998년 도쿄대학을 정년퇴임할 때까지 대학 행정으로 바빠, 사립 도쿄경제대학으로 자리를 옮긴 뒤부터 새로운 실증 연구에 착수하기 시작했습니다.

도쿄경제대학 도서관에는 교토의 환전상 요로즈야진베가萬屋甚兵衛家의 자료가 소장되어 있습니다. 손으로 들고 살펴보면 요로즈야진베가는 우리가 공동 조사해 온 오우미 상인 고바야시긴에몬가의 주요 거래처였으며, 직물상인 고바야시가小林家는 요로즈야 앞으로 빈번하게 어음을 발행해 매입처에 지불했습니다. 직물상으로 대규모화하는 과정에서 고바야시가는 오사카大阪·에도江戸와 외환 거래를 하는 유력한 환전상으로 성장했다는 것도 판명되었습니다. 기존의 환전상에 대한 연구는, 오사카와 교토京都·에도의 환전상이 대규모화함에 따라 상인을 상대로 한 금융 서비스를 중단하고 다이묘大名를 상대로 하는 활동에 전념하게 되어, 막부 말기에 걸쳐 동요하기 시작한 여러 번藩의 지배 체제를 금융 면에서 뒷받침했다고 간주하였습니다. 이 때문에 환전상에 대한 연구를 아무리 진척시켜도 여러 번의 지배체제가 유지된 측면을 알게 되었을 뿐, 지배체제를 근저에서부터 무너뜨린 경제 발전과 관련성은 알 수 없다고 여겨져 왔습니다. 그런데 미쓰이三井문고와 오사카대학에 소장되어 있는 오사카의 중간 규모 환전상의 경영 장부를 분석한 결과, 그들은 거래처 상인에게 오늘날의 수표에 해당하는 환어음 발행을 승인해 금융 활동을 활발하게 했으며, 원격지 간 상거래 결제를 위한 환어음도 취급하고 있었음이 판명되었습니다. 미쓰이가三井家나 고우노이케가鴻池家 등 정점에 있는 거대 환전상은 오사카 금융시장 내부와 오사카·에도 사이에 이용된 어음결제 센터로서 중요한 역할을 담당하고 있었다는 점도 알게 되었습니다. 이러한 환어음 네트워크가 형성되어 있었던 것이 개항장 요코하마에서 일본 상인의 활동을 지원해 그들의 현금거래를 가능케 하고 외국 상인의 내지 침입을 막았습니다. 이 연구는《경제 발전과 환전상 금융》(經濟發展と兩替商金融, 2007)으로 발간되었습니다.

이 무렵, 근대 일본의 산업혁명에서 주식회사 출자자에 대한 분석이 진행되고 있었습니다. 방직업이나 은행업 혹은 철도업이나 해운업의 주주가 된 것은 주로 상인이나 금융업자로, 이들 가운데 미쓰이가와 스미토모가住友家, 고노이케가와 같이 근세 이래의 긴 역사를 가진 가문들도 포함되어 있음이 밝혀졌습니다. 이렇듯 근대 일본 경제발전의 조건이 근세 일본에서부터 축적되어 왔음이 판명된 결과, 근세와 근대 경제의 연속적인 측면이 강조되었습니다. 앞으로는 상인의 활동과 권력 및 민중과의 관계가 한층 더 연구대상으로 다뤄져야 합니다.

5. 일본 경제와 세계 경제의 총체적인 과정 분석

이상의 회고에서 알 수 있듯이, 제가 경영장부를 분석하는 데까지 파고들어 경제사의 실증을 시도한 것은 제사製絲 경영, 외국 상사, 환전 상이라는 세 분야에 대한 연구에 지나지 않습니다. 이와 관련한 장부와 서간을 보는 데 열중하면서 1세기나 2세기 전의 세계 속에서 장시간 몰입할 수 있던 때에는 실증의 흥미로움에 사로잡혔던 기억이 있습니다. 그러나 단순히 개별적인 사실에 대한 실증만으로는 진정한 역사 분석이라고 할 수 없을 것입니다. 발견한 역사적 사실을 넓은 공간과 긴 시간 속에 자리매김해 사실이 지니는 역사적인 의미를 명확히 했을 때 비로소 역사 분석을 했다고 말할 수 있을 것입니다. 이런 의미에서 역사 연구자는 개별 연구를 추진함과 동시에 끊임없이 역사의 전체상을 재구축할 필요가 있습니다.

제 경험에 따르면, 이는 개별 연구를 진행하는 가운데서만이 아니라 대학에서 대학생·대학원생에 역사를 이야기할 경우나, 널리 사회 일반 인을 위한 계몽서를 집필하는 경우 등의 외적 강제의 형태로 요청받았 습니다. 앞서 말한 《일본 경제사(제2판)》를 집필할 때, 고대에서 현대까 지 일본 경제의 총체적인 과정을 기술하는 무모함에 가까운 시도를 한 것은, 근대에 대한 저 자신의 개별 연구가 지니는 의미를 확인하기 위 한 작업이기도 했습니다. 《대계 일본의 역사⑫ 개국과 유신》(大系日本の 歷史⑫ 開國と維新, 1989)과 《일본의 산업혁명: 청일·러일전쟁에서 생각하 다》(日本の産業革命: 日淸·日露戰爭から考える, 1997) 역시 이러한 관심에서 저술했습니다. 더욱이 저에게 커다란 획기적인 계기가 된 것은 1999년 에 열린 역사학연구회의 전체 회의에서 〈전후 역사학과 세계사: 기본 법 칙론에서부터 세계체제론에〉(戰後歷史學と世界史─基本法則論から世界システム 論へ)라는 보고를 했을 때였습니다. 대상 영역을 세계 역사의 총체적인

과정에까지 최대한 확장할 수밖에 없어, 그 당시에 갓 출판된 《이와나미 강좌 세계 역사》(岩波講座世界歷史, 東京: 岩波書店, 1999) 전 28권을 다 읽고서 논의를 구성했습니다.

이렇게 총체적인 역사에 대한 단계적 발전을 다룰 경우에는 분석의 토대가 되는 역사 이론이 문제가 됩니다. 앞서 말한 저작과 학회에서 보고한 원고를 집필한 1980년대 후반부터 1990년대까지 시기는 소련과 동유럽 사회주의가 일시에 붕괴하면서, 제가 근거로 해 온 마르크스의 사회구성체론이 성립되는지가 날카롭게 문제시되던 시기였습니다. 《일본 경제사(제2판)》에서는 저는 20세기 사회주의의 '초기적' 성격을 문제로 해서 특히 '제국'으로서 소련과 중국의 역사적 전통이 부(負)의 유산으로서 양국 사회주의 정치체제의 근대화를 저해했다고 설명했습니다. 1999년 대회보고에서는 마르크스가 제기한 근대에 이르는 사회구성체의 여러 단계에 대한 가설은 세계사의 기본 이치를 밝히는 데서 여전히 유효하나, 20세기에 사회주의가 붕괴한 뒤 21세기 미래 사회는 거대 다국적 기업의 활동을 규제할 수 있는 국제 조직의 활동으로 생산자가 직접 생산 수단의 소유를 사회적·민주적인 형태로 회복하는 과정이 될 것이라고 논했습니다. 이는 20세기 사회주의가 좌절했던 것에 대해서뿐만이 아니라 20세기 자본주의 또한 그 역사적인 한계를 드러내고 있다는 판단에서 이뤄진 보고였습니다.

그런데 21세기에 들어서면서 사회주의 시장경제라는 형태로 중국 경제의 급격한 성장이 두드러졌으며, 중국 사회주의가 미국 자본주의와 대항하는 세계전략을 내세웠기 때문에 중국은 어떠한 의미에서 사회주의인가, 중국 사회주의는 어떠한 모순을 안고 있는가 하는 문제를 논할 필요가 생겼습니다.

6. 일본 경제사에서 세계 전체사의 추구로

저는 지금까지 일본에서 바라본 일·중 관계의 역사는 연구한 바 있으나, 중국 사회 자체의 역사와 현황에 대해서는 상식적인 이해밖에 가지고 있지 않았습니다. 졸저 《제국주의 일본의 대외전략》(帝國主義日本の對外戰略, 2012)에서는 일본인은 왜 중국과의 전쟁을 막을 수 없었나 하는 문제에 관해서 혁명적인 좌익 운동가에 주목한 것이 아니라 일본인 부르주아에 착안하여 검토했으나, 그 상대인 중국의 역사에 대해서는 거의 논하지 않았습니다.

이런 제가 처음으로 세계사 속에서 현대 중국의 역사적인 위치에 관해 언급한 것은 2013년 중국 톈진天津의 난카이南開대학에서 '20세기 동아시아 국제 관계의 변용'이라는 주제로 개최된 국제심포지엄의 기조연설을 의뢰받았을 때였습니다. 당시 〈개별적인 가치에서 보편적 가치로〉라는 타이틀을 내건 제 강연의 목적은 현대 세계의 격심한 대립의 하나의 요인이 되고 있는 공격적 내셔널리즘의 역사를 탐구해, 인류는 왜 이를 제어할 수 없는지를 생각한 것이었습니다. 여기에서는 내셔널리즘은 근대에 들어서서 갑자기 출현한 것이 아니라, 역사적으로 멀게는 만년 전에 시작된 농업을 위한 혈연공동체라는 개별적인 가치에 대한 신앙으로까지 거슬러 올라간다고 주장했습니다. 고대 철학과 세계 종교가 주창한 혈연의 테두리를 넘어선 보편적 가치를 통해서 혈연 중심의 개별적인 가치를 극복하려고 서양의 그리스·로마와 동양의 진·한 제국이라는 고전·고대 사회가 출현했습니다. 그러나 이들의 보편적 가치에는 각각 고유의 한계가 있었기 때문에 개별적인 가치를 믿는 내셔널리즘을 제어할 수 없다고 논했습니다. 이 강연에 참석한 대부분의 젊은 중국의 연구자들은 여기에 찬성을 표했습니다. 하지만 중년 연구자 가운데는 역시 국가야말로 최고의 가치가 아닌가 하며 반론하는 분도 있어

중국의 애국주의 조류가 강력하다는 것을 통감했습니다.[1]

문제는 민중의 행복이라는 동일한 보편적 가치를 실현하는 방법이 서양과 동양이 크게 달랐다는 것입니다. 그리스도교의 사고는 자립한 개인이 '아래에서부터' 자신의 권리를 주장해 '법치국가'를 만들어 행복을 손에 넣는다는 것이었습니다. 이와 달리, 유교의 가르침은 천명을 받은 황제가 '위에서부터' 인정仁政을 펴 민중을 행복하게 하는 '덕치국가'를 구현하고, 황제가 천명을 거역할 경우에는 혁명의 대상이 되었습니다. '법치국가'는 법이라는 형식적인 합리성이 중요시되어 권력자도 법을 준수했으나, 법이라는 형식적인 평등 아래에서 실질적으로는 불평등이 횡행했습니다. 한편, '덕치국가'는 형식보다도 실질을 중요하게 여겼기 때문에 권력자가 법 위에 군림해 수많은 민중의 권리는 무시되는 경향이 있었습니다. 19세기에 출현한 마르크스주의는 근대국가의 법치주의가 보증하는 민중의 형식적인 자유와 평등을 통해, 실제로는 민중에 대한 실질적인 차별의 발생을 날카롭게 비판했습니다. 그러나 20세기에 마르크스주의자가 권력을 장악한 사회주의 국가는 법이라는 형식적인 합리성의 중요성을 경시한 결과, 공산당 독재라는 일종의 '덕치국가'가 되었습니다. 마르크스주의가 마오쩌둥毛澤東이 통치한 중국에서 받아들여진 것은 이천 년 이래의 유교적 '덕치국가'의 전통이 이를 위한 꼭 맞는 수용 기반이 되었기 때문일 것입니다.

앞으로 세계는 형식적 합리성에만 치우치는 경향이었던 근대주의와 실질적 합리성만을 중시해 온 사회주의를 양쪽에서 비판하는 가운데 새로운 보편적 가치에 대한 전망을 파악해야 한다고 생각합니다. 이렇듯 그리스도교와 마르크스주의 둘 다를 연구하면서 이 두 가지 모두

---

[1] 졸저, 《자본주의 일본의 역사구조》(資本主義日本の歷史構造), 2015, 부론 2 참조.

문제가 있다는 생각이 제가 지닌 현재의 역사 인식입니다. 이쯤 되니 점차 저도 '역사가'의 한 사람으로서 꼽히게 될 수도 있지 않을까 하는 생각이 들었습니다. 경청해 주서서 감사합니다. (2015년)

나의 근세 조일무역사 연구

다시로 가즈이田代和生

1946년생. 주오中央대학 문학부를 졸업하고 같은 대학원 문학연구과 박사과정을 나왔다(문학박사). 주요 연구 분야는 근세 조일관계사이며 게이오기주쿠慶應義塾대학 교수로 봉직했다. 현 게이오기주쿠慶應義塾대학 명예교수이자 일본학사원 회원이다.

주요 저서로는 《일본·조선 교역과 대마번》(日朝交易と対馬藩, 創文社, 2007), 《신·왜관―쇄국시대의 일본인정―》(新·倭館―鎖国時代の日本人町―, ゆまに書房, 2011), 《아메노모리 호슈·교린제성》(雨森芳洲·交隣提醒, 校注, 平凡社, 2014) 등 다수가 있다.

1. 고문서, 그리고 '인삼대왕고은人參代往古銀'과의 만남

왜 역사에 흥미를 가지게 되었는지 그 계기는 잘 모르겠지만, 소학생 시절에 도서관에서 옛날이야기 책에만 몰두했었던 것과 관계가 있는 것 같습니다. 그것도 일본뿐만 아니라 동서양에 관계없이 신기하고 오랜 옛이야기를 좋아했고, 고등학생 시절에도 국어의 고문과 추리소설에 빠져 '수수께끼의 역사로망'이라는 말을 동경하는 청춘 시절을 보냈습니다. 1964년 입학한 주오대학 문학부 국사학과에는 고대사(쇼토쿠 태자 연구)의 이다 미즈호飯田瑞穂 교수, 중세사(송일무역사) 모리 가쓰미森克己 교수, 근세사(나가사키 무역사) 나카다 야스나오中田易直 교수, 근대사(조약개정사) 이노 덴타로稲生典太郎 교수 등 쟁쟁한 교수진들이 있어, 동아시아 국제관계와의 연계 속에서 일본사를 고찰했었습니다. 전원 1차 사료를 자세히 조사하여 세밀히 읽어 나가는 실증사학을 위주로 하고 있었기 때문에 그 당시 유행했던 '야마타이고쿠 논쟁邪馬台國論争'이나 '마르크스 사학'과는 무관한 학생 시절을 보냈습니다.

마치 지렁이가 기어가는 듯한 문자인 '고문서'를 처음 접하게 된 것은 학부 3학년 봄(1966)이었습니다. 고대사 이다飯田 교수의 고문서 연습을 이수했는데, 텍스트는 아마도 나라奈良나 헤이안平安시대의 문헌을 사용할 것으로 생각했습니다. 그러나 이다 교수는 "그것은 거의 활자로 되어 있기 때문에 수업에서는 사용하지 않고, 근세 사료를 사용한다"고 하였습니다. 나중에 안 일이자만, 근세 서적은 80~90%가 활자화되어 있지 않아 일본 각지에 그대로 남아 있다고 합니다. 젊고 엄격한 교수의 수업이기 때문에 수업에 참가한 이수자는 나를 포함해 겨우 두 명뿐이

었습니다. 첫 수업부터 갑자기 무가문서武家文書 복사본 몇 매를 건네면서 "이건 쉬운 고문서이니 다음 주까지 전부 읽어 오세요"라고 하명하셨습니다. 초심자가 의지하는 고다마 코타兒玉幸多 편 《초서해독사전》(くずし字解読辞典, 東京堂出版, 1970)과 《초서용례사전》(くずし字用例辞典, 東京堂出版, 1981)은 그 당시 아직 간행되지 않았기 때문에, 서예가들이 애용한다는 다카다 지쿠잔高田竹山 감수의 《오체자류》(五體字類, 西東書房, 1916)를 구입해 오로지 맹렬한 고문서 특별 훈련을 견딘 1년 동안이었습니다.

학부 3학년이 끝날 무렵(1967), 졸업논문 테마로 막연하게 '근세의 화폐사'를 생각했습니다. 구체적으로 무엇을 어떻게 다룰 것인지를 고민하면서 화폐사와 관계된 난해한 문헌을 읽고 있었는데, 오사카 부립대학의 다야 히로키치田谷博吉 교수가 저술한 《근세 긴자 연구》(近世銀座の研究, 吉川弘文館, 1963) 제4장 〈쓰시마로 건너간 닌진다이오코긴〉(對州渡し人参代往古銀)에 주목하게 되었습니다. '인삼대왕고은(人参代往古銀, 닌진다이오코긴)'은 호에이寶永 시기(1704~1710)의 은화 악화 주조 시대에 조선인삼을 수입한다는 명목으로 긴자에서 주조된 양질의 무역은화, 곧 국내에 유통시키지 않는 특수 은화입니다. 이 은화가 교토 긴자에서 주조되어 조선무역을 독점하던 쓰시마번 종가(宗家, 소케)로 건너가게 되었는데, 나가사키 무역에서는 은 수출이 대폭 억제됐던 시기에 왜 조선만이 예외였는지, 수출된 은화는 그 뒤 어떻게 되었는지 등 이 은화는 실로 '수수께끼의 역사로망'으로 가득한 테마였습니다.

그래서 지도교수인 나카다 야스나오中田易直 교수의 소개로 다야田谷 교수가 도쿄에 왔을 때 조사 조수를 맡게 되어, 처음으로 일본은행에서 만났었습니다. 지금은 화폐박물관이라는 큰 건물이 되었습니다만, 당시에는 표본화폐실이라는 지하의 작은 방에 일본의 화폐에 관한 다양한 자료가 보관되어 있었습니다. 조사를 마칠 즈음, 촉탁인 군시 이사오郡

【사진 1】 인삼대왕고은

司勇夫 선생이 은화 하나를 갖고 오셨습니다. 나카다 선생님과 고쿠인(極印, 도장; 품질 보증이나 위조 방지를 위해 찍는 도장-옮긴이)의 특징 등을 확인한 뒤 군시 선생이 "이것이 닌진다이오코긴人參代往古銀이에요. 만져도 좋아요"라며 뜻밖에도 제 손바닥 위에 올려주셨습니다. "작지만 묵직하죠. 양질 은화의 특징입니다"라며 그 자리에서 탁본을 떠서 선물로 주셨습니다. 일본 국내에서 오직 하나만 완전한 형태로 남아 있던 인삼대왕고은 【사진 1】과 생각지도 못했던 운명적인 만남. 그것이 나의 조일무역사 연구의 시작이었습니다.

2. 쓰시마로 건너가다

1968년 주오대학 대학원 석사과정에 들어간 나는 그해 여름에 처음으로 쓰시마로 건너갔습니다. 국립국회도서관, 도쿄대학 사료편찬소, 게이오기주쿠대학 도서관과 같은 도쿄에서 조사할 수 있는 쓰시마번 종가(宗家, 소케)의 기록은 전년에 모두 조사했었지만, 그것과 비교가 될 수 없을 정도로 방대한 양의 고문서가 조사되지 않은 채 현지에 보관되어 있다는, 과거 규갓카九學會의 쓰시마 합동조사에 참가한 적이 있는 모리 카쓰미森克己 교수님의 정보를 받았기 때문입니다. 당시에는 아직 신칸센이 오사카까지만 개통되어 밤기차로 갈아타고 하카타博多에 간 뒤, 그곳에서 다시 배로 6시간 걸려 거친 파도의 현해탄을 건너 쓰시마의 이즈하라 항嚴原港에 도착했을 때는 피로로 쓰러질 지경이었습니다.

마침 당시 고쿠시칸國士館대학의 구로다 쇼조黑田省三 교수가 중심이 되어 쓰시마 전역을 대상으로 고문서 조사를 실시했습니다. 그래서 구로다 교수로부터 종가宗家 문서의 수장고인 '반쇼인고분코萬松院御文庫'의 열쇠를 관리하고 있는 쓰노에 도쿠로津江篤郎 화백을 소개받고, 또 쓰노에 씨의 소개로 쓰시마에 온 소 타케유키宗武志 씨를 접견하고 다시 어문고 안에서 조사할 수 있는 허가를 받을 수 있었습니다. 어문고는 목조창고인데, 입구는 바깥에 열쇠가 달린 빗물막이 창문과 그 안쪽에 유리문이 달려 있었습니다. 쓰노에 씨가 드르륵 문을 열자 어두컴컴한 내부로 스며든 빛에 목조 선반에 빈틈없이 빽빽이 쌓아올려진 고문서 더미가 눈에 들어왔습니다. 그 방대한 고문서는 실로 말로 표현할 수 없

【사진】 2 어문고 내부(일본은행 화폐박물관 소장)

을 정도였습니다【사진 2】.

어문고는 역사 연구자에게 확실히 '보물더미'였지만, 이에 대치해 감에 많은 문제를 안고 있었습니다. 당시 사료조사는 지금과는 달리 원본을 베끼는 필사 작업이 중심이었기 때문에 나도 도쿄의 각 기관을 수차례 드나들며 오른손이 마비될 정도로 연필을 움직였습니다. 그러나 쓰시마처럼 원거리 출장지에서 한정된 체재기간에 필사할 수 있는 양에는 제한이 있습니다. 일정 종료와 함께 필사를 단념하거나, 아니면 소장자의 허가를 받고 몇 권의 문서를 빌려온 뒤 다시 반납할 수밖에 없었습니다. 저명한 아미노 요시히코網野善彦 씨의 저서인《고문서 반환의 여행》(古文書返却の旅, 中央公論社, 1999)은 전임 민속학자인 미야모토 쓰네이치宮本常一 씨가 1950년에 소 타케유키 씨의 허가를 받아 문고에서 빌린 몇 권의 고문서를 30년이 지난 뒤 반환하러 갔던 일을 쓴 책입니다. 당시에는 많은 학자들이 고문서를 섬에서 차용했는데, 가령 허가를 받았다고 하더라도 사료 차용에는 많은 문제가 발생할 위험성이 있습니다. 반출된 사료는 반환될 때까지 다른 사람들이 연구에 활용할 수 없고, 가령 차용된 사료가 반환되지 않을 경우 고문서 유실이라는 중대한 손실을 현지에 끼칠 뿐만 아니라 학자로서 신용이 실추될 큰 위험을 감수하지 않으면 안 됩니다.

어문고에 처음 들어간 나는 실제로 등줄기가 뻣뻣하게 굳었으며 이 작업은 사람의 힘에 맡겨서는 안 된다고 직감했습니다. 그때 생각난 것이 몇 년 전 일본은행에서 다야田谷 선생님이 사용했던 조사 방법이었습니다. 선생님은 종이와 연필이 아니라 카메라 기재로 고문서를 촬영했습니다. 그 방법이라면 한정된 일정 속에서 필사의 수십 배 속도로 복사할 수 있고 집에 돌아간 뒤에 현상해서 천천히 읽으면 됩니다. 1960년대, 고문서 조사에 기재를 도입한 학자는 매우 드물었지만, 전술한 고쿠시칸대학의 쓰시마 전역 조사도 모두 현지에서 사진촬영으로 방대한 고문서를 수집하는 데 성공했었습니다. 그 다야 선생님이 "나는 1909년생이지만 이것으로 모던보이가 됐어요. 당신은 젊으니 카메라 정도는 쓸 수 있겠죠"라고 말씀하셨습니다. 다행히 그때 싱글 렌즈 리플렉스 카메라가 발매되어 수십 센티미터 거리의 고문서를 슬로우 타이머로 흔들림 없이 촬영할 수 있었습니다. 또 나중의 일이기는 하지만, 문서복사전용기(코니마이 35)가 개발돼 복사촬영 속도와 정밀도가 더욱 향상되었습니다. 도쿄로 돌아온 나는 즉각 카메라를 사러 달려갔으며, 집에서 현상하는 방법도 배우고 이듬해부터 쓰시마 왕래와 사료 수집을 위해 사전 준비에 여념이 없었다는 사실은 굳이 설명할 필요도 없을 것입니다. 카메라 기술의 진보 덕에, 그리고 무엇보다도 '모던보이' 다야 선생님 덕분에 쓰시마의 '보물더미'를 집으로 가져올 수 있었습니다.

쓰시마 왕래를 시작한 지 7년 뒤인 1975년, 현지의 강한 요망에 따라 이즈하라마치嚴原町 교육위원회에 규슈대학의 오사 마사노리長正統 선생을 조사주임으로 한 어문고조사위원회가 출범되었습니다. 나도 위원의 한 명으로 목록 작성에 참가했습니다. 그로부터 2년 뒤인 1977년, 나가사키 현립 쓰시마 역사민속자료관이 완성되고, 종가문서는 이 자료관으로 이관돼 고문서 유실이라는 위기 상황을 벗어날 수 있었습니다. 그러나 방대한 고문서를 정리하고 그 목록을 작성하는 일은 용이하지 않았습니다. 2012년, 약 30년의 세월이 걸려 83,000여 점의 책자류, 일지류一紙類, 회도류繪圖類 등의 목록을 완성했는데, 그 땀과 눈물의 분투기는 〈쓰시마 종가문서의 조사를 되돌아보며〉(對馬宗家文書の調査を振り返って, 《對馬宗家文庫史料繪圖類等目錄》 수록, 長崎縣教育委員會 發行, 2012)를 참조하시기 바랍니다.

3. 근세 조일무역의 실상: 특히 일본 은의 수출에 대하여

조일관계사 연구는 나카무라 히데타카中村榮孝 선생의 대저《일선관계
사 연구》상·중·하(日鮮關係史の研究, 吉川弘文館, 1965~1969)의 간행으로
기존 시각을 크게 전환시키는 새로운 시대에 들어서게 되었습니다. 특히
하권(근세편)은 일본이 중국의 책봉을 전제로 하지 않고 독자적인 조선
외교(대군외교) 체제를 성립시킨 의의를 검토하고 도쿠가와 정권이 국
제사회에 미친 역할을 언급한 것으로, 고정화된 쇄국사 개념을 일변시
킨 획기적인 성과로 주목받았습니다. 총 2,000쪽이 이 책은 1970년 일본
학사원상日本學士院賞과 은사상恩賜賞 두 상을 수상하였으며, 지금도 조일
관계사 연구의 금자탑으로 찬연히 빛나고 있습니다.

대학원 재학 중인 나는 오로지 이 책으로 조일관계사를 공부했는데,
그러다가 나카무라 선생님의 연구로도 해결되지 않은 몇몇 문제점이
남아 있다는 사실을 발견했습니다. 이 책은 조일 양국의 외교적 전개에
초점을 맞춘 것으로, 국가, 또는 위정자 측 관점에서 설명은 되지만, 교
류 현장의 담당자 시점에서 보면 모순되어 설명할 수 없는 것이 있습
니다. 무역에 대해서도 약조에서 공약된 '관영무역官營貿易'(封進·公貿易)
은 자세히 나와 있지만, 월 8회 왜관의 개시대청에서 조선상인과 거래
하는 '사무역私貿易'에 대해서는 거의 언급되어 있지 않았습니다. 인삼대
왕고은을 비롯해 은 수출은 무역 쪽에서 이루어졌기 때문에 정품·정량
무역인 관영무역보다도 이익이 컸을 것으로 느꼈습니다. 그래서 나는
연구 중심을 사무역으로 한정해, 이에 종사한 쓰시마 상인의 활동 실태
를 살펴봄으로써 양국 관계자의 이해가 교차되는 무역 현장을 규명하
기로 연구방침을 정했습니다.

사무역 연구라 해도 1년 동안 무엇이 얼마나 거래되었는지 기본적인
수치는 물론 전체상조차 명확하지 않은 상태였습니다. 그래서 쓰시마번

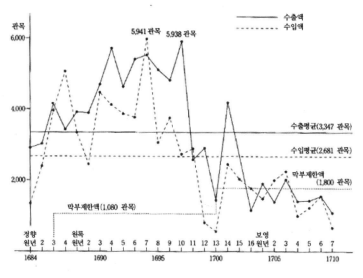

【사진 3】 사무역 수출입액과 막부 제한액(1684-1710)

의 무역 특권상인 '로쿠주닌六十人'의 계보와 활동실적을 분석하다가 1684~
1710년 기간에, 사무역은 상인이 조직한 '모토카타야쿠元方役'에 모든 거
래가 위탁되었고, 그들의 손으로 상세한 무역장부가 기록되었다는 사실
을 알게 되었습니다. 【사진 3】¹은 이 장부에서 사무역을 통한 연간 거래
액을 은으로 나타낸 것으로, 실선이 수출액, 점선이 수입액입니다. 거래
형태는 물물교환(바터)이었으며, 결제 대가는 존재하지 않습니다. 밑의
선은 막부제한액입니다. 막부는 1686년, 조일무역의 한도액을 1,080칸메
(貫目, 칸메는 은화의 칭량 단위로 1칸메는 3.75kg-옮긴이)로 하였습니다.
그러나 현실적으로 쓰시마번은 이를 전혀 지키지 않았고, 사무역만으로
많을 때는 6,000칸메 가까이 거래했습니다. 관영무역의 연간 규모가 은

I 宗家記錄, 《御商賣御利潤并御銀鐵物渡并御代物朝鮮より出高積立之覺書》(본국립국회도
서관 소장)

환산으로 대략 1,000칸메였으므로, 쓰시마번의 무역경영 주체는 사무역이었다는 것은 확실합니다.

그러한 한편으로 사무역에서 얻는 막대한 이익을 은폐하기 위해 쓰시마번은 막부에 허위신고를 했습니다. 예를 들어 1686년 은으로 구입한 물자와 수량을 다음과 같이 로주(老中, 관직명)에게 보고했습니다.

　　① 은 1,020칸메 수출　② 인삼 1,500근 수입　③ 쌀 16,000섬 수입
　　④ 백사白絲 5,000근 수입

장부를 보면 실제 숫자는 ①이 2,887칸메 정도 ②가 3,265근 ③은 관영무역으로 목면〔公木〕과 교환했기 때문에 없음, ④가 77,265근으로 모두 엄청난 허위신고입니다. 특히 신고한 ①의 1,020칸메는 상기 수출한도액의 1,080칸메 이내로 억제한 것이고, 또 ④ 백사 신고가 극단적으로 적은 것은 은 수출의 대부분이 귀중약인 조선인삼의 수입에 할당했다는 사실을 설명하는 것이므로, 이치에 맞습니다. 또 주목되는 부분은 이 시점에서 1,080칸메라는 수치가 '연간 수출 총액'에서 '현금의 수출 한도'로 바뀌어져 있다는 것입니다.

【사진 3】으로 되돌아가 보면, 1700년보다 다소 앞선 시기부터 수출입액이 급격히 줄었는데, 이를 맞추기라도 하듯이 막부의 제한액이 1,800칸메로 증액되어 있습니다. 왜 증액되었는가 하면, 이것이야말로 화폐개주貨幣改鑄의 영향입니다. 1695년 간조부교(勘定奉行, 재정담당 관직명)인 오기와라 시게히데荻原重秀의 겐로쿠元祿 화폐개주로 기존의 게이초 은(慶長銀, 순도 80%)은 겐로쿠 은(순도 64%)으로 절하되고, 호에이寶永 시기의 개주로 최악의 호에이요쓰호은(寶永四ツ寶銀, 순도 20%)까지 열악한 화폐가 국내에 유통되었습니다. 즉 1,800칸메로 증액한 것은 은의 품위 저하로 구매력이 떨어졌다고 호소한 쓰시마번의 요구에 부응한 것인데,

이러한 증액에도 불구하고 사무역액은 조금도 늘어나지 않았습니다. 그래서 쓰시마번은 화폐개악으로 조선인삼 수입량이 감소해 국내화폐와는 별도로 양질의 무역은화, 곧 인삼대왕고은을 주조하도록 요청했던 것입니다. 막부가 이를 허가한 것은, 쓰시마번이 독점수입하던 약용인삼에 대한 높은 수요뿐만 아니라, 대등외교를 실현하기 위한 '외교비용'으로 간주했던 것도 사실입니다. 연도별 대조선 은 수출액이 판명된 것은 1684~1750년까지의 67년 동안으로, 적게 추산해도 총액 82,000 칸메(307톤) 이상의 은이 쓰시마를 경유해 조선으로 운반되었던 것입니다.

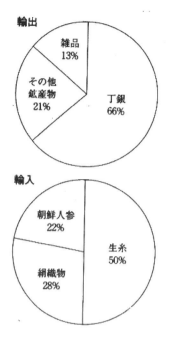

【사진 4】사무역 상품의 내역

이미 나가사키에서 은이 거의 수출되지 않던 시기에 일본의 화폐경제에 미치는 영향은 컸다고 말할 수 있습니다.

쓰시마번은 수출은의 대부분을 인삼 수입에 충당했다고 설명하고 있으나, 이것도 조일무역의 실상과는 상당히 거리가 있습니다. 【사진 4】는 앞서 설명한 장부에 따라 사무역 거래상품의 내역을 나타낸 것입니다. 수출부문의 대부분이 초긴(丁銀, 에도시대 은화 화폐명)이 차지하고 있었기 때문에 왜관시장은 실로 일본의 통용은화에 따라 이루어졌다는 사실을 알 수 있습니다. 은 이외로는 동과 주석 등의 광산자원이었고, 기타 잡품에는 대담배와 담뱃대 등이 있었습니다. 일본에서 조선으로 흡연 습관이 전해졌는데, 거기엔 사무역을 통한 관련 상품의 수출이 일익

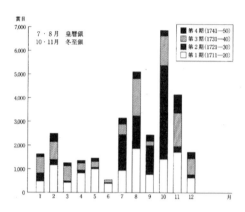

【사진 **5**】 은 수출액의 계절적 변동(1711~1750)

을 담당했습니다. 막부에 대한 설명이 크게 다른 것이 수입 부문 쪽입니다. 생사와 견직물 등의 중국산품이 수입의 거의 80%를 차지하고 조선인삼은 겨우 22%입니다. 즉 은이 열악해진 악영향은 전자 쪽에 높은 비율로 미치게 됩니다. 이는 조선으로 건너간 일본은의 그 이후 행방과도 관련됩니다.

쓰시마번은 이러한 수출 은을 '오긴후네(お銀船, 은 운반선)'라 불리는 작은 선박(飛船)으로 왜관에 옮겼습니다. 왜관을 통괄하는 관수의 《매일기》(每日記, 宗家記錄, 國立國會圖書館所藏)에는 입항 횟수와 적재액이 자세히 기록되어 있습니다. 이를 월별로 보면, 7~8월과 10~11월의 4개월 동안에 집중되어 있는 경향을 볼 수 있습니다(【사진 **5**】 참조). 게다가 쓰시마번에서는 전자를 '황력은皇曆銀', 후자를 '동지은冬至銀'이라 명명하고 은을 조달한 교토 번저藩邸에 각 발송 시기를 지키도록 지시하고 있는 것을 보면, 이 계절 변동은 인위적인 것이라는 사실에 틀림이 없습니다. 일본의 은은 조선이 중국에 파견하는 조공사절(연행사)이 그 뒤에 북경으로 운반했습니다. 교토 → 쓰시마 → 부산(왜관) → 서울 → 북경으로 이어지는 '은의 길'이 있었고 그 반대 루트가 '비단의 길'입니다.

연행사를 따라 북경에 들어간 조선의 역관과 상인들은 일본의 은으로 중국산 백사와 견직물을 구입하고, 여기에 조선 인삼을 더해 왜관의 사무역 시장으로 보냅니다. 이 가운데 조선 인삼은 막부에 대한 정치적 의도 때문에 대부분이 에도에서 소비됩니다만, 백사와 견직물은 교토의 니시진西陣과 무로마치室町의 직물·피륙 도매상에 판매됩니다. 교토에 이토야초絲屋町라는 마을이 있습니다. 이 이토야초의 점주들 모두가 거액을 빌려 주었다는 사실이 쓰시마번의 대차장부에 기재되어 있습니다. 또 교토의 미쓰이가(三井家, 에치고야越後屋)의 기록에서도 쓰시마번에 빌려준 금액이 있는데, 이는 모두 조일무역에 자금 공여자였다는 사실을 나타냅니다. 나가사키에서는 막부 정책에 따라 은 수출이 제한되었기 때문에 생사와 견직물 수입이 격감했습니다. 그래서 주목한 것이 다른 루트인 조선·쓰시마 경유입니다. 아직 국산 생사(일본 생사)의 생산이 충분하지 않았던 시기에 조일무역은 이를 보충하는 역할을 담당하고 있어, 동아시아 국제시장과 일본 경제·산업의 깊은 관련성을 생각하게 합니다. 이상의 연구는 《근세 조일통교무역사 연구》(近世日朝通交貿易史の研究, 創文社, 1981)에 정리되어 있습니다.

4. 귀중한 고문서 교정

인삼대왕고은과의 만남에서 시작된 나의 근세 조일무역사 연구는 벌써 올해로 50년째가 됩니다. 최근 연구 테마는 첫째, 조선도항선(米漕船)의 조선造船과 선주, 둘째, 조일무역에 대한 민간자본 투입, 셋째, 통신사와 일본의 서민예능 등입니다. 그리고 이와는 별도로 주력하고 있는 것이 고문서를 활자화해 그 배경에 있는 역사를 쉽게 이해할 수 있도록 상세한 각주와 해설을 붙이는 사료 교정 작업입니다. 일찍이 마쓰우라 카쇼松浦霞沼가 지은 《조선통교대기》(朝鮮通交大紀, 名著出版, 1978)의 교정을 도쿄대학 사료편찬소의 다나카 다케오田中健夫 선생과 함께 했을 때, "한 글자라도 오자가 있어서는 안 된다"는 엄격한 가르침을 받았습니다. 초서를 읽을 수 있게 된 지금, 주옥과 같은 귀중한 고문서를 전문가뿐만 아니라 가능한 많은 사람들이 읽을 수 있도록 하겠다는 일념으로 교정을 재개했습니다.

최근 발간한 고문서는 다음과 같습니다.

① **아메노모리 호슈**雨森芳洲, 《**교린제성**》(交隣提醒, 平凡社, 2014)

1728년 쓰시마번의 유신儒臣 아메노모리 호슈(1668~1755)가 61세 때 지은 책입니다. '교린'은 조선을 뜻하며 '제성'은 '주의를 환기한다, 암시를 준다'는 의미입니다. 조일 사이에 실제로 일어난 다양한 사례를 54개 항목으로 정리해 이에 대한 주의와 적절한 대응을 취하도록 암시를 담아 번주藩主 소 요시노부宗義誠에게 제출했습니다. 통신사가 왕복할 때와 왜관에 체재할 동안의 경험을 바탕으로 날카로운 분석 아래 조일 간의 역학 변화를 정확하게 파악한 명저로, 조일외교와 무역현장에서 전해져 오는 생생한 목소리를 들을 수 있습니다. 이 책을 만난 때는 1970년이나 71년 무렵으로, 호슈서원滋賀県長浜市高月町雨森을 관리하고 있던 요시다 토루吉田達 씨의 열람 허가를 받아 이루어졌습니다.

② **오다 이쿠고로**小田幾五郎, 《**통역수작**》(通譯酬酢, ゆまに書房, 2017년 예정)

1831년 쓰시마번의 조선어 대통사大通詞 오다 이쿠고로(1755~1831)가 77세 때 번에 제출한 저서입니다. '수작'이란 '응대한다'는 의미로, 통역관의 '교섭'으로도 통합니다. 56년 동안에 걸친 통사직으로 친밀해진 조선역관들과 조선의 관직·음식·예의·여성·외국, 또는 소문·괴기현상 등 테마별로 논의를 주고받은 것을 회화체로 수록한 책입니다. '중인' 신분이었던 역관들의 고민도 적혀 있어 역사서에 전하지 않는 통역관끼리의 진심을 읽어낼 수 있습니다. 이 책은 국사편찬위원회에 소장된 종가문서宗家文書의 하나입니다. 1978년 당시 서울 시내의 남산공원 아래 있었던 국사편찬위원회를 처음 방문해 위원장이던 최영희崔永喜 씨와 이현종李鉉淙 씨의 허가를 받아 원본을 필사할 수 있었습니다.

내년 이후에는 근세 최초이자 최후인 《조선국도 상경일기》(朝鮮國都上京日記, 1629, 정사·부사·선위사의 여행기)의 교정을 비롯해 교류 현장 담당자의 시점에서 쓰인 책 열 권 정도를 선정해 간행할 예정입니다. 쓰시마 왕래는 교통수단이 비행기로, 카메라는 디지털 카메라로 바뀌었지만, 1968년부터 지금까지 계속되고 있습니다. 학생 신분에 지나지 않았던 나에게 귀중한 고문서를 조사하게 해 준 도민 여러분에게 '감사 인사'를 겸해 최신 연구성과를 강연 형태로 말씀드렸습니다. (2016년)

사료 편찬자史料編纂者로서의 행보

이시가미 에이이치石上英一

1946년생. 도쿄대학 문학부 국사학과를 졸업하고 같은 대학원 인문과학연구과에서 박사학위(문학)를 받았다. 주요 연구 분야는 일본고대사와 아마미제도사奄美諸島史이며 도쿄대학 사료편찬소 교수와 소장으로 봉직했다. 현 도쿄대학 명예교수.

주요 저서로는 《아마미제도편년사료 고유구기편》 상·하(奄美諸島編年史料 古琉球期編, 吉川弘文館, 2014, 2018), 《일본고대사료학》(日本古代史料学, 東京大学出版会, 1997), 《고대장원사료의 기초적 연구》 상·하(古代荘園史料の基礎的研究, 塙書房, 1997) 등 다수가 있다.

오늘 강연회 '역사가의 탄생'에서 이야기할 기회를 주셔서 감사드립니다. 저는 도쿄대학 사료편찬소에서 《대일본사료大日本史料》 제1편·《쇼소인문서목록正倉院文書目錄》·《일본 장원회도 취영日本莊園繪圖聚影》을 편찬한 경험을 토대로 고대 사료학 체계 구축을 시도한 것과 동아시아 세계·일본 열도에서 독자적인 역사를 갖고 있는 아마미제도奄美諸島의 편년사료를 편찬한 것에 대하여 이야기하려고 합니다. 1946년에 태어나 1965년에 대학에 진학한 저로서는 일본 전후의 역사학 재구축과 발전을 맡아 온 선생님들과 나란히 이야기하기에는 걸맞지 않은 한 명의 학도이지만, 사료 편찬자로서 걸어 온 행보에 대하여 말씀드리고자 합니다.

1. 사료 편찬자로서의 길

1) 고대사 연구에 뜻을 두다

저는 고등학교 시절 농구부에서 과외활동을 했는데, 어려운 책을 읽고 있는 동급생을 따라잡으려는 생각으로 농구부 연습이 없었던 2학년 가을방학인 1963년 10월에 근처의 서점에서 처음 손에 넣었던 어려운 책이 이와나미 신서岩波新書인 이노우에 미쓰사다井上光貞의 저서 《일본 국가의 기원》(日本國家の起源, 1960)이었습니다. 처음으로 학술서를 읽어 보는 경험이었지만, 고대 왕권의 형성이라는 주제에 매료되어 사흘에 걸쳐 다 읽었습니다. 그 직후 나라·교토 수학여행에서도 아스카무라明日

香村를 걷는 하루를 경험하고, 아마카시노오카甘樫丘에서 아스카飛鳥를 바라보고, 이시부타이고분石舞台古墳도 견학하며, 대학에서 일본고대사를 공부하기로 목표를 정했습니다. 그리고 1965년 4월 저는 다행히 도쿄대학 교양학부에 입학할 수 있었습니다. 제가 대학에 입학해서 놀랐던 것은, 학교 정문 안팎이나 학생 기숙사·학생식당 앞에 늘어서 있는 입간판과 그 앞에서의 선동, 교원이 교실에 들어오기 전에 있던 활동가의 연설과 뿌려진 전단이었습니다. 그것은 안전보장조약, 6월로 체결이 예정된 한일기본조약, 베트남 전쟁에 관한 선전宣傳이었습니다.

저는 교양학부에서 일본근대사의 도리우미 야스시鳥海靖 선생님 세미나를 수강했습니다. 세미나는 하시카와 분조橋川文三 편 〈초국가주의〉(超國家主義, 《현대일본사상대계現代日本思想大系》 31, 지쿠마쇼보筑摩書房, 1964)를 교재로 일본 근대의 초국가주의 사상을 검토하는 것이었는데, 저는 고대국가론과도 관련이 있다고 생각했습니다. 저는 세미나에서 국수주의자 아사히 헤이고(朝日平吾, 1890~1921)에 대하여 발표하게 되었습니다. 그래서 다이쇼大正 10년(1921) 9월 28일에 일어난, 아사히 헤이고에 의한 야스다 재벌의 주인 야스다 젠지로安田善次郎 암살사건에 대하여 혼고本鄉 캠퍼스 종합도서관에 가서 자료를 조사했습니다. 그것이 저의 첫 자료조사입니다.

2) 고대사 연구의 시작

1967년 4월에 국사학과로 진학하여 이노우에 미쓰사다井上光貞 선생님 밑에서 일본고대사를 배우게 되었습니다. 저는 강의·세미나 이외에 고대사연구회와 함께 이시모다 쇼石母田正의 《중세적 세계의 형성》(中世的世界の形成) 강독회에도 참가했습니다. 1966년 6월에 '국민의 경축일 법(國民の祝日法)'이 개정 공포되어 2월 11일이 '건국기념일'로 정해지고, 이듬해 1967년부터 '건국기념일'이 시행됐습니다. 또한 메이지明治로 연호가 바뀐 1868년 10월 23일부터 100년을 기념하는 '메이지 100년 기념행사'의 실시가 1966년 3월에 정부에 의해 정해지고, 메이지 100년 기념축하제가 정부 주도로 1968년 10월 23일에 개최되는 상황에서, 국사·동양사·서양사의 세 학과 대학원생을 중심으로 한 역사학연구회는 1968년 5월에 열린 도쿄대학 축제인 고가쓰사이五月祭에서 〈메이지 백년제 비판〉이라는 소책자를 만들었습니다.

저는, '중세적 세계의 형성'에서 고대사회구조론으로 관심이 확대되어 1968년 봄에 고대 노비제의 일부를 이루는 관노비를 졸업논문 주제로 정하였습니다. 졸업논문을 집필하면서 도쿄대학교 사료편찬소가 간행한 《대일본고문서》에서 쇼소인正倉院문서·도난인東南院문서에 보이는 8세기 노비관계 사료를 조사했습니다. 도쿄대 분쟁으로 졸업논문 〈관노비의 연구〉는 1969년 12월에 제출했습니다. 저는 졸업논문을 〈관노비에 대하여〉(官奴婢について, 《史學雜誌》 80편 10호, 1971년 10월)로 발표할 수 있었습니다.

1968년 4월 아버지가 돌아가셔서 생계를 위해 대학원 진학을 단념하고 취직하기로 했습니다. 1969년 여름에 어떤 신문사에 채용이 내정됐습니다만, 졸업논문을 쓰고 나니 고대사 연구에 대한 마음이 더욱 커져서 대학원 석사과정에 응시하였고, 진학이 결정됐습니다. 그 직후, 신문사에 가서 채용 사퇴를 부탁드리고 사과했을 때의 일을 잊을 수가 없습니다. 1970년 4월에 도쿄대학 대학원 인문과학연구과에 진학하여, 계속해서 이노우에 선생님을 지도교수로 모시고 고대사를 공부하게 됐습니다. 대학원에서는 고대사회구조론에 대한 관심에서 과역제課役制 연구를 과제로 삼았습니다.

1971년 1월에 이시모다 씨의 《일본의 고대국가》(日本の古代國家, 이와나

미 서점)가 간행되었고, 고대사회 구조와 고대 국가를 재검토하는 기회를 얻을 수 있었습니다. 대학원에 진학해서 참가한 역사학연구회 고대사부회古代史部會에서는 《일본의 고대 국가》 강독회를 열었습니다. 이시모다 씨가 제기한, 지역공동체 수장과 공동체 성원으로 구성된 '수장제首長制 생산관계'와 덴노天皇에 의한 지역행정조직을 매개로 한 공민의 통치라고 하는 일본 율령국가 체제의 이중구조이론을 배우면서, 1972년 1월에 제출한 석사논문 〈과역제 성립사 연구〉(課役制成立史の硏究)에서는 부역령賦役令이 정하는 과역제나 율령체제 이전부터 공납수취관계에 의거한 여러 제도를 검토했습니다.

3) 고대 사료의 서지학적 연구에 몰두하다

1972년 4월에 대학원 박사과정에 진학한 직후, 이노우에 선생님은 저의 아버지가 돌아가신 것을 배려하여 재단법인 쇼토쿠태자 봉찬회(財團法人聖德太子奉贊會, 1924년 창설~98년 해산)의 연구생으로 추천해 주셨습니다. 저는 쇼토쿠태자 봉찬회 연구생으로 과역제 연구와 관련된 사찰 재정·장원莊園을 검토하기 위해 사원연기자재장寺院緣起資財帳을 연구과제로 삼고, 먼저 〈호류지자재장法隆寺資財帳〉에 대하여 사본의 서지조사와 고대·중세의 전래과정 연구를 시작하였습니다. 호류지에 방문하여 호류지 소장 두 개의 사본을 열람하고 촬영한 것은 잊을 수 없는 추억입니다. 저는 〈호류지자재장〉 30점의 사본조사를 교토대학, 규슈대학, 진구문고神宮文庫 등에서도 하여 사본 계통을 명확하게 하고, 8세기부터 19세기에 이르는 〈호류지자재장〉의 전래에 대하여 검토했습니다(《고대 장원 사료의 기초적 연구古代莊園史料の基礎的硏究》).

이노우에 선생님의 대학원 세미나는 〈영집해令集解〉 강독이었습니다. 요로료(養老令, 덴표호지天平寶字 원년(757)에 시행. 요로 2년(718) 또는 요로 6·7년에 편찬)의 공정公定 주석서인 〈영의해슈義解〉(덴초天長 10년(833) 상주上奏)를 명법明法 박사 고레무네노 나오모토惟宗直本가 9세기 말부터 10세기 초 무렵에 찬술한 율령 주석서가 〈영집해〉입니다. 1970년도·72년도 세미나의 시작은 이노우에 선생님의 〈영집해〉 서지해제 강의였습니다. 고대사회구조론을 진전시키려고 생각한 저는 호령戶令·전령田令·부역령賦役令 연구를 위해 〈영의해〉·〈영집해〉·〈율律〉의 서지 연구에 관심을 가졌습니다.

4) 사료 편찬자로서의 출발

저는 박사과정 2년차 가을에 이노우에 선생님으로부터 사료편찬소[1]에서 고대·중세 분야 직원채용시험이 있으니 응시해 보라는 권유를 받았습니다. 사료편찬소에서 쇼소인문서를 조사하고 있으니, 직원이 되면 졸업논문인 관노비 연구에서 검토한 쇼소인正倉院문서에 대해 연구할 기회가 있다는 것이 그 이유였습니다. 고대부터 근세까지의 사료를 독해하는 어려운 필기시험은 고대사밖에 공부하지 않은 사람으로서는 난관이었지만, 간신히 통과하고 1974년 4월에 사료편찬소에 들어가게 됐습니다. 사료편찬소에서는 편년사료부 제1실(뒤에 고대사료부 제1실)에 배치되어 쓰치다 나오시게土田直鎭·하야시 미키야林幹彌 선생님 밑에서 《대일본사료》 제1편(닌나仁和 3년(887) 8월 26일 우다宇多 덴노 즉위부터 간나寬和 2년(985) 6월 23일 가잔花山 덴노 퇴위까지의 편년사료)의 편찬에 종사하게 됐습니다.

쓰치다 선생님, 하야시 선생님으로부터 언외로 배운 것은, 사료편찬

---

[1] 이곳의 연혁은 도쿄대학 사료편찬소의 홈페이지에서 〈도쿄대학 사료편찬소 연혁〉(http://www.hi.u-tokyo.ac.jp/about_hi/history-j.html)을 참조하기 바란다.

소 직원은 연구소 업무인 《대일본사료》, 《대일본고문서》, 《대일본고기록大日本古記錄》 등의 편찬을 위해서 많은 연구자가 볼 수 없는 사료를 소장자의 배려를 얻어 열람할 수 있다, 그렇지만 그 사료들을 《대일본사료》 등의 출판물에 기재하거나 촬영한 사료의 사진판을 사료편찬소 도서관에서 공개하기 전에 직원의 개인적 연구에 이용해서는 안 된다는 것이었습니다. 학계를 위해 조사한 사료정보를 공개하거나 사료를 번각해서 소개하거나 하는 것은 사료를 조사하고 편찬에 사용하는 직원, 곧 편찬자의 의무입니다. 이와 같은 사료 편찬자로서 지켜야 할 의무는 그후 제가 나아가야 할 길을 사료학의 모색으로 이끌었습니다.

5) 《대일본사료》 제1편 편찬의 경험

저는 《대일본사료》 제1편의 20~24, 《대일본사료》의 보유補遺 1~4 편찬에 종사했습니다. 하야시 선생님이 퇴임하신 뒤 제1편 23부터 제1편 보유 4까지 아쓰야 가즈오厚谷和雄 씨, 뒤이어 야마구치 히데오山口英男 씨, 이나다 나쓰코稻田奈津子 씨와 함께 편찬하였습니다. 하야시 선생님이 담당하셨던 천태좌주天台座主 료겐良源의 적전寂傳(제1편 22, 간나 원년(985) 정월 3일 제3조. 340페이지에 이르는 방대한 전기)의 교정을 돕고, 또 삼천여 단어의 일본어和語 사전 〈화명류 취초和名類聚抄〉를 찬진撰進한 미나모토노 시타고源順의 졸전卒傳(제1편 20, 에이간永觀 원년(983) 시세조是歲條), 단바노 야스요리丹波康賴의 〈의심방醫心方〉 찬진의 조(제1편 21, 에이간 2년 11월 28일조), 미나모토노 다메노리源爲憲의 불교 설화집 〈삼보회三寶繪〉 찬진의 조(제1편 21, 에이간 2년(984) 11월 시월조是月條), 엔랴쿠지延曆寺 승려 겐신源信의 〈왕생요집往生要集〉 찬술의 조(제1편 23, 간나 원년(985) 4월 시월조是月條), 가집歌集 〈시구뇨고슈齋宮女御集〉도 있는 여류 가인 기시徽子 여왕의 졸전卒傳(제1편 23, 간나 원년 시세조), 하리마노스케 후지와라노스에타카播磨介藤原季孝의 하리마 엔쿄지円教寺의 법화당 건립(제1편 24, 간나 원년 시세 제2조), 요시시게노야스타네慶滋保胤의 출가와 〈일본왕생극락기日本往生極樂記〉 찬술(제1편 24, 간나 2년 22일조), 엔유円融 상황의 도다이지 수계受戒를 기록한 미나모토노 다메노리源爲憲의 〈태상법황어수계기太上法皇御受戒記〉의 찬술(제1편 24, 간나 2년 3월 23일 제2조) 등의 편찬을 담당하였습니다. 이로써 10세기 중·후기의 학문·와카和歌와 헤이안 불교의 융성을 연구할 수 있었습니다. 또한 승려 초넨奝然이 송으로 간 것을 기록한 에이간永觀 원년 8월 1일 제3조 (제1편 20) 편찬도 오대십국의 분열 상태를 통일한 송과 일본의 국교의 개시, 초넨에 의한 전단栴檀 석가상의 유입을 연구할 수 있는 기회가 되었습니다.

저희들은 《대일본사료》 제1편 24를 간행하고, 간나 2년 6월에서 제2편으로 연결할 수 있는 다음 작업으로 보유補遺를 편찬하였습니다. 제1편은 1922년에 1의 출판을 시작으로 1942년 11의 출판에 이르렀습니다만, 당시 연구 환경에선 이용할 수 없었던 전적과 문서의 이용 환경이 전후에 갖춰졌기 때문에 닌나仁和 3년(887)부터 쇼헤이承平 4년(934)까지의 보유 4책을 편찬했습니다. 보유 편찬은 9세기 말부터 10세기 전기까지 사료를 다시금 총람, 숙람하는 기회가 되었습니다. 특히 미나모토노 다카아키라(源高明, 910~982) 찬 〈서궁기西宮記〉와 후지와라노 긴토(藤原公任, 961~1041) 찬 〈북산초北山抄〉의 여러 사본을 숙람한 것은 편찬자로서 좋은 경험이 됐습니다.

《대일본사료》에서는 어떤 시기에 일어난 역사 사상事象에 관한 사료를 모두 집성합니다만, 각 역사 사상의 첫머리에 해당 사상의 개요를 보여주는 '강문綱文'을 작성하여 첨가하고, 또한 인용한 모든 사료가 기

록하는 역사 사상의 요점을 페이지 윗부분에 '표출標出'로서 기록합니다. 강문도 표출도 사역문과 경양어敬讓語를 문어체로 기록합니다. "갑이 을로 하여금 무엇 무엇을 하도록 하다(甲、乙ヲシテ、何々セシム)"와 같은 사역문과 "갑이 무엇 무엇을 하시다(甲、何々セラル)"·"을이 무엇 무엇을 삼가 받다(乙、何々ヲ賜ハル)"와 같은 경양어를 사용하는 문어체는 전근대 신분제 사회에서 이루어진 인간관계와 사회관계를 명시하고, 주체 간의 주종관계 등을 나타내기 때문에 중요합니다. 저는 후술하는 바와 같이 정보 발신자와 정보 수신자 간의 언어전달행동을 역사정보 전달행동으로서 이론화하는 것을 시도했습니다. 전근대에서 언어전달행동은 발신자와 수신자의 비평형 관계가 기본이 된다는 저의 인식에는 강문과 표출을 작성한 편찬 경험도 하나의 영향을 주었다고 생각합니다.

6) 쇼소인正倉院문서 조사 참가

(1) 쇼소인문서 개요

나라奈良 도다이지東大寺 쇼소인에 전해지는 쇼소인문서[2]는 지상 창고

---

2 조도다이지시 사경기관造東大寺司寫經機關의 문서인 쇼소인문서는 간로쿠元祿 6년 (1693) 쇼소인이 개봉開封되었을 때 확인되어, 덴포天保 4년(1833)부터 덴포 7년 (1836)의 쇼소인 개봉 때에 일부가 〈쇼소인문서〉 45권(후에 쇼소인문서 정집으로 불림)으로 정리되었다. 메이지 8년(1875)부터는 정부가 쇼소인과 그 보물을 관리하게 되었다. 쇼소인 보물인 쇼소인문서(보물명, 쇼소인고문서)는 메이지 8년부터 내무성·교부성敎部省, 다음에는 궁내성에 의해 메이지 27년(1894)까지 정집의 나머지 문서군이 정리되어 〈속수고문서續修古文書〉(50권)·〈속수별집고문서續修別集古文書〉(50권)·〈속수후집고문서續修後集古文書〉(당초, 52권. 뒤에 혼입분混入分을 옮겨 43권)·〈진개塵芥〉(39권. 현재, 39권 3책)·〈속속수정쇼소인고문서續々修正倉院古文書〉(440권, 2책)로 쇼소인에 보관되었다. 쇼소인과 쇼소인 보물은 현재 궁내청 쇼소인사무소가 관리하고 있다.

에 보관해 온 8세기 문서군으로서 세계에서도 보기 드문 문자 자료군

쇼소인문서는 쇼무 덴노의 부인 후지와라노고묘시藤原光明子(701년생. 716년 황태자비. 724년 쇼무 덴노 부인. 729년 황후. 749년 황태후. 760년 붕어)의 가정기관家政機關에서 시행된 사경사업, 황후가 된 후 황후궁직皇后宮職의 사경사업, 도다이지東大寺의 전신인 곤코묘지金光明寺에서 황후궁직의 사경사업을 이어받은 사업, 덴표天平 19년(747)부터의 도다이지 그리고 덴표 20년부터의 조도다이지시造東大寺司에 의한 사경사업, 덴표호지天平寶字 6년(762)부터 호키寶龜 7년(776) 무렵까지 조도다이지시가 분담했던 다이리内裏의 사경사업이라는 5단계 사경사업 문서로 구성되어 있다. 나아가 쇼소인문서에는 사경사업 문서 작성을 위해 태정관에서 조도다이지시에 반고지로 넘겨진 호적·계장計帳·정세장正稅帳 등의 공문서, 조다이지시의 문서 등도 포함되어 있다.

도쿄대학 사료편찬소의 전신인 도쿄제국대학 사료편찬괘史料編纂掛는 메이지 33년 (1900)에 나라시대 이후의 고문서 편년사료집으로 《대일본고문서大日本古文書》 간행을 계획하고, 궁내성의 허가를 받아 조사를 시작했다. 쇼소인문서를 중심으로 한 다이호大寶 2년(702)∼호키 11년(780)의 편년 고문서집을 《대일본고문서》 1∼24(통칭, 《대일본고문서》 편년 문서)로 1901년부터 1940년까지 간행하였다. 그러나 《대일본고문서》에는 수록되지 않은 쇼소인문서도 많이 있고, 정집부터 속속수續々修까지로 편성된 문서와 문서 단간의 접속·배열의 검토에 의한 문서의 원형 복원, 복수 용지를 이어 붙인 속지續紙의 문서 복원, 복수 문서를 이어 붙인 계문繼文의 복원, 나아가 용지의 이차 이용의 표리관계의 확인 등 보정·수정해야 할 부분이 있었다. 그래서 사료편찬소는 궁내청 쇼소인사무소의 허가를 얻어 1960년쯤부터 매년 가을 쇼소인 개봉 시기에 《대일본고문서》의 보정을 위한 쇼소인문서의 재조사를 시작하고, 그 성과를 기반으로 《쇼소인문서목록正倉院文書目錄》 간행을 1987년부터 시작하였다. 《쇼소인문서목록》은 현재까지 정집·속수·속수후집·속수별집·진개·속속수 1·속속수 2의 7책이 간행되었다. 궁내청 쇼소인사무소에서는 쇼소인 보물 조사의 일환으로 1975년부터 쇼소인문서의 상세한 조사를 시작하여, 1988년부터 사진판과 해설로 구성된 《쇼소인고문서영인집성正倉院古文書影印集成》이 간행되었고, 현재까지 정집부터 진개까지의 17책이 간행되었다. 또 1981년부터 국립역사민속박물관이 궁내청 쇼소인 사무소의 허가를 얻어 쇼소인문서의 고화질 컬러 이미지 촬영에 의한 복제판 제작이 시작되었다. 또한 사료편찬소에서는 쇼소인 보물인 덴표쇼호天平勝寶 8년(756) 〈도다이지 산계사지도東大寺山堺四至図〉 및 개전도開田圖를 《대일본고문서》 도다이지문서지사東大寺文書之四·도난인문서사東南院文書四·도다이지 개전도東大寺開田圖(도판 및 도록. 1965년)로 간행하고, 나아가 그것들은 도난인東南院 문서 가운데 장원도莊園圖(셋쓰노쿠니 시마가미군 미나세 장원도摂津國島上郡水無瀬莊圖 등)와 함께, 1992년부터 도쿄대학 사료편찬소 편 《일본 장원회도 취영日本莊園繪圖聚影》(히가시니혼東日本편 2, 긴키近畿편 1, 긴키편 2, 니시니혼西日本편 2, 석문釋文편 고대古代)을 통해 이미지와 석문을 공개하고 있다. 쇼소인 보물에는 신라에서 수입한 사하리노가반佐波理加盤(신라 놋그릇

입니다. 노사나불盧舍那佛의 구현으로 국토의 안녕을 기원한 쇼무聖武 덴노(701년생. 724년 덴노로 즉위. 749년 퇴위, 태상천황太上天皇이 됨)는 노사나불을 본존으로 하는 도다이지를 헤이죠교平城京의 동쪽 교외에 건립하고, 덴표天平 19년(747)에 노사나불 주조를 시작하여, 덴표쇼호天平勝宝 4년(752) 4월에는 노사나불의 개안회開眼會가 거행됐습니다. 쇼무 태상천황은 덴표쇼호 8년(756) 5월 2일 붕어하고, 후지와라노 고묘시藤原光明子 황태후는 쇼무 붕어의 77기(덴표쇼호 8년 6월 21일)에 쇼무의 유품을 노사나불에 헌납하고, 헌납품은 도다이지의 창고 중 하나에 수납됐습니다. 그 창고가 대불전 북쪽에 현재 남아 있는 쇼소인正倉院입니다. 쇼소인은 북창北倉·중창中倉·남창南倉 세 개 구역으로 나누어져 있고, 쇼무의 유품은 호쿠소에 수납되고 칙명에 의해 봉인되었습니다. 또 도다이지의 보물이나 불구·기물과 함께, 태정관太政官 밑에서 도다이지 조영을 담당한 관사官司인 조도다이지시造東大寺司의 사경 기관 문서군도 조도다이지시가 폐지됨에 따라 8세기 말쯤에 쇼소인에 수납되어 쇼소인 보물인 〈쇼소인고문서〉(통칭, 쇼소인문서)로 전해지고 있습니다.

(2) 쇼소인문서 조사 참가

저는 사료편찬소에 들어간 지 3년째가 되는 1976년부터 사료편찬소가 궁내청 쇼소인 사무소의 허가를 받아 시행한 쇼소인문서 조사에 참가하게 되었습니다. 《쇼소인문서목록》 편찬을 위한 쇼소인문서 조사의 주안점 가운데 하나는 단간(斷簡, 떼어진 편지나 문서)을 연결해서 문서

-옮긴이) 부속문서, 전氈으로 된 백포첩전白布貼箋 문서 2점, 신라촌락 문서(화엄경론질의 심으로 사용된 반고지 문서) 사하리 숟가락을 묶은 종이끈이 있으며, 일본의 귀족들이 신라의 수입품을 구입하기 위해 작성한 매신라물해買新羅物解(조모입녀병풍鳥毛立女屏風: 꿩의 깃털을 장식한 수하 미인도 병풍(-옮긴이) 초배지 문서)도 있다.

나 문서군을 재구성하는 것이었습니다. 1976년 무렵 《쇼소인문서목록》의 정집正集과 속수續修의 문서조사가 진행되고 있었습니다. 쓰치다 선생님으로부터 쇼소인문서 조사에 참가하라고 전해 들었을 때, 저는 조사에서 무엇을 하면 좋을지를 물었습니다. 그리고 쓰치다 선생님의 한마디는 "하시(端, 고문서의 시작에 해당하는 용지의 오른 쪽 끝-옮긴이)를 보세요"였습니다. '오른쪽 끝을 본다'란 단간의 접속관계를 조사하는 것이었습니다. 그리고 쓰치다 선생님은 "처음에는 자신이 볼 부분을 골라도 된다"고 말씀하셨습니다. 선생님은 제가 고대 재정사에 관심을 갖고 있었기에 쇼소인문서의 정집에 많이 포함되어 있는 정세장正稅帳을 조사하도록 양해해 주셨습니다. 쇼소인문서는 궁내청 서릉부書陵部에서 마이크로필름 촬영을 하여 사진판은 대학 등에서 구입하여 공개하고 있습니다만, 현물이 없으면 알 수 없는 상태의 관찰과 현물 조사에 의한 단간의 연결 관계의 복원 등은 쇼소인 사무소의 조사관과 쇼소인문서 조사의 기회를 얻은 사료편찬소의 연구원이 아니면 쉽지 않은 작업이었습니다. 저는 쇼소인문서를 조사하는 과정에서 쓰치다 선생님, 미나가와 간이치皆川完一 선생님, 선배인 오가다 다카오岡田隆夫 씨로부터 쇼소인 사무소의 조사방법, 문서 관찰의 수법 등을 지도받았습니다.

2. 고대 사료학 이론의 구성을 목표로

1) 제3사분면의 평면체로서의 문서, 입체로서의 문서

쇼소인문서에 남아 있는 정세장正稅帳·정세출거장正稅出擧帳·군도장郡稻帳은 사경사업의 사무문서에 사용하는 종이의 부족을 보충하기 위해 태정관에서 지급된 반고지(反故紙, 쓸 수 없게 된 종이)입니다. 정세장의 뒷면은 백지이고 필요한 길이로 끊어 이차로 사용되었기 때문에, 또 이차 이용으로 작성된 사경사업 사무문서는 부분적으로밖에 남아 있지 않기 때문에, 각 정세장의 전체를 복원하기는 쉽지 않습니다. 쇼소인문서에는 27종의 정세장이 남아 있어, 《대일본고문서》와 고대사 연구자에 의해 단간의 접속 복원이 이뤄져 왔습니다. 제가 덴표 2년(730) 에치젠노쿠니越前國 정세장, 덴표 10년 스루가노쿠니駿河國 정세장 등의 조사로 알게 된 것은, 공문서인 정세장은 원칙적으로 세로 1척(28cm 전후, 당시의 1척은 30cm가 안 됨), 가로 2척(56cm 전후)이 약간 안 되는 완전한 형태의 용지를 이어 붙여 구성되었으며, 하나의 종이에는 거의 같은 수의 행으로 작성되어 있다는 것이었습니다. 쓰치다 선생님과 미나가와 선생님에게는 말할 필요도 없는 사실이었겠지만, 저에게는 '발견'이었습니다. 저는 하나의 종이에 행수가 정해진 완전한 형태의 용지를 이어 붙인 가상 용지구성에, 정세장의 논리구성에 따라 남겨진 단간을 끼워 넣는 작업을 시도했습니다. 제가 이 작업으로 알게 된 것은, 세로글로 문자가 위에서 아래로 내려가 행을 형성하고, 행은 오른쪽에서 왼쪽으로 나아가는 일본 전적·문서의 용지구성은 오른쪽 끝 위를 원점으로 하는 제3사분면의 평면체라는 것이었습니다. 9세기 이후 각종 책자본이 일본에서도 만들어지게 되었지만, 책자본도 용지를 펼쳐 왼쪽으로 이으면, 권자본, 곧 두루마리와 같이 제3사분면의 평면체가 됩니다(【그림】 1).

또 하나 쇼소인문서 조사에서 알게 된 것은 반고지로서 지급된 정세장과 호적이 종잇조각으로 나뉘어 뒷면이 사경사업에 이용되었을 뿐만 아니라 사경사업에 사용된 문서도 필요가 없어지면 뒷면이 문서에 이차 이용되면서, 이 용지라는 물체는 앞면의 문서와 뒷면의 문서라는 2개의 시간층으로 구성된 입체적인 물체라는 것이었습니다(【그림】 2).

【그림 1】 사료 평면

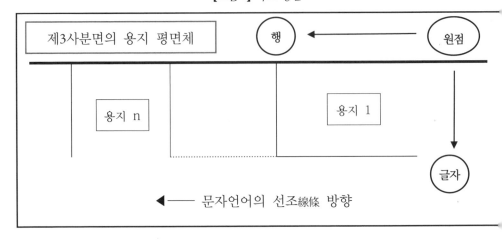

문자언어의 선조線條 방향

【그림 2】 사료의 입체화

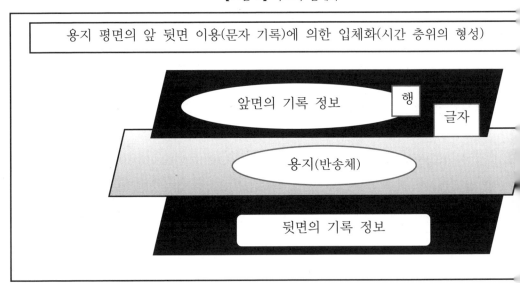

　　마침 그 무렵 저는 과역제 연구를 위한 기초로, 이노우에 선생님의
〈영집해令集解〉 세미나에서 배운 경험을 바탕으로, 율령 사본寫本으로 중

요한 가네사와金澤문고본을 저본으로 하는 모미지야마紅葉山문고본 율령 삼서(〈율律〉·〈영의해令義解〉·〈영집해令集解〉(10권))와 〈영집해〉(겐지建治 2 년(1276) 간기刊記본. 현재 35권, 원본 36권) 등 율령 사서四書의 여러 사 본에 대한 서지연구를 하고 있었습니다. 모미지야마문고본 율령 삼서는 도쿠가와 쇼군이 머문 에도성 안의 모미지야마문고에 전해져 현재는 국립공문서관 내각문고에 소장되어 있습니다. 이 율령 사서는 가마쿠라 막부의 효조슈評定衆를 지냈던 호조(가네사와) 사네토키(北條(金澤)實時, 1224~1276)가 무사시노쿠니武藏國 구라키군久良郡 무쓰라六浦의 별저에 세운 가네사와문고에 소장되어, 가마쿠라 막부 멸망 후에는 가네사와 씨의 별저지에 세워진 쇼묘지稱名寺에 의해 전해져 왔던 것입니다. 가네 사와문고의 율령 사서는 16세기 말에 도요토미 히데요시의 오다와라小 田原 정벌 때 쇼묘지에서 도요토미 히데쓰구豊臣秀次의 손으로 넘어갔습 니다. 〈율〉·〈영의해〉·〈영집해〉(10권)는 구게公家인 이마데가와 가슈出川家 에 기증되고, 도쿠가와 이에야스 아래에서도 사본이 만들어져, 〈영집해〉 (36권)는 구게 등의 사이에서 만들어진 사본이 남아 있습니다. 저는 1981년 도쿄도립대학(현재의 수도대학도쿄)에서 고대사 강의를 할 기회 가 있어, 강의 준비를 위해 사진판으로 모미지야마문고본 〈영의해〉에 추가 기입된 글자, 훈독의 주註, 훈점訓點 등을 살펴보고 있을 때, 그 저 본이 되는 가네사와문고본에는 10세기에서 13세기에 걸쳐 명법가明法家 가 '영의해'를 전수하면서 기입한 메모가 역사적인 층위를 이루어 보존 되어 있다는 것을 알게 됐습니다(《일본 고대 사료학日本古代史料學》 제2편 제2장 《《영집해令集解》 가네사와문고본의 재검토〉, 제3장 《《영의해令義解》 가네사와문고본의 성립〉).

1978년부터 이노우에 미쓰사다 선생님을 중심으로 〈속일본기續日本紀〉 주해 편찬사업이 시작됐습니다. 저는 선배인 요시오카 마사유키吉岡眞之

씨와 원문 교정을 분담하게 되었고, 속일본기 주해 편찬회에서 1980년 전후에 〈속일본기〉 사본을 조사하였습니다. 그 과정에서 저본底本으로 선정된 것이 나고야시 호사蓬左문고 소장 호사문고본 〈속일본기〉입니다. 〈속일본기〉 주해는 《신일본고전문학대계新日本古典文學大系》 12~16(이와나미 서점, 1989~98)으로 간행됐습니다. 요시오카 씨와 저는 함께 영인본 《호사문고본 속일본기蓬左文庫本 續日本紀》 5책(야기서점八木書店, 1991~1993)의 해제와 교감도 하였습니다. 호사문고본 〈속일본기〉의 권1~권10은 우라베가卜部家본 계통의 17세기 초 사본이지만, 권10~권40은 13세기 사본인 가네사와문고본으로, 도쿠가와 이에야스가 게이초慶長 17년(1612)에 입수하여, 이에야스 사거 후에 그의 아들 오와리尾張 번주藩主 도쿠가와 요시나오(德川義直, 1600~1650)가 물려받은 스루가 오유즈리본駿河御讓本입니다. 도쿠가와 요시나오의 〈유취일본기類聚日本紀〉 편찬사업에 참여한 교토의 호상豪商이며 요시나오의 학문 스승이었던 스미노쿠라 소안(角倉素庵, 1571~1632)은 가네사와문고본에 결여된 권1~권10을 우라베가본 계통인 요시다 가네미기吉田兼右 소장본(덴리天理도서관 소장) 사본(내각문고 소장본)에서 전사하고, 권11~권40에는 내각문고 소장본에 따라 우라베본 계통의 사본과 비교 교정을 써 놓았으며, 원본의 결손에 따른 가네사와문고본의 공백 부분을 보필補筆하였습니다. 또 가네사와 문고본에는 13세기에 서사書寫할 때 넣은 글과 저본의 결손으로 인한 공백도 있습니다. 따라서 가네사와문고본인 호사문고 소장 〈속일본기〉 권11~권40은 저본을 전사한 문자, 저본의 결손 부분을 표시한 공백, 13세기 가네사와문고본에 써넣은 글, 17세기 초 스미노쿠라 소안의 우라베가본 계통 사본과의 비교 교정 글이라는 시간 층위로 이루어진 입체 구조를 이루고 있다는 것을, 모미지야마 문고본 〈영의해〉의 경우와 마찬가지로, 알게 되었습니다.

2) '사료체史料體' 개념의 창출

문서·전적의 용지 위에 문자 집합이 가지는 시간적 중층성을 인식했을 때, '라디오 소년'(잡지 《라디오 소년ラジオ少年》을 읽고 라디오를 만든 소년)이었던 저는 '반송파搬送波'라는 말이 생각났습니다. FM 방송은 고주파의 전파에 미세한 변주를 주어 송신하고 수신하는 라디오로 그 변주파를 음파로 변환하는 것이다, FM 전파는 '반송파'라고 알고 있던 것을 저는 떠올렸습니다. 그래서 저는 문자 정보를 적재하는 용지는 '반송체搬送體'라는 물체로서 인식하고, 문서·전적 등의 사료정보를 반송하는 물체로서 '사료체史料體'라고 칭하기로 했습니다. '사료체'는 저의 조어입니다. 그리고 '사료체'는 메시지(문자·도상. 뒤에 반송체에 추가된 부가 메시지를 포함), 반송체(소재·형상·메시지 정착매체를 요소로 함), 양태(반송체에 메시지가 자리 잡은 상태)의 3요소로 구성된다고 생각했습니다. 그리고 메시지는 시계열적 중층성을 가지는 것으로 생각했습니다.[3]

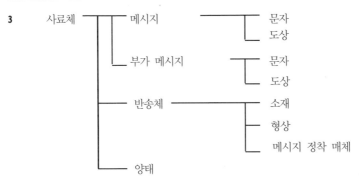

3

- 메시지 : 문자로 구성된 텍스트, 도상
- 부가 메시지 : 사료체가 형성된 후에 일정한 시간이 경과하고 나서 그것에 첨가된 메시지
- 반송체 : 메시지를 적재·정착시키는 물체

3) 장원회도莊園繪圖 집성 사업의 참가로 배운 전달과학

사료편찬소는 쓰치다 선생님과 미나가와 선생님을 중심으로 1964년에 《도다이지 개전도東大寺開田圖》를 간행한 경험을 바탕으로 고대·중세 장원회도를 모두 모아 사료집을 간행할 것을 기획하고, 1978년부터 《일본 장원회도 취영日本莊園繪圖聚影》 편찬 사업을 개시했습니다. 저도 고대 장원도 담당으로서 그 사업에 참여했습니다. 1978년 11월에는 덴표天平 7년(735) '구후쿠지령 사누키노쿠니 야마다군 전도弘福寺領讚岐國山田郡田圖' 조사를 위해 가가와 현香川縣의 시도초(志度町, 현재의 사누키시)의 마쓰오카 가松岡家를 방문했습니다. 7세기 후기 아스카에 창건된 구후쿠지弘福寺는 9세기부터 도지東寺의 말사末寺가 되어, 〈야마다군 전도山田郡田圖〉도 포함해서 구후쿠지 문서는 도지 문서로서 전해 내려왔습니다. 마쓰오카 가는 1882년에 〈야마다군 전도〉를 입수했습니다. 〈야마다군 전도〉의 매력에 끌린 저는 〈야마다군 전도〉 고지故地의 현지 조사와 구후쿠지와 관련된 도지 문서를 조사하고, 다카마쓰시 교육위원회가 실시한 〈야마다군 전도〉 고지의 조사 사업에 참가했습니다(《고대 장원사료의 기초적 연구(古代莊園史料の基礎的研究)》). 〈야마다군 전도〉는 1991년에 중요 문화재가 됐습니다.

저는 1979년 1월부터 8세기 후기부터 9세기 초의 헤이조쿄 우쿄右京 북방의 게이호쿠京北 지구 시조四條 분分의 반전도班田圖를 이용해서 14세기 초두에 작성된 사이다이지西大寺와 아키시노데라秋篠寺의 사령寺領 상론(相論, 경계를 명확히 하는 것-옮긴이)을 위한 〈게이호쿠 반전도京北

· 형상 : 크기, 모양, 둘레의 상태
· 메시지 정착 매체 : 메시지를 정착시키는 물질·방법
· 양태 : 메시지가 반송체에 적재·정착되어 자리잡고 있는 상태

班田圖〉 조사도 시작했습니다. 〈게이호쿠 반전도〉는 2점 있고, 도쿄대학 문학부와 사이다이지에 소장된 〈사이다이지 사령회도西大寺寺領繪圖〉(모 두 1977년에 중요문화재로 지정)에 포함되어 있습니다. 〈야마다군 전도〉 와 〈게이호쿠 반전도〉의 지도 분석과정에서, 이미지에는 토지 영유의 전개를 보여 주는 시계열적時系列的인 중층성이 관찰된다는 것을 알게 됐습니다. 또 〈게이호쿠 반전도〉에 관해서도 13~15세기의 사이다이지 문서를 조사하여, 〈사이다이지 사령회도〉군群의 형성을 사이다이지와 그 북쪽에 있던 아키시노데라 소령所領 상론과의 관계에서 밝혀 보려 시도했습니다(《고대 장원사료의 기초적 연구》(古代莊園史料の基礎的研究)). 개별 사료를 그것을 포함하는 사료군 속에 자리매김하고 이해하고자 하는 사료 연구의 기본 작업을 실천한 것입니다. 이것도 사료 편찬자로서 배운 것이었습니다.

저는 고대 장원도 연구에 몰두하는 중에, 역사지리학 연구에서 1980 년 전후부터 중세 장원회도의 구조분석이 제기되고 있던 것을 알고, 그 이론적 전거典據가 되는 유럽의 구조주의도 일본에서 출판된 번역서로 공부하게 되었습니다. 1982년 무렵, 클로드 레비-스트로스(Claude Lévi-Strauss)의 《구조인류학》(미스즈쇼보みすず書房, 1972), 로만 오시포비치 야콥슨(Roman Osipovich Jakobson)의 《일반언어학》(미스즈쇼보, 1973)을 읽고, 전달과학(커뮤니케이션과학)에 관심을 갖게 됐습니다. 야콥슨은 발언 사상事象·언어전달행동을 발신자(Addresser), 수신자(Addressee), Message, Context, Contact, Code의 6개의 요소로 구성된 모델로 제시했습니다. 저는 이 언어전달행동 모델을 기반으로 구두언어뿐만 아니라 문서 등을 이루는 문어文語에 의한 역사정보 전달행동을 다음과 같이 구성해 보았습니다.

context(역사정보가 관련되어 설명하는 역사 상황)

message(정보체로서의 역사정보)

역사정보 생성자 ──────────────────────── 역사정보 수령자

contact(역사정보의 수수收受·제시提示)

code(정보체 작성의 언어 규칙·서식 등)

　나아가 주체와 객체의 의사교환으로 구성된 법적관계 모델을 참고로 하여, 역사정보 전달행동 모델을 기반으로 발신과 수신의 쌍방향 발생을 전제로 정보교환에 의해 성립된 역사적 사회관계의 일반형을 다음과 같은 구조로 생각해 보았습니다.

정보 전달을 발생시키는 사회 상황

의사와 인간·노역·물자의 이동

정보 발신자(발신 기구) ──────│정보체│────── 정보 수신자(수신 기구)

접촉·전달·제시

규칙(서식·문법·어휘) 절의(節義)

　이 정보전달행동은 정보체로서의 사료체(문서 등)가 양자(인간 또는 조직·기관) 사이에서 의사와 함께 사람·노동·물자의 이동(교환, 수탈·공납)을 위해 기능하는 물체(정보체), 또는 구두 언어에 의한 의사 표출임을 나타내고 있습니다. 그리고 정보전달행동은 발신자와 수신자가 교대하는 쌍방향성을 갖고 있습니다. 이 사회관계의 일반형은 수장과 공동체 성원, 영주와 농민 등 비평형 관계에 있는 사람·조직의 법적관계의 현상 형태라고 생각하고 있습니다.

　또 저는 단위 행동이 되는 역사정보 전달행동이 시계열에 연쇄하여 역사 사상事象을 발생 때부터 현대에 전하게 된다고 생각하고, ‘역사적 정보 과정’도 제기해 보았습니다.

【그림 3】 역사적 정보과정(《일본 고대 사료학日本古代史料學》에서 발췌)

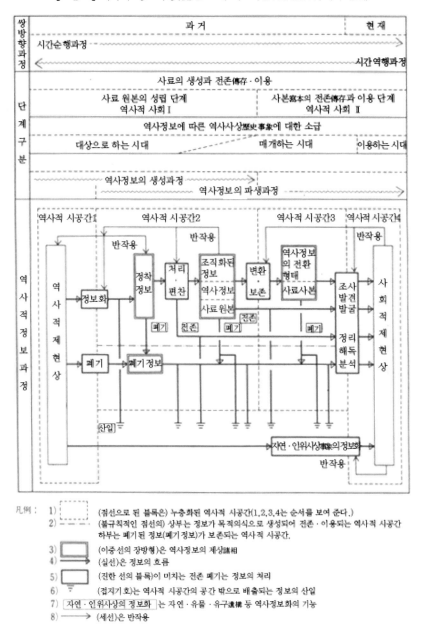

凡例 :
1) ⌐⌐⌐⌐ (점선으로 된 블록은) 누층화된 역사적 시공간(1,2,3,4는 순서를 보여 준다.)
2) ---- (불규칙적인 점선의) 상부는 정보가 목적의식으로 생성되어 전존·이용되는 역사적 시공간 하부는 폐기된 정보(폐기정보)가 보존되는 역사적 시공간.
3) ▭ (이중 선의 장방형)은 역사정보의 재상體相
4) ▭ (실선)은 정보의 흐름
5) ▭ (진한 선의 블록)이 미치는 전존 폐기는 정보의 처리
6) ▽ (접지기호)는 역사적 시공간의 공간 밖으로 배출되는 정보의 산입
7) 자연·인위사상의 정보화 는 자연·유물·유구遺構 등 역사정보화의 기능
8) ⟶ (세선)은 반작용

4) 《일본 고대 사료학》

사료체론의 시도를 처음 논문으로 쓴 것은 1988년 《동양문화연구소 기요東洋文化研究所紀要》 103책의 〈일본 고대 사료학의 방법 시론〉(日本古代史料學の方法試論)이었습니다. 저는 이 논문에서 도쇼다이지唐招提寺 소장의 〈고본영사기古本令私記〉, 모미지야마문고본 〈영의해〉 관시령關市令, 호사蓬左문고본 〈속일본기續日本紀〉 권12(가네사와 문고본), 모미지야마 문고본 〈율〉, 〈영의해〉 등을 사례로 하여, 구체적인 사료에서 얻은 이론의 추상성·보편성을 나타내기 위해 고등학교 수학에서 배운 수리 기호와 집합·함수식과 기하학적인 도형을 사용해 보았습니다. 수학자와 이과계 연구자는 이 작업을 "뭔가, 이것은?"이라고 하겠지만, 사료편찬에서 배운 사료구조 분석의 보편성을 확립하고 싶다는 생각으로 한 것이고, 졸업논문 이후 추구해 온 사회구조론을 구조주의의 전달과학 모델을 차용하여 심화하려고 한 시도였습니다. 사료학 이론의 제시와 그 기초가 되는 사료분석이나 전적의 서지 연구는 《일본 고대 사료학》으로 1997년에 간행할 수 있었습니다. 또 저는 〈야마다군 전도〉와 〈게이호쿠 반전도〉를 중심으로 하는 고대 장원도 연구의 성과를 같은 해 《고대 장원 사료의 기초적 연구》(古代莊園史料の基礎的研究)로 출판하였습니다.

3. 아마미제도 편년사료 편찬

1) 고대 일본과 동아시아 세계의 관계에 대한 관심

저는 고대 일본의 조세 제도 연구에서 일당령日唐令 비교 연구나 백

제·신라의 세제에 대한 관심은 있었습니다만, 국제관계사 연구는 하지 않고 있었습니다. 그런데 1981년 여름, 1976년에 사료편찬소를 퇴임하신 이야나가 데이조彌永貞三 선생님이 연구실에 오셔서, 견당사의 정지 전후 시기의 외교사에 대하여 《동아시아에서의 일본고대사 강좌》(東アジアにおける日本古代史講座)에 원고를 써 달라고 부탁을 하셨습니다. 대학원과 사료편찬소에서 지도를 받은 이야나가 선생님의 의뢰는 거절할 수 없었습니다. 저는 그 얼마 전에 《대일본사료》 제1편 20(1977년 3월 간행)의 에이간 원년 8월 1일 제3조에서 승려 조넨의 입송入宋 조를 편찬한 경험도 있어, 간표寬平 6년(894)의 견당사 정지부터 조넨의 입송入宋까지라면 쓸 수 있다고 생각하여, 〈일본 고대 10세기의 외교〉(《동아시아에서의 일본고대사 강좌》 7, 가쿠세이샤學生社, 1982. 2)를 썼습니다. 이 일이 있었기에 저는 〈고대 국가와 대외관계〉(《강좌 일본역사》 2, 도쿄대학출판회, 1984)를 쓸 기회를 얻었습니다. 그런데 역사학연구회 고대사부회에서 연구를 함께하고 있던, 고대 일본 대외관계사 연구를 전공하시는 스즈키 야스타미鈴木靖民 씨로부터, 어느 날 국제관계사 연구는 상대방의 땅, 예를 들면 중국이나 한국에 가서 연구하는 것이 필요하다고 조언을 받았습니다. 실제로 스즈키 씨는 1986~87년에 지린吉林대학에 머물면서 고구려 광개토대왕비 등의 연구를 하셨습니다.

2) 아마미제도 편년사 사료편찬 시도

그 무렵 역사학연구회 고대사부회의 동료로 가고시마鹿児島단기대학(현재의 가고시마국제대학 단기대학부)에 부임하고 있던 고바야시 도시오(小林敏男, 뒤에 다이토분카大東文化대학) 씨에게서 가고시마단기대학 부속 남일본문화연구소의 아마미제도 학술조사 참가를 권유받았습니다.

아마미제도에는 일본 고대의 창고를 상기시키는 마루가 높은 고창高倉이 있고, 신녀神女 제사도 남아 있다고 듣고 고대 일본을 엿볼 수 있지 않을까 하는 안이한 기대와 현지에 가보는 것이 중요하다는 스즈키 씨의 조언도 있어, 1988년 9월 남일본문화연구소의 아마미 오시마 가사리초(奄美大島笠利町, 현재의 아마미시 가사리 지구奄美市笠利地區)의 학술조사에 참여했습니다. 그러나 저는 가고시마단기대학 학장 미키 야스시三木靖 선생님과 고바야시 씨를 수행하고 가사리초의 몇 군데 취락에서 청취조사를 체험하고, 또 가사리초 조사 종료 후에 나제시(현재의 아마미시 나제지구奄美市名瀬地區)의 가고시마현립도서관 아마미분관(현재의 가고시마현립 아마미도서관)과 나제시립 아마미박물관(현재의 아마미시립 아마미박물관)에서 방대한 〈나제시사 편찬위원회 자료〉 등의 아마미제도 사료를 일부이지만 열람한 것으로는, 기존의 일본 고대사 연구에 도움이 되는 아마미제도사 연구는 성립되지 않는다는 자기반성을 하게 됐습니다. 아름다운 바다를 다시 바라보고 싶다, 방대한 아마미제도 자료를 조사하고 취락에서의 청취조사에 참여하고, 아마미제도의 역사를 새롭게 인식하기 위해 내년에도 아마미제도 학술조사에 참가하고 싶다고 저는 생각했습니다. 남일본문화연구소의 선생님들은 연구소의 《남일본문화南日本文化》에 논문을 쓰면 참가할 수 있다고 저의 부탁을 들어주셨습니다. 그러나 그때 저는 조사 참가에 앞서, 고바야시 씨로부터 읽어 두라고 가르침을 받은, 고문서를 토대로 근세 아마미사를 재구성한 마쓰시타 시로松下志朗 씨의 《근세 아마미의 지배와 사회》(近世奄美の支配と社會, 다이이치쇼보第一書房, 1983)의 〈후기—나는 여행과 탐험가가 싫다 … 레비스트로스—〉에 실린 마쓰시타 씨의 "아마미에서 나는 여행자에 지나지 않았다."라는 한마디를 떠올리며, 외부에서 섬을 방문하여 섬을 이용하는 자가 돼서는 안 된다는 간곡한 가르침을 깨달았습니다. 그래서 저는 방대한 아마미제도 사료를 기반으로 아마미제도의 향토사 연구에 조금이라도 도움이 될 수 있기를 바라며, 또 계속해서 조사단에 참가하고 싶기도 하여 사료 편찬자로서 공헌할 수 있는 방법으로 아마미제도 편년사료 편찬을 결심했습니다. 그리고 《남일본문화》에 류큐국琉球國으로 오시마의 입공入貢이 이루어진 연도로 알려진 1266년부터, 시마즈 씨島津氏의 류큐 침공으로 아마미제도(기카이지마喜界島, 오시마(가케로마지마加計呂麻島, 요로지마与路島, 우케지마請島를 포함)·도쿠노시마德之島·오키노에라부지마沖永良部島·요론지마与論島)가 시마즈 씨에 점령된 1609년, 나아가 시마즈 씨에 의한 아마미제도 통치체제가 확립된 1623·1624년까지의 〈아마미군도 편년사료집고奄美群島編年史料集稿〉를 8회에 걸쳐 게재하고, 2000년도까지 조사에 참가했습니다. 또 〈아마미군도 편년사료집고 간에이 연간편奄美群島編年史料集稿寬永年間編〉《도쿄대학사료편찬소기요東京大学史料編纂所紀要》 17호, 2007), 아마미제도의 7세기부터 13세기까지의 편년사료를 수집한 〈구스쿠城久 유적군의 역사적 평가의 전제―일본 고대·중세 전기 병행기 기카이지마喜界島 편년사료집고〉《구스쿠 유적군 총괄보고서(城久遺跡群 總括報告書)》, 기카이초 교육위원회喜界町教育委員会, 2015)도 편찬했습니다. 그리고, 1266년부터 1624년까지를 대상으로 한 《아마미제도 편년사료 옛 류큐 시기편奄美諸島編年史料 古琉球期編》(요시카와코분칸吉川弘文館)을 편찬하고, 2014년에 상(1266년~1609년 3월 24일)을 간행하고, 현재 하(1609년 3월 25일~1624년)의 간행 준비를 진행하고 있습니다.**4**

아마미제도는 일본열도 남서부의 류큐열도의 북부에 위치합니다. 7~8세기에는 남도南島로서 일본에 조공하고, 13~15세기에 류큐의 통치 아

---

4 《아마미제도 편년사료 옛 류큐 시기편(奄美諸島編年史料 古琉球期編)》 下는 2018년 11월에 간행되었다.

래에 들어가고, 1609년에 시마즈島津 군대의 류큐 침공으로 시마즈 씨에게 점령되어, 근세에 대외적으로는 류큐국에 속하였지만 실제적으로는 시마즈 씨의 통치지였습니다. 근대에 들어와서 아마미제도는 가고시마현에 포괄되고 태평양전쟁 뒤엔 미군에 점령되었다가 1953년 12월에 일본으로 반환됐습니다. 아마미제도는 일본열도에서도 나전 세공의 원료인 야광패夜光貝의 특산지, 일본으로부터 사람과 문화의 이동, 류큐의 통치와 류큐풍 문화의 전개 등 독자의 역사를 경험해 온 지역입니다. 또 고려 스에키須惠器 계통을 이은, 도쿠노시마에서 생산된 가무이야키龜燒 도기에서 알 수 있듯이 한반도와 관계도 깊은 지역입니다. 조선의 신숙주가 1471년에 지은 《해동제국기海東諸國記》에는 〈일본국서해도구주도日本國西海道九州圖〉에 아마미제도로의 항로가, 〈유구국도琉球國圖〉에 류큐국의 북부로서 아마미제도가 그려져 있습니다. 또한 《조선왕조실록》에는 조선에서 아마미제도로 표착한 사람들의 기록, 류큐에 표착하여 알게 된 아마미제도의 정보를 조선에 귀국하여 보고한 사람들의 기록 등이 남아 있습니다.

저는 아마미제도를 일본의 변경이라든지 일본과 류큐의 경계영역으로 평하기 전에 고대에서 현대에 이르는 아마미제도의 내부사료·일본사료·시마즈 씨 관계사료·류큐사료·조선사료·중국사료·구미사료 등의 다양한 역사자료와 야광패 출토 유적, 가무이야키 도기 가마유적, 각지의 성곽유적이나 고묘古墓 등 다양한 유적과 고고학 자료를 남긴 아마미제도의 역사를 아아미제도에서 재검토해 볼 필요가 있다고 봅니다. 아마미제도 편년사료 편찬의 시도는 일개 개인이 하기에는 한계가 있는 작업이며, 또 일개 개인이 해도 괜찮은 것인지 생각하기도 합니다만, 저는 사료 편찬자로서 아마미제도사 나아가 류큐사·일본사에 다소나마 도움이 되는 것이 있지 않을까 생각하며 편찬을 계속해 오고 있습니다.

4. 대한민국 국사편찬위원회와의 학술 교류

대한민국 국사편찬위원회와 사료편찬소의 학술교류의 시작은 1996년 미야치 마사토宮地正人 소장 때로, 당시 이원순李元淳 위원장으로부터 제안을 받아, 국사편찬위원회의 《조선왕조실록》 등의 출판물과 사료편찬소의 출판물 교환으로 시작됐습니다. 또 제가 1997~98년도에 구로다 히데오黑田日出男 소장 밑에서 사료편찬소 도서부장을 맡고 있었을 때에 한일·일한 교류사의 기본 사료의 하나인 쓰시마對馬 종가문서宗家文書를 소장하고 있는 국사편찬위원회, 일본의 게이오기주쿠慶應義塾대학, 국립국회도서관, 사료편찬소 등의 사료를 마이크로필름 라이브러리로 일본 출판사에서 간행하는 것이 기획됐습니다. 사료편찬소는 소장 사료가 국제적 협동으로 활용될 기회가 된다고 기대했습니다. 1999년 4월 제가 소장에 취임한(1999~2000년도) 직후, 이원순 위원장에 이어 8월에 취임한 이성무李成茂 위원장으로부터 교류를 더욱 증진하기 위한 제안을 받았습니다. 그래서 1999년 12월 9일·10일 사료편찬소는 국사편찬위원회의 이해준李海濬 편사부장, 이훈李薰 선생님, 나애자羅愛子 선생님을 초빙하여 〈한일관계사료 연구의 현 단계를 생각하는 연구집회〉를 개최하였습니다. 이때 이원순 전 위원장님도 일본에 체류 중이어서 연구집회에 참가해 주셨습니다. 저는 2000년 7월 7일에 국사편찬위원회가 서울에서 개최한 국제연구집회 〈해외 소재 한국사 사료의 현황과 수집·이전移轉〉에서 〈도쿄대학 사료편찬소의 외국사료 수집사업〉에 대한 발표를 하였습니다. 또 이때 사료편찬소에서 저를 포함한 수명의 연구자가 국사편찬위원회를 방문하여 위원회의 안내를 받고 사료를 열람했습니다. 이때부터 사료편찬소에서 종종 사료열람을 위해 국사편찬위원회를 방문하게 되었습니다. 2002년 2월에 국사편찬위원회와 사료편찬소의 학술교류협정이 체결되었습니다. 그리고 두 기관 사이에 출판물 교환에 더하여 연구자의 교류도 다양한 방법으로 이루어지게 되었습니다.

2002년 1월 개최한 도쿄대학 사료편찬소 사료집 발행 100주년 기념 국제심포지엄 '역사학과 사료연구'에서 이성무 위원장님이 〈국사편찬위원회의 사료조사와 편찬사업〉을 발표하였습니다. 그리고 2002년 12월 국사편찬위원회 이성무 위원장님의 호소로 중화인민공화국과 일본의 사료 연구기관이 국사편찬위원회에 모여 동아시아 사료연구편찬기관 국제학술회의를 개최하고, 가토 도모야스加藤友康 소장(2001~02년도)이 참가하여 〈도쿄대학 사료편찬소의 사료수집과 사료집의 편찬〉을 발표했습니다. 그리고 이성무 위원장님의 배려로 제2회 회의를 사료편찬소가 개최하게 되었습니다. 제가 다시 소장(2003~04년도)을 맡은 2003년 12월 도쿄대학에서 제2회 동아시아 사료연구 편찬기관 국제학술회의를 개최할 수 있었습니다. 이때는 이만열李萬烈 위원장님이 출석해 주셨습니다. 그리고 국사편찬위원회와 중국사회과학원 근대사연구소와 사료편찬소가 간사가 되어 국제학술회의를 계속해서 개최해 나가기로 했습니다. 제3회 국제학술회의는 2006년 11월에 중화인민공화국의 우한武漢에서 개최되어 저는 〈일본의 전근대 사료자원 및 그 개발과 이용〉을 발표했습니다. 제4회 동아시아 사료연구편찬기관 국제학술회의는 2014년에 서울에서 개최되고, 2015년에 동아시아 사료편찬기관협의회의 공동협정서가 다시 체결되었다고 들었습니다. 향후 더욱 발전을 기대하고 있습니다.

2004년 1월이었습니다만, 제가 일본 가고시마 현 역사자료센터 레이메이칸黎明館에 회의로 출장 갔을 때, 관장으로부터 한국에서 선생님들이 오셨다는 것을 들었습니다. 이원순 선생님도 계신다는 것을 알고 바로 로비에서 이 선생님을 뵈었습니다. 이 선생님은 16세기에 일본에 그리스도교를 전도한 프란시스코 자비에르의 행적을 찾아 일본을 방문하셨으며 자비에르가 일본에 처음 상륙한 땅, 가고시마에 오셨던 것입니다. 또 저는 2005년 11월 대한민국의 민족문화추진회 40주년 기념 국제심포지엄에서 〈일본에서의 고전적 정리사업의 현황과 전망〉을 발표할 기회를 얻었습니다.

마지막으로 이원순 선생님이 말씀하신 잊을 수 없는 말씀을 소개하겠습니다. 그것은 1999년 12월 사료편찬소에서 개최한 연구 집회 마지막에 이 선생님이 인사하실 때 하신 말씀입니다. 이 선생님은 "이번 연구집회에서 사료편찬소가 다양하게 활동해 온 것을 잘 알았습니다. 그런데 우리나라에서는 해방 후 국사관國史館이 설치되어 자국사의 연구를 할 수 있을 때까지 40년 가까이 우리의 손으로 우리나라의 역사를 연구할 수 없었습니다."라고 말씀하셨습니다. 그 순간 저는 사료 편찬자로서 마음에 스며드는 무엇인가가 있었습니다. 저는 이원순 선생님의 이 말씀을 잊지 않고 역사 연구를 해 나가지 않으면 안 된다고 생각했습니다. (2017년)

○ 저자 논고 일람

〈아마미제도 역사를 배우다〉(奄美諸島史を学ぶ, 史学会編, 《역사의 바람歷史の風》, 刀水書房, 2007. 11);《史学雜誌》110편 3호, 2001. 3.

〈나의 원점 《일본 국가의 기원》《법과 경제의 일반 이론》《근세 아마미의 지배와 사회》〉(〈私の原点 《日本国家の起源》《法と経済の一般理論》《近世奄美の支配と社会》〉,《歷史評論》752호, 2012. 12.)

〈이노우에 미쓰사다 선생님에게 배우다〉(井上光貞先生に学ぶ,《日本歷史》800호, 2015. 1.)

《율령국가와 사회구조》(律令国家と社会構造, 名著刊行会, 1996. 11.)

《일본 고대 사료학》(日本古代史料学, 東京大学出版会, 1997. 5.)

《고대 장원사료의 기초적 연구》(古代莊園史料の基礎的研究 上·下, 塙書房, 1997. 7.)

《아마미제도 편년사료 옛 류큐 시기편》(奄美諸島編年史料 古琉球期編 上·下, 吉川弘文館, 2015. 5; 2018. 11.)

○ 부기

이 글은 제17회 한일·일한역사가회의(2017년 11월 17일~19일, 동북아역사재단)에서 2017년 11월에 강연한 원고(《동아시아의 평화사상과 그 실천 : 역사적 고찰》(東アジアの平和思想とその實踐 : 歷史的考察, 제17회 일한·한일역사가회의 보고서, 日韓文化交流基金, 2018년 3월. 일본어판을 공간)의 표기 불통일과 오기를 정정하고, 주어를 명시하는 등 문장을 다듬은 것이다. 아울러 2017년 11월 이후에 발표한 연구 성과를 보주補注에 게재했다.

국제관계사·제국사 연구의 길

기바타 요이치木畑洋一

1946년생. 도쿄대학 교양학부 교양학과 영국분과를 졸업하고 같은 대학원 사회학연구과에서 국제관계론전공을 졸업했다. 주요 연구 분야는 영국현대사와 국제관계사이다. 도쿄대학 교양학부와 세이조成城대학 법학부 교수로 봉직했으며, 현 도쿄대학과 세이조대학 명예교수이다.

주요 저서로는 《영국제국과 제국주의—비교와 관계의 시좌視座》(イギリス帝国と帝国主義—比較と関係の視座, 有志舎, 2008), 《20세기의 역사》(二〇世紀の歴史, 岩波書店: 岩波新書, 2014), 《제국항로를 가다—영국 식민지와 근대 일본》(帝国航路を往く—イギリス植民地と近代日本, 岩波書店, 2018) 등 다수가 있다.

오늘은 국제관계사·제국사 연구자로서 제가 걸어온 길을 되돌아보고자 합니다만, 그전에 한국, 조선을 제가 어떻게 해서 의식하기 시작했는가 하는 점에 대해 간단히 말씀드리고자 합니다.

　제가 한국, 조선에 대해, 일본과 한국의 관계에 대해 의식하기 시작한 것은 고등학교를 졸업할 무렵이었습니다. 고등학교 1학년 때부터 친하게 지내면서 동아리활동 등도 함께했던 친구 한 명이 졸업을 눈앞에 두고 자신이 재일한국인이라는 사실을 저에게 털어놓았던 것입니다. 그는 일본이름을 사용하고 있었습니다만, 재일한국인일 것이라는 짐작은 저도 그전부터 느끼고 있었습니다. 하지만 제가 그렇게 추측하고 있던 것과, 정면으로 그 사실을 듣게 되는 것은 너무나도 달라서 대단히 당황했습니다. 그리고 그 일을 계기로 저는 일한관계라는 문제를 그전보다 훨씬 강하게 의식하기 시작했던 것입니다. 그 친구와는 그 뒤로도 교류를 계속해 왔습니다만, 재작년 여름에 오랜만에 만난 것이 마지막 기회가 되었는데, 그는 그해 가을에 세상을 떠났습니다. 덧붙여서 말하면, 몇 년 전에 이 일한역사가회의를 그에게 이야기했을 때, 한국의 어떤 역사가 이름을 꺼내자 '그건 내 조카다'라고 말하는 것을 듣고 깜짝 놀란 적이 있습니다. 사람은 다양한 부분에서 이어져 있구나 하고 느꼈습니다.

　제가 고등학교를 졸업하고 도쿄에 있는 대학에 입학한 것은 1965년이었습니다. 그때 대학 캠퍼스는 일한기본조약 반대운동으로 동요하고 있었습니다. 그 문제에 대해 특별히 제대로 공부하지도 않은 채로 친구의 권유를 받아 반대데모에 참가한 적도 있었습니다. 또한 베트남전쟁

반대운동도 시작되고 있었는데 거기에도 참가했습니다. 제가 특별히 정치적이었던 것은 아니고, 얼마간의 정치적·사회적 의식을 가진 학생으로서는 당시 그것이 당연한 모습이 아니었나 생각합니다.

대학시절의 체험 가운데 저의 정치적 의식을 자극한 것으로는, 대학 1학년에서 2학년이 되는 1966년 봄방학 때 감행한 오키나와여행을 들 수 있습니다. 오키나와는 당시 아직 미국의 통치 아래 있어 그곳에 가기 위해서는 여권에 상당하는 신분증명서를 발행받을 필요가 있었습니다. 그 여행에 저보다 나이가 많은 선배와 둘이 함께 가게 되었는데, 베트남전쟁의 기지로써 오키나와가 사용되고 있는 양상을 직접 보게 되었습니다. 그 사실은 머리로는 알고 있었지만, 현실로 직면하는 것은 역시나 커다란 충격이었습니다. 현지에서 처음 만난 오키나와 분의 집에 머물면서 기지에 대한 이야기와 일본으로 복귀에 대한 이야기 등을 듣기도 했습니다.

제가 재학했던 도쿄대학에서는 1학년과 2학년 때에는 전문과정으로 특화되지 않고 교양학부에 속했다가 3학년부터 전문과정으로 올라갑니다. 저는 원래는 법학부에 진학하는 코스에 소속해 있었지만, 여러 가지로 고민한 끝에 교양학부에 그대로 남아 영국 지역연구를 하는 교양학과 영국분과에 진급하기로 했습니다. 제가 관심을 가지고 있던 것은 영국의 자유주의로, 전문과정을 결정한 2학년 후반에 토마스 힐 그린(Thomas Hill Green)의 책을 읽고 흡족해 했던 것이 생각납니다.

하지만 교양학과에 재적하는 동안에 사상사보다도 역사 그 자체에 대한 관심이 생겨나기 시작했습니다. 수업을 들은 영국사의 이마이 히로시今井宏 교수, 러시아사의 기쿠치 마사노리菊池昌典 교수, 국제관계사의 사이토 다카시齊藤孝 교수 등의 영향이 컸다고 생각합니다. 뒤에서 말씀드리겠지만, 제가 국제관계사 연구를 해 나가는 데는 에구치 보쿠로江口朴郞 교수의 연구를 항상 의식하게 됩니다만, 에구치 교수의 강의가 이해하기 어려운 점도 있어 당초에는 그다지 영향을 받았던 기억은 없습니다.

마침 그즈음, 우연한 계기로 산케이스칼라쉽이라는 유학생시험에 응시한 결과 생각지도 못하게 합격하여 1968년 가을부터 영국의 대학에 유학하게 되었습니다. 유학처로 선택한 것이 워릭Warwick대학 사학과였습니다. 워릭대학은 1965년에 막 설립된 새로운 대학으로 일본에서는 거의 알려져 있지 않았습니다만, 그곳을 선택한 이유 가운데 하나는, 사학과에 E. P. 톰슨Thompson 교수가 계시다는 것이었습니다. 톰슨 교수는 63년에 《영국 노동계급의 형성》(The Making of the English Working Class)이라는 명저를 내놓아 일약 유명해진 역사가였는데, 실은 저는 당시 그 책은 아직 읽지 않은 채 뉴레프트에 대한 그의 논의에 매력을 느끼고 있었기 때문입니다.

워릭대학에는 1년 동안 유학했을 뿐입니다만, 좋은 유학처였다고 지금도 생각하고 있습니다. 새로운 대학으로서 활기가 넘치고, 교원 대부분이 젊고 정력적이었습니다. 톰슨 교수의 이야기는 사회사의 공개강의라는 형태로 진행되었습니다. 이번에 이 강연을 준비하면서 당시의 일기를 넘겨 보았더니, 첫 강의에서 그를 봤을 때의 인상에 대해 "마른 편의 신경질적인 얼굴을 상상했는데, 실제로는 머리가 덥수룩하고 완강해 보이는 사람이고 다분히 단련된 목소리를 가지고 있다"고 기록되어 있었습니다.

이 유학에 대해서는 대학분쟁 이야기를 하지 않으면 안 됩니다. 1968년부터 69년이라고 하면, 니혼대학과 도쿄대학 등 아주 많은 대학에서 학생운동이 일어난 시기에 해당합니다. 제가 영국으로 출발했을 때에는 이미 분쟁이 상당히 진행되어 있었고 그 상황을 뒤로 하고 유학을 떠나기에는 조금 꺼림칙한 마음도 있었습니다. 영국에서도 대학분쟁이 발생하고 있었고 워릭대학에서도 학생들의 농성 등이 있었습니다만, 일본의 상황에 견주면 조용한 편으로 제 일기에는 비판적인 의견 밖에 쓰여 있지 않았습니다. 일본에 돌아와서는, 제가 떠나 있던 동안의 다양한 사건들 때문에 친구들 사이의 인간관계가 너무나도 변해 있었던 것에 큰 충격을 받았습니다.

대학시절의 이야기가 길어졌습니다만, 저로서는 여러 가지 의미에서 정치적 격동의 시대였던 그 무렵에 사회와 세계에 대한 제 자신의 기본적인 자세가 결정되었다고 생각하고 있습니다.

유학에서 귀국한 뒤 곧바로 대학원 진학시험을 보았습니다. 운 좋게 합격하여 국제관계사 공부를 시작했습니다. 제 관심의 중심은 전쟁과 평화의 문제에 있었기 때문에, 제2차세계대전의 원인에 대한 연구를 하려고 생각하고 1965년에 《제2차세계대전 전사연구》(第二次世界大戰前史硏究)라는 책을 출판했던 사이토 다카시 교수에게 지도를 받을 생각이었습니다. 그렇지만 대학분쟁으로 도쿄대학에 싫증이 난 사이토 교수가 다른 대학으로 옮겨 버리셨기 때문에 대학원에서 정식으로 지도를 받지는 못했습니다. 다만, 사이토 교수에게는 그 뒤 실질적으로 여러 가지 가르침을 받게 되었습니다. 대학원 수업에서 가장 영향을 받은 분은 앞에서도 이름을 언급한 에구치 보쿠로江口朴郞 교수입니다. 강의에서는 이해할 수 없었던 '에구치어'라고 해도 좋을 그 이야기들도, 적은 인원의 대학원 연습 수업에서는 대충은 이해한 것 같은 기분이 되었습니다. 그리고 근현대의 국제관계사를 생각하면서 제국과 제국주의라는 문제가 뭐니뭐니 해도 중요하다는 것, 제국주의라는 것은 어디까지나 세계체제의 문제로써 보아 나갈 필요가 있다는 것, 그런 에구치 교수의 기본적인 사고방식이 제 연구의 축이 되어 갔습니다. 그러한 관점에 선 저의

세계현대사론의 결과라고도 말할 수 있는 것이, 4년 전인 2014년에 신서新書 형태로 출판한 《20세기의 역사》(20世紀の歷史)입니다.

다만 연구자로서 생활을 시작한 1970년대에, 1930년대의 영국의 대독일 유화정책을 연구하고, 이어서 마찬가지로 30년대의 영국의 대일 정책을 연구해 갈 때는 제국론과 제국주의론을 정면으로 취급한 것은 아닙니다. 제가 제국사, 제국주의사라는 것을 전면에 내세우게 되는 것은 1980년대에 들어서부터였습니다.

그 이야기를 하기 전에, 대학원 시절에 대해 또 하나 저의 한국에 대한 관심을 자극한 친구 이야기를 하지 않을 수 없습니다. 1970년 봄, 같은 시기에 도쿄대학의 국제관계론 대학원에 입학한 것은 6명이었는데, 그 가운데 한 명이 와세다대학에서 온 임철林哲 씨였습니다. 앞에서 언급한 고등학교 시절 제 친구의 친구였던 임철 씨와는 금세 친해졌고, 다양한 문제에 대해 항상 거침없이 논하는 그의 논의에서는 지금에 이르기까지 강한 자극을 계속 받아오고 있습니다.

1972년 말 저는 대학원의 박사과정을 중퇴하고 출신학과인 교양학과 영국분과의 조교수가 되었습니다. 그 뒤 영국의 대독일 유화정책에서 대일 정책으로 연구의 초점을 바꾼 시점에 다시 영국유학 기회를 얻게 되었습니다. 일본학술진흥회와 영국의 영국학사원(British Academy)이 연구자 교환을 시작하게 되어 최초의 교환연구자를 급히 보내지 않으면 안 되는 상황에 '가지 않겠느냐'는 제안이 온 것이었습니다. 시험을 보지 않고도 유학을 갈 수 있는 기회였기 때문에 두말없이 승락했습니다. 도쿄대학 쪽도 인정해 주었습니다만, 여러 가지 잡무가 있는 조교수의 일을 1년 동안 내팽개치는 것을 잘도 허가해 주었다고, 나중에야 생각할 수 있었습니다.

1975년부터 1976년에 걸친 이번 유학처는 런던정치경제대학(London

School of Economics, 약자로 LSE)으로, 국제관계사의 객원연구원이 되어 제임스 졸(James Joll) 교수, D.C. 와트(Watt) 교수, 이안 니쉬(Ian Nish) 교수와 같은 분들에게 지도를 받았습니다. 모든 분들이 훌륭한 연구자입니다만, 여기서는 졸 교수를 약간 소개해 두고자 합니다. 졸 교수의 업적이 한국에서 어느 정도 소개되어 있는지 모르겠습니다만, 일본에서는 《제1차세계대전의 기원》(第一次世界大戰の起原), 《유럽 100년사》(ヨーロッパ百年史), 《아나키스트》(アナキスト), 《제2인터내셔널》(第二インター), 《그람시》(グラムシ)와 같은 책이 번역되어 있습니다. 이번 이 회의의 주제인 국제관계사를 연구하자면 얼마나 넓은 시야가 필요한지를 졸 교수의 연구는 잘 보여 주고 있습니다. 외교관계를 눈여겨보면서 사상, 문화, 사람들의 다양한 의식에까지 파고들어 가는 것은 깊은 교양의 뒷받침을 필요로 하기 때문에 도저히 간단히 할 수 있는 일이 아닙니다만, 졸 교수는 그것이 가능한 분이었다고 생각합니다.

런던에서는, 지금과 달리 시 중심부에 LSE의 바로 옆에 있던 공문서관(Public Record Office)에 다니며, 1930년대 중반 영국의 대일 정책에 대한 사료를 읽는 것을 중심으로 한 생활을 보냈습니다.

이 유학생활에 대해 한 가지 강조해 두고 싶은 것은, 그전 유학 때와는 영국상황이 크게 변하여, 73년에 유럽공동체(EC)에 가입해 있었던 것입니다. 다만, 영국은 대륙유럽과는 다르다는 의식이 강하여, 제가 있었던 75년에는 EC 잔류에 대한 시비是非를 묻는 국민투표가 실시되었습니다. 이때는 잔류가 상당한 차이로 지지를 받았습니다. 저는 통합유럽의 일원으로서의 모습이야말로 식민지의 독립으로 제국이 해체된 뒤 영국이 보인 본연의 자세라고 생각했고, 그것에 대해서도 유학 중에 여러 가지 고찰을 했습니다. 그 결과는, 유학에서 귀국한 뒤에 쓴 〈영국의 EC가맹과 현대사 연구〉(イギリスのEC加盟と現代史研究)라는 논문에 제

시했습니다. 세계로 확장되는 대제국을 가지고 있던 영국인들이 유럽의 일국으로서 자국의 위치를 인식하는 것이 어렵다는 것을 현대사 연구에 입각하여 논했습니다만, 그러한 상태는 그 뒤에도 일관되게 계속되어, 결국 2016년 국민투표에서 EU로부터 이탈파의 승리라는 사태에 이르고 말았습니다.

영국에서 사료를 모은 1930년대 중반 영국의 대일 정책에 대해서는 몇 개의 논문으로 정리했습니다만, 그 가운데 하나는 1935년에 중국이 실시한 화폐개혁을 둘러싼 중국사, 일본사, 미국사 연구자들과 함께한 공동 연구의 일환이 되었습니다. 그 이후, 여러 공동 연구에 참가하여 많은 것을 공부할 수 있었던 것을 대단히 감사하게 생각하고 있습니다. 1970년대 말부터 시작한 1951년의 대일강화조약(샌프란시스코 강화조약)을 둘러싼 공동연구도 그 가운데 하나인데, 거기에서는 특히 호소야 치히로 細谷千博 교수로부터 배운 점이 굉장히 많았습니다. 1차 사료를 철저하게 이용한 일본 국제관계사 연구의 선구자라고 말할 수 있는 호소야 교수는 당시 환갑을 맞이할 무렵이었음에도 그러한 연구 자세를 관철하고 계셔서, 나이가 들어서 나도 저런 연구자로 남고 싶다고 생각했던 것을 기억하고 있습니다.

1930년대의 대일 정책이든 전후의 대일 강화정책이든 영국의 대일 정책을 검토하다 보니, 그것이 아시아에서 영국제국의 자세와 밀접하게 연결되어 있음을 느끼지 않을 수 없었습니다. 그래서 앞에서 서술한 것처럼, 1980년대가 되어 제국사, 제국주의사라는 것을 직접 검토하게 되었던 것입니다. 그 최초의 성과가 1987년에 간행한 제 최초의 단행본인 《지배의 대가—영국제국의 붕괴와 '제국의식'》(支配の代償—英帝國の崩壞と '帝國意識')이라는 연구입니다. 영국제국의 자세를 생각하는 단서로서, 의식하든 무의식 안에 내재해 있는 영국의 많은 사람들이 제국지배에 관

련하여 가지고 있던 심성(멘탈리티)—인종차별의식과 대국의식 아래 자신들이 제국지배자로서의 위치에 있는 것은 당연하다는 심성—에 대해 제 나름대로 검토해 본 것이 이 연구입니다만, 그러한 문제에 초점을 맞추는 데 배경이 되는 몇 가지 요인이 있었습니다.

우선 그때까지 두 번의 유학 중에 그런 것을 느끼게 하는 사건이 몇 가지 있었습니다. 또한 직접적 요인이 된 것은 82년 봄부터 초여름에 걸친 포클랜드 전쟁이었습니다. 저는 제국지배에 관한 전쟁을 많은 영국 사람들이 지지하는 상황은, 제국의 해체와 함께 과거의 것이 되어 여론이 크게 나뉜 56년의 수에즈전쟁이 그 최후였다고 생각했었기 때문에, 영국에서 아득히 멀리 떨어져 2천 명도 채 되지 않는 사람들이 사는 제국영토를 지키기 위해 막대한 군사력과 거액의 비용을 사용하고 그것을 많은 영국인이 강력하게 지지한다고 하는 사태가 상당한 충격이었던 것입니다. 영국이라는 나라와 그 국민의 이러한 모습을 염두에 두고 제국 붕괴의 과정을 조망하는 작업을 해 본 결과가 《지배의 대가》라는 책이 되었던 것입니다.

이 책은 도쿄대학출판회가 낸 '새로운 세계사'라는 12권으로 구성된 시리즈의 일부였습니다. 이 시리즈를 내는 데서는, 기획을 총괄해 준 편집자와 12명의 저자가 수년 동안에 걸쳐 연구회를 가졌습니다. 어떤 테마에 대한 공동연구는 아니었지만, 이것도 대단히 농밀한 공동연구의 형태였다고 생각합니다.

제국의식이라는 문제는 당연하게도 영국에만 또는 유럽의 제국 지배국에만 관련되는 것이 아닙니다. 제국 지배, 식민지 지배에 대한 일본인의 심성도 제국의식이라는 단어로 설명할 수 있다고 저는 생각합니다. 그래서 1990년대 초에 《이와나미강좌 근대일본과 식민지》(岩波講座 近代日本と植民地)라는 시리즈에 참가를 요청받아, 〈영국과 일본의 식민지통치〉

(英國と日本の植民地統治)라는 논문을 썼을 때에는 그 점을 강조했습니다. 저처럼 제국의식론을 염두에 두면서 일본제국의 문제를 논하는 작업은 다른 분도 해 오고 계십니다. 예를 들면, 일본사상사의 전문가인 히로타 마사키廣田正樹 교수는 《일본제국과 민중의식》(日本帝國と民衆意識)이라는 책에서 〈일본과 세계는 '제국의식'을 극복할 수 있는가?〉라는 문제의식 아래 논의를 전개하셨습니다. 저 자신도 더욱 일본의 문제에 파고들어 자신의 고찰을 심화시키지 않으면 안 된다고 생각하면서도 좀처럼 실행하지 못하고 있습니다.

《지배의 대가》를 출판한 뒤에 착수한 과제가 제2차세계대전 이후 영국의 말라야정책이었습니다. 인도에는 독립을 부여하는 방향을 대전 중에 약속했던 영국이었습니다만, 다른 식민지에 대해서는 전후에도 상당 기간 지배를 계속할 생각이었고 말라야도 예외가 아니었습니다. 제국의식이 강하게 작용한 식민지 통치에 대한 고집스러운 자세입니다. 그런데 말라야에서는 중국계 주민을 중심으로 한 반영투쟁反英鬪爭이 일어나, 대량의 군대파견에도 불구하고 영국 측이 그것을 좀처럼 진압하지 못하는 가운데, 그때까지 생각했던 것보다도 훨씬 빨리 독립 부여가 결정되었던 것입니다. 앞서, 대일 강화정책의 배경으로서 제국문제라는 점을 언급했습니다만, 이 말라야에서 벌어진 상황이 그에 해당합니다. 이 테마에 대해서는 1990년부터 1991년에 걸쳐 세 번째 영국유학을 했을 때, 런던 교외의 큐Kew라는 지역으로 이전한 공문서관(Public Record Office)과 가까운 곳에 살면서 사료를 수집했습니다. 이 유학 때는 마침 냉전 종결 시점에 해당하고 독일이 재통일한 것도 그 시기였기 때문에 유럽의 격심한 변동을 느끼는 유학생활이었습니다.

영국의 대말라야 정책의 연구성과는 대일 강화정책과 함께, 1996년에 《제국의 황혼 냉전 아래 영국과 아시아》(帝國のたそがれ 冷戰下のイギリス

とアジア)이라는 제목의 책으로 간행했습니다. 영국의 제국지배의 변용을 바탕에 두면서 20세기의 국제관계사를 생각하는 저의 연구 방법을 제시한 작업이라고 할 수 있습니다.

그 후 제가 착수한 연구 가운데 한 가지만 여기에서 소개하고자 합니다. 그것은 인도양의 한가운데 있는 섬 디에고 가르시아를 둘러싼 연구입니다. 이 섬은 영국령 인도양 지역이라는 영국의 제국령입니다만, 미군의 중요한 기지가 설치되어 미국의 세계 군사전략의 한 요충지가 되어 있습니다. 이 섬은 영국의 식민지 모리셔스의 일부였습니다만, 1960년대에 미국이 군사기지 건설지로 주목하면서 영국이 독립이 예정되어 있던 이 섬을 모리셔스로부터 떼어 내어 새로운 제국 영토로 삼은 다음 그것을 미국에 대여하기로 한 것입니다. 제국이 해체되고 식민지가 독립하는 시대에 새로운 제국 영토가 만들어진 것입니다. 그리고 미군의 기지 건설에 방해가 된다고 하여 미영 두 정부는 이 섬에 살고 있던 주민을 강제로 쫓아내 버렸습니다.

제가 이 문제에 관심을 가지기 시작한 것은, 앞에서도 언급한 1982년의 포클랜드전쟁 때입니다. 영국의 제국 영토 섬이고 주민수도 2천 명 미만으로 거의 비슷한 곳. 그럼에도 불구하고 포클랜드의 주민은 전쟁까지 해서 지키고, 디에고 가르시아와 그 인근 섬의 주민은 추방되어 버립니다. 포클랜드의 주민은 백인이고, 디에고 가르시아 등의 주민은 유색인이었다는 것, 거기에 결정적인 차이가 있었습니다. 영국의 제국 지배가 내포하고 있던 문제가 냉전과 탈식민지화가 뒤얽혀진 상황에서 지극히 선명하게 나타나 있다고 생각하여, 2000년대에 들고 나서 영국과 미국의 공문서관에서 사료조사를 실시해, 60년대의 영미 교섭과정을 중심으로 한 논문을 집필했습니다. 그 과정에서 70년대 중반에 디에고 가르시아를 '새로운 오키나와'라고 표현한 영국의 신문기사를 만나게 되었습니다. 이것은 중요한 미군기지로서의 공통성을 나타내는 표현이었습니다만, 주민들의 공통적인 고통도 함께 표현되어 있습니다. 오키나와의 섬에서 주민이 추방되는 일은 없었습니다만, 일찍이 살고 있던 토지를 미군기지에 빼앗기고, 그 토지를 되찾고 싶다, 그 토지에 돌아가 살고 싶다고 생각하는 사람들의 마음은 디에고 가르시아에 돌아가고 싶어도 돌아갈 수 없는 사람들의 마음과 같았습니다. 그러한 것을 생각하면서, 작년 영국에서 나온 책에 기고한 논문에는 〈인도양에서 "새로운 오키나와"에게〉(Towards "a new Okinawa" in the Indian Ocean)라는 제목을 붙였습니다.

저의 변변찮은 연구에 대해 장황하게 말씀을 드렸습니다만, 슬슬 마무리를 해야 할 것 같습니다. 일한역사가회의에서 주신 기회이기 때문에 역사학의 국제교류에 대한 저의 관련을 언급하고 마치고자 합니다.

유학처를 포함한 다양한 개인적인 교류를 별개로 하면, 제가 본격적인 역사학의 국제교류에 관계하기 시작한 것은 1980년대 초 무렵부터입니다. 연구 면에서도 대단히 신세를 진 니시카와 마사오西川正雄 교수—이 일한역사가회의의 제1회 회의에서 보고하시고 '역사가의 탄생'이라는 강연도 하신 분입니다만, 10년 전 2008년에 돌아가셨습니다—가 국제역사학회의의 일본국내위원회의 사무국장을 지내고 계실 때 그분의 부탁으로 사무국의 일을 돕게 되었습니다. 가장 중요한 업무는 5년마다 열리는 대회를 위해 만들던 《일본에서 역사학의 발달과 현상》(日本における歴史學の發達と現狀)이라는 책의 편집작업이었습니다. 일본에서의 역사학 연구 상황에 대해 정리하여 국제적으로 발신하는 것을 목표로 한 이 책의 작성에 저는 85년 슈투트가르트대회, 90년 마드리드대회, 95년 몬트리올대회의 세 번에 걸쳐 관계했습니다만, 그 모두가 힘든 작업이었습니다. 이 책은 역사학의 국제교류의 흐름이 다양하게 생겨난 단계

에서, 비용과 노력을 생각하면 더 이상 필요가 없겠다고 결정되어 그 뒤에는 나오지 않았습니다. 한편 저는 니시카와 교수가 1993년에 도쿄대학을 정년퇴직하신 뒤 일본국내위원회의 사무국장의 자리를 이어받고, 또한 2000년부터 2010년까지는 국내위원회의 위원장을 맡았습니다. 국제역사가회의에 대해서는 2006년에 가바야마 코이치樺山紘一 교수가 이 '역사가의 탄생'에서 말씀하셨습니다만, 세계의 역사가가 교류하는 장으로서 위치를 차지하고, 특히 냉전기에는 동서 두 진영의 역사가가 한자리에 모이는 중요한 장이 되었습니다. 저도 1985년의 슈트트가르트 대회 이후 2005년의 시드니대회를 제외한 모든 대회에 참가해 오고 있는데, 항상 강한 자극을 받아 왔습니다. 이 일한역사가회의에 제가 처음부터 관계하게 된 것도, 국제역사학회의에 관여했었기 때문이라는 점도 다시 한번 강조해 두고 싶습니다.

니시카와 교수가 이끌어 오신 국제적인 활동, 그리고 한국의 역사가 분들과의 관계라는 점에 대해서는, 80년대부터 90년대까지 네 번에 걸쳐 '동아시아역사교육심포지엄'이라는 회의를 개최한 비교사·비교역사교육연구회를 언급하지 않을 수 없습니다. 근린 국가들의 역사가와 함께 아시아의 평화와 발전을 지향하면서 '자국사와 세계사'라는 관점을 중시하며 근현대사에 대한 의견을 교환해 나가고자 하는 이 회의는, 1984년에 일본, 한국, 중국의 역사가·역사교육자 간에 제1회 회의를 개최한 후, 89년 제2회 회의에서는 북한의 역사 연구자도 초대할 수 있었습니다. 북한의 참가는 그때로만 그쳤습니다만, 94년의 제3회 회의, 99년의 제4회 회의에는 타이완과 베트남 분들도 참가하셨습니다. 찬동자의 모금을 중심으로 회의를 개최하고, 서로의 차이를 존중하며 대화를 진행함으로써 서로의 역사 인식을 심화시켜 나가고자 하는 이러한 시도는 지극히 소규모이기는 하지만, 커다란 의미를 가졌다고 생각합니다.

두 나라 사이의 역사가회의로 말하자면, 1994년에 제1회 회의를 개최한 일영역사가회의에도 그 처음부터 몇 년 전까지 운영위원으로 관계했습니다. 이 회의는 3년에 한번 영국과 일본에서 번갈아 개최하고, 일본의 역사가의 영국사 연구를 영국 측의 역사가와 함께 논의해 나간다는 점을 중심으로 삼아왔습니다만, 더 범위를 넓혀 가고자 한국과 중국의 영국사 연구자 분들을 끌어들인 동아시아브리튼사학회가 되어, 올해 9월에 한국의 대구에서 그 첫 번째 대회가 개최되었습니다. 유감스럽게도 저는 거기에 참가하지 못했습니다만, 이와 같은 여러 가지 형태로 역사가의 국제교류가 진행되고 있는 것은 대단히 기쁜 일입니다.

그러한 가운데 2001년 이후 관계해 온 이 일한·한일역사가회의는 저에게 대단히 귀중한 기회가 되어 왔습니다. 작년까지 운영위원을 담당했음에도 아무런 공헌도 못한 것은 아닌가 하는 생각이 듭니다만, 저에게는 해마다 많은 것을 배울 수 있는 시간이었습니다. 그에 대한 감사말씀을 드리면서 제 이야기를 마치도록 하겠습니다. 감사합니다. (2018년)

탈근대의 역사 인식과 역사교육을 추구하며

유이 다이자부로油井大三郎

1945년생. 도쿄대학 대학원 사회학연구과 박사과정을 마치고 사회학 박사를 취득했다. 주요 연구 분야는 미국 현대사이다. 히토쓰바시一橋대학과 도쿄대학 교수로 봉직하였으며, 현재 히토쓰바시대학과 도쿄대학의 명예교수이다. 주요 저서로는 《전후 세계질서의 형성》(戰後世界秩序の形成, 東京大学出版会, 1985), 《미완의 점령개혁》(未完の占領改革, 東京大学出版会, 1989; 증보개정판, 2016), 《평화를 우리에게》(平和を我らに, 岩波書店, 2019) 등 다수가 있다.

I. 시작하여

근대라는 시대를 인류사적으로 생각할 경우, 그 의의는 굉장히 양의적이라 할 수 있습니다. 시민혁명 등에 따라 법적으로는 평등한 사회가 실현되었으며 공업화로 많은 사람이 풍요를 누릴 수 있게 된 것은 명백히 긍정할 수 있는 현상이겠습니다. 한편으로 주권국가의 절대성이 주장되었으며 국익이 대립하였을 때에는 전쟁으로 결착되는 것이 당연하게 여겨지는 '정전正戰'론이 등장한 결과 전쟁이 다발적으로 일어나 다대한 희생자를 낳았습니다. 또한 선진국에서는 시장의 확대와 '문명화의 사명감'에서 식민지 지배를 당연시하는 풍조가 나타났으며 이에 대응하여 인종차별이나 민족차별이 횡행했습니다. 이러한 전쟁의 다발과 식민지 지배의 확대는 현대에서 보자면 긍정할 수 있는 것은 아닙니다.

이러한 까닭으로 제2차 세계대전 이후의 현대가 되자 식민지가 속속 독립하여 침략전쟁을 위법으로 생각하는 풍조가 국제여론의 다수가 되어 왔습니다. 그러나 여전히 인종차별이나 민족차별은 지속되고 있으며 식민지 지배를 '근대'에서는 '합법'이었다고 하면서 반성하지 않는 논조는 계속되고 있습니다. 이러한 연유로 2001년에 남아프리카공화국 더반에서 개최된 유엔의 '인종주의, 인종차별, 외국인 혐오 및 이와 관련된 불관용 철폐를 위한 세계회의'에서 채택된 선언문 및 행동프로그램 제99항에는 이렇게 쓰여 있습니다.

노예제, 노예무역, 대서양 간 노예무역, 아파르트헤이트, 식민주의, 대량학살로 말미암아 수백만 명의 남녀노소에게 가해진 극심한 고통과 비극적 고난을 인정하고 이에 대해 심히 유감을 표하며, 관련 국가는 과거 비극의 피해자를 기리도록 촉구하며, 발생한 장소와 시기에 관계없이, 그러한 행위는 비난받아야 하고 재발은 방지하여야 함을 확인한다.[1]

요컨대 근대가 가지는 긍정적인 측면을 발전시킴과 함께 전쟁의 다발과 식민지 지배 인종·민족 차별 등 근대의 부정적인 측면을 극복해 나아가는 것이 21세기의 인류에게 커다란 세계사적 과제가 되고 있다고 여깁니다. 저는 이러한 근대의 부정적 측면을 극복하기 위한 역사학의 과제를 '탈근대적 역사 인식'의 구축이라 부르고자 합니다. 제가 반세기 넘게 해 온 역사 연구는 지금 돌이켜 보면 미미하나 이 과제에 도전하는 행보였다고 생각합니다. 그래서 오늘은 이러한 행보의 대략적인 흐름을 제 저서 소개를 단초로 하여 말씀드리려 합니다.

2. 신진연구자 시절의 행보

저는 1945년 일본이 아시아태평양전쟁에서 패전한 해에 태어났습니다. 주위에는 전쟁희생자들이 많았기 때문에 전쟁의 예방은 일찍이 저의 관심사였습니다. 1964년에 대학에 들어가 1968년에 졸업, 그해에 국제관계론 대학원에 입학하여 1974년에 대학의 전임강사가 되었습니다. 즉 베트남전쟁이 미국의 개입으로 격화된 1965년부터 1973년은 완전히

---

[1] 나가하라 요코永原陽子 편, 《'식민지책임'론: 탈식민지화의 비교사》('植民地責任'論: 脱植民地化の比較史), 青木書店, 2009, 9쪽.

저의 학부·대학원 시절과 겹쳤기에 저는 제 자신을 '베트남 전중파戰中派'라고 부르고 있습니다. '왜 미국과 같은 초강대국이 베트남과 같은 소국의 주권을 유린하는가'라는 소박한 의문이 제 연구의 출발점이 되었습니다.

동시에 베트남전쟁 중 일본에서는 주로 1968년부터 1970년에 걸쳐 많은 대학에서 '대학분쟁'이 발생하여 파업이나 대학봉쇄로 수업이 이뤄지지 않는 상태가 계속되었습니다. 이는 정확히 저의 석사시절에 해당하여 저는 거의 석사논문을 자력으로 집필할 수밖에 없었습니다. 또한 수많은 대학원생 동년배 친구들과 자주 세미나 등을 열어 자발적으로 면학에 힘썼습니다. 미국 연구의 경우에는 1970년 베트남전쟁의 현실에 입각한 미국 사상史像의 수정을 목표로 '미국신진연구회'가, 그 뒤 1975년 동일본의 중견연구자와 합쳐진 '미국사연구회'로 발족하였으며 2004년부터는 전국학회로서 일본의 미국사 연구를 대표하는 '미국사학회'로 발전하였습니다.

저는 석사논문에서는 1941년 3월에 미국에서 성립한 무기대여법(Lend-Lease Act)에 대해 썼습니다. 동시대의 베트남전쟁에 관해서는 아직 사료가 공개되지 않아 제2차 세계대전기로 거슬러 올라가 미국의 팽창주의적 대외정책의 기원을 찾고자 한 것이었습니다. 이 무기대여법은 참전 이전에 미국이 연합국에 대한 무기 원조를 수단으로 하여 전후의 자유무역질서 구축을 겨냥한 것으로 특히 영국에 대해서는 무기 원조 대신 전후 파운드 블록 해체를 강요하는 것이었습니다.

1973년에는 냉전의 기원을 찾기 위해 미국에 단기 유학을 하였는데, 때마침 사료가 공개되기 시작한 냉전 초기의 미국과 유럽 관계, 특히 냉전의 기원으로 간주된 1947년에 발표된 '트루먼 독트린'과 '마셜 플랜'의 입안과정에 관한 사료를 수집하게 되었습니다. 제2차 세계대전 뒤 미국의 대통령들은 자신의 출신지에 대통령도서관을 설립하여 자신의 임기 중 공문서를 보존·공개하고 있습니다. 그래서 미주리주의 인디펜던스라는 시골 마을에 있는 트루먼 도서관에서 한 여름 동안 문서 조사에 몰두했습니다. 우선 1947년 3월에 트루먼 대통령이 영국을 대신해 내전 중인 그리스와 보스포루스·다르다넬스 해협의 운용 문제로 소련과 대립하고 있던 터키에 군사원조할 것을 발표한 '트루먼 독트린'의 입안 과정을 조사했습니다.

이 선언에서는 여러 차례 수정이 이뤄졌으며 가장 처음의 초안에서는 그리스·터키의 군사원조의 필요성을 이렇게 설명하고 있습니다. '이러한 전개의 배경으로 생각해야 할 것은 영국 경제의 심각한 약체화와 재정의 핍박이며, 이에 영국은 그리스와 터키뿐만 아니라 세계의 다른 지역 특히 이집트, 팔레스티나, 인도, 미얀마에서도 그 관여를 감소하거나 해소할 필요성이 절실해지고 있다.[2]'

즉 재정 위기에 직면한 영국으로부터 그리스와 터키에 대한 군사원조를 떠맡을 것을 요청받은 트루먼 정권이 가장 먼저 생각한 것은, 소련의 위협이 아닌 영국이 그 세계적인 영향력을 축소하기 시작한 사태에 대한 대응이었습니다. 그러나 의회지도자들에게 그리스·터키 원조법의 입법화에 대해 상담한바, 의회지도자들 가운데에는 아일랜드계 등 영국에 반감을 가진 인물도 많아서 당초 안의 설명으로는 양해를 얻어낼 수 없었습니다. 그래서 애치슨 국무차관이 동지중해 지역뿐만 아니라 세계적인 '소련의 위협'을 강조한 설명으로 대신하여 의회지도자의 양해를 얻을 수 있었습니다. 그 결과 실제로 발표된 선언에서는 세계사

---

2 유이 다이자부로, 《전후세계질서의 형성: 미국자본주의와 동지중해지역, 1944~47》 (戰後世界秩序の形成: アメリカ資本主義と東地中海地域 1944~47), 東京大學出版會, 1985, 195쪽.

의 현시점에서 거의 모든 국민은 자유로운 생활양식인지 전체주의적 생활양식인지 어느 한쪽의 선택을 강요받고 있으며, 미국은 '무장한 소수자와 외부의 압력에 따른 정복 의도에 저항하는 자유로운 국민을 원조하는 것이야말로 합중국이 선택할 정책이 되지 않을 수 없다'는 내용이 된 것입니다.[3]

요컨대 트루먼 독트린은 처음에는 위기에 직면한 영국제국을 대신하여 구 영국령의 주도권을 미국이 떠맡는 '패권교대전략'으로서 구상되었으나 실제로 발표된 선언에서는 의회의 양해를 얻어내기 위해 '소련의 위협'을 강조하는 '냉전전략'으로서 발표되었습니다. 이 연설 초안을 발견함으로써 저는 영국으로부터 미국으로 패권이동 과정에 주안점을 두고 냉전의 기원 다시 쓰기에 착안하여 이를 박사논문의 중심 테마로 하였습니다.

그래서 박사논문의 제1장에서는 영국에 거액의 차관을 공여하는 것으로 달러 중심의 브레튼우즈 체제로 참여를 양해시킨 1945년 12월의 영미차관협정을 분석했습니다. 제2장에서는 사우디아라비아 유전에서 미국의 우위를 영국에 승인하게 한 1944년 8월의 영미석유협정, 제3~4장에서는 그리스 내전과 영국의 개입 과정, 제5~6장에서는 미국의 그리스 개입 과정에 대해서, 제7장에서는 마셜플랜으로 미국이 소련에 대항하여 서유럽 국가들의 경제를 재건하기 위한 경제원조의 제안에서, 개별 국가별 원조가 아닌 서유럽 국가들에게 '공동계획의 입안'을 요구함으로써 이후의 서유럽 통합으로 포석을 깔았다는 것을 밝혔습니다. 이상의 구성으로 1985년에 《전후세계질서의 형성—미국자본주의와 동지중해지역 1944~1947》《戰後世界秩序の形成—アメリカ資本主義と東地中海地域 1944-1947》

---

3 유의 다이자부로, 앞의 책, 208쪽.

이라는 책을 출판했습니다. 이 책으로 저는 당시 근무하고 있던 히토츠바시—橋대학에서 박사학위를 받게 되었습니다.

3. 미완성성에 주목한 일본의 점령기연구

1984년 7월부터 1986년 7월까지 2년 동안 미국학술단체협의회(American Council of Learned Societies)의 지원을 받아 캘리포니아 버클리대(UC버클리)에서 재외 연구를 할 기회를 얻었습니다. 이때는 유럽을 무대로 한 냉전의 기원에 대한 연구는 제 안에서 일단락되어 있었으므로 재외 연구의 테마로는 이 무렵 관계사료의 공개로 일본에서 연구가 활발해진 대일 점령 연구를 하기로 했습니다. 특히 1925년에 발족한 이후 정기적으로 국제회의를 열었으며 태평양지역의 여러 문제를 검토했던 민간연구기관인 태평양문제연구회(Institute of Pacific Relations, 이하 IPR로 약칭)가 대일 점령정책의 결정에 미친 영향에 대해 중심적으로 연구하기로 했습니다.

일본에서는 미국의 대일 점령정책의 입안에는 전전戰前 시기 주일대사를 역임했던 조셉 그루 등의 영향을 중시하여 전후에도 천황제를 존속하게 한 온건한 개혁이 입안되었다고 하는 해석이 주류를 이뤘습니다. 그러나 일본에 진주한 연합국총사령부(GHQ) 안에는 '뉴 딜러'라 불린 혁신파가 있어 일본에 더 철저한 개혁을 추진하려 하고 있었습니다. 이 '뉴 딜러'의 사고방식에 IPR의 연구가 영향을 미치고 있었다는 것이 저의 가설이었습니다.

일례를 들자면 IPR은 1945년 1월 미국의 핫스프링스에서 국제회의를 개최하였는데, 이 회의에서 조지타운대 교수였던 윌리엄 존스턴이라는

학자가 전미 50개 대학의 연구자를 조직하여 전후 일본의 바람직한 형태에 대해 설문조사를 실시해 그 결과를 바탕으로 〈일본의 미래〉(日本の將來)라는 제목의 보고를 하였습니다. 이 보고에서 존스턴은 전후의 일본에서 군국주의를 일소하기 위한 '민중혁명이 발생할 경우에는 연합국 당국자는 이를 지지함과 함께 옛 지배집단의 저항에 대해서는 필요하다면 무력을 사용하여 억압한다'고 주장하며 '아래로부터의 개혁'을 점령군이 조장하도록 주장했습니다.

이와 달리, 실제 대일 점령정책은 '간접점령'이라고 하여 개혁은 일본정부를 통해 실시하도록 되었으며 거기에 일본의 전시 지도자들이 살아남게 될 여지가 있었습니다. 그러나 미국정부가 1945년 9월 6일에 발표한 '초기 대일방침' 안에는 '현존의 정치 형태를 이용한다 하더라도 이를 지지하는 것은 아니다'라는 점을 명확히 한 다음, '봉건적 및 권위주의적 경향을 수정하기 위한 정치 형태의 변경은 설령 실력행사의 위험이 있는 경우라도' 점령군의 안전과 점령 목적에 반하지 않는 한 허용된다고 하였습니다.[4] 즉 실제로 대일점령의 최고사령이 되는 '초기방침'에서도 '아래로부터의 개혁'을 허용하는 규정이 포함되어 있었으며 이는 IPR에서 존스턴 제안과 매우 유사한 것이었습니다.

실제 점령정책의 실시과정에서도 초기에는 꽤 철저한 개혁이 실행되었습니다. 예를 들어 1945년 9월 27일에 열린 천황과 맥아더 회담의 사진에는 작은 체격에 정장을 한 천황과 상의 정장을 걸치지 않은 군복차림의 몸집이 큰 맥아더가 나란히 찍혀 있었기 때문에 일본정부는 '불경'에 해당한다고 하여 신문에 공표를 금지했습니다. 이에 반발한 총사

---

4 유이 다이자부로, 《미완의 점령개혁: 미국지식인과 버려진 일본민주화 구상》(未完の占領改革: アメリカ知識人と捨てられた日本民主化構想), 東京大學出版會, 1989, 149, 178, 206쪽.

령부는 10월 4일 인권지령을 발표하고 천황제에 관한 언론의 자유화, 치안유지법 폐지, 정치범 석방을 명령했습니다. 또한 10월 11일에는 여성 해방·노동조합의 육성, 교육의 자유주의화, 사법경찰개혁, 경제의 민주화 등 5대 개혁지령을 내렸습니다.

요컨대 초기의 일본 점령에서는 상당히 철저한 개혁이 실시되었으며 총사령부 안의 '뉴 딜러'라는 개혁파가 활약했던 것입니다. 그런데 1948년이 되자 유럽에서 시작된 냉전의 영향이 일본에도 미쳐 미국의 점령 정책은 개혁보다는 일본의 경제부흥을 중시하는 쪽으로 바뀌어 갑니다. 총사령부의 '뉴 딜러'들은 속속 귀국하지 않을 수 없었으며, 반대로 전쟁 책임을 물어 공직추방을 당한 일본의 정치가는 복권되어 갔습니다. 결국 일본의 점령개혁은 미완성으로 끝났으며, 제가 재외연구의 성과로서 1989년에 출판한 책의 제목을 《미완의 점령개혁》이라고 한 것도 이러한 까닭이었습니다. 다행히 이 책은 많은 독자의 주목을 받아 1990년 마이니치每日신문과 아시아조사회에서 아시아태평양상·특별상을 받았으며 2016년에는 증보개정판을 낼 수 있었습니다.

4. 미일 간의 전쟁이미지 상극에 대한 연구에

연합군의 '외부로부터 민주화'가 미완성으로 끝난 이상, 다음은 일본인 자신이 '안으로부터 민주화'를 완성시킬 필요가 있었다는 것이 저의 《미완의 점령개혁》의 기본적인 메시지였습니다. 동시에 이는 샌프란시스코 강화조약의 '편면성'에 대한 지적이기도 하였습니다. 일본 점령에 종지부를 찍었던 샌프란시스코 강화조약은 소련 등 동구권 국가들이 서명하지 않았다는 점에서 '편면(반쪽) 강화'라고 불리나, 일본이 다대한 전쟁 피해를 준 중국은 회의에 초청되지 않았으며 한국은 옵서버 참여밖에 허용되지 않았습니다. 인도는 강화 뒤에도 안전보장조약으로 외국 군대가 계속 주둔하는 것은 주권회복이라 할 수 없다고 하면서 참석하지 않았습니다. 즉, 샌프란시스코 강화조약은 사회주의 국가의 부재로 '편면적'일뿐만 아니라 일본에게 가장 많이 전쟁 피해를 당한 아시아 국가들의 부재라는 의미에서도 '편면적'이었습니다.

그러나 많은 일본인은 미국과의 강화가 성립하였다는 것으로 모든 전쟁 책임이 면죄되었다는 의식을 갖게 되었기 때문에, 일본의 주권 회복은 '제2의 탈아脫亞'가 되었습니다. 한편, 1980년대에 들어서 많은 아시아 국가들에서 군정이 무너지고 민정으로 이관이 진행되어 전쟁 피해자들이 자신들에 대한 보상이 이루어지지 않았다고 하는 목소리를 높일 수 있게 되었습니다. 게다가 1990년대 전반은 개전에서 종전까지 50주년이라는 전환기에 해당하였으므로 이 기회에 전후 보상과 역사 화해의 달성을 요구하는 목소리가 일본에서도 높아졌습니다.

이러한 가운데 미국연구자로서 저는 미일 간의 조약으로 화해가 성립하였음에도 국민감정의 차원에서는 앙금이 남아 있다는 점에 문제를 느끼기 시작했습니다. 특히 미일 사이의 갈등이 표면화되면 미국 측은 '리멤버 진주만'을 외치고, 일본 측은 '노 모어(No more) 히로시마·나가사키'라고 주장하는 악순환의 지속을 어떻게 해소하면 좋을지를 생각하며 1995년에 《일미전쟁관의 상극: 마찰의 심층심리》(日美戰爭觀の相剋: 摩擦の深層心理)이라는 책에 정리했습니다. 때마침 1995년은 종전 50주년에 해당돼 미국 수도에 있는 스미소니언 박물관에서는 히로시마에 원폭을 투하한 전략폭격기 에놀라 게이호의 전시가 기획되었으며 피폭자의 피해를 알리는 전시도 계획되어 있었으나, 미국의 퇴역군인들 등의 맹렬한 반대로 기체의 전시만 실현되었습니다.

이러한 결과는 전후 50년이 경과하여도 미국에서는 원폭 투하를 정당화하는 여론이 얼마나 강력한지를 보게 되었기 때문인지, 이 책은 그 뒤로도 많은 분이 읽어 주셔서 2007년 《왜 전쟁관은 충돌하는가: 일본과 미국》(なぜ戦争観は衝突するか: 日本とアメリカ)라고 제목을 바꾼 증보개정판을 이와나미쇼텐岩波書店의 현대문고로 출판할 수 있었습니다. 그 뒤 저의 관심은 제2차 세계대전의 기억뿐만 아니라 미국의 호전성을 식민지 시대와 건국기로 거슬러 올라가 검토하는 것으로 넓어져 2008년에 《호전의 공화국 미국》(好戦の共和國アメリカ: 戦争の記憶をたどる)이란 책을 이와나미 신서로 간행하였습니다.

5. 동시대사로서 1960년대 연구에

1980년대 미국에서는 다문화주의를 둘러싼 논쟁이 활발하게 펼쳐지고 있었습니다. 이는 레이건 정권 아래에서 보수적인 풍조가 강해지는 가운데 1960년대 이래의 마이너리티 집단의 권리와 존엄을 존중하는 다문화주의가 '미국사회의 분열'을 조장한다고 하는 비판이 강해졌기 때문이었습니다. 이러한 논쟁의 의미를 정확히 파악하기 위해 제가 속해 있던 도쿄대학 미국연구자료센터 창립 30주년 기념 심포지엄이 '다문화주의와 미국의 아이덴티티'라는 주제로 개최되어 그 성과가 《다문화주의의 미국》[5]으로 1999년에 간행되었습니다. 이러한 미국에서 다문화주

---

5 유이 다이자부로·엔도 야스오遠藤泰生 편, 《다문화주의의 미국: 흔들리는 내셔널 아이덴티티》(多文化主義のアメリカ: 揺らぐナショナル・アイデンティティ), 東京大學出版會, 1999.

의의 문제는 2014년 일한역사가회의에서도 '세계사 인식에 있어서 "미국"의 문제'로 다루어졌으며 제가 남북미의 다문화주의 비교에 관하여 보고하였습니다. 자세한 설명은 생략하겠으나 기본적인 초점은 21세기 중반에는 백인 인구가 과반수를 밑돌 것이라 예상되는 가운데 미국의 아이덴티티를 종래대로 백인 중심으로 생각할 것인지, 흑인과 중남미계, 아시아계도 포함하여 다인종적으로 생각할 것인지에 있었습니다. 근대에 성립한 '국민국가'는 내부에 소수민족을 포함하고 있더라도 이를 무시하고 오로지 다수파를 이루는 특정 민족이나 인종으로 구성되는 것이라 규정하여 왔습니다. 이것이 현대가 되자 소수 인종이나 민족이 자기의 존엄을 주장한 결과, 다민족·다인종 사회화가 진행되고 있으며 집단 저마다 문화의 대등성을 인정하는 다문화주의가 대두되었습니다.

요컨대 다문화주의는 특정의 지배인종·민족의 우월성을 자명한 전제로 해 온 근대 국민국가를 대신하는 다인종·다민족 국가의 통합원리로서 등장했습니다. 이 역시 '탈근대화'의 중요한 일례라고 생각합니다.

다음으로 저의 관심은 학생·대학원생 시절의 동시대적 사건인 베트남전쟁, 특히 베트남 반전운동의 국제비교로 향하여 갔습니다. 2017년에는 미국의 사례에 대해《베트남전쟁에 저항한 사람들》을 간행하였으며,[6] 2019년 미일 비교를 중심으로《평화를 우리에게: 국경을 넘은 베트남 반전의 목소리》를 출판하였습니다.[7] 이 테마는 '베트남 전중파'를 자칭하는 저에게는 범위가 좁기는 하지만 자신의 체험을 역사 속으로 상대화하는 작업이 되었으므로 재미와 동시에 어려움도 통감했습니다. 이

---

6 유이 다이자부로,《베트남전쟁에 저항한 사람들》(ベトナム戰爭に抗する人々), 山川出版社, 2017.

7 유이 다이자부로,《평화를 우리에게: 국경을 넘은 베트남 반전의 목소리》(平和を我らに: 越境するベトナム反戰の聲), 岩波書店, 2019.

는 일본의 경우 반전운동만이 아니라 학생운동에서도 당파 대립이 심하였으며 연구자 자신이 자기의 사상적 입장을 상대화하는 곤란에 직면했기 때문이었습니다.

그에 견주어 미국의 경우는 당파 대립은 있었으나 원래 혁신적인 당파세력이 약했던 이유도 있어 시민운동가들이 폭넓은 운동의 연대를 실현해 나갔습니다. 게다가 공민권 운동의 영향도 있어 무스테(A.J. Muste) 등 비폭력 직접행동에 투철한 지도자들이 주도권을 발휘했기 때문에 점차 국민여론의 지지 또한 확대되어 1967년 가을에는 베트남 전쟁이 '잘못'이라는 여론이 다수가 되었습니다.

이와 달리, 일본의 경우는 아시아태평양전쟁의 패전 체험과 공습 체험이 있었기 때문에, 처음부터 베트남민주공화국과 남베트남민족해방전선에 대한 연민이 더 강하였고 이들과의 교류도 1950년대부터 시작되었습니다. 반면 1949년 중국혁명에 대한 반발에서 매카시즘이라 불리는 '빨갱이 사냥'이 발생한 미국에서는 남베트남에 대한 동정이 더 강하였고 1965년 존슨 정권이 남베트남으로 파병과 북베트남에 항상적인 폭격을 개시한 시점에서는 반전운동은 극히 소수파에 그쳤습니다. 그만큼 베트남전쟁에 대한 반대가 다수를 차지하는 데에는 2년 반 이상의 세월이 필요했던 것입니다.

미국정부는 남베트남정부의 옹호를 목적으로 베트남전쟁에 개입했으나 1973년 파리협정에서 철수를 약속하였고, 1975년에는 지원하고 있던 남베트남정부가 붕괴하였으며 이듬해에는 북베트남 주도로 남북베트남이 통일되었습니다. 이러한 까닭으로 베트남전쟁은 미국에 사상 최초의 패배를 의미하였으며, 1973년 가을에는 미국의회가 장기화된 데다가 수렁에 빠져 버린 전쟁에 개입을 제한하는 전쟁권한결의를 가결했습니다. 또한 베트남 반전운동의 고조로 미국에서는 카운터컬처라 하는 일종의 문화혁명이 일어나 학문의 세계에서도 다양한 변화가 발생했습니다. 미국을 '제국사'로서 파악하는 뉴레프트 사학, 인종·에스니시티·젠더·계급 등으로 역사의 재검토를 도모하려고 하는 새로운 사회사, 포스트콜로니얼 연구 등 현재도 커다란 영향력을 지닌 변화가 발생하였습니다.

6. 결론을 대신하며

근대에서는 당연시된 특정 인종·민족 중심의 국민국가는 다인종·다민족 국가로 변용하기 시작하고 있으며, 근대에서는 국익 실현의 수단으로 정당하게 여겨 온 전쟁에도 다양한 제약이 가해지게 되었습니다. 즉 현대는 근대에 자명한 여러 원리의 재검토가 시작된 '탈근대'의 시대라 특징지울 수 있는데, 마지막으로 이 과제를 역사교육의 문제로 생각할 경우에는 무엇이 과제가 되는지를 지적하며 끝마치려고 합니다.

학교에서의 역사교육은 근대의 산물이며 당연하게도 국민의식의 육성을 목적으로 하여 왔습니다. 그러나 엄청난 희생자를 낸 제2차 세계 대전 이후 서유럽에서는 '부전不戰 공동체'나 '광역시장'의 구축을 목표로 서유럽 통합이 진전되었으며, 역사교육에서도 독일·프랑스 공통교과서 집필에서 볼 수 있듯이 트랜스내셔널한 목표가 설정되기 시작합니다. 한국에서도 2012년부터 한국·일본·중국 등으로 구성된 《동아시아의 역사》라는 새로운 과목이 선택과목으로 등장했다고 들었습니다. 그 서두에는 현재 '동아시아 국가들 간의 관계는 더욱 긴밀해지고 있으며', '상호의존성이 높아짐에 따라 동아시아공동체를 모색하려는 움직임도 나타나고 있습니다. 그러나 동아시아 국가 사이에는 영토를 둘러싼 분쟁, 역사 마찰, 체제 간의 대립 등 해결해야 할 많은 문제가 있습니다. 동아시아사를 통해 이러한 과제를 해결하고 바람직한 동아시아의 미래를 설계할 수 있으면 하고 생각합니다'라고 쓰여 있습니다.[8]

　일본에서는 2022년부터 근현대의 일본사와 세계사를 통합한 《역사종합》이라는 새로운 과목이 고등학교 필수과목으로 선정되어 현재, 교과서 작성이 진행되고 있습니다. 게다가 종래와 같이 역사 용어의 암기가 중심이 아니라 액티브 러닝(Active Learning)이라 불리는 학생 자신의 조사 학습과 발표, 그룹토론 등을 중시하는 교수법으로의 전환을 목표로 하고 있습니다. 한국의 《동아시아의 역사》에서는 영토 문제에 관하여 대립하는 국가 양측의 주장을 병기하는 궁리가 이루어지고 있습니다만, 일본에서도 상대방의 주장을 정확하게 파악하려는 노력을 시작할 필요가 있다고 사료됩니다. 세계화 시대에는 다른 민족과 교류가 활발해지는 만큼 상대의 주장을 정확하게 파악하는 노력은 불가결하다고 생각합니다. 이를 바탕으로 경제와 문화면에서 교류가 활발해지고 있는 동아시아의 현실을 직시하여 국민국가의 국경을 초월한 '공감권'을 동아시아에서 만들어 내는 노력이 필요합니다. 저 개인적으로는 2022년부터 시작되는 새로운 교과 《역사종합》의 교사용 지도서 작성에 관계하고 있으므로 그 안에서 트랜스내셔널한 역사의식의 육성과 세계사와 일본사를 잇는 장場으로서 '동아시아사'의 관점의 도입을 도모하도록 노력하고자 합니다. (2019년)

8　안병우 외, 미쓰하시 히로오三橋廣夫·미쓰하시 나오코三橋尙子 역, 《東アジアの歷史》, 明石書店, 2015, 3쪽.

일본 근현대사 연구를 반추·갱신하려는 시도

―1990년대 이후 역사 연구에 대한 방법론을 둘러싸고―

오카도 마사카쓰大門正克

1953년생. 히토쓰바시一橋대학 경제학부와 같은 대학원 경제학연구과를 나왔다. 주요 연구 분야는 일본 근현대경제사와 농촌 사회사이다. 쓰루분카都留文科대학, 요코하마横浜국립대학 대학원 국제사회과학연구원 글로벌경제전공 교수로 봉직했으며, 현 와세다早稲田대학 교육학부 특임교수이다.

주요 저서로는 《역사에 대한 물음/현재에 대한 물음》(歷史への問い／現在への問い, 校倉書房, 2008), 《일본의 역사 15: 1930년대부터 1955년 전쟁과 전후를 살아간다》(日本の歷史15 一九三〇年代から一九五五年戦争と戦後を生きる, 小學館, 2009), 《말하는 역사, 듣는 역사―오럴 히스토리의 현장에서》(語る歷史,聞く歷史―オーラル·ヒストリーの現場から, 岩波書店: 岩波新書, 2017) 등 다수가 있다.

1. 들어가며

'역사가'라는 말을 자기 자신이 사용하는 것은 드문 일입니다. '역사가'에는 어딘가 특별한 존재라는 뉘앙스가 포함되어 있으며 '역사가의 탄생'이라는 말을 들었을 때 저는 공교롭게도 어떠한 역사 연구라면 '역사가의 탄생'이라고 할 수 있는지를 묻고 있는 것처럼 느꼈습니다. 저는 일본 근현대사를 연구해 왔습니다. 제가 일컬을 경우에는 전문 분야의 테마인 '일본 근현대사'를 사용한 적이 많은데 '역사가의 탄생'을 질문받고서 저의 연구를 되돌아봤을 때 떠오른 것은 저 자신이 일본 근현대사의 연구방법을 반추·갱신해 온 과정입니다. 여기에 제 역사 연구의 특징이 있으며, 이는 '역사가'라는 존재에도 관계되어 있을지도 모른다고 생각했습니다. 오늘은 '역사가의 탄생'에 대한 자문을 하면서 저의 연구방법을 반추·갱신해 온 과정을 되돌아보겠습니다.

2. 일본 근현대사의 농촌 연구에서 출발하다

저는 대학의 경제학부에서 일본 경제사를 공부했습니다. 대학 진학을 앞두고 재수를 하면서 학원에 다녔을 때 열심히 가르쳐 주시는 일본사 선생님께서 대학의 젊고 우수한 일본사 교수님을 소개해 주셨는데 거기에 경제학부에서 가르치는 교수님이 계셨습니다. 문학부에서 역사를 배우는 것에 관심이 없었던 저는 경제학부에서도 역사를 배울 수 있다는 것을 알고 그때부터 1973년, 그 교수님이 계신 히토쓰바시一橋대학을 지원하여 합격한 뒤 학부, 대학원을 그 교수님의 지도 아래 역사를 배우게 되었습니다.

저의 스승은 나카무라 마사노리中村政則 교수님입니다. 교수님의 전문 분야는 근현대 일본 경제사로 역사/역사학에도 큰 관심을 가지고 계셨습니다. 히토쓰바시대학은 '역사공동연구실'이 있어 학부의 경계를 넘어서 역사 교수님들이 모여 역사를 폭넓게 연구하는 분위기가 있었습니다. 이 분위기 속에서 저는 일본 경제사와 역사/역사학을 배우게 되었습니다.

대학교 3학년 때 나카무라 교수님의 연습 수업에서 농촌의 역사 조사가 있었습니다. 주제는 1930년대 쇼와昭和 공황의 대책으로 일본정부가 실시한 '농촌경제갱생운동'이었으며 대상지역은 나가노현長野縣 가미이나군上伊那郡 미나카타무라南向村였습니다. 처음으로 농촌에서 조사를 하여 전전戰前기의 역장役場 사료를 보게 된 저는 1차 사료를 이용한 지역연구에 매료되어 그 뒤 농촌의 역사 연구에 뜻을 두게 되었습니다. 대학원 이후 연구대상 시기를 1920년대부터 1930년대로 확장하여 1994년에 30년대의 연구를 《근대 일본과 농촌사회: 농민세계의 변용과 국가(近代日本と農村社會: 農民世界の變容と國家)》(日本經濟評論社)라는 책으로 발간하였습니다.

3. 사고를 반추·갱신하다: 1990년대~2010년대

1) 시대와 학문의 변모 과정

1990년대에 들어서자 시대와 학문이 크게 변모합니다. 무엇보다도 동

서 냉전구조의 붕괴가 시대의 변모의 커다란 계기가 되었으며, 1990년
대 후반에는 냉전구조의 붕괴에 따른 세계화 아래에서 신자유주의가
세계와 일본을 석권하는 양상을 보이게 되었습니다. 1980년대 이후 일
본의 역사학에서는 언어론적 전회(轉回)와 국민국가론의 영향 및 역사
인식이 크게 문제시되었습니다. 이러한 시대상황·학문상황은 현재에 이
르기까지 계속되고 있다고 저는 관측하고 있습니다. 2017년에 일본의
역사학학회인 역사학연구회가 2001년부터 2015년의 역사 연구를 리뷰한
《제4차 현대역사학의 성과와 과제(第4次現代歷史學の成果と課題)》(전3권, 績
文堂 출판)를 발간했을 때 대상으로 한 시기를 '인식론적인 물음과 신자
유주의라는 시대 상황이 겹쳐진 15년'이라고 표현했습니다.

2) 방법의 모색

이러한 가운데 1990년대 이후 저는 시대와 학문의 변모와 마주하기
위하여 거듭 모색하게 됩니다. 그 모색을 여기에서는 네 가지로 말씀드
리겠습니다.

(1) 노동과 생활, 젠더

저의 역사 연구의 근간에는 노동과 생활 모두를 파악하는 것이 있습
니다. 일본에서는 지자체사地自體史의 편찬이 활발하여 1980년대에 《니가
타현사新潟縣史》의 편찬을 도와 통사편에 〈농민의 생활(農民のくらし)〉을
집필했을 때 메이지明治 이후의 농민의 일생은 농업 노동과 사회적 사
항의 두 가지 사이클로 형성되었다고 정리했습니다. 농민은 농가 속에
서 세대에 따라 농업 노동을 분담하고 남자로 말하자면 초등학교-청년
단·소방조·보수補修학교-병역-결혼-재향군인회-호주회라는 사회적 사이

클이 있었습니다. 이는 근대 이후의 농민의 새로운 일생이며 이 이후에 저는 노동과 생활 양쪽 모두를 파악하는 데 부심합니다. 노동과 생활 둘 다를 파악하는 데는 두 가지 방법으로 모색하였습니다. 젠더의 관점을 더한 것, '생존'의 역사학을 제기한 것입니다. 후자는 나중에 다룰 것이므로 여기에서는 전자에 대해 언급하겠습니다.

1994년에 《근대 일본과 농촌사회》를 발간한 뒤 저는 농가 여성에 대한 연구가 미흡하다고 인지하여 이 연구에 임합니다. 일본에서는 제1차 세계대전에 따른 대전 경기 아래에서 산업화·도시화가 진행되어 농산물 수요가 증대하고 농가는 경영 발전을 추구할 것을 요구받게 됩니다. 한편, 제1차 세계대전 후 농촌에서는 소작농민이 지주에게 소작료 감액을 요구하는 농민운동이 증대하였습니다. 전전기戰前期 일본의 농촌에서는 지주적 토지소유가 발전하여 농가의 3분의 2는 소작농가였습니다. 지금까지 연구에서는 제1차 세계대전 후 농업경영 발전의 추구는 고율·고액인 소작료에 가로막히게 되어 그때부터 소작농민은 소작료 감액을 요구하는 농민운동을 일으킨 것과 같이, 농가경영의 발전 지향은 농민운동과 연결지어서 이해되고 있었습니다.

농가 여성에 초점을 맞춘 연구 가운데 저는 농업경영의 발전을 지향하면서 또 하나 농가 여성의 과중노동문제라고 하는 사태가 나타난 것을 알게 됩니다. 농가경영의 발전을 위해 도입한 새로운 농작물의 경영과 규모를 확대한 농업경영을 농가 여성에게 짊어지운 경우가 많아 여기에서 농가 여성의 과중노동문제가 발생되었습니다. 경영 규모가 큰 농가의 여성일수록 유아 사망률이 높다는 것을 논증한 저는 젠더 관점에 근거하여 농가 여성의 과중노동문제를 포함한 농촌 연구의 필요성을 통감함과 함께 노동과 생활 양쪽 모두를 고려한 농촌 연구의 필요성을 재인식하였습니다.

저의 첫 저서인 《근대 일본과 농촌사회》의 테마 가운데 하나는 농민
운동이며 저는 이 시점에서 제1차 세계대전 후 농가경영의 발전은 농
민운동 및 농가 여성의 과중노동문제라는 양쪽 측면에서 연구하는 과
제를 알게 되었습니다. 그러나 당시 일본의 역사학계에서는 전후 마르
크스주의 역사학의 영향을 받아 사회운동에 대한 관심이 높았으며 여
기에서부터 농민운동에 관심이 모아지고 있었습니다. 한편으로 새로운
문제 제기인 젠더에 대한 반응은 희박하였으며, 또한 역사학 안에서 노
동은 경제사 분야에서 연구되고 있었는데 일상의 생활에 대한 관심은
낮았으며, 1970년대 이후 사회사에서 이를 제기하면서 간신히 관심이
생겨난 상황이었습니다. 전후의 역사학의 존재방식, 학문의 세분화 아래
에서 제가 깨닫게 된 역사 연구의 과제는 충분히 수행되고 있지 않는
상황이었습니다.

　더군다나 앞서 언급했듯이 시대와 학문은 크게 변모하려 하고 있었
으며 역사 연구의 전도는 불투명감이 커져 가고 있었습니다. 이러한 상
황에서 저는 지금까지의 학문에 의거하는 것만이 아니라 역사 연구에
대한 방법 자체를 스스로 생각해서 제기할 필요가 있다고 생각하게 되
었습니다. 역사 연구에 대한 방법을 놓고 그때까지 저는 작은 연구회와
술집에서 논의는 하더라도 이는 '위대한 사학자'가 수행하는 것으로 스
스로 문제를 제기하려고 생각한 적이 없었습니다. 그러나 이 시점에서
저는 과장해서 말하자면 작정하고 역사비평에 몰두하게 되었습니다.

　(2) 역사비평

　1997년은 저에게 인상 깊은 해입니다. 3회에 걸쳐 연재한 역사비평
시리즈인 〈역사에 대한 물음/현재의 물음(歷史への問い/現在の問い)〉을
일본경제평론사의 《평론評論》이라는 작은 잡지에 쓴 해이기 때문입니다

(제101호~제103호). 3회를 연재한 에세이의 제목은 〈진재가 역사에 묻는 것(震災が歷史に問いかけるもの)〉, 〈거점에 서다/거점을 열다(據點に立つ/據點をひらく)〉, 〈1990년대는 어떠한 시대인가: 역사 연구의 방법과 의식을 둘러싸고(1990年代とはどういう時代なのだろうか: 歷史研究の方法と意識をめぐって)〉이며 진재라고 함은 1995년의 한신·아와지阪神·淡路 대지진입니다. 이것이 저의 첫 번째 역사비평이고 이후에 저는 역사비평에 관한 에세이와 논문을 다수 쓰게 되었으며 에세이 자체도 의식해서 쓰게 됩니다. 에세이는 프랑스어로 '시도'를 의미하는 말입니다. 저는 말 그대로 에세이를 쓰는 것으로 3회 시리즈의 제목처럼 역사와 현재의 왕환往還을 시도하면서 동시대(1990년대)의 역사 연구에 대한 방법을 모색했습니다.

이러한 가운데 저는 두 번째 저서를 발간합니다. 《민중의 교육경험: 농촌과 도시 어린이(民衆の敎育經驗: 農村と都市の子ども)》(靑木書店, 2000년)입니다. 농촌사의 조사에서는 반드시 청취를 실시하였습니다. 청취는 나카무라 교수님께서 하셨던 것에서 영향을 받은 것입니다. 처음에는 연구주제인 농촌경제갱생운동과 농민운동 등에 대한 이해를 보충하려는 목적으로 실시하였으나, 청취를 하고 있자면 화자가 제가 질문한 것 이외의 이야기를 시작할 때가 있습니다. 이러한 가운데 자주 "강의록으로 공부했답니다"라는 이야기를 들었습니다. 강의록이란 전전기의 통신교육으로 의무교육(심상소학교 6년)과 보수補修교육인 고등소학교 2년을 졸업하고 농촌에 남은 사람들 가운데, 강의록으로 열심히 공부한 사람들이 있다는 것을 알게 되었습니다. 1980년대부터 90년대의 연구에서는 전전기의 농민은 교육에 관심이 없었다고 하는 것이 막연하게 지적되고 있었으나, 이와 달랐음을 듣게 된 것입니다.

이것이 계기가 되어 두 번째 책의 간행에 이르렀습니다. 제가 관심

을 가졌던 것은, 의무교육이 일찍 보급되었다고 일컬어지는 전전기의 일본에서 (보통) 사람들의 처지에 섰을 때 교육을 받은 것이 각자의 행보에 어떠한 영향을 주었는지, 강의록에서 배운 것은 그 사람의 인생에 어떠한 특징을 각인시켰는지에 대한 것이었습니다. 저는 이를 '경험', '교육경험'이라는 주제를 가지고 생각하려고 했습니다. '경험'에 대한 관심은 1990년대 역사학의 동향과도 관련되어 있습니다. 일본 근현대사 연구에서는 국민국가론이 크게 영향을 미치고 있었습니다. 사람들이 국민화되는 것에 초점을 맞춘 국민국가론 문제에 대한 관심은 잘 알고 있었습니다만 국민화의 방향으로만 논의를 수렴시키는 경향에는 강한 위화감을 느꼈습니다. 이 시기에 제가 사용하게 된 '다시 파악하다(とらえ返す)'라는 단어가 있습니다. 관계와 영향은 일의적으로 결정되는 것이 아니라 영향을 받은 사람들은 그 영향을 다시 파악할 기회가 있을 터입니다. 교육경험에는 바로 이러한 다시 파악하는 계기가 포함되어 있으며, 이 계기를 포함하여 농촌과 도시의 어린이들에 대해 검토한 것이 두 번째 책이었습니다.

그즈음 국민국가론을 제창하여 역사학에 큰 영향을 미치고 있었던 니시카와 나가오西川長夫 교수로부터 좌담회 자리에서 직접 "현재 오카도 씨가 생각하는 역사의 고유의 문제라고 할까, 특성이라는 것은 무엇입니까?"라는 질문을 받은 적이 있었습니다. 이에 대해 저는 "모순이나 양의성을 진정으로 생각하려 한다면 동태적으로 생각하지 않으면 안 됩니다. 동태적으로 생각한다고 한다면 하나의 유효한 장場은 역사과정에 있습니다." 이에 대해 니시카와 교수는 "저도 그렇게 생각합니다"며 동의해 주셨습니다(마키하라 노리오牧原憲夫 편, 《'나'의 국민국가론(「私」にとっての國民國家論: 歷史研究者の井戸端談義)》(일본경제평론사, 2003, 321~322쪽).

역사비평의 에세이나 논문을 쓰게 된 저는 차츰 역사 속의 '관계'와

'시간'을 둘러싸고 기존의 사고에 의거하는 것이 아니라 스스로 생각하게 되었으며 시행착오를 거듭합니다. 경험과 다시 파악하는 시점에 입각한다면 관계는 일방향적으로가 아니라 상호적·동태적으로 파악할 필요가 있는 것, 시간(역사과정)은 시계열로 진행하는 측면뿐만 아니라 '지나가고 되돌아보는'〔往還〕 측면이 있다는 것에 유의하게 되었습니다.

당시 제가 자주 사용하게 된 말에 '왔다 갔다 하다(行きつ戻りつ)'와 '지금을 사는 인간이 과거를 묻는다(今を生きる人間が過去を問う)'가 있습니다. '왔다 갔다 하다'는 사고의 반추·갱신하는 과정과 시간의 왕환을 가리키는 말입니다. '지금을 사는 인간이 과거를 묻는다'는 역사/역사학의 특성이라고 제가 생각하고 있는 것입니다. 정치학이나 경제학이 주로 현재의 것을 대상으로 하는 한편, 역사학은 과거를 대상으로 합니다. 과거를 대상으로 하는 사람은 반드시 지금을 살아가면서 과거를 묻습니다. 과거를 물을 때 현재적인 시선을 지나치게 과거에 투영시키면 안 됩니다. 그러나 지금을 살고 있는 이상 현재적인 문제관심을 빼놓고 역사적 사고는 있을 수 없습니다. 여기에서 저는 과거와 현재를 왕환하는 것이 역사적 사고에서 불가결하다는 것을 인식합니다. 이상과 같은 논의는 실로 반추·갱신하면서 하는 수밖에 없으며 저는 논의의 의의와 한도를 가능한 한 자각하면서 에세이 등에서 역사비평을 시도했습니다.

(3) '생존'의 역사학을 제기

2008년 5월, 역사학 연구회대회 전체회의 공통 주제는 '신자유주의 시대와 현대 역사학의 과제: 동시대사적 검증(新自由主義の時代と現代歴史學の課題: その同時代史的檢證)'이었습니다. 2007년 가을에 저에게 발표의뢰가 와서 1990년대 이후의 농촌사와 농가 여성에 관한 저의 역사 연구와 역사비평을 관련지어 신자유주의 시대의 역사학의 과제를 제시해 달라는 요청을 받았습니다. 이러한 요청에 입각해 저는 〈서설 "생존"의 역사학: "1930~60년대 일본"과 현재와의 왕환을 통하여(序說《生存》の歷史學: 《1930~60年代の日本》と現在との往還を通じて)〉라는 제목으로 발표했습니다. '생존'의 역사학은 오늘 말씀드린 역사 연구에 대한 방법의 두 가지 모색, 곧 노동과 생활, 젠더와 역사비평의 접점에서 생각한 것이었습니다. 시대와 학문이 변모하는 가운데 역사 속의 사람들을 새롭게 근본적으로 다시 파악하기 위해 '생존'이라는 관점을 설정했습니다. '생존'은 노동과 생활을 포함하는 개념으로 하고 젠더와 생존하는 사람들의 처지에서 생각하는 관점 등을 포함하여 '생존'의 시점에서 1930년대부터 60년대 일본의 역사에 대하여 농촌을 중심으로 그려 보았습니다. '생존'의 역사학은 현재의 제가 역사를 생각하는 근간으로 삼고 있는 것입니다.

(4) '일본 근현대사'에 대한 질문: 시간과 공간

《민중의 교육경험》을 2000년에 발간한 뒤 오사카대학의 스기하라 도루(杉原達) 교수를 만날 기회가 있었습니다. 스기하라 씨는 독일 사회경제사에서 출발하여 재일조선인을 연구하고 있으며 《월경하는 사람들: 근대 오사카의 조선인사 연구(越境する民: 近代大阪の朝鮮人史研究)》(新幹社)라는 대단히 훌륭한 저서를 1998년에 간행하였습니다. 역사 속의 '경험'에 관심을 가지고 있었던 스기하라 교수는 저의 책을 대학원 세미나에서 읽는다고 말해 주었습니다. 1년 뒤 재회할 기회가 있어서 저는 조심스럽게 대학원 세미나에서 제 책의 반응을 들어 보았습니다. 스기하라 씨는 좋은 면을 언급한 뒤에 "'경험'의 역사 연구는 아직 지금부터네요"라고 말하며 재일조선인 대학원생이 다음과 같이 발언했다고 알려 주었습니다. "우리들이 없다."

책의 부제처럼 저의 책은 농촌과 도시의 어린이들에 입각하여 전전기 일본의 교육경험을 묻고자 한 것이었습니다. 책에서 다루지 않은 것에 대한 비판에 저는 당혹스러움과 강한 위화감을 느꼈습니다. 쓰여있지 않은 것에 대한 비판은 내재적 비판이 아닌 것이 아닐까.

그러나 "우리들이 없다"는 말은 이후 오랫동안 목에 칼이 겨누어진 것처럼 제 의식 속에 남아 있었습니다. 농촌과 도시 어린이들의 교육경험을 대상으로 한 책은 유사한 류(類書)가 없으며 지금도 저는 간행한 의미가 있다고 생각하나, 들이 밀어진 물음은 농촌과 도시의 어린이들만으로 전전기 일본의 교육경험의 전체상을 그리려고 한 저의 역사인식을 끌어내어 세차게 뒤흔들었습니다. 저는 '시간'에 대해서는 생각하게 되었습니다만 일본이라는 '공간'은 자명한 것으로 다루고 있었던 것입니다. 이것이 신랄하게 추궁당한 것이었습니다. 2000년대에 들어서면서 저는 조금씩 재일조선인에 대한 전후의 역사를 연구하게 되었습니다.

4. 《전쟁과 전후를 살아가다》(2009년)

2000년대 중반부터 일본의 출판사 쇼가쿠칸(小學館)이 《전집 일본의 역사(全集日本の歷史)》를 전16권으로 기획하여 제가 1930년대에서 1955년을 대상으로 한 제15권을 담당하게 되었습니다. 그 무렵 일본의 역사학에서는 1930년대부터 40년대 전반의 일본의 전쟁을 동아시아·동남아시아와 관련하여 검토하는 연구가 활발하게 진행되어 전쟁의 명칭도 '태평양전쟁'에서 새롭게 '아시아·태평양전쟁'이 제기되었습니다. 그러나 전후사가 되면 미국 중심의 미일사관이 되어 아시아에서 포스트 콜로니얼 문제는 논의되지 않는 것이 마음에 걸렸습니다.

이상과 같은 연구 상황과 저의 연구에 대한 모색을 토대로 전집 일

본의 역사라는 책을 《전쟁과 전후를 살아가다(戰爭と戰後を生きる)》라고 제목을 다는 한편, 이 책에서 크게 3가지 관점을 담았습니다. 첫 번째는 '생존'을 역사의 기초로 삼아 '생존'을 둘러싼 상호교섭의 과정으로서 통사를 파악하려고 하였습니다. 1930년부터 55년이라는 사반세기 동안 국가와 점령군은 사람들의 생존에 크게 개입하고 통제하였으며 또한 전후가 되자 생존(생활)의 재건을 강력하게 호소하였습니다. 그러나 생존(생활)은 국가와 점령군만 관여한 것이 아니라 무엇보다도 사람들이 살아가는 기초이며, 특히 전후가 되자 사람들이 생존의 재건에 적극적으로 힘썼습니다. 이와 연관된 사람들은 이를 받아들이고 다시 파악하려고 합니다. 또는 사람들이 국가에 생활보장과 생존의 구조 전환을 촉구하였으며 국가가 이에 응하여 생존의 상호교섭 속에서 시대가 만들어져 왔습니다. 생존의 상호교섭의 역사적 배경에는 보통선거가 있으며 보통선거의 시대에는 생존(생활)이 커다란 정치과제로 계속 남아 있을 수 있습니다.

두 번째는 작은 역사와 큰 역사의 관계입니다. 이 책에는 고유명사를 가진 사람들이 다수 등장합니다. 저 자신이 청취한 것을 다수 사용하여 전시에서 전후에 이르는 다양한 경험을 토대로 시대와 큰 역사의 관계를 생각했습니다. 작은 역사에서는 특히 이동의 관점을 중시하여 전전·전시의 대일본제국의 일본 본토와 식민지의 사람들이 동아시아에서 이동, 전후의 귀환과 동아시아·동남아시아에 남겨진 사람들을 좇았습니다. 귀환은 일본 본토로의 귀환뿐만 아니라 일본 본토에서 조선으로의 귀환이라는 쌍방향을 고려하였습니다.

세 번째는 전후를 이중의 전환과정으로서 위치 지었습니다. 총력전에서 전후 일본으로의 전환과 대동아공영권에서 동아시아 냉전으로의 전환입니다. 이러한 이중의 전환과정을 이 책에서는 보건위생과 생활개선을 통하여 사람들이 생존의 구조를 다시 만들어 나가려고 한 지역의 사례와 재일조선인이 집단 거주한 지역의 사례에서 검증하였습니다.

《전쟁과 전후를 살아가다》에 관한 지금까지도 마음속에 남아 있는 감상이 있습니다. 이 책을 발간한 뒤 스기하라 교수가 오사카대학의 집중강의에 저를 초청하였습니다. 수강생들이 집중강의가 끝나는 날마다 써낸 감상 가운데, 재일조선인 대학원생은 '재일조선인의 역사를 일본의 역사 속에서 생각해도 좋은가'라는 질문을 매일같이 저에게 제기하였습니다. 이 물음은 제 안에서 아직 잘 받아들여지지 않아 숙제가 되고 있습니다.

5. 끝마치며

서두에서 말한 '역사가의 탄생'에 대한 자문自問으로 돌아가자면 '역사가'란 역사를 둘러싼 사고를 기존의 학문에만 맡기지 않고 자각적으로 도맡는 사람이라고 생각합니다. 무엇인가를 이룩한 역사 연구에 더하여 스스로 계속 생각하는 프로세스에 역사가의 흔적이 나타난다고 생각합니다. 저는 스스로 역사가라고 생각한 적은 많지 않으나 역사를 둘러싼 물음을 받아들이면서, 역사와 현재를 왕환하고 사고의 의의와 한도를 가능한 한 자각하면서 사고를 반추·갱신하려고 해 왔습니다.

현재 저는 '생존'의 역사학을 다양한 각도에서 추구하고 있습니다. 2011년 동일본대지진 이후에는 도호쿠東北의 근현대사를 연구하는 친구들과 함께 지진 피해지역에서 '생존'의 역사와 부흥을 생각하는 포럼을 세 번 계속해 왔습니다. 일본 전국에서 온 사람들, 현지 주민들과 우리 관계자들을 포함하여 매회 100명 정도 모였습니다. 올해도 11월 1일에 이와테현岩手縣 리쿠젠다카타시陸前高田市에서 리쿠젠다카타 사전 포럼을 개최했습니다. 내년 2021년은 동일본대지진으로부터 10년이 되는 해로 2021 리쿠젠다카타 포럼의 개최 준비를 위한 것입니다. 코로나 와중이기는 하나 리쿠젠다카타에 우리 관계자들과 주민 10명 정도가 모여 일본 전국의 사람들을 온라인으로 연결하는 방식입니다.

이상과 같은 실천적인 방안을 토대로 저는 다시 한번 큰 역사를 구상·집필해 보고 싶다고 생각하고 있습니다. 그러나 이는 일본의 역사로서가 아닌 이전에 스기하라 도루 교수가 〈오사카 이마자토로부터의 세계사(大阪·今里からの世界史)〉를 구상·발표한 것에서 시사점을 얻은 것입니다. 하나의 지역에 초점을 맞추어 거기에서 세계와 동아시아, 일본, 우리들이 생존하는 지역의 연결을 생각하여 서술하는 그러한 세계사입니다. 앞에서 언급한 대학원생의 물음도 여기에 포함시킬 수 있지 않을까 생각합니다. 질문을 받아들이면서 역사와 현재를 왕환하고 생각을 반추·갱신하면서 앞으로도 역사 연구에 힘쓰고 싶습니다.

이로써 저의 이야기를 끝마치도록 하겠습니다. (2020년)

자료 한·일역사가회의

2001~2020

국제역사학 한국위원회

한일역사가회의 한국운영위원회

정리·작성: 김백철(2013~2016 간사)

오정섭(2017~2018 간사)

1996년 한일정상회담 합의에 따라 '한일역사연구 촉진 공동위원회'(1997~1999)가 활동을 개시하여 2000년 《최종보고·제언》을 제출하였다. 2001년 양국 정상이 그 제언을 받아들여, '한일역사가회의'(2001~2020; 외교부 및 외무성 합의 사업)와 '한일역사 공동연구위원회'(2003~2009; 교육부 및 문부성 합의 사업)가 설치되었다. 한일역사가회의는 양국의 역사 연구자가 상호 이해를 높이고 교류와 협력의 연결고리를 확장시킬 수 있는 '교류의 장'을 만드는 것을 목적으로 시작되었다. 회의에서는 지역이나 시대를 한정하지 않고 모든 분야의 역사 연구자가 한자리에 모여서 역사학이라는 거대한 틀 속에서 폭넓은 의견을 교환하고 있다. 국제역사학 한국위원회와 국제역사학 일본국내위원회를 중심으로 운영위원회를 설치하여 운영하고 있다.

일러두기

1. 2001~2020년 한·일역사가회의 관련 자료를 모았다.
2. 사회자는 기록이 확인되는 경우 명기하였다.
3. 부록으로 현존하는 취지문을 수록하였다.
4. 일본어 인명은 히라가나 표기대로 옮겼다.

차 례

학술대회 역대 운영위원

【한국】

□ 한·일역사가회의 한국조직위원회 위원장 차하순(서강대학교 사학과 명예교수)

□ 한·일역사가회의 한국운영위원회 역대 위원

차하순(서강대학교 사학과 명예교수. 2001~2012) 운영위원장(2001~2012)

오 성(세종대학교 사학과 교수. 2001~2011)

이태진(서울대학교 국사학과 명예교수. 2001~2018) 운영위원장(2012~2018)

김영한(서강대학교 사학과 명예교수. 2013~2018)

배경한(부산대학교 한국민족문화연구소 특임연구교수. 2013~2020 현재)
운영위원장(2019~2020 현재)

도진순(창원대학교 사학과 교수. 2019~2020 현재)

박 단(서강대학교 사학과 교수. 2019~2020 현재)

□ 한국 측 사무국 역대 간사

오 성(세종대학교 사학과 교수. 2001~2011)

박 단(서강대학교 사학과 교수. 2012)

김백철(계명대학교 사학과 교수. 2013~2016)

오정섭(한국역사연구원 사무국장. 2017~2018)

허지은(서강대학교 연구교수. 2019~2020 현재)

□ 한일역사가회의 한국 측 운영위원회를 뒷받침한 국제역사학 한국위원회 초기 구성은 아래와 같았다.

고문: 전해종, 이기백

상임위원: 차하순, 유영익, 안휘준, 이태진

사무총장: 정현백

비상임위원: 한국미술사학회·한국과학사상학회·한국사학회·경제사학회·
역사학회·한국고고학회·한국서양사학회·동양사학회·역사교육연구회 회장

【일본】

ㅁ한·일역사가회의 일본조직위원회 위원장 이타가키 유조(板垣 雄三. 東京大學
名譽敎授)

ㅁ한·일역사가회의 일본운영위원회 역대 위원

하마시타 타케시(濱下 武志. 東京大学名譽敎授. 2001~2015)

기바타 요이치(木畑 洋一. 東京大學·成城大學 名譽敎授. 2001~2017)

미야지마 히로시(宮嶋博史. 東京大學·성균관대학교 명예교수. 2001~2020 현재)
운영위원장(2002~2019)

이이지마 와타루(飯島 涉. 青山學院大學 文學部 敎授. 2016~2020 현재)
운영위원장(2020~현재)

오다나카 나오키(小田中直樹. 東北大學大學院 經濟學研究科 敎授. 2018~2020
현재)

스다 쓰토무(須田 努, 明治大學 情報커뮤니케이션學部 敎授. 2020~현재)

ㅁ일본 측 사무국 담당: 오사 히사미츠(長 久光. 日韓文化交流基金 總務部長)

제1회 한·일역사가회의

1945년 이후 한·일 양국에서의 역사 연구 동향

일시: 2001년 11월 22일(목)~24일(토) 한국 서울

□ 제1세션 서양사부

〈사회〉 이주영(李柱郢, 建國大)

◦ 일본日本에서의 '서양사' 연구의 동향──근현대사를 중심으로──

발표 : 니시카와 마사오(西川正雄, 專修大)

토론 : 임지현(林志弦, 漢陽大)

◦ 한국韓國 서양사 연구의 동향과 전망

발표 : 김영한(金榮漢, 西江大)

토론 : 카와키타 미노루(川北稔, 大阪大)

□ 제2세션 동양사부

〈사회〉 박영재(朴英宰, 延世大)

◦ 전후 일본日本에서의 중국中國 근현대사 연구

발표 : 쿠보 토오루(久保亨, 信州大)

토론 : 조병한(曺秉漢, 西江大)

◦ 한국韓國 중국사 연구의 동향

　　　　　　　　　발표 : 이성규(李成珪, 서울大)

　　　　　　　　　토론 : 기시모토 미오(岸本美緒, 東京大)

▢ 제3세션 한국사부 및 일본사부

　　　　　　　　〈사회〉 이태진(李泰鎭, 서울大)

◦ 발전적인 한국사상의 추구와 새로운 연구방법의 모색

　　　　　　　　　발표 : 민현구(閔賢九, 高麗大)

　　　　　　　　　토론 : 이노우에 가즈에(井上和枝, 鹿兒島國際大)

◦ 전후 일본日本의 유신사학―'메이지유신'의 경우―

　　　　　　　　　발표 : 미타니 히로시(三谷博, 東京大)

　　　　　　　　　토론 : 김용덕(金容德, 서울大)

▢ 제4세션 종합토론

　　　　〈사회〉 이원순(李元淳, 서울大)/이타가키 유조(板垣雄三, 東京經濟大)

제2회 한·일역사가회의

세계사 속의 근대화·현대화

일시: 2002년 10월 18일(목)~20일(토) 일본 도쿄

▫ 제1세션 세계사의 과정으로서의 근대화·현대화

〈사회〉 키바타 요우이치(木畑洋一, 東京大)

◦ 근대화와 서구화

발표 : 오카모토 아키라(岡本明, 広島大)

◦ 미국극단론

발표 : 배영수(裵永洙, 서울大)

◦ 제1세션 토론 : 정현백(鄭鉉栢, 成均館大)

▫ 제2세션 지역레벨에 있어서의 근대화·현대화

〈사회〉 하마시타 타케시(濱下武志, 京都大)

◦ 지역레벨에 있어서의 근대화―오스만 제국권―

발표 : 카토우 히로시(加藤博, 一橋大)

◦ 동아시아·동남아시아―새로운 제국질서의 형성―

발표 : 시라이시 타카시(白石隆, 京都大)

∘ 20세기 한국역사교과서의 동아시아 '근대'상

　　　　　　　　발표 : 백영서(白永瑞, 延世大)

∘ 제2세션 토론 : 나가사키 노부코(長崎暢子, 龍谷大), 유인선(劉仁善, 서울大)

❑ 제3세션 일본사·한국사에 있어서의 근대화·현대화

　　　　　　　　〈사회〉 사사키 류우지(佐々木隆爾, 日本大)

∘ 근대 일본에 있어서의 통사와 전통문화의 창출

　　　　　　　　발표 : 이성시(李成市, 早稻田大)

∘ 일본 근대경제사의 연속과 획기

　　　　　　　　발표 : 사이토 오사무(齋藤修, 一橋大)

∘20세기 한국사의 근대·현대 인식과 시대구분

　　　　　　　　발표 : 이태진(李泰鎭, 서울大)

∘ 제3세션 토론 : 미야지마 히로시(宮嶋博史, 成均館大), 김용덕(金容德, 서울大)

❑ 제4세션 종합토론

제3회 한·일역사가회의

내셔널리즘 : 과거와 현재

일시: 2003년 10월 24일(금)~26일(일) 한국 서울

□ 제1세션 세계사와 내셔널리즘

　　　　　〈사회〉 이주영(李柱郢, 建國大)

◦ 내셔널리즘의 기원과 특성

　　　　　발표 : 최갑수(崔甲壽, 서울大)

　　　　　토론 : 니시카와 나가오(西川長夫, 立命館大)

◦ 국수주의와 내셔널리즘

　　　　　발표 : 쿠리타 요시코(栗田禎子, 千葉大)

　　　　　토론 : 정용욱(鄭容郁, 서울大)

□ 제2세션 아시아 내셔널리즘의 전개과정

　　　　　〈사회〉 유인선(劉仁善, 서울大)

◦ 한국韓國의 민족주의

　　　　　발표 : 박찬승(朴贊勝, 忠南大)

　　　　　토론 : 츠키아시 다츠히코(月脚達彦, 東京外國語大)

○ 일본日本의 내셔널리즘

　　　　　　　발표 : 카토우 요코(加藤陽子, 東京大)

　　　　　　　토론 : 조명철(趙明哲, 高麗大)

□ 제3세션 역사서술과 내셔널리즘

　　　　　　　〈사회〉 유영익(柳永益, 延世大)

○ '국사': 어떻게 쓸 것인가

　　　　　　　발표 : 이기동(李基東, 東國大)

　　　　　　　토론 : 코지타 야스나오(小路田泰直, 奈良女子大)

○ 문록文祿의 역역役에 있어서의 '자국사와 세계사'

　　　　　　　발표 : 이주인 리츠(伊集院立, 法政大)

　　　　　　　토론 : 박지향(朴枝香, 서울大)

□ 제4세션 종합토론─내셔널리즘의 전망─

　　　　　　　〈사회〉 차하순(車河淳, 西江大)

역사 연구에 있어서의 새로운 흐름
: 전통적 지식의 역할을 중심으로

일시: 2004년 10월 29일(금)~31일(일) 일본 도쿄

□ 제1세션 역사 속의 자연과 기술
>   〈사회〉 미야지마 히로시(宮嶋博史, 成均館大)

◦ 에도江戸농서로 보는 일본 농업
>   발표 : 토쿠나가 미츠토시(德永光俊, 大阪經濟大)
>   토론 : 정철웅(鄭哲雄, 明知大)

◦ 외계충격대재난설(Neo-Catastrophism)과 새로운 역사해석
>   발표 : 이태진(李泰鎭, 서울大)
>   토론 : 스즈키 준(鈴木淳, 東京大)

□ 제2세션 도시사에 있어서의 전통적 지식
>   〈사회〉 키도 다케시(城戸毅, 岐阜聖德學園大)

◦ 근세 파리의 전통·안전·공(公)
>   발표 : 타카자와 노리에(高澤紀惠, 國際基督敎大)
>   토론 : 박한제(朴漢濟, 서울大)

◦ 조선시대 한양의 형성과 변화

　　　　　　　발표 : 고동환(高東煥, 韓國科學技術院)

　　　　　　　토론 : 요시다 미츠오(吉田光男, 東京大)

▢ 제3세션 해양사와 인간의 연계

　　　　　　　　〈사회〉 하마시타 타케시(濱下武志, 京都大)

◦ 전근대 동아시아 해역 간의 교류―해양사의 시점에서―

　　　　　　　발표 : 마츠우라 아키라(松浦章, 關西大)

　　　　　　　토론 : 오성(吳星, 世宗大)

◦ 근대초 해운의 발달과 지(知)의 확산

　　　　　　　발표 : 주경철(朱京哲, 서울大)

　　　　　　　토론 : 나가시마 히로시(長島弘, 長崎県立大)

▢ 제4세션 종합토론

　　　　　　　　〈사회〉 이타가키 유조(板垣雄三, 東京大)

제5회 한·일역사가회의

역사에서의 종교와 신앙

일시: 2005년 10월 28일(금)~30일(일) 한국 서울

□ 제1세션 세계사에서의 한국과 일본의 종교성
　　　　　　　　〈사회〉 이태진(李泰鎭, 서울大)
◦ 한국韓國 고대의 천신신앙
　　　　　　　발표 : 서영대(徐永大, 仁荷大)
　　　　　　　토론 : 사토 카코토(佐藤 信, 東京大)
◦ 류큐왕국의 종교 문제—국가 제사와 민간 신앙—
　　　　　　　발표 : 토미야마 가즈유키(豊見山和行, 琉球大)
　　　　　　　토론 : 최갑순(崔甲洵, 韓國外國語大)

□ 제2세션 종교전파의 역사성
　　　　　　　　〈사회〉 민현구(閔賢九, 高麗大)
◦ 8세기 신라 불교의 동향과 동아시아 불교계
　　　　　　　발표 : 최연식(崔鉛植, 木浦大)
　　　　　　　토론 : 혼고 마사츠구(本鄕眞紹, 立命館大)
◦ 동남아시아의 항만도시에 있어서의 이슬람의 전개와 후배지 사회

발표 : 히로수에 마사시(弘末雅士, 立敎大)

토론 : 유인선(劉仁善, 서울大)

□ 제3세션 종교와 사회

〈사회〉 박원호(朴元熇, 高麗大)

◦ 태평천국 상제교와 기독교―기독교의 중국적 이해―

발표 : 최진규(崔震奎, 朝鮮大)

토론 : 키쿠치 히데아키(菊池秀明, 國際基督敎大)

◦ '계몽의 시대'의 종파 대립

―18세기 유럽에 있어서의 프로테스탄트 네트워크 전개―

발표 : 니시카와 스기코(西川杉子, 東京大)

토론 : 백인호(白仁鎬, 西江大)

□ 제4세션 종합토론

〈사회〉 김영한(金榮漢, 西江大)

제6회 한·일역사가회의

역사가는 지금 무엇을 어떻게 논해야 하는가?

일시: 2006년 10월 27일(금)~29일(일) 일본 도쿄

□ 제1세션 전쟁과 평화의 문제—평화의 관점에서 역사상을 재조명한다—
　　〈사회〉 기바타 요이치(木畑洋一, 東京大)
　◦제2차 세계대전과 '탈근대' 의식의 상극
　　　　　발표 : 유이 다이자부로(油井大三郎, 東京女子大)
　　　　　토론 : 도진순(都珍淳, 昌原大)
　◦이순신에 대한 기억의 역사와 역사화
　　　　　발표 : 정두희(鄭杜熙, 西江大)
　　　　　토론 : 무라이 쇼우스케(村井章介, 東京大)

□ 제2세션 '기억'에 관하여—역사를 논하는 주체의 다양화와 역사가의 위치—
　◦ 역사기술에서의 감정기억의 문제—오키나와전沖繩戰의 증언에서—
　　　　　발표 : 토미야마 이치로(富山一郎, 大阪大)
　　　　　토론 : 金容德(김용덕, 東北亞歷史財團)

∘ 한국사회에서의 '기억'과 '역사'

　　　　　　발표 : 안병직(安秉稷, 서울大)

　　　　　　토론 : 카사하라 토쿠시(笠原十九司, 都留文科大)

▫ 제3세션 문명으로서의 역사학—역사가의 피구속성과 국제역사대화—

　　　　　　〈사회〉 미야지마 히로시(宮嶋博史, 成均館大)

∘ 국제역사가대화—발칸 남동구南東歐 11개국의 경우—

　　　　　　발표 : 시바 노부히로(柴宜弘, 東京大)

　　　　　　토론 : 박지현(林志弦, 漢陽大)

∘ 한국근현대사 인식의 중층성과 불연속성

　　　　　　발표 : 이태진(李泰鎭, 서울大)

　　　　　　토론 : 하마시타 타케시(濱下武志, 龍谷大)

▫ 제4세션 종합토론

　　　　　　〈사회〉 하마시타 타케시(濱下武志, 龍谷大)

제7회 한·일역사가회의

반란인가? 혁명인가?

일시: 2007년 11월 16일(금)~18일(일) 한국 서울

□ 제1세션 동학혁명과 메이지유신(明治維新)

　　　　〈사회〉 유영익(柳永益, 延世大)

○ 1894년 농민봉기를 둘러싼 충돌하는 역사기억에 대한 관견

　　　　발표 : 허동현(許東賢, 慶熙大)

　　　　토론 : 조경달(趙景達, 千葉大)

○ 메이지유신의 변혁성

　　　　발표 : 미야치 마사토(宮地正人, 東京大)

　　　　토론 : 김광옥(金光玉, 釜山大)

□ 제2세션 문인정권과 무신정권

　　　　〈사회〉 민현구(閔賢九, 高麗大)

○ 조선시대의 사림정치—문인정권의 한 유형—

　　　　발표 : 정만조(鄭萬祚, 國民大)

　　　　토론 : 카사야 가즈히코(笠谷和比古, 國際日本研究센터)

○ '무이武夷'와 '무위武威'—동국東國 왕권의 가능성을 찾아서—

발표 : 세키 유키히코(關幸彦, 鶴見大)

토론 : 남기학(南基鶴, 翰林大)

□ 제3세션 중국에서의 반란과 혁명

　　　　〈사회〉 조병한(曺秉漢, 西江大)

◦ 근현대 중국中國의 반란과 혁명

발표 : 배경한(裵京漢, 新羅大)

토론 : 타카하시 히토시(高橋均, 東京大)

◦ 반란 없는 혁명—신해혁명의 실상—

발표 : 미조구치 유조(溝口雄三, 東京大)

토론 : 김형종(金衡鍾, 서울大)

□ 제4세션 종합토론

　　　　〈사회〉 김영한(金榮漢, 西江大)

'글로벌 히스토리'의 제양상과 전망

일시: 2008년 10월 31일(금)~11월 2일(일) 일본 도쿄

□ 제1세션 인간과 환경

〈사회〉 키바타 요이치(木畑洋一, 東京大)

◦ 대전간기의 글로벌한 환경위기론의 형성과 영국제국

발표 : 미즈노 쇼우코(水野祥子, 九州産業大)

토론 : 임경순(任敬淳, 浦項工科大)

◦ 자연의 도덕적 권위와 지구사: 과학사에서 본 관점

발표 : 김기윤(金基潤, 漢陽大)

토론 : 오카모토 타쿠지(岡本拓司, 東京大)

□ 제2세션 사람의 이동의 역사

〈사회〉 하마시타 타케시(濱下武志, 京都大)

◦ 전근대 동아시아 해역교류―항해 신앙으로 본 사람과 정보의 이동―

발표 : 후지타 아키요시(藤田明良, 天理大)

토론 : 차혜원(車惠媛, 延世大)

◦ 근대 동아시아 국제 질서의 변화와 조선 화교華僑

　　─광동廣東 네트워크와 동순태同順泰─

　　　　　　　　　발표 : 강진아(姜抮亞, 慶北大)

　　　　　　　　　토론 : 이시카와 료우타(石川亮太, 佐賀大)

□　제3세션 역사에서의 정보: 축적과 교환

　　　　　　　　〈사회〉 미야지마 히로시(宮嶋博史, 成均館大)

◦ 네덜란드 풍설서와 나가사키 통사

　　　　　　　　　발표 : 마츠카타 후유코(松方冬子, 東京大)

　　　　　　　　　토론 : 신동규(申東珪, 江原大)

◦ 시볼트(Sievold), 조선 표류민, 나가사키

　　　　　　　　　발표 : 하우봉(河宇鳳, 全北大)

　　　　　　　　　토론 : 츠루다 케이(鶴田啓, 東京大)

□　제4세션 종합토론

제9회 한·일역사가회의

문화 : 수용과 발전

일시: 2009년 10월 30일(금)~11월 1일(일) 한국 제주

□ 제1세션 큰 문화와 작은 문화

〈사회〉 조병한(曺秉漢, 西江大)

◦ 몽골제국기 문화의 교류와 통합

발표 : 김호동(金浩東, 서울大)

토론 : 스기야마 마사아키(杉山正明, 京都大)

◦ '대문화'에 동행하면서 '소문화'를 지킨다

발표 : 쿠로이와 타카시(黑岩高, 武藏大)

토론 : 구범진(丘凡眞, 서울大)

□ 제2세션 아시아 문명권에서의 중국문화

〈사회〉 민현구(閔賢九, 高麗大)

◦ 전통시대의 동아시아 세계와 중국문화

발표 : 김한규(金翰奎, 西江大)

토론 : 카와가츠 켄료우(川勝賢亮, 大正大)

∘ 동아시아의 유교 모델 수용에 대하여

　　　　　　　　　　발표 : 미야지마 히로시(宮嶋博史, 成均館大)

　　　　　　　　　　토론 : 이정주(李廷柱, 檀國大)

ㅁ 제3세션 교류와 발전—문화사적으로 본 한국과 일본—

　　　　　　　　　　〈사회〉 유영익(柳永益, 延世大)

∘ 조선통신사의 역사적 상징성 검토

　　　　　　　　　　발표 : 손승철(孫承喆, 江原大)

　　　　　　　　　　토론 : 요네타니 히토시(米谷均, 早稻田大)

∘ '등질적인 일본문화'라는 허구

　　　　　　　　　　발표 : 에모리 스스무(榎森進, 東北學院大)

　　　　　　　　　　토론 : 임성모(林城模, 延世大)

ㅁ 제4세션 종합토론

　　　　　　　　　　〈사회〉 이태진(李泰鎭, 서울大)

역사의 심판 : 그 의미

일시: 2010년 10월 29일(금)~31일(일) 일본 도쿄

□ 제1세션 식민지 지배책임론과 역사인식

◦ 전쟁책임과 '식민지책임'

> 발표 : 나가하라 요우코(永原陽子, 東京外國語大)

> 토론 : 이한규(李漢揆, 崇實大)

◦ 20세기 한국경제의 전개과정에 있어서 식민지시대

> 발표 : 허수열(許粹熱, 忠南大)

> 토론 : 야나기사와 아소부(柳澤遊, 慶應義塾大)

□ 제2세션 사료·문화재는 누구 것인가─사료공개·문화재반환의 문제─

◦ 문화유산 반환에 관한 세계적 움직임 2010

> 발표 : 요시다 켄지(吉田憲司, 國立民族學博物館)

> 토론 : 이재민(李在珉, 漢陽大)

◦ 최근 국제적 동향에 비추어 온 한일 간 문화재 반환문제

　　　　　　발표 : 이근관(李根寬, 서울大)

　　　　　　토론 : 쿠루시마 히로시(久留島浩, 國立歷史民俗博物館)

▢ 제3세션 역사교육에 있어서의 전쟁·식민지지배

◦ 한국에서의 역사교육갈등의 극복—교육과정, 역사교육을 중심으로—

　　　　　　발표 : 키미시마 카즈히코(君島和彦, 서울大)

　　　　　　토론 : 박지현(朴智賢, 国史編纂委員會)

◦ 하나의 전쟁, 두 개의 시선—영화와 교과서로 본 아시아·태평양전쟁—

　　　　　　발표 : 정재정(鄭在貞, 東北亞歷史財團)

　　　　　　토론 : 키바타 요우이치(木畑洋一, 成城大)

▢ 제4세션 종합토론

제11회 한·일역사가회의

사회 최하층에 대한 비교사적 고찰

일시: 2011년 10월 28일(금)~30일(일) 한국 서울

□ 제1세션 세계사에서의 사회 최하층
  〈사회〉 김경현(金炅賢, 高麗大)

∘ 최하층민의 역사 속에서 살펴본 동서 유럽 농노제
  발표 : 한정숙(韓貞淑, 서울대)

∘ 고대세계 속의 로마 노예사회
  발표 : 사카구치 아키라(坂口明, 日本大)

□ 제2세션 동아시아의 노비
  〈사회〉 김유철(金裕哲, 延世大)

∘ 중국의 노비
  발표 : 신성곤(辛聖坤, 漢陽大)
  토론 : 키시모토 미오(岸本美緒, お茶の水女子大)

∘ 한국 노비제의 추이와 노비의 존재 양상
  발표 : 임학성(林學成, 仁荷大)
  토론 : 이노우에 카즈에(井上和枝, 鹿兒島國際大)

∘ 일본 중세의 히닌非人
  발표 : 호소카와 료우이치(細川凉一, 京都橘大)
  토론 : 남기학(南基鶴, 翰林大)

□ 제3세션 아시아의 소외 최하층

　　　　　　　〈사회〉 유인선(劉仁善, 서울大)

◦ 조선시대 백정의 처지와 저항

　　　　　　　발표 : 한희숙(韓嬉淑, 淑明女大)

　　　　　　　토론 : 츠카다 타카시(塚田孝, 大阪市立大)

◦ 근대 일본사회에서의 피차별부락민被差別部落民

　　　　　　　발표 : 쿠로카와 미도리(黑川みどり, 靜岡大)

　　　　　　　토론 : 박수철(朴秀哲, 서울大)

◦ 인도 사회에서의 달릿 집단의 제양상

　　　　　　　발표 : 아와야 토시에(粟屋利江, 東京外國語大)

　　　　　　　토론 : 이옥순(李玉順, 西江大)

□ 제4세션 종합토론

　　　　　　　〈사회〉 이성규(李成珪, 서울大)

제12회 한·일역사가회의

세계사에 있어서의 중국

일시: 2012년 10월 26일(금)~28일(일) 일본 도쿄

□ 제1세션(기조발표) 중국을 어떻게 인식할 것인가
〈사회〉 미야지마 히로시(宮嶋博史, 成均館大)
◦ 글로벌하게 중국을 어떻게 인식할 것인가
발표 : 하마시타 타케시(濱下武志, 龍谷大)
◦ 세계화시대 중화제국의 전통과 중국 문명의 미래
발표 : 조병한(曹秉漢, 西江大)

□ 제2세션(제1부 토론): 세계사와 중국
〈사회〉 기바타 요이치(木畑洋一: 成城大)
◦ 글로벌 경제사 연구에서의 코멘트
토론발표 : 아키타 시게루(秋田茂, 大阪大)
◦ 서양의 거울에 비친 중국
토론발표 : 김기봉(金基鳳, 京畿大)
◦ 중국의 경제성장과 중화 내셔널리즘
토론발표 : 나카가네 카츠지(中兼和津次, 東京大)

∘ '거대중국'의 형성 과정과 중국적 확대방식―'중화주의'와 중국―

　　　　　토론발표 : 박한제(朴漢濟, 서울大)

□ 제3세션(제2부 토론): 자국 연구와 중국 연구

　　　　　〈사회〉 이구치 카즈키(京都府立大)

∘ 이른바 '중국화'론과 '중세로 향하는 현대'

　　　　　토론발표 : 히가시지마 마코토(東島誠, 聖學院大)

∘ '사대'라는 틀의 초국가적(Trans-national)인 맥락

　　　　　토론발표 : 정다함(鄭多函, 祥明大)

∘ 중국회의 한계에서 탈중국화를 향하는 일본의 근세―민중의 자타의식―

　　　　　토론발표 : 스다 쓰토무(須田努, 明治大)

∘ 한국사회과학계의 중국인식과 중국 연구

　　―인류학자가 본 역사기억의 정치학―

　　　　　토론발표 : 김광억(金光億, 서울大)

□ 제4세션 종합토론

제13회 한·일역사가회의

세계사 속의 이슬람

일시: 2013년 10월 25일(금)~27일(일) 한국 서울

☐ 제1세션(기조발표) 이슬람을 어떻게 볼 것인가?

　　　　　　　　　　〈사회〉 김영한(金榮漢, 西江大)

◦ 일반사에 있어서의 이슬람—진실과 편견—

　　　　　　　　　발표 : 차하순(車河淳, 西江大 명예교수)

◦ 세계사 속의 이슬람

　　　　　　　　　발표 : 카토우 히로시(加藤博, 一橋大)

☐ 제2세션 이슬람과 유럽·아프리카

　　　　　　　　　〈사회〉 강일휴(姜日休, 水原大)

◦ 중세 스페인의 '재정복(Reconquista)'과 무슬림의 이미지

　　　　　　　　　발표 : 서영건(徐榮健, 釜山大)

◦ 프랑스 공화국과 이슬람: 교내 히잡 착용금지 사건을 중심으로

　　　　　　　　　발표 : 박 단(朴壇, 西江大)

◦ 문명의 십자로: 중세 시칠리아

　　　　　　　　　발표 : 타카야마 히로시(高山博, 東京大學院)

◦ 서아프리카의 이슬람과 인종표상

　　　　　　　　　발표 : 사카이 신조우(坂井信三, 南山大)

◦ 2세션 토론 : 김용우(金容右, 韓國敎員大), 나미오카 신타로(浪岡新太郎, 明治學院大)

□ 제3세션 이슬람과 아시아

〈사회〉 유인선(劉仁善, 前서울大)

◦ 동남아 이슬람과 글로벌 이슬람 네트워크

발표 : 오명석(吳明錫, 서울大)

◦ 조선초기의 과학과 이슬람

발표 : 남문현(南文鉉, 建國大)

◦ 공간개념의 역사 의미와 이슬람의 동방전파

발표 : 하네다 마사시(羽田正, 東京大)

◦ 이슬람과 아시아: 일본과 관련해서

발표 : 우스키 아키라(臼杵陽, 日本女子大)

◦ 제3세션 토론: 김형준(金亨俊, 江原大), 코바야시 야스코(小林寧子, 南山大)

□ 제4세션 종합토론—세계사 속의 이슬람, 그 연구의 방향—

〈사회〉 김호동(金浩東, 서울大)

제14회 한·일역사가회의

세계사 인식에 있어서 '아메리카' 문제

일시: 2014년 11월 7일(금)~9일(일) 일본 도쿄

口 제1세션(기조발표) 세계사 인식에 있어서의 아메리카대륙의 위상을
　중심으로

〈사회〉 기바타 요이치(木畑洋一, 成城大)

◦ 남북 아메리카의 다문화주의 실험—그 세계사적 의의—

발표 : 유이 다이자부로(油井大三郎, 東京女子大)

◦ 미국문명美國文明이 근대세계近代世界에서 차지하는 위상位相

발표 : 배영수(裵永洙, 서울大)

◦ 제1세션 토론: 이이지마 미도리(飯島みどり, 立敎大), 김덕호(金德鎬,
韓國技術敎育大)

口 제2세션 미국과 아시아—합중국의 시점에서—

〈사회〉 하마시타 다케시(濱下武志, 東京大)

◦ 미국에서 (동)아시아는 어떻게 기술되었는가
　—그 계보와 복음주의적 실천—

발표 : 코히야마 루이(小檜山ルイ, 東京女子大)

◦ '미국의 세기'와 동아시아―특별하지 않았던 '특별'한 관계―

　　　　　　　　발표 : 김봉중(金棒中, 全南大)

◦ 제2세션 토론: 칸 히데키(菅英輝, 京都外國語大), 김남균(金南均, 平澤大)

□ 제3세션 미국과 아시아―동아시아의 시점에서―

　　　　　　　　〈사회〉 하마시타 다케시(濱下武志, 東京大)

◦ '동아시아'를 둘러싼 '상상의 공동체'와 미국

　　　　　　　　발표 : 나카노 사토시(中野聰, 一橋大)

◦ 문화냉전기 미국 포드재단과 동아시아 '냉전지식'

　　―한국과 중화민국의 중국근현대사 연구사례를 중심으로―

　　　　　　　　발표 : 정문상(鄭文祥, 嘉泉大)

◦ 제3세션 토론: 나가타 아키후미(長田彰文, 上智大), 배경한(裵京漢, 新羅大)

□ 제4세션 종합토론

제15회 한·일역사가회의

식민주의와 탈식민주의 : 세계사적 시각에서

일시: 2015년 11월 6일(금)~8일(일) 한국 서울

□ 제1세션(기조발표) 제국주의와 식민주의: 연구현황과 과제
　　　　　　　〈사회〉 배경한(裵京漢, 新羅大)
○ 식민주의의 유산과 극복
　　　　　　　발표 : 박지향(朴枝香, 서울大)
○ 근현대 세계와 제국주의·식민지주의
　　　　　　　발표 : 키바타 요이치(木畑洋一, 成城大)

□ 제2세션 '제국'의 전개와 식민지의 대응
　　　　　　　〈사회〉 이영석(李永石, 光州大)
○ '알제 전투(bataille d'Alger)'와 프랑스 공화국의 위기
　　　　　　　발표 : 이재원(李宰源, 延世大)
　　　　　　　토론 : 후지이 아츠시(藤井篤, 香川大)
○ 식민지기 조선인 1인당 소득과 소비에 관한 논의의 검토
　　　　　　　발표 : 허수열(許粹烈, 忠南大)
　　　　　　　토론 : 마츠모토 타케노리(松本武祝, 東京大)
○ 세계경제사에서의 식민지지배의 의의 : 일본제국의 성격과 특징
　　　　　　　발표 : 호리 카즈오(堀和生, 京都大)

토론 : 박훈(朴薰, 서울大)

◦ 독일식민지 경제정책의 세계적 시야視野 : 산동山東 땅콩으로부터 생각하기

발표 : 아사다 신지(浅田進史, 駒沢大)

토론 : 김형열(金亨冽, 東義大)

▫ 제3세션 탈식민주의의 현재와 미래

〈사회〉 이영석(李永石, 光州大)

◦ 포스트콜로리얼니즘(post-colonialism)시대 동아시아의 국제관계 패러다임

발표 : 정상수(鄭尙秀. 韓國放送通信大)

토론 : 타케나카 치하루(竹中千春, 立教大)

◦ 식민지지배의 과거와 역사인식—프랑스의 사례로부터—

발표 : 히라노 치카코(平野千果子, 武蔵大)

토론 : 이용재(李鎔在, 全北大)

▫ 제4세션 종합토론

〈사회〉 이영호(李榮昊, 仁荷大)

현대사회와 역사학

일시: 2016년 11월 4일(금)~6일(일) 일본 도쿄

□ 제1세션: 대학에서 인문학과 역사학

　　　　　　〈사회〉 이이지마 와타루(飯島涉, 靑山學院大)

∘ 캐어링(caring)의 역사학 : '역사학의 사회적 유효성' 문제에 기대어

　　　　　　발표 : 오다나카 나오키(小田中直樹, 東北大學大學院)

　　　　　　토론 : 정차섭(郭次燮, 釜山大)

∘ 인공지능 시대, 히스토리아 쿠오바디스(Historia Quovadis)

　　　　　　발표 : 김기봉(金基鳳, 京畿大)

　　　　　　토론 : 고토 마카토(後藤眞, 国立歷史民俗博物館)

□ 제2세션: 역사교육의 새로운 움직임과 역사학

　　　　　　〈사회〉 기바타 요이치(木畑洋一, 成城大)

∘ 아사아를 정당하게 자리매김하여 자국사를 완전히 편입시킨 세계사
를 목표로

　　　　　　발표 : 모모키 시로(桃木至朗, 大阪大學大學院)

　　　　　　토론 : 윤대영(尹大英, 西江大)

◦ 방법으로서의 지역사와 동아시아사의 가능성

　　　　　발표 : 유용태(柳鏞泰, 서울大)

　　　　　토론 : 오비나타 스미오(大日向純夫, 早稻田大)

□ 제3세션 : 사회와 연결된 역사학

　　　　　〈사회〉 미야지마 히로시(宮嶋博史, 成均館大)

◦ 박물관에서 역사전시의 가능성 : 역사적 공감능력을 키우기 위해서

　　　　　발표 : 쿠루시마 히로시(久留島浩, 国立歷史民族博物館)

　　　　　토론 : 오영찬(吳永贊, 梨花女大)

◦ 정조독살설, 역사와 소설의 경계

　　　　　발표 : 김호(金澔, 京仁教育大)

　　　　　토론 : 나리타 류이치(成田龍一, 日本女大)

□ 제4세션 종합토론

〈사회〉 기바타 요이치(木畑洋一, 成城大), 이이지마 와타루(飯島渉, 青山
　學院大)

제17회 한·일역사가회의

동아시아의 평화사상과 그 실천
―역사적 고찰―

일시: 2017년 11월 17일(금)~19일(일) 한국 서울

□ 제1세션 동아시아 평화사상의 기원과 계보

〈사회〉 이종국(李鍾國, 東北亞歷史財團)

。21세기 한반도발 평화론의 모색

발표 : 박명규(朴明圭, 서울大)

토론 : 아미야 료스케(網谷龍介, 津田塾大)

。20세기 평화사상의 계보와 일본

발표 : 코스게 노부코(小菅信子, 山梨學院大)

토론 : 김종학(金鍾學, 東北亞歷史財團)

□ 제2세션 아시아주의와 아시아연대론

〈사회〉 최덕수(崔德壽, 高麗大)

。근현대중국의 아시아인식과 아시아주의

발표 : 배경한(裴京漢, 新羅大)

토론 : 요네타니 마사후미(米谷匡史, 東京外国語大學大學院)

。동아시아의 전쟁과 아시아주의

―'대동아전쟁'으로 향해 가는 일본의 대중국정책과 대영국정책을

중심으로―

발표 : 미쓰우라 마사타카(松浦正孝, 立敎大)

토론 : 남상호(南相虎, 京畿大)

□ 제3세션 반전평화운동과 그 의미

　〈사회〉 최덕수(崔德壽, 高麗大)

◦ 전쟁시기 일본사회주의운동과 평화공간

　─일본공산당의 반전활동과 사노 마나부佐野學 전향을 중심으로─

발표 : 정혜선(鄭惠善, 成均館大)

토론 : 츠네키 겐타로(恒木健太郎, 專修大)

◦ 반전평화운동의 좌절에서 독일·프랑스 역사화해로

　─역사인식문제 해결의 힌트를 찾아─

발표 : 겐모치 히사키(劍持久木, 静岡県立大)

토론 : 박상욱(朴相昱, 東義大)

□ 제4세션 종합토론

　〈사회〉 이영석(李永石, 光州大)

제18회 한·일역사가회의

국제관계—그 역사적 고찰—

일시: 2018년 11월 16일(금)~18일(일) 일본 도쿄

▫ 제1세션 : 유럽에서의 국제관계의 성립부터 EU까지

　　　　　　〈사회〉 오다나가 나오키(小田中直樹, 東北大)

◦ 복합국가複合國家·복합군주정複合君主政·역암국가礫岩國家
　: '주권국가'의 상대화

　　　　　　발표 : 나카자와 타쓰야(中澤達哉, 早稲田大)

　　　　　　토론 : 박단(朴檀, 西江大)

◦ 근대 주권국가체제 형성과 진화 : 국가주권과 무정부상태 조직원리

　　　　　　발표 : 전재성(全在晟, 서울大)

　　　　　　토론 : 미나가와 타쿠(皆川卓, 山梨大)

▫ 제2세션 : 아시아에서의 국제관계로의 편입

　　　　　　〈사회〉 미야지마 히로시(宮嶋博史, 成均館大)

◦ '동방문제'에서 '조선문제'로—종주권을 둘러싼 국제법과 번역개념—

　　　　　　발표 : 오카모토 타카시(岡本隆司, 京都府立大)

　　　　　　토론 : 배경한(裵京漢, 釜山大)

◦ 제국帝國의 몰락―오스만터키 제국과 청 제국―

　　　　발표 : 정상수(鄭尙秀, 서울大)

　　　　토론 : 오가와라 토모키(大河原知樹, 東北大學大學院)

□ 제3세션 : 주권국가체제의 균열과 국제관계의 장래

　　　　〈사회〉 스다 츠도무(須田努, 明治大)

◦ 서양열강과 '류큐琉球처분'

　　　　발표 : 마르코 티넬로(Marco Tinello, 法政大)

　　　　토론 : 도진순(都珍淳, 昌原大)

◦ 동아시아 공동체의 국가와 시민사회―Civil Asia에의 길―

　　　　발표 : 김영호(金泳鎬, 慶北大)

　　　　토론 : 미나가와 마사키(首都大學東京)

□ 제4세션 종합토론

　　　　〈사회〉 이이지마 와타루(飯島渉, 靑山學院大)

　　　　오다나가 나오키(小田中直樹, 東北大學大學院)

제19회 한·일역사가회의

해양/해역과 역사

일시: 2019년 11월 11일(금)~13일(일) 한국 서울

□ 제1세션 : 해양/해역 역사 연구의 현황과 전망
　　　　　〈사회〉 박단(朴檀, 西江大)
◦ 최근 10년래 한국학계의 해양사 연구 성과와 전망
　　　　　발표 : 하세봉(河世鳳, 韓國海洋大)
　　　　　토론 : 로쿠탄다 유타카(六反田豊, 東京大學大學院)
◦ 바다에서 바라본 고니시 유키나가小西行長—세계관과 정치적 비전—
　　　　　발표 : 우에다 마코토(上田信, 立教大)
　　　　　토론 : 도진순(都珍淳, 昌原大)

□ 제2세션 : 대서양 세계의 형성과 서구 중심 세계사의 성립
　　　　　〈사회〉 현재열(玄在烈, 韓國海洋大)
◦ 대서양의 관점에서 '대양간大洋間' 관점으로
　 : 글로벌 히스토리의 새로운 정체성 찾기
　　　　　발표 : 주경철(朱京哲, 서울大)
　　　　　토론 : 사콘 유키무라(左近幸村, 新潟大)

◦ '세계분할(데마르카시옹)'의 꿈
                    발표 : 고다 마사후미(合田昌史, 京都大學大學院)
                    토론 : 남종국(南宗局, 梨花女大)

□ 제3세션 : 해양/해역에서 본 동아시아의 역사
                    〈사회〉 도진순(都珍淳, 昌原大)
◦해삼海鼠, 청어鯡, 갈치太刀魚 : 기후변동과 조朝·청淸어업분쟁의 전개
                    발표 : 김문기(金文基, 釜慶大)
                    토론 : 가마타니 가오루(鎌谷かおる, 立命館大)
◦ 근현대 일본을 해역사를 통해 생각하다
                    발표 : 다카에스 마사야(高江洲昌哉, 神奈川大)
                    토론 : 이수열(李秀烈, 韓國海洋大)

□ 제4세션 : 종합토론
                    〈사회〉 윤병남(尹炳男, 西江大)

제20회 한·일역사가회의

'월경越境'을 둘러싼 역사

일시: 2020년 12월 11일(금)~13일(일) 일본 도쿄(비대면 화상회의)

□ 제1세션 월경을 둘러싼 역사

　　　　　　〈사회〉 오다나카 나오키(小田中直樹, 東北大)

◦ 전후 국제 민족 이동과 동아시아에서 사람의 이동

　－ 요인들의 연관성과 이야기되는 방식

　　　　　　발표 : 아라라기 신조(蘭信三, 上智大)

　　　　　　토론 : 도진순(都珍淳, 昌原大)

◦ 왜 호모 미그란스(Homo Migrans)인가?

　　　　　　발표 : 황혜성(黃惠聖, 漢城大)

　　　　　　토론 : 야마모토 아키요(山本明代, 名古屋市立大)

□ 제2세션 월경이 가져오는 것들

　　　　　　〈사회〉 이이지마 와타루(飯島渉, 靑山學院大學)

◦ 메이지 초기 홋카이도 개척이주와 도호쿠 제번(東北諸藩)

　　　　　　발표 : 히와 미즈키(檜皮瑞樹, 千葉大)

　　　　　　토론 : 허지은(許芝銀, 西江大)

∘ 조선과 만주 국경지대에서의 교류, 삶, 통제, 협력

　　　　　　발표 : 윤휘탁(尹輝鐸, 韓京大)

　　　　　　토론 : 이치지 노리코(伊地知紀子, 大阪市立大)

□ 제3세션 월경을 둘러싼 기억과 정체성

　　　　　　〈사회〉 스다 쓰토무(須田努, 明治大)

∘ 국경도시 나르바

　: 에스토니아의 러시아어계 이주민의 기억과 아이덴티티 구축

　　　　　　발표 : 하시모토 노부야(橋本伸也, 関西學院大)

　　　　　　토론 : 임지현(林志弦, 西江大)

∘ 운남雲南 백족白族 선주민先住民의 선택과 정체성

　—원, 명, 청대 운남지역 백족 묘지명 분석을 중심으로—

　　　　　　발표 : 정면(鄭勉, 西江大)

　　　　　　토론 : 다케우치 후사지(竹内房司, 學習院大)

□ 제4세션 종합토론

〈사회〉 오다나카 나오키(小田中直樹, 東北大), 스다 쓰토무(須田努, 明治大)

제1회~제19회 역사가의 탄생

제1회 역사가의 탄생   2002년 10월 17일(목) 일본 도쿄

∘ 한국·중동·세계 : 이타가키 유조(板垣雄三, 東京大學)

∘ '민중사'와 전후 사상 : 야스마루 요시오(安丸良夫, 一橋大學)

∘ 반지반해半知半解와 긍시학인矜恃學人 :

　　　　　　　　　　　　　고병익(高柄翊, 前 民族文化推進會 이사장)

제2회 역사가의 탄생   2003년 10월 24일(금) 한국 서울

〈사회〉 유영익(柳永益, 延世大)

∘ 한국사의 진실을 찾아서 : 이기백(李基白, 前 西江大學校 명예교수)

∘ 일본 근대사 연구와 한국 문제 :

　　　　　　　　　　　나카츠카 아키라(中塚明, 奈良女子大學 명예교수)

제3회 역사가의 탄생   2004년 10월 29일(금) 일본 도쿄

∘ 역사가와 역사교육자 사이 :

　　　　　　　　　　　사사키 류우지(佐々木隆爾, 東京都立大 명예교수)

∘ 내적세계內的世界의 탐색을 위해 : 차하순(車河淳, 西江大 명예교수)

제4회 역사가의 탄생 2005년 10월 28일(금) 한국 서울

〈사회〉 김용덕(金容德, 서울大)

∘ '해방 공간'의 한 사학도 : 이원순(李元淳, 서울大學校 명예교수)

∘ 내 나름의 역사학을 찾아서 : 니시카와 마사오(西川正雄, 前 專修大學
  교수)

제5회 역사가의 탄생 2006년 10월 27일(금) 일본 도쿄

∘ 국제화의 바람이 마뜩찮은 내 등을 밀었다

　　　　　　　　　: 카바야마 코우이치(樺山紘一, 印刷博物館 관장)

∘ 한국 근·현대사 만학도의 연구 편력

　─갑오경장(1894)에서 대한민국 건국(1948)까지─ :

　　　　　　　　　유영익(柳永益, 延世大學校 석좌교수)

제6회 역사가의 탄생 2007년 11월 16일(금) 한국 서울

〈사회〉 이태진(李泰鎭, 서울大)

∘ 농업사로 진로를 정하기까지 : 김용섭(金容燮, 大韓民國學術院 회원)

∘ 러시아, 조선, 그리고 일본 : 와다 하루키(和田春樹, 東京大學 명예교수)

제7회 역사가의 탄생 2008년 10월 31일(금) 일본 도쿄

∘ '아시아란 무엇인가'를 찾아서

　　　　　　　　　: 카라시마 노보루(辛島昇, 東京大學 명예교수)

◦ 미개척 분야와의 씨름―나의 한국회화사 연구―

　　　　　: 안휘준(安輝濬, 明知大學校 석좌교수/서울大學校 명예교수)

제8회 역사가의 탄생　2009년 10월 31일(금) 한국 제주

〈사회〉 김영한(金榮漢, 西江大)

◦ 양반따라 40년 : 이성무(李成茂, 大韓民國學術院 회원)

◦ '차의 세계사'는 어떻게 형성되었는가

　　　　　: 츠노야마 사카에(角山栄, 和歌山大學 명예교수)

제9회 역사가의 탄생　2010년 10월 29일(금) 일본 도쿄

◦ 일본은 어떻게 아시아인가라는 화두

　　　　　: 후카야 카츠미(深谷克己, 早稻田大學 명예교수)

◦ 역사 인식의 공유를 위하여

　　　　　: 최문형(崔文衡, 漢陽大學校 명예교수)

제10회 역사가의 탄생　2011년 10월 28일(금) 한국 서울

〈사회〉 민현구(閔賢九, 高麗大)

◦ 한국 역사학계 주변에서 : 윤병석(尹炳奭, 仁荷大學校 명예교수)

◦ 토지제도사에서 지역사회론으로

　　　　　: 코타니 히로유키(小谷汪之, 東京都立大學 명예교수)

제11회 역사가의 탄생 2012년 10월 26일(금) 일본 도쿄

∘ 근대역사학의 형성과 식민주의(Colonialism)

　　　　　　　　 : 아라이 신이치(荒井信一, 茨城大學 명예교수)

∘ 내가 걸어온 역사학의 길 : 한영우(韓永愚, 서울大學校 명예교수)

제12회 역사가의 탄생 2013년 10월 25일(금)

〈사회〉 배경한(裵京漢, 新羅大)

∘ 한국사학의 성장과 고민을 지켜보면서

　　　　　　　　 : 민현구(閔賢九, 高麗大學校 명예교수)

∘ 조공시스템론으로 보는 아시아

　　　　　　　 : 하마시타 타케시(濱下武志, 東京大學 명예교수)

제13회 역사가의 탄생 2014년 11월 7일(금) 일본 도쿄

∘ 나의 베트남 현대사 연구 : 후루타 모토오(古田元夫, 東京大學 교수)

∘ 나의 베트남 역사 연구 여정 : 유인선(劉仁善, 前 서울大學校 교수)

제14회 역사가의 탄생 2015년 11월 6일(금) 한국 서울

〈사회〉 김영한(金榮漢, 西江大)

∘ 나의 한국사 연구 여정 : 김태영(金泰永, 慶熙大學校 명예교수)

∘ 근대 일본 경제사로부터 전체사로

　　　　　　　 : 이시이 간지(石井寬治, 東京大學 명예교수)

제15회 역사가의 탄생 2016년 11월 4일(금) 일본 도쿄

〈사회〉미야지마 히로시(宮嶋博史: 成均館大)
◦ 나의 근세 조일무역사 연구 : 다시로 가즈이(慶應義塾大學 명예교수)
◦ 비교경제사에서 비교일반사로
: 김영호(金泳鎬, 韓國學中央研究院 석좌교수)

제16회 역사가의 탄생 2017년 11월 17일(금) 한국 서울

〈사회〉김영한(金榮漢, 西江大)
◦ 식민주의 역사관, 그 통설 통론에 대한 도전
: 이태진(李泰鎭, 서울大學校 명예교수)
◦ 사료 편찬자史料編纂者로서의 행보
: 이시가미 에이이치(石上英一, 東京大學 명예교수)

제17회 역사가의 탄생 2018년 11월 16일(금) 일본 도쿄

〈사회〉미야지마 히로시(宮嶋博史: 成均館大)
◦ 국제관계사·제국사 연구의 길
: 기바타 요이치(木畑洋一, 東京大學·成城大學 명예교수)
◦ 한 역사학 연구자의 자술自述─객관성과 보편성의 추구─
: 김용덕(金容德, 서울大學校 명예교수/光州科學技術院 석좌교수)

제18회 역사가의 탄생 2019년 11월 8일(금) 한국 서울

⟨사회⟩ 배경한(裴京漢: 釜山大)

◦ 나는 누구인가 : 주명철(朱明哲, 韓國敎員大學敎 명예교수)

◦ 탈근대의 역사인식과 역사교육을 추구하며

　　　　　: 유이 다이자부로(油井大三郎, 一橋大·東京大學 명예교수)

제19회 역사가의 탄생 2020년 12월 11일(금) 일본 도쿄(비대면 화상회의)

⟨사회⟩ 이이지마 와타루(飯島渉, 靑山學院大學)

◦ 일본 근현대사 연구를 반추·갱신하려는 시도

　—1990년대 이후 역사 연구에 대한 방법론을 둘러싸고—

　　　　　: 오카도 마사카쓰(大門正克, 早稲田大學 특임교수)

◦ 고려사의 술이부작述而不作과 '직서直書'의 실상을 찾아 떠난 길

　　　　　　: 노명호(盧明鎬, 서울大學校 명예교수)

부록 : 학술회의 주제 설정 취지문

제11회 한·일역사가회의 취지문

사회 최하층에 대한 비교사적 고찰

역사적으로 어느 사회에서나 빈부격차나 권력분화에 따른 사회계급이 제도적으로 존재하였다. 그런데 사회계급 가운데 각별히 '소외최하계급'은 부분적으로 또는 전적으로 사회 참여에서 제외된 집단이었다. 이는 지역에 따라 노예奴隸, 농노農奴, 노비奴婢 또는 천민賤民의 명칭으로 정치·사회적인 기본권이 부분적으로 제약을 받거나 전적으로 박탈된 '사회비구성계층'으로 존재하였다. 사회적으로 소외된 이러한 주변화 계급이 세계사적 시각에서 어떤 의미를 갖는가를 검토하고 각별히 동아시아에 초점을 맞추어 역사적 특성을 비교 고찰하는 것은 흥미로운 일이 될 것이다.

고대사회에서 그 기원을 찾을 수 있는 이러한 차별받는 '소외최하계급'은 거의 모든 역사시기를 통해 여러 형태로 존재하였다. 오랫동안 이 계급의 역사적인 위상은 학계의 관심을 받지 못하였으나 근대 이후의 세계에서는 점차 주목의 대상이 되었다. 그러므로 제11회 한·일역사 가회의에서 사회 최하층이나 주변화 계급의 특성과 그 시대적 변천을 비교사적으로 규명하는 것은 의미 있는 일이 될 것이다.

다만 논의를 좀 더 의미 있게 진행하기 위해서는 부득이 관례적慣例 的인 회의구조會議構造를 변경해야 할 것으로 예상된다. 종래와 같은 세션 구성으로는 모든 내용을 소화하기 어렵기 때문에, 이번 회의에서는 제1세션을 2인의 기조 강연으로 하고 제2세션 및 제3세션에서 각각 3인의 발표 및 3인의 지정토론을 두는 구성으로 진행하게 될 것이다.

□ 제1세션(기조발표) 세계사에서의 사회 최하층

유럽 고대사회는 노예를 필요로 하는 사회체제였으며 그 범위는 육체노동자에서부터 전문직에 이르기까지 광범하였다. 중세에 이르러서 노예와 함께 취업·거주의 자유를 갖지 못한 반半예속적인 농노農奴가 있었다. 이에 반해 근대에서는 15세기에서 19세기에 걸쳐 아프리카 흑인노예가 주로 아메리카 대륙의 대규모 농장에서 노역에 사용되었다. 유럽사회의 고대 노예, 중세 농노와 비교될 수 있는 신분 범주는 아시아의 천민이라 할 수 있다. 그러나 천민의 신분적 스펙트럼은 상대적으로 다양했으며 시대와 지역에 따라 상이한 역사적 특징을 표출하였다.

제1세션의 기조강연에서는 세계사적 시각에 따라 소외 최하계층을 개괄적으로 조명할 것이 기대된다.

□ 제2세션 동아시아의 노비

중국에는 진秦·한漢에서 시작하여 수隋·당대唐代를 거쳐 청대淸代까지의 오랜 역사에 걸쳐 양민良民과 천민賤民의 구별이 있었으며 한국의 경우 부여·신라·고려를 거쳐 조선 시대의 양천제良賤制를 통해 노비제가 19세기 후반까지 존속하였다. 일본에서는 삼국지위서왜인전三國志魏書倭人傳에서 노비의 존재가 확인되지만 중국의 율령제律令制를 받아들이면서 정착해 메이지明治시대까지 존속하였다.

제2세션의 발표와 지정토론 및 전체토론에서는 동아시아 특히 중국, 한국, 일본 세 나라의 노비의 제도적 특징과 사회적, 정치적 배경을 비교 고찰한다.

□ 제3세션 아시아 사회의 소외 최하층

한국의 백정白丁은 시기마다 상이한 의미를 갖고 있었으나 조선시대의 백정은 호적에서 제외된 천민계급으로 가축의 도살을 주업으로 하는 한편 부업으로 고리를 제작하였다. 이는 인도와 네팔의 달릿(dalits), 일본의 에다穢多, 곧 집단적으로 정착한 피차별被差別부락민과 비교될 수 있다.

제3세션의 발표와 지정토론 및 전체토론에서는 사회 주변화 계급에 초점을 맞추어 특히 한국, 일본, 인도의 지역적 특성과 이동異同을 비교 고찰한다.

□ 제4세션 종합토론

기조강연과 각 세션에서 발표 토론된 문제를 종합하면서 제기되지 않은 논점과 더 다루어야 할 쟁점을 검토한다. 사회자는 세션의 발표자나 지정토론자指定討論者에게보다도 주로 비전문가와 일반참가자에게 더 많은 발언의 기회를 주는 장場이 되도록 종합토론을 지휘한다.

세계사에 있어서의 중국

21세기 인류사회의 향방을 전망할 때 중국사회의 동향이 큰 의미를 갖게 되리라는 것은 확실하다. 따라서 모든 학문 분야에서 중국에 대한 관심이 고조되는 것도 당연한 현상이라고 할 수 있다. 역사학에서의 중국 연구가 지금까지도 큰 비중을 차지해 왔으나 현재에는 그 필요성이 더욱더 커진다고 하겠다.

한국과 일본의 중국사 연구는 세계적으로 보아도 독자적인 위치를 차지한다고 할 수 있으나 금번 회의에서는 중국사 연구라는 관점에서뿐 아니라 널리 '중국 인식의 문제' 혹은 '세계사의 문제로서의 중국'이라는 관점에서 논의할 것이다.

회의 진행 방식은 제1세션의 발표를 전체의 기조발표로 하고 제2세션 및 제3세션의 발표를 각각의 주제에 따라 중국 인식에 관해 논함과 함께 기조강연에 대한 토론의 장을 겸하려고 한다.

□ **제1세션(기조발표) 중국을 어떻게 인식하는가?**

중국의 과거와 현재를 어떻게 인식하는가의 문제는 지금까지의 모든 이론이나 이론틀의 근본적인 재고를 요청하고 있을 뿐 아니라 인문학, 사회과학의 각 분야 그 자체의 존립기반에 대한 근본적인 반성을 촉구하고 있다고 생각된다. 이 세션에서는 정치학이나 경제학 등 주로 사회과학 분야에서 현재 행해지고 있는 중국 연구를 내포하면서도 역사학의 입장에서 중국 문제를 어떻게 받아들여야 하는가에 관한 회의 전체의 토론을 선도하기 위해 기조강연을 통해 문제제기를 하게 될 것이다.

□ 제2세션(제1부 토론) 세계사와 중국

이 세션에서는 서양사, 이슬람사 또는 인도·동남아시아사 등의 입장에서 중국 인식에 관해 논하고 기조발표에 대한 토론발표를 행함과 아울러 중국 자체가 세계사를 어떻게 인식하고 있는가의 관점에서 토론발표를 기획한다(토론발표 담당은 양측 각 2명으로 한다. 다만 외국학자로서 여행경비 부담 없이 회의에 참가할 수 있는 중국인 연구자 또는 구미 연구자의 토론발표를 고려한다).

□ 제3세션(제2부 토론) 자국연구와 중국연구

이 세션에서는 한국과 일본의 자국 연구에서 중국 인식 문제가 어떻게 관련되는가 하는 입장에서 토론 발표를 한다. 역사 연구자뿐 아니라 정치학이나 경제학 등 사회과학 분야의 연구자로부터 토론 발표자를 고려한다.

□ 제4세션 종합토론

세계사 속의 이슬람

세계사에서 이슬람이 차지하는 비중으로 볼 때 역사학의 관점에서 이슬람에 대한 올바른 시각을 모색하는 작업의 중요성은 아무리 강조해도 지나치지 않다. 한국, 일본이 포함된 아시아의 국제관계도 결코 이슬람권의 형세로부터 자유롭지 않다. 이번 회의는 동아시아의 미래를 거시적으로 전망하는 뜻에서 이슬람에 대한 올바른 역사 인식을 목표로 삼는다. 그 구체적인 방안은 다음과 같다.

제1세션(기조발표)에서는 '이슬람을 어떻게 볼 것인가?'라는 제목 아래 한·일 양국학계의 이슬람 연구현황에 대한 검토와 전망을 통하여 이슬람에 대한 연구시각을 살펴본다.

제2세션에서는 '이슬람과 유럽—아프리카'라는 주제 아래 이슬람의 성립과 확장 과정에서 나타난 유럽—아프리카 지역에서의 접촉과 대립—을 다룬다.

제3세션에서는 '이슬람과 아시아'라는 주제 아래 이슬람 세계와 아시아 지역의 교류관계를 다루어 보고자 한다.

□ **제1세션(기조발표) 이슬람을 어떻게 볼 것인가?**

여기에서는 한·일 양국 학계의 이슬람에 관한 다양한 연구시각의 점

검을 통해 객관적 실체를 파악하고 세계사 속에서 이슬람의 위치와 위상을 이해하고자 한다.

□ 제2세션 이슬람과 유럽·아프리카

이슬람의 성립과 확장, 이슬람과 기독교의 관계 및 대립의 역사, 유럽 열강의 제국주의적 침략과 그에 대한 저항, 이슬람사회의 근대화와 이주·이민 문제, 최근 진행 중인 이른바 '아랍의 봄'이 일어난 지역의 역사와 그 특성 등 관련 부문을 구체적으로 다루어 봄으로써 이슬람에 대한 역사적, 현재적 이해를 도모한다.

□ 제3세션 이슬람과 아시아

이 세션에서는 동아시아, 동남아시아(인도 포함), 중앙아시아 지역에서의 이슬람의 전파와 종교적, 사회적, 문화적 영향, 불교 및 유교와의 관계 등을 다루어 인류사적 견지에서 문명 전파와 공존에 관한 이해를 돕는다.

□ 제4세션 종합토론

제14회 한·일역사가회의 취지문

세계사 인식에 있어서의 '아메리카' 문제

한·일역사가회의에서는 최근 2년 동안에 걸쳐 '중국', '이슬람'을 주제로 하여 지금까지의 세계사 인식을 재검토하였다. 그 의도는 중국이나 이슬람의 존재가 세계사에서 커다란 비중을 차지할 뿐 아니라 현재와 미래의 세계 동향에도 큰 영향을 줄 것이라는 인식에 바탕을 둔 것이었다.

금년 회의에서는 지난 2년의 성과를 토대로 '아메리카'를 주제로 하여 세계사 인식을 재검토하기로 계획하였다. 여기서 말하는 '아메리카'란 아메리카합중국(이하 미국)을 의미할 뿐 아니라 넓게 남북아메리카대륙까지 포함한 명칭이다.

'아메리카'를 주제로 하는 의도는 첫째, 현재와 미래의 세계, 특히 동아시아에서 미국의 존재가 큰 의미를 가지며, 따라서 그 위치를 세계사 및 동아시아사 속에서 어떻게 설정하는가는 중요한 문제라고 생각되기 때문이며, 둘째, 이른바 '신대륙의 발견'이란 말이 상징하는 유럽대륙의 시각에서 본 세계사 인식과 대비해 '아메리카대륙'의 역사를 어떻게 세계사 속에서 다시 파악하는가는 중요한 문제라고 생각되기 때문이다. 또한 '아메리카나이제이션(americanization)'이란 말이 상징하는 문화적 패권覇權의 문제나 자본주의 역사 속에서 현 단계의 세계경제와 미국의 위치를 설정하는 문제 등에 관해서도 위의 두 문제와 결부시키면서 논의하기를 기대한다.

□ 제1세션 세계사 인식에서의 아메리카대륙의 위상을 중심으로

이 세션에서는 위의 두 번째 문제, 즉 아메리카대륙이 세계사에서 어떻게 인식되어 왔는가, 또 어떻게 인식되어야만 하는가에 관해 논의한다. 선주민의 역사나 그 위치 설정, 나아가서 근·현대에서의 남북아메리카대륙의 역사에 관해서도 논의한다.

□ 제2세션 미국과 아시아─미국의 관점에서─

미국에 대해 아시아는 어떤 존재였는가, 또 미국의 아시아 연구의 계보와 그것이 아시아에 어떤 영향을 끼쳤는가 등 문제에 관해 깊이 논의한다.

□ 제3세션 미국과 아시아─동아시아의 관점에서─

아시아 여러 지역은 미국을 어떻게 인식해 왔는가, 또 문화나 종교, 경제 분야에서 미국의 존재가 갖는 의미에 관해서, 동아시아의 경우를 중심으로 논의함과 동시에 이민사회라고 말하는 미국사회와 동아시아사회의 비교 등 두 사회의 성격의 문제에 관한 논의도 한다.

□ 제4세션 종합토론

식민주의와 탈식민주의 : 세계사적 시각에서

2015년은 제2차 세계대전이 끝난 지 70주년이 되는 해이다. 제2차 세계대전은 제1차 세계대전과 마찬가지로 제국주의 열강 간의 경제적 군사적 갈등이 그 발발의 중요한 원인이었다. 올해 한일역사가회의는 이 점을 유의하여 제국주의와 식민주의, 그리고 탈식민주의를 주제로 삼아 양국 학자들의 다양한 연구 성과를 공유共有하는 기회를 가지기로 하였다.

이 주제는 최근 전쟁과 식민지배의 기억에 대한 역사적 해석을 둘러싸고 한일韓日 간, 일중日中 간에 갈등이 끊이지 않고 있는 상황에서 화해의 실마리를 찾고, 나아가 미국을 포함한 아시아태평양 지역의 협력 증진과 공동 발전의 길을 찾는 데도 크게 기여하리라고 믿는다.

□ 제1세션(기조발표) 제국주의와 식민주의: 연구현황과 과제

식민지의 존재는 고대에서부터 확인되고 있는 만큼 식민주의가 반드시 근대적 현상이라고만 말할 수는 없다. 그러나 세계사적 현상으로서 제국帝國의 식민지 개척 및 식민지 경영이 등장한 것은 근대 이후의 일이므로, 식민주의와 제국주의의 관계는 동전의 양면처럼 밀접한 것으로 논의되고 있다.

첫 번째 세션에서는 이러한 식민주의와 제국주의의 개념 검토에서부터 출발하여 세계사의 시각에서 식민주의와 제국주의의 등장과 전개과정, 식민주의와 제국주의의 다양한 존재 양태와 이에 대한 평가 등을 종합적으로 살펴보고자 한다. 이를 통하여 이번 회의가 목표로 해야 할 논의의 범위와 방향이 저절로 드러나게 될 것으로 기대한다.

□ 제2세션 '제국'의 전개와 식민지의 대응

두 번째 세션에서는 식민지 모국母國, 곧 '제국'의 성립과정, '제국'의 정치적 경제적 군사적 체제와 식민지 개척 또는 식민지 경영과의 관련 문제 등을 집중적으로 다루고자 한다. 한편으로 식민지나 식민지인들의 식민지배에 대한 저항과 자기 발전의 모색, 협력과 동화同化 등 다양한 대응양태들을 함께 살피고자 한다. 이러한 시도를 통하여 종래 '제국'과 식민지 사이의 관계를 지배와 수탈, 저항과 변절이란 대극적對極的 인식에 함몰하던 틀에서 벗어나서 '제국'의 내부적 체제 속에서 식민지 경영이 가지는 실제적 의미와 저항 정신을 바탕으로 생성된 인류 공존의식의 발양發揚 등을 새롭게 인식하는 기회가 될 수 있도록 한다.

□ 제3세션 탈식민주의의 현재와 미래

제2차 세계대전 이후 식민지배로부터 벗어난 많은 국가와 지역들은 경제적, 정치적, 문화적으로 '후진後進'과 '혼란'에서 쉽게 벗어나지 못하는 경우가 많다. 이에 대해 그 원인이 식민주의의 폐해에서 유래한다는 주장이 나와 있기까지 하다. 한편으로 식민지 모국으로 제국의 경험을 가진 쪽에서는 식민주의의 청산을 의심하게 하는 현상들을 현출하고 있는 경우가 많다.

세 번째 세션에서는 이러한 현대사적 국면에 대면하여, 그간에 식민주의의 광범하고 다양한 유산들을 청산 극복하기 위해 제기된 탈식민주의의 논의들이 현재까지 어떻게 진행되어 왔는지, 그리고 향후 어떠한 방향으로 나아갈 것인지를 집중적으로 검토해 보고자 한다. 이를 통하여 제국주의적, 식민주의적 유산, 유제를 진정으로 청산, 극복할 수 있는 역사학적 전망을 함께 모색하는 기회가 되기를 기대한다.

□ 제4세션 종합토론

현대사회와 역사학

사회 속에서 역사학이 어떠한 위치를 점하는가 또는 어느 정도의 역할을 하고 있는가에 대해서는 현재까지도 흔히 질문이 제기되었다. 변화의 속도가 증가하고 어떤 일에서나 단기적인 성과가 요구되는 현대 사회에서, 장기적인 시야를 지닌 역사학의 의미는 점점 커져 가고 있지만, 오히려 역사학은 다양한 문제에 직면하고 있다. 역사학이 어떠한 상황에 있으며, 사회와 어떻게 관련되어 있는지를, 우리들 역사가는 항상 질문하지 않으면 안 된다.

한·일역사가회의는 2001년 제1회 회의에서 〈1945년 이후의 한일 양국에서 역사 연구의 동향〉을 주제로 하여, 전후 반 세기 동안 양국 사회의 변동 아래에서 역사학의 흐름을 되돌아보았다. 2006년 제6회 회의에서는 〈역사가는 지금, 무엇을 어떻게 이야기할 것인가〉라는 주제를 가지고 역사의식, 역사 인식의 측면에서 접근하여, 역사가의 역할을 검토하는 등, 사회 속의 역사학이라는 문제에 대해서 항상 주의를 기울여왔다. 금년도 제16회 회의에서는 이러한 문제를 주제로 하여 전면적으로 거론하고자 한다.

☐ 제1세션 대학에서 인문학과 역사학

역사 연구를 주로 담당하는 대학의 연구와 교육을 둘러싼 상황은 최근 크게 변화해 오고 있다. 역사학은 대학에서 인문학 연구 가운데 하나의 기둥으로서 존재하지만, 학문의 성과가 곧바로 보이지 않는 인문학 연구에 대한 비판이 이루어지는 가운데, 역사학은 냉대를 받고 있다. 일본 대학에서는 역사 관련 학과가 개편되어서 그 명칭이 바뀌는 사례도 생기고 있다. 한국에서도 학생의 지망자가 많은 학과에 연구지원을 우대하겠다는 정부의 정책에 따라서, 인문학 계열 학과 학생 정원의 삭감이 이루어지고 있다. 이에 양국이 안고 있는 이러한 문제 등을 중심으로 하여, 현대사회 속의 인문학, 역사학의 의미를 고찰한다.

☐ 제2세션 역사교육의 새로운 움직임과 역사학

사람들의 역사의식, 역사 인식의 함양을 위한 가장 중요한 역사교육의 방향을 둘러싸고, 다양한 논의가 전개되어 한국에서는 '동아시아사'라는 과목이 도입되었으며, 일본에서는 일본사와 세계사를 통합한 '역사종합'이라는 과목의 설치계획 등 다양한 시도가 이루어지고 있다. 이러한 논의와 시도가 가지는 가능성과, 역사 연구와 역사교육의 관계 등에 대해서, 양국의 현상을 고려하면서 논의한다.

☐ 제3세션 사회와 연결된 역사학

역사학의 연구성과를 사회에 널리 환원하고, 사람들의 역사 인식을 육성하는 방법은, 교육의 장소 이외에도 많이 존재한다. 소위 '역사물'로 불리는 서적은 연이어 출판되고 있으며, TV나 영화 등에서도 역사 관련 작품도 부족함이 없다. 또한 역사 관련 박물관에서도 전시에 다양한 노력을 기울이고 있다. 이 같은 다양한 방법이 어떤 경우에 적합한지, 또 그 영향력 및 문제점도 포함하여 검토한다.

□ 제4세션 종합토론

동아시아의 평화사상과 그 실천―역사적 고찰―

최근 한·중·일 동아시아 삼국 사이의 역사문제를 둘러싼 갈등은 갈수록 심각해지고 있다. 이러한 갈등의 근저에는 군사, 영토, 외교적 이해관계가 깔려 있지만, 한편으로 이에 임하는 삼국 역사학계의 대응에도 문제가 없지 않은 것 같다. 지금까지의 대응은 주로 역사적 사실 해석에 대한 잘잘못에 편중하여, 역사적으로 실재한 화해와 연대 추구의 노력에 대한 관심을 소홀히 하여 갈등을 차감할 수 있는 기회를 그만큼 놓친 측면이 없지 않다. 이번 제17회 한일역사가회의는 이를 반성하는 의미에서, 회의 전체 주제를 "동아시아의 평화사상과 그 실천―역사적 고찰―"로 설정하여 역사 갈등 극복의 길을 찾아보고자 한다. 주로 19세기 중반 이후부터 구미歐美의 국제평화운동을 배경으로 등장하기 시작한 동아시아 삼국에서의 "평화사상과 그 실천(운동)"의 여러 측면을 살펴 화해와 공존의 길을 모색하는 기회로 삼고자 한다.

☐ 제1세션 동아시아 평화사상의 기원과 계보

동아시아 평화사상은 서구 열강의 동아시아 진출이 본격화되던 19세기 중반 이후, 서구의 침략에 대한 대응과 함께 동아시아 지역 내 분쟁에 대한 대응의 차원에서 본격적으로 대두하였다. 제1세션에서는 동아시아 평화사상의 기원과 계보를 확인한다는 목표 아래 서구 열강에 대한 동아시아의 공동대응 모색과, 서구 평화운동, 평화사상의 동아시아에 대한 영향, 동아시아 평화운동의 계보 등의 문제를 추적, 검토한다.

□ 제2세션 아시아주의와 아시아연대론

19세기 후반기부터 평화운동과 같은 맥락에서 '아시아주의'와 '아시아주의운동' 곧 아시아연대 움직임이 등장한다. 아시아주의의 주장 가운데에는 동종동문同種同文과 같은 아시아의 인종적 문화적 공통성에 대한 강조와 함께 아시아인들 사이의 연대를 강조하는 입장이 함께 표명되었다. 이 세션에서는 1870년대 일본에서부터 나타나기 시작한 아시아주의와 그에 대한 대응의 형태로 등장했던 중국과 한국의 아시아주의를 비롯한 같은 맥락의 주장의 내용과 의미를 구체적으로 살펴봄으로써 21세기에 와서도 다양한 형태로 모색되고 있는 동아시아공동체나 '시빌아시아(Civil Asia)' 등에 대한 전망을 가져 보고자 한다.

□ 제3세션 반전평화 운동과 그 의미

19세기 말 20세기 초의 청일전쟁과 러일전쟁 이후 일본에서 본격화된 반전평화운동은 기독교를 중심으로 한 종교운동, 무정부주의 및 사회주의운동, 지식인운동 등 다양한 형태로 나타나기 시작하였다. 이후 중국과 한국에서도 그에 대한 일단의 호응들이 나타나게 된다. 제3세션에서는 19세기 말부터 20세기 중반까지 지속된 동아시아 삼국에서의 반전운동과 그 가운데 나타나고 있는 동아시아인들의 연대 모색과 그 의미를 집중적으로 다루고자 한다.

□ 제4세션 종합토론

국제관계—그 역사적 고찰—

현재의 국제관계는 큰 전환에 직면하고 있다고 생각된다. 미국의 지위가 저하함과 동시에 트럼프 정부의 보호주의적 경향이 커지는 가운데 러시아와의 냉전의 재연이 우려되는 한편, 세계 두 번째 경제 대국으로 올라선 중국과의 관계도 앞을 내다볼 수 없는 상황이 이어지고 있다. EU가 회원국을 넓히는 한편에서는 영국의 이탈 등 EU에 반대하는 움직임도 거세지고 있다. 또 시리아와 아프리카 대륙에서의 내전의 격화와 그것에 의한 다수의 난민 발생은 국제관계의 방향에도 어려운 문제를 던지고 있다.

동아시아에서도 역사 갈등이 현재의 국제관계에 영향을 미치는 상황이 해결되지 않은 채 북한의 핵 무장 문제, 영토 문제 등 국제 관계의 긴장이 점점 강해지고 있다.

이러한 상황을 볼 때 현재의 국제관계를 역사적으로 고찰하는 것은 큰 의미를 갖고 있다고 할 수 있다. 현재의 국제관계의 기본적인 시스템은 1648년 웨스트팔리아(베스트팔렌) 조약에 의해서 비롯된 것이지만, 이 일은 국제관계라는 개념 자체가 유럽 기원의 역사적 생성물임을 의미한다. 그러므로 현재의 국제관계 문제와 그 미래를 전망하기 위해서도 국제관계를 역사학의 입장에서 고찰하는 것이 요구되고 있다.

□ 제1세션 유럽에서의 국제관계의 성립부터 EU까지

현재의 국제관계 원형은 유럽에서 형성됐다. 이 세션에서는 유럽에서 이루어진 국제관계의 형성부터 현재에 이르기까지의 과정을 논의한다.

□ 제2세션 아시아에서의 국제관계로의 편입

아시아에서는 청나라와 오스만 제국을 중심으로 하는 광역적인 국가 간 관계가 존재했다. 유럽 국가들이 아시아에 진출하는 과정에서 기존의 국가 간 관계는 큰 변용을 입게 되는데, 이 세션에서는 그 과정에서 생긴 여러 문제와 그것이 현재도 영향을 미치는 것을 논의한다.

□ 제3세션 주권국가체제主權國家體制의 균열과 국제관계의 장래

국제관계는 기본적으로 주권국가 간의 관계로 존재하고 있지만, 이러한 국가 간의 관계에는 다양한 "균열"이 존재한다. 현재 심각한 문제인 난민 문제, 지역 독립 움직임(스코틀랜드, 카탈루냐, 오키나와 등)은 기존 국제관계의 틀의 한계를 나타내는 것이지만, 이 세션에서는 향후 국제관계의 기본 방향에 대해서 역사학의 입장에서 어떻게 이해할 수 있는지에 대해서 심도 있게 논의한다.

□ 제4세션 종합토론

해양海洋/해역海域과 역사歷史

최근 국경을 초월하는 글로벌 히스토리의 관점이 크게 대두하고 있는 것과 관련하여 전통시대부터 국경을 초월하여 문명권 형성과 교류의 무대가 되어온 해양海洋이나 해역海域의 중요성이 새롭게 대두하고 있다. 뿐만 아니라 그간에 육지 또는 대륙 중심의 역사에 견주어 덜 중요시되어 온 해양/해역의 역사에 대한 성찰의 중요성이 제기되면서 관련한 많은 연구 성과들이 나오고 있다. 이런 점에 주목하여 제19회 한일역사가회의에서는 이제까지 한일 양국 역사학계에서 이루어진 해양/해역 관련 연구들을 다각도로 검토해 봄으로써 해양/해역 역사 연구의 새로운 전망을 제시해 보고자 한다. 이러한 검토 작업은 지리적으로 해양/해역과 밀접한 관계를 가지고 있는 한국과 일본 양국의 해양/해역 관련 역사 그 자체와, 해양/해역을 사이에 두고 전개되어 온 양국 간 교류의 역사, 그리고 미래의 더욱 바람직한 교류와 협력의 가능성 모색 등에도 적지 않은 도움을 줄 것으로 기대된다.

□ 제1세션 해양/해역사 연구의 현황과 전망

그동안 한일 양국 역사학계에서 제기되었던 해양/해역사 연구의 기본적인 시각과 함께 주요 연구 성과들을 전체적으로 정리해 봄으로써 해양/해역사 연구의 의미를 다시 한 번 검토하면서 해양/해역사 연구의 현주소와 향후의 전망을 제시해 보고자 한다.

□ **제2세션 대서양 세계의 형성과 서구 중심 세계사의 성립**

세계사의 맥락에서 가장 획기적인 사건이라고 할, 이른바 지리상의 발견이 항해술의 발전과 함께 해양/해역을 통한 진출이라는 형태로 이루어진 과정과 그 결과로서 나타난 서구 중심 세계사의 형성과정을 검토해 보고자 한다. 이를 통하여 서구의 근대 문명과 질서가 어떻게 세계적 문명과 질서로 보편화되어 갔는지, 그리고 그것이 가지는 역사적 의미는 무엇인지를 검토해 보고자 한다.

□ **제3세션 해양/해역에서 바라보는 동아시아 역사**

해양/해역사의 시각으로부터 한중일 삼국을 중심으로 하는 동아시아의 역사를 바라볼 때 어떠한 새로운 역사 해석이 가능할 것인지를 다각도로 검토해 보고자 한다. 이를 통하여 인적, 물적 교류의 주된 무대가 되었던 해양/해역의 중요성을 확인하는 것과 동시에 향후 동아시아 지역의 해양/해역을 통한 교류와 협력에 새로운 전망을 모색할 수 있을 것으로 기대한다.

□ **제4세션 종합토론**

'월경越境'을 둘러싼 역사

그간 한일역사가회의에서는 양국 역사학자의 자유로운 토론 속에서 역사적 사실을 발굴하는 데 그치지 않고 역사학의 방법과 관련한 다양한 문제를 논의해 왔다. 참가자의 배경은 다양하여 일본사와 한국사뿐만 아니라 서구의 역사와 아시아사를 전문으로 하는 역사학자가 참가하였으며, 다루는 시대 면에서도 고대, 중세 근세, 근현대로부터 제2차 세계대전 이후의 전후사까지 대상으로 삼았다.

토론에서는 사실 인식을 넘어서 더 추상도가 높은 역사학적 문제를 논의해 온 경우도 있다. 그 내용은 양국 역사학계에서 논의되고 있는 것임은 말할 필요도 없지만, 예를 들어 5년마다 개최되고 세계 각국의 역사학자가 참가하는 국제역사학회(2020년에는 8월에 폴란드에서 개최될 예정이었으나, 코로나 공포의 세계적인 유행으로 2021년 8월로 연기되었다) 등에서 논의되는 주제와도 관련되어 있다.

2020년도 회의에서는 "월경越境을 둘러싼 역사"라는 주제를 설정하고자 한다. 이는 전통적인 역사학이 정주자定住者의 관점에서 그려지는 것에 대해 다양한 배경에서 지역과 국가의 틀을 초월하여 이동한 사람들을 주목하여 종래의 역사인식을 재검토하고자 하는 것이다. 일본과 한국의 역사학은 근대적 역사학 방식을 확립하기 이전에 모두 유교적 또는 농본주의적인 이념의 영향을 받아 정주자의 시각에서 역사를 그리는 경향이 있었다. 그러나 한국과 일본의 역사나 교류사를 보면 여러 가지 이유로 월경하면서 역사에 참가한 사람들이 많았다는 것을 알게 된다. 정주 사회 중에서도 월경(이주·이동)이 전략적으로 편입되어 있는 사회와 그렇지 않은 사회가 있다. 한국이 전자의 예라고 하면 일본은 후자의 예라고 생각할 수도 있으며 월경에 따라 사람뿐만 아니라 기술, 문화, 사회적 관습, 전염병 등도 이동한 것은 주목된다.

월경에 따라 기억과 정체성이 큰 영향을 받은 점도 주의할 필요가 있다. 즉 월경을 둘러싸고, 이주·이동을 하는 측의 논리와 받아들이는 측, 혹은 거절하는 측의 논리가 교착되어, 정체성이나 기억을 좌우했다. 그런 의미에서 올해의 주제인 "월경을 둘러싼 역사"는 "서술된 역사"와 동시에 "기억된 역사"에 대해서도 큰 관심을 갖고자 한다.

□ 제1세션 월경을 둘러싼 역사

동서양을 포함한 월경과 이주의 역사와 그것을 보는 시각을 총괄적으로 제시하면서 "월경을 둘러싼 역사"의 의미를 찾아본다. 재일동포, 일본인의 식민활동, 만주의 조선인, 제주도와 일본 이민, 일본의 근대국가와 홋카이도(아이누), 오키나와沖繩 등의 문제도 포괄적으로 다루어 볼 수 있을 것이다.

□ 제2세션 월경이 가져오는 것들

월경이 동반하는 역사적 현상들로서 기술(예를 들어 재만조선인의 농업기술 전파), 문화, 사회적 관습, 역병 등의 전파와 이동문제 등을 다루어 본다.

□ 제3세션 월경을 둘러싼 기억과 정체성

월경하는 측과 받아들이는 측, 거절하는 측의 다원적인 기억과 자기 인식 등등의 문제를 다루어 본다.

□ 제4세션 종합토론